한국도로교통공단

NCS + 최종점검 모의고사 6회

시대에듀

2025 최신판 시대에듀 한국도로교통공단
NCS + 최종점검 모의고사 6회 + 무료NCS특강

Always **with you**

사람의 인연은 길에서 우연하게 만나거나 함께 살아가는 것만을 의미하지는 않습니다.
책을 펴내는 출판사와 그 책을 읽는 독자의 만남도 소중한 인연입니다.
시대에듀는 항상 독자의 마음을 헤아리기 위해 노력하고 있습니다. 늘 독자와 함께하겠습니다.

머리말 PREFACE

도로교통안전 종합전문기관인 한국도로교통공단은 2025년에 신규직원을 채용할 예정이다. 한국도로교통공단의 채용절차는 「입사지원서 접수 → 서류전형 → 필기시험 → 면접전형 → 최종 합격자 발표」 순서로 진행되며, 서류전형 평정요소와 우대사항 가점을 합산한 총점 고득점자 순으로 채용 예정 인원의 20배수에게 필기시험 응시 기회를 부여한다. 필기시험은 전공시험, 직업기초능력, 인성검사로 진행되며 이 중 직업기초능력의 경우 의사소통능력, 수리능력, 문제해결능력, 정보능력을 평가한다. 이때 과목별로 가점 적용 전 득점이 100점 만점 기준에 40점 미만일 경우 불합격 처리되며, 고득점자 순으로 채용 예정 인원의 3배수에게 면접전형 응시 기회가 주어지므로 합격을 위해서는 필기시험에서의 고득점이 중요하다.

한국도로교통공단 필기시험 합격을 위해 시대에듀에서는 한국도로교통공단 판매량 1위의 출간경험을 토대로 다음과 같은 특징을 가진 도서를 출간하였다.

도서의 특징

❶ 기출복원문제를 통한 출제경향 확인!
- 2024년 하반기 주요 공기업 NCS 기출복원문제를 수록하여 공기업별 NCS 출제경향을 파악할 수 있도록 하였다.

❷ 한국도로교통공단 필기시험 출제 영역 맞춤 문제를 통한 실력 상승!
- 직업기초능력 대표기출유형&기출응용문제를 수록하여 유형별로 대비할 수 있도록 하였다.

❸ 최종점검 모의고사를 통한 완벽한 실전 대비!
- 철저한 분석을 통해 실제 유형과 유사한 최종점검 모의고사를 수록하여 자신의 실력을 점검할 수 있도록 하였다.

❹ 다양한 콘텐츠로 최종 합격까지!
- 한국도로교통공단 채용 가이드와 면접 기출질문을 수록하여 채용 전반에 대비할 수 있도록 하였다.
- 온라인 모의고사를 무료로 제공하여 필기시험을 준비하는 데 부족함이 없도록 하였다.

끝으로 본 도서를 통해 한국도로교통공단 채용을 준비하는 모든 수험생 여러분이 합격의 기쁨을 누리기를 진심으로 기원한다.

SDC(Sidae Data Center) 씀

한국도로교통공단 기업분석 INTRODUCE

◇ 미션

우리는 도로교통사고로부터 **국민이 안전하고 행복한 세상**을 만든다.

◇ 비전

이동하는 모든 순간, 안전과 편리를 더하는 **국민의 KoROAD**

◇ 핵심가치

- 안전
- 소통
- 책임
- 열정

◇ 경영방침

- 화합
- 안심
- 미래
- 참여

◇ 경영목표

교통사고 사망자 수 50% 감축

자율 · 책임 · 소통 경영체계 구축

◇ 전략방향 & 전략과제

전략방향	전략과제
교통약자 우선 안전문화 확산	• 교통약자를 보호하는 안전문화 정착 • 도로이용자별 맞춤형 교통안전교육 강화 • 국민과 함께하는 참여형 방송 홍보 활성화
교통안전 관리체계 확립	• 안전하고 편리한 교통환경 조성 • 국민이 신뢰하는 운전면허제도 관리 • 교통사고를 예방하는 교통안전 인프라 개선
미래교통 문제해결 역량 강화	• 교통안전 문제해결 연구 및 대외협력 강화 • 자율주행 기반 미래 교통안전 관리 • 디지털 혁신을 통한 국민 안전 제고
2050 지속가능 미래경영 구현	• 민간주도 성장을 지원하는 사회적 책임 실천 • 2050 미래 대응 조직역량 강화 • 노사 협력을 통한 공정 · 존중 문화 확산

신입 채용 안내 INFORMATION

◇ 지원자격(공통)

❶ 연령 제한 없음(단, 입사예정일 현재 공단 정년인 만 60세 미만인 자)
❷ 최종 합격자 발표 후 입사예정일로부터 근무가능한 자
❸ 남자의 경우 병역을 필하였거나, 면제자(고졸전형 모집분야는 제외)
※ 단, 입사예정일 이전 전역가능자 포함
❹ 공단 인사규칙 제18조에 따른 결격사유가 없는 자

◇ 필기시험

구분	주요내용	문항 수	평가시간
전공시험	모집분야별 전공과목	50문항(논술형 3문항)	60분
직업기초능력	의사소통능력, 수리능력, 문제해결능력, 정보능력	60문항	60분
인성검사	–	310문항 내외	45분

※ 전공시험 점수와 직업기초능력 점수의 과목별 100점 만점 기준 40점 미만일 경우 과락 적용(가점 적용 전 기준)
※ 인성검사 부적격자(최하등급)는 불합격 처리

◇ 면접전형

구분	시험방식	주요내용	비고
1차 면접	개별 발표면접	논리 전개력, 전문지식, 응용력, 표현력 등	입사지원서, 자기소개서, 경험(경력)기술서 등은 면접 참고자료로 활용
2차 면접	그룹 경험 · 상황면접	기초직업능력 및 전문직무능력 등	

❖ 위 채용 안내는 2024년 채용공고를 기준으로 작성하였으므로 세부사항은 확정된 채용공고를 확인하기 바랍니다.

2024년 기출분석 ANALYSIS

총평

한국도로교통공단 필기시험은 피듈형으로 진행되었으며, 난이도가 높은 편이었다는 후기가 많았다. 특히 수리능력의 경우 어려운 응용 수리 문제가 많이 출제되었으므로 이에 대한 준비가 필요해 보인다. 총 60문항을 60분 내에 풀어야 했기에 주어진 자료를 빠르게 파악하고 문제를 푸는 데 필요한 내용을 신속히 찾는 것이 관건이었다. 모듈이론과 관련된 문제도 함께 출제되었으므로 평소 모듈이론에 대한 학습을 해두는 것이 좋겠다.

◇ 영역별 출제 비중

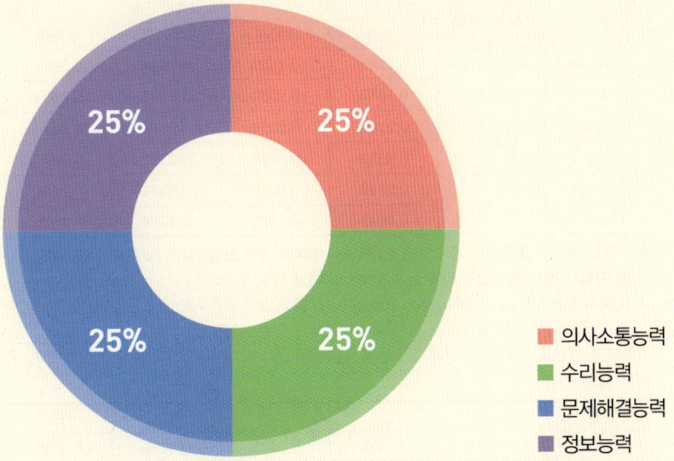

구분	출제 특징	출제 키워드
의사소통능력	• 맞춤법 · 어휘 문제가 출제됨 • 글의 주제 · 제목 문제가 출제됨 • 문단 나열 문제가 출제됨	• 독해, 경신 등
수리능력	• 응용 수리 문제가 출제됨 • 자료 계산 문제가 출제됨	• 확률, 사칙연산, 소금물, 2진수 등
문제해결능력	• 명제 추론 문제가 출제됨 • SWOT 분석 문제가 출제됨	• 참/거짓, SWOT 분석 등
정보능력	• 엑셀 함수 문제가 출제됨 • 정보 이해 문제가 출제됨	• 단축키, 피벗테이블, 디도스 등

PSAT형

| 수리능력

04 다음은 신용등급에 따른 아파트 보증률에 대한 사항이다. 자료와 상황에 근거할 때, 갑(甲)과 을(乙)의 보증료의 차이는 얼마인가?(단, 두 명 모두 대지비 보증금액은 5억 원, 건축비 보증금액은 3억 원이며, 보증서 발급일로부터 입주자 모집공고 안에 기재된 입주 예정 월의 다음 달 말일까지의 해당 일수는 365일이다)

- (신용등급별 보증료)=(대지비 부분 보증료)+(건축비 부분 보증료)
- 신용평가 등급별 보증료율

구분	대지비 부분	건축비 부분				
		1등급	2등급	3등급	4등급	5등급
AAA, AA	0.138%	0.178%	0.185%	0.192%	0.203%	0.221%
A^+		0.194%	0.208%	0.215%	0.226%	0.236%
A^-, BBB^+		0.216%	0.225%	0.231%	0.242%	0.261%
BBB^-		0.232%	0.247%	0.255%	0.267%	0.301%
BB^+ ~ CC		0.254%	0.276%	0.296%	0.314%	0.335%
C, D		0.404%	0.427%	0.461%	0.495%	0.531%

※ (대지비 부분 보증료)=(대지비 부분 보증금액)×(대지비 부분 보증료율)×(보증서 발급일로부터 입주자 모집공고 안에 기재된 입주 예정 월의 다음 달 말일까지의 해당 일수)÷365

※ (건축비 부분 보증료)=(건축비 부분 보증금액)×(건축비 부분 보증료율)×(보증서 발급일로부터 입주자 모집공고 안에 기재된 입주 예정 월의 다음 달 말일까지의 해당 일수)÷365

- 기여고객 할인율 : 보증료, 거래기간 등을 기준으로 기여도에 따라 6개 군으로 분류하며, 건축비 부분 요율에서 할인 가능

구분	1군	2군	3군	4군	5군	6군
차감률	0.058%	0.050%	0.042%	0.033%	0.025%	0.017%

〈상황〉

- 갑 : 신용등급은 A^+이며, 3등급 아파트 보증금을 내야 한다. 기여고객 할인율에서는 2군으로 선정되었다.
- 을 : 신용등급은 C이며, 1등급 아파트 보증금을 내야 한다. 기여고객 할인율은 3군으로 선정되었다.

① 554,000원
② 566,000원
③ 582,000원
④ 591,000원
⑤ 623,000원

특징
- 대부분 의사소통능력, 수리능력, 문제해결능력을 중심으로 출제(일부 기업의 경우 자원관리능력, 조직이해능력을 출제)
- 자료에 대한 추론 및 해석 능력을 요구

대행사
- 엑스퍼트컨설팅, 커리어넷, 태드솔루션, 한국행동과학연구소(행과연), 휴노 등

모듈형

| 문제해결능력

41 문제해결절차의 문제 도출 단계는 (가)와 (나)의 절차를 거쳐 수행된다. 다음 중 (가)에 대한 설명으로 적절하지 않은 것은?

(가)	→	(나)
전체 문제를 개별화된 이슈들로 세분화		문제에 영향력이 큰 핵심이슈를 선정

① 문제의 내용 및 영향 등을 파악하여 문제의 구조를 도출한다.
② 본래 문제가 발생한 배경이나 문제를 일으키는 메커니즘을 분명히 해야 한다.
③ 현상에 얽매이지 말고 문제의 본질과 실제를 봐야 한다.
④ 눈앞의 결과를 중심으로 문제를 바라봐야 한다.
⑤ 문제 구조 파악을 위해서 Logic Tree 방법이 주로 사용된다.

특징
- 이론 및 개념을 활용하여 푸는 유형
- 채용 기업 및 직무에 따라 NCS 직업기초능력평가 10개 영역 중 선발하여 출제
- 기업의 특성을 고려한 직무 관련 문제를 출제
- 주어진 상황에 대한 판단 및 이론 적용을 요구

대행사
- 인트로맨, 휴스테이션, ORP연구소 등

피듈형(PSAT형 + 모듈형)

| 자원관리능력

07 다음 자료를 근거로 판단할 때, 연구모임 A ~ E 중 세 번째로 많은 지원금을 받는 모임은?

〈지원계획〉

- 지원을 받기 위해서는 한 모임당 5명 이상 9명 미만으로 구성되어야 한다.
- 기본지원금은 모임당 1,500천 원을 기본으로 지원한다. 단, 상품개발을 위한 모임의 경우는 2,000천 원을 지원한다.
- 추가지원금

등급	상	중	하
추가지원금(천 원/명)	120	100	70

※ 추가지원금은 연구 계획 사전평가결과에 따라 달라진다.

- 협업 장려를 위해 협업이 인정되는 모임에는 위의 두 지원금을 합한 금액의 30%를 별도로 지원한다.

〈연구모임 현황 및 평가결과〉

특징
- 기초 및 응용 모듈을 구분하여 푸는 유형
- 기초인지모듈과 응용업무모듈로 구분하여 출제
- PSAT형보다 난도가 낮은 편
- 유형이 정형화되어 있고, 유사한 유형의 문제를 세트로 출제

대행사
- 사람인, 스카우트, 인크루트, 커리어케어, 트리피, 한국사회능력개발원 등

한국도로교통공단

글의 주제 ▶ 유형

2024년 적중

08 다음 글의 주제로 가장 적절한 것은?

최근에 사이버공동체를 중심으로 한 시민의 자발적 정치 참여 현상이 많은 관심을 끌고 있다. 이러한 현상과 관련하여 A의 연구가 새삼 주목 받고 있다. A의 연구에 따르면 공동체의 구성원이 됨으로써 얻게 되는 '사회적 자본'이 시민사회의 성숙과 민주주의 발전을 가져오는 원동력이다. A의 이론에서는 공동체에 대한 자발적 참여를 통해 사회 구성원 간의 상호 의무감과 신뢰, 구성원들이 공유하는 규칙과 관행, 사회적 유대 관계와 같은 사회적 자본이 늘어나면, 사회 구성원 간의 협조적인 행위가 가능하게 된다고 보았다. 더 나아가 A는 자원봉사자와 같이 공동체 참여도가 높은 사람이 투표할 가능성이 높고 정부 정책에 대한 의견 개진도 활발해지는 등 정치 참여도가 높아진다고 주장하였다.

몇몇 학자들은 A의 이론을 적용하여 면대면 접촉에 따른 인간관계의 산물인 사회적 자본이 사이버공동체에서도 충분히 형성될 수 있다고 보았다. 그리고 사이버공동체에서 사회적 자본의 증가는 곧 정치 참여도 활성화시킬 것으로 기대했다. 하지만 이러한 기대와는 달리 정치 참여가 활성화되지 않았다. 요즘 젊은이들을 보면 각종 사이버공동체에 자발적으로 참여하는 수준은 높지만 투표나 다른 정치 활동에는 무관심하거나 심지어 정치를 혐오하기도 한다. 이런 측면에서 A의 주장은 사이버공동체가 활성화된 오늘날에는 잘 맞지 않는다.

이러한 이유 때문에 오늘날 사이버공동체를 중심으로 한 정치 참여를 더 잘 이해하기 위해서 '정치적 자본' 개념의 도입이 필요하다. 정치적 자본은 사회적 자본의 구성 요소와는 달리 정치 정보의 습득과 이용, 정치적 토론과 대화, 정치적 효능감 등으로 구성된다. 정치적 자본은 사회적 자본과 마찬가지로 공동체 참여를 통해서 획득되지만, 정치 과정에의 관여를 촉진한다는 점에서 사회적 자본과는 구분될 필요가 있다. 사회적 자본만으로 정치 참여를 기대하기 어렵고, 사회적 자본과 정치 참여 사이를 정치적 자본이 매개할 때 비로소 정치 참여가 활성화된다.

① 사이버공동체를 통해 축적된 사회적 자본에 정치적 자본이 더해질 때 정치 참여가 활성화된다.
② 사회적 자본은 정치적 자본을 포함하기 때문에 그 자체로 정치 참여의 활성화를 가져온다.
③ 사회적 자본이 많은 사회는 정치 참여가 활발하기 때문에 적극적인 민주주의가 실현된다.
④ 사이버공동체의 특수성으로 인해 시민들의 정치 참여가 어렵게 되었다.

거리 ▶ 유형

2024년 적중

06 K공단에 근무 중인 S사원은 업무 계약 건으로 출장을 가야 한다. 시속 75km로 이동하던 중 점심시간이 되어 전체 거리의 40% 지점에 위치한 휴게소에서 30분 동안 점심을 먹었다. 시계를 확인하니 약속된 시간에 늦을 것 같아 시속 25km를 더 올려 이동하였더니, 출장지까지 총 3시간 20분이 걸려 도착하였다. K공단에서 출장지까지의 거리는?

① 100km
② 150km
③ 200km
④ 250km

코레일 한국철도공사

SWOT 분석 ▶ 유형

2024년 적중

01 다음은 K섬유회사에 대한 SWOT 분석 자료이다. 분석에 따른 대응 전략으로 적절한 것을 〈보기〉에서 모두 고르면?

S 강점	W 약점
• 첨단 신소재 관련 특허 다수 보유	• 신규 생산 설비 투자 미흡 • 브랜드의 인지도 부족
O 기회	**T 위협**
• 고기능성 제품에 대한 수요 증가 • 정부 주도의 문화 콘텐츠 사업 지원	• 중저가 의류용 제품의 공급 과잉 • 저임금의 개발도상국과 경쟁 심화

보기

ㄱ. SO전략으로 첨단 신소재를 적용한 고기능성 제품을 개발한다.
ㄴ. ST전략으로 첨단 신소재 관련 특허를 개발도상국의 경쟁업체에 무상 이전한다.
ㄷ. WO전략으로 문화 콘텐츠와 디자인을 접목한 신규 브랜드 개발을 통해 적극적으로 마케팅 한다.
ㄹ. WT전략으로 기존 설비에 대한 재투자를 통해 대량생산 체제로 전환한다.

① ㄱ, ㄷ
② ㄱ, ㄹ
③ ㄴ, ㄷ
④ ㄴ, ㄹ
⑤ ㄷ, ㄹ

농도 ▶ 유형

2024년 적중

02 농도가 10%인 소금물 200g에 농도가 15%인 소금물을 섞어서 13%인 소금물을 만들려고 한다. 이때, 농도가 15%인 소금물은 몇 g이 필요한가?

① 150g
② 200g
③ 250g
④ 300g
⑤ 350g

주요 공기업 적중 문제 TEST CHECK

LH 한국토지주택공사

증가율 ▶ 유형 2024년 적중

27 다음은 2022년 테니스 팀 A ~ E의 선수 인원수 및 총연봉과 각각의 전년 대비 증가율에 대한 자료이다. 이에 대한 설명으로 옳지 않은 것은?

〈2022년 테니스 팀 A ~ E의 선수 인원수 및 총연봉〉

(단위 : 명, 억 원)

테니스 팀	선수 인원수	총연봉
A	5	15
B	10	25
C	8	24
D	6	30
E	6	24

※ (팀 선수 평균 연봉)=$\frac{\text{(총연봉)}}{\text{(선수 인원수)}}$

〈2022년 테니스 팀 A ~ E의 선수 인원수 및 총연봉의 전년 대비 증가율〉

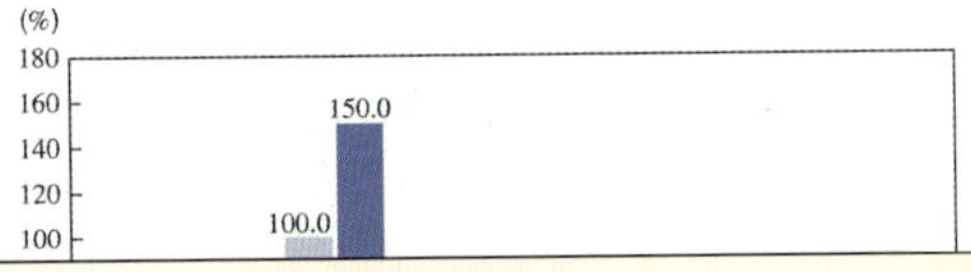

환경 ▶ 키워드 2024년 적중

40 다음 글과 〈보기〉를 근거로 할 때 가장 적절한 것은?

환경오염 및 예방 대책의 추진(제○○조)

환경부장관 및 시장·군수·구청장 등은 국가산업단지의 주변지역에 대한 환경기초조사를 정기적으로 실시하여야 하며 이를 기초로 하여 환경오염 및 예방 대책을 수립·시행하여야 한다.

환경기초조사의 방법·시기 등(제□□조)

전조(前條)에 따른 환경기초조사의 방법과 시기 등은 다음 각 호와 같다.

1. 환경기초조사의 범위는 지하수 및 지표수의 수질, 대기, 토양 등에 대한 계획·조사 및 치유대책을 포함한다.
2. 환경기초조사는 당해 기초지방자치단체장이 1단계 조사를 하고 환경부장관이 2단계 조사를 한다. 다만 1단계 조사결과에 의하여 정상지역으로 판정된 때는 2단계 조사를 하지 아니한다.
3. 제2호에 따른 1단계 조사는 그 조사 시행일 기준으로 3년마다 실시하고, 2단계 조사는 1단계 조사 판정일 이후 1개월 이내에 실시하여야 한다.

보기

- L시에는 갑, 을, 병 세 곳의 국가산업단지가 있다.
- L시 시장은 다음과 같이 세 개 단지의 주변지역에 대한 1단계 환경기초조사를 하였다. 2023년 1월 1일에 기록되어 있는 시행일, 판정일 및 판정 결과는 다음과 같다.

구분	1단계 조사 시행일	1단계 조사 판정일	결과
갑단지 주변지역	2021년 7월 1일	2022년 11월 30일	오염 지역
을단지 주변지역	2020년 3월 1일	2020년 9월 1일	오염 지역
병단지 주변지역	2021년 10월 1일	2022년 7월 1일	정상 지역

한국수자원공사

경우의 수 ▶ 유형

2024년 적중

20 영희는 과일을 주문하려 인터넷 쇼핑몰에 들어갔다. 쇼핑몰에서는 사과, 수박, 감, 귤, 바나나, 자두, 포도, 딸기 총 8개의 과일 중에서 최대 4개의 과일을 주문할 수 있다. 영희가 감, 귤, 포도, 딸기 4개 과일 중에서 최대 두 종류까지만 선택을 하고, 총 세 종류의 과일을 주문한다고 할 때, 영희가 주문할 수 있는 경우의 수는 몇 가지인가?

① 48가지
② 52가지
③ 56가지
④ 60가지

문단 나열 ▶ 유형

2024년 적중

01 다음 문단을 논리적 순서대로 바르게 나열한 것은?

(가) 그뿐 아니라, 자신을 알아주는 이, 즉 지기자(知己者)를 위해서라면 기꺼이 자신의 전부를 버릴 수 있어야 하며, 더불어 은혜는 은혜대로, 원수는 원수대로 자신이 받은 만큼 되갚기 위해 진력하여야 한다.
(나) 무공이 높다고 하여 반드시 협객으로 인정되지 않는 이유는 바로 이런 원칙에 위배되는 경우가 심심치 않게 발생하기 때문이다. 요컨대 협이란 사생취의(捨生取義)의 정신에 입각하여 살신성명(殺身成名)의 의지를 실천하는 것, 또는 그러한 실천을 기꺼이 감수할 준비가 되어 있는 상태를 뜻한다고 할 수 있다.
(다) 협으로 인정받기 위해서는 무엇보다도 절개와 의리를 숭상하여야 하며, 개인의 존엄을 중시하고 간악함을 제거하기 위해 노력해야만 한다. 신의(信義)를 목숨보다 중히 여길 것도 강조되는데, 여기서의 신의란 상대방을 향한 것인 동시에 스스로에게 해당되는 것이기도 하다.
(라) 무(武)와 더불어 보다 신중하게 다루어야 할 것이 '협(俠)'의 개념이다. 무협 소설에서 문제가 되는 협이란 무덕(武德), 즉 무인으로서의 덕망이나 인격과 관계가 되는 것으로, 이는 곧 무공 사용의 전제가 되는 기준 내지는 원칙이라고 할 수 있다.

① (나) – (다) – (가) – (라)
② (나) – (다) – (라) – (가)
③ (라) – (가) – (다) – (나)
④ (라) – (다) – (가) – (나)

도서 200% 활용하기 STRUCTURES

1 기출복원문제로 출제경향 파악

2024

하반기 주요 공기업

NCS 기출복원문제

정답 및 해설 p.002

| 코레일 한국철도공사 / 의사소통능력

01 다음 중 비언어적 요소인 쉼을 사용하는 경우로 적절하지 않은 것은?

① 양해나 동조를 구할 경우
② 상대방에게 반문을 할 경우
③ 이야기의 흐름을 바꿀 경우
④ 연단공포증을 극복하려는 경우
⑤ 이야기를 생략하거나 암시할 경우

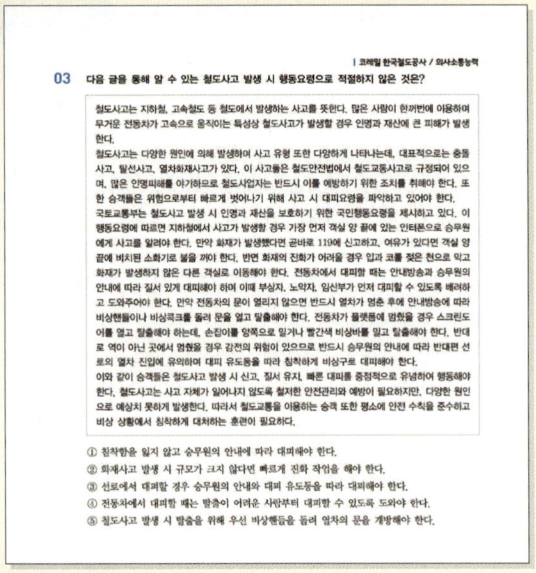
| 코레일 한국철도공사 / 의사소통능력

03 다음 글을 통해 알 수 있는 철도사고 발생 시 행동요령으로 적절하지 않은 것은?

철도사고는 지하철, 고속철도 등 철도에서 발생하는 사고를 뜻한다. 많은 사람이 한꺼번에 이용하며 무거운 전동차가 고속으로 움직이는 특성상 철도사고가 발생할 경우 인명과 재산에 큰 피해가 발생한다.
철도사고는 다양한 원인에 의해 발생하며 사고 유형 또한 다양하게 나타나는데, 대표적으로는 충돌사고, 탈선사고, 열차화재사고가 있다. 이 사고들은 철도안전법에서 철도교통사고로 규정되어 있으며, 많은 인명피해를 야기하므로 철도사업자는 반드시 이를 예방하기 위한 조치를 취해야 한다. 또한 승객들은 위험으로부터 빠르게 벗어나기 위해 사고 시 대피요령을 파악하고 있어야 한다.
국토교통부는 철도사고 발생 시 인명과 재산을 보호하기 위한 국민행동요령을 제시하고 있다. 이 행동요령에 따르면 지하철에서 사고가 발생할 경우 가장 먼저 객실 양 끝에 있는 인터폰으로 승무원에게 사고를 알려야 한다. 만약 화재가 발생했다면 곧바로 119에 신고하고, 여유가 있다면 객실 양 끝에 비치된 소화기로 불을 꺼야 한다. 반면 화재의 진화가 어려울 경우 입과 코를 젖은 천으로 막고 화재가 발생하지 않은 다른 객실로 이동해야 한다. 전동차에서 대피할 때는 안내방송과 승무원의 안내에 따라 질서 있게 대피해야 하며 이때 부상자, 노약자, 임산부가 먼저 대피할 수 있도록 배려하고 도와주어야 한다. 만약 전동차의 문이 열리지 않으면 반드시 열차가 멈춘 후에 안내방송에 따라 비상핸들이나 비상콕크를 돌려 문을 열고 탈출해야 한다. 전동차가 플랫폼에 멈췄을 경우 스크린도어를 열고 탈출해야 하는데, 손잡이를 양쪽으로 밀거나 빨간색 비상바를 밀고 탈출해야 한다. 반대로 역이 아닌 곳에서 멈췄을 경우 감전의 위험이 있으므로 반드시 승무원의 안내에 따라 반대편 선로의 열차 진입에 유의하며 대피 유도등을 따라 침착하게 비상구로 대피해야 한다.
이와 같이 승객들은 철도사고 발생 시 신고, 질서 유지, 빠른 대피를 중점적으로 유념하여 행동해야 한다. 철도사고는 사고 자체가 일어나지 않도록 철저한 안전관리와 예방이 필요하지만, 다양한 원인으로 예상치 못하게 발생한다. 따라서 철도교통을 이용하는 승객 또한 평소에 안전 수칙을 준수하고 비상 상황에서 침착하게 대처하는 훈련이 필요하다.

① 침착함을 잃지 않고 승무원의 안내에 따라 대피해야 한다.
② 화재사고 발생 시 규모가 크지 않다면 빠르게 진화 작업을 해야 한다.
③ 선로에서 대피할 경우 승무원의 안내와 대피 유도등을 따라 대피해야 한다.
④ 전동차에서 대피할 때는 탈출이 어려운 사람부터 대피할 수 있도록 도와야 한다.
⑤ 철도사고 발생 시 탈출을 위해 우선 비상핸들을 돌려 열차의 문을 개방해야 한다.

▸ 2024년 하반기 주요 공기업 NCS 기출복원문제를 수록하여 공기업별 NCS 필기시험의 경향을 파악할 수 있도록 하였다.

2 출제 영역 맞춤 문제로 필기시험 완벽 대비

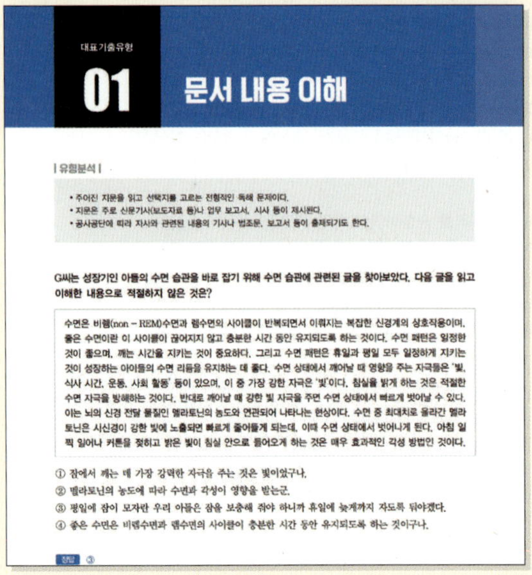
대표기출유형

01

문서 내용 이해

| 유형분석 |

• 주어진 지문을 읽고 선택지를 고르는 전형적인 독해 문제이다.
• 지문은 주로 신문기사(보도자료 등)나 업무 보고서, 시사 등이 제시된다.
• 공사공단에 따라 자사와 관련된 내용의 기사나 법조문, 보고서 등이 출제되기도 한다.

G씨는 성장기인 아들의 수면 습관을 바로 잡기 위해 수면 습관에 관련된 글을 찾아보았다. 다음 글을 읽고 이해한 내용으로 적절하지 않은 것은?

수면은 비렘(non-REM)수면과 렘수면의 사이클이 반복되면서 이뤄지는 복잡한 신경계의 상호작용이며, 좋은 수면이란 이 사이클이 끊어지지 않고 충분한 시간 동안 유지되도록 하는 것이다. 수면 패턴은 일정한 것이 좋으며, 깨는 시간을 지키는 것이 중요하다. 그리고 수면 패턴은 휴일과 평일 모두 일정하게 지키는 것이 성장하는 아이들의 수면 리듬을 유지하는 데 좋다. 수면 상태에서 깨어날 때 영향을 주는 자극들은 '빛, 식사 시간, 운동, 사회 활동' 등이 있으며, 이 중 가장 강한 자극은 '빛'이다. 침실을 밝게 하는 것은 적절한 수면 자극을 방해하는 것이다. 반대로 깨어날 때 강한 빛 자극을 주면 수면 상태에서 빠르게 벗어날 수 있다. 이는 뇌의 신경 전달 물질인 멜라토닌의 농도와 연관되어 나타나는 현상이다. 수면 중 최대치로 올라간 멜라토닌은 시신경이 강한 빛에 노출되면 빠르게 줄어들게 되는데, 이때 수면 상태에서 벗어나게 된다. 아침 일찍 일어나 커튼을 젖히고 밝은 빛이 침실 안으로 들어오게 하는 것은 매우 효과적인 각성 방법인 것이다.

① 잠에서 깨는 데 가장 강력한 자극을 주는 것은 빛이었구나.
② 멜라토닌의 농도에 따라 수면과 각성이 영향을 받는군.
③ 평일에 잠이 모자란 우리 아들은 잠을 보충해 줘야 하니까 휴일에 늦게까지 자도록 둬야겠다.
④ 좋은 수면은 비렘수면과 렘수면의 사이클이 충분한 시간 동안 유지되도록 하는 것이구나.

정답 ③

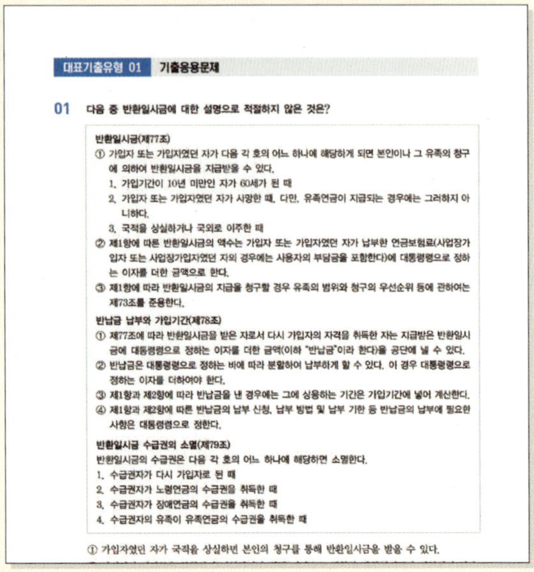
대표기출유형 01 기출응용문제

01 다음 중 반환일시금에 대한 설명으로 적절하지 않은 것은?

반환일시금(제77조)
① 가입자 또는 가입자였던 자가 다음 각 호의 어느 하나에 해당하게 되면 본인이나 그 유족의 청구에 의하여 반환일시금을 지급받을 수 있다.
1. 가입기간이 10년 미만인 자가 60세가 된 때
2. 가입자 또는 가입자였던 자가 사망한 때. 다만, 유족연금이 지급되는 경우에는 그러하지 아니하다.
3. 국적을 상실하거나 국외로 이주한 때
② 제1항에 따른 반환일시금의 액수는 가입자 또는 가입자였던 자가 납부한 연금보험료(사업장가입자 또는 사업장가입자였던 자의 경우에는 사용자의 부담금을 포함한다)에 대통령령으로 정하는 이자를 더한 금액으로 한다.
③ 제1항에 따른 반환일시금의 지급을 청구할 경우 유족의 범위와 청구의 우선순위 등에 관하여는 제73조를 준용한다.

반납금 납부와 가입기간(제78조)
① 제77조에 따라 반환일시금을 받은 자로서 다시 가입자의 자격을 취득한 자는 지급받은 반환일시금에 대통령령으로 정하는 이자를 더한 금액(이하 "반납금"이라 한다)을 공단에 낼 수 있다.
② 반납금은 대통령령으로 정하는 바에 따라 분할하여 납부하게 할 수 있다. 이 경우 대통령령으로 정하는 이자를 더하여야 한다.
③ 제1항과 제2항에 따라 반납금을 낸 경우에는 그에 상응하는 기간은 가입기간에 넣어 계산한다.
④ 제1항과 제2항에 따른 반납금의 납부 신청, 납부 방법 및 납부 기한 등 반납금의 납부에 필요한 사항은 대통령령으로 정한다.

반환일시금 수급권의 소멸(제79조)
반환일시금의 수급권은 다음 각 호의 어느 하나에 해당하면 소멸한다.
1. 수급권자가 다시 가입자로 된 때
2. 수급권자가 노령연금의 수급권을 취득한 때
3. 수급권자가 장애연금의 수급권을 취득한 때
4. 수급권자의 유족이 유족연금의 수급권을 취득한 때

① 가입자였던 자가 국적을 상실하면 본인의 청구를 통해 반환일시금을 받을 수 있다.

▸ 직업기초능력 대표기출유형&기출응용문제를 수록하여 유형별로 대비할 수 있도록 하였다.

3 최종점검 모의고사 + OMR을 활용한 실전 연습

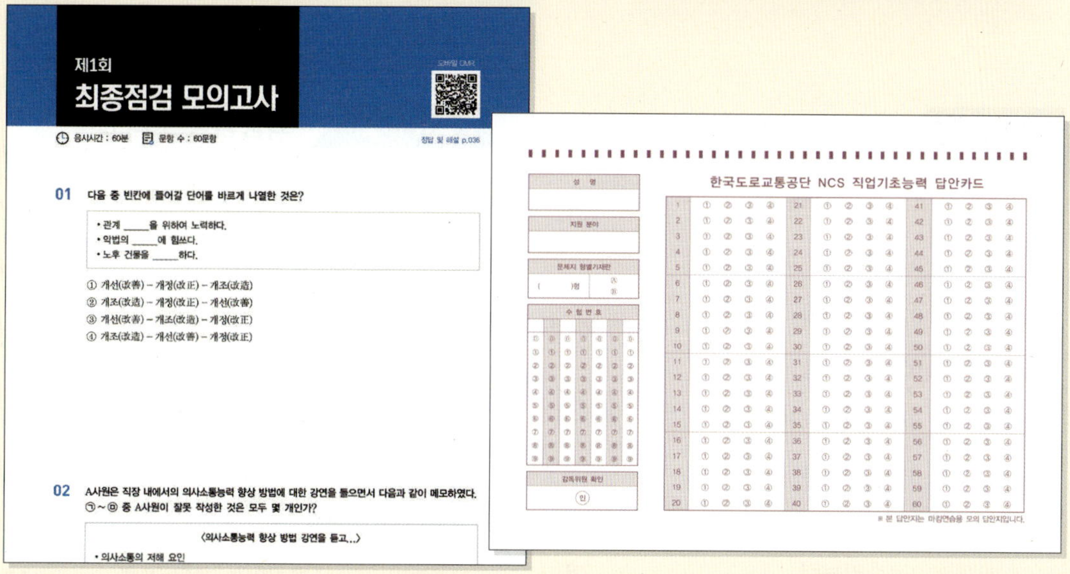
제1회
최종점검 모의고사

응시시간 : 60분 문항 수 : 60문항

정답 및 해설 p.036

01 다음 중 빈칸에 들어갈 단어를 바르게 나열한 것은?

• 관계 _____을 위하여 노력하다.
• 악법의 _____에 힘쓰다.
• 노후 건물을 _____하다.

① 개선(改善) – 개정(改正) – 개조(改造)
② 개조(改造) – 개정(改正) – 개선(改善)
③ 개선(改善) – 개조(改造) – 개정(改正)
④ 개조(改造) – 개선(改善) – 개정(改正)

02 A사원은 직장 내에서의 의사소통능력 향상 방법에 대한 강연을 들으면서 다음과 같이 메모하였다. ㉠~㉥ 중 A사원이 잘못 작성한 것은 모두 몇 개인가?

<의사소통능력 향상 방법 강연을 듣고...>

• 의사소통의 저해 요인

▸ 철저한 분석을 통해 실제 유형과 유사한 최종점검 모의고사를 수록하여 자신의 실력을 점검할 수 있도록 하였다.
▸ 모바일 OMR 답안채점/성적분석 서비스를 통해 필기시험에 대비할 수 있도록 하였다.

4 인성검사부터 면접까지 한 권으로 최종 마무리

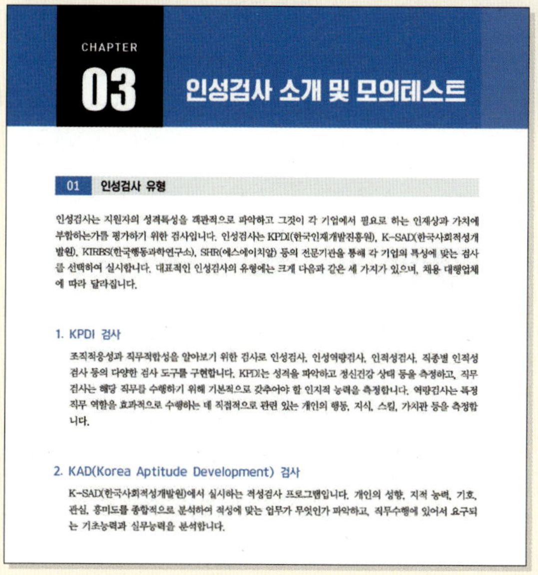
CHAPTER 03 인성검사 소개 및 모의테스트

01 인성검사 유형

인성검사는 지원자의 성격특성을 객관적으로 파악하고 그것이 각 기업에서 필요로 하는 인재상과 가치에 부합하는가를 평가하기 위한 검사입니다. 인성검사는 KPDI(한국인재개발진흥원), K-SAD(한국사회적성개발원), KIRBS(한국행동과학연구소), SHR(에스에이치알) 등의 전문기관을 통해 각 기업의 특성에 맞는 검사를 선택하여 실시합니다. 대표적인 인성검사의 유형에는 크게 다음과 같은 세 가지가 있으며, 채용 대행업체에 따라 달라집니다.

1. KPDI 검사

조직적응성과 직무적합성을 알아보기 위한 검사로 인성검사, 인성역량검사, 인적성검사, 직종별 인적성검사 등의 다양한 검사 도구를 구현합니다. KPDI는 성격을 파악하고 정신건강 상태 등을 측정하고, 직무검사는 해당 직무를 수행하기 위해 기본적으로 갖추어야 할 인지적 능력을 측정합니다. 역량검사는 특정 직무 역할을 효과적으로 수행하는 데 직접적으로 관련 있는 개인의 행동, 지식, 스킬, 가치관 등을 측정합니다.

2. KAD(Korea Aptitude Development) 검사

K-SAD(한국사회적성개발원)에서 실시하는 적성검사 프로그램입니다. 개인의 성향, 지적 능력, 기호, 관심, 흥미도를 종합적으로 분석하여 적성에 맞는 업무가 무엇인가 파악하고, 직무수행에 있어서 요구되는 기초능력과 실무능력을 분석합니다.

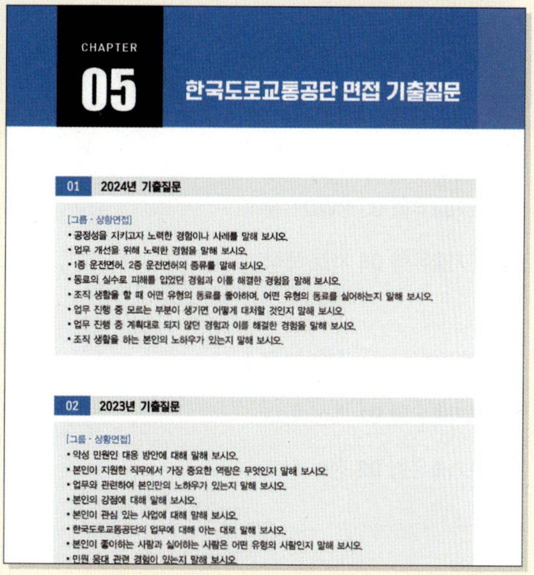
CHAPTER 05 한국도로교통공단 면접 기출질문

01 2024년 기출질문

[그룹 · 상황면접]
• 공정성을 지키고자 노력한 경험이나 사례를 말해 보시오.
• 업무 개선을 위해 노력한 경험을 말해 보시오.
• 1종 운전면허, 2종 운전면허의 종류를 말해 보시오.
• 동료의 실수로 피해를 입었던 경험과 이를 해결한 경험을 말해 보시오.
• 조직 생활을 할 때 어떤 유형의 동료를 좋아하며, 어떤 유형의 동료를 싫어하는지 말해 보시오.
• 업무 진행 중 모르는 부분이 생기면 어떻게 대처할 것인지 말해 보시오.
• 업무 진행 중 계획대로 되지 않던 경험과 이를 해결한 경험을 말해 보시오.
• 조직 생활을 하는 본인의 노하우가 있는지 말해 보시오.

02 2023년 기출질문

[그룹 · 상황면접]
• 악성 민원인 대응 방안에 대해 말해 보시오.
• 본인이 지원한 직무에서 가장 중요한 역량은 무엇인지 말해 보시오.
• 업무와 관련하여 본인만의 노하우가 있는지 말해 보시오.
• 본인의 강점에 대해 말해 보시오.
• 본인이 관심 있는 사업에 대해 말해 보시오.
• 한국도로교통공단의 업무에 대해 아는 대로 말해 보시오.
• 본인이 좋아하는 사람과 싫어하는 사람은 어떤 유형의 사람인지 말해 보시오.
• 민원 응대 관련 경험이 있는지 말해 보시오.

▸ 인성검사 모의테스트를 수록하여 인성검사 유형 및 문항을 확인할 수 있도록 하였다.
▸ 한국도로교통공단 면접 기출질문을 수록하여 면접에서 나오는 질문을 미리 파악하고 연습할 수 있도록 하였다.

이 책의 차례 CONTENTS

Add+

2024년 하반기 주요 공기업 NCS 기출복원문제

2024 하반기 주요 공기업 NCS 기출복원문제

정답 및 해설 p.002

| 코레일 한국철도공사 / 의사소통능력

01 다음 중 비언어적 요소인 쉼을 사용하는 경우로 적절하지 않은 것은?

① 양해나 동조를 구할 경우
② 상대방에게 반문을 할 경우
③ 이야기의 흐름을 바꿀 경우
④ 연단공포증을 극복하려는 경우
⑤ 이야기를 생략하거나 암시할 경우

| 코레일 한국철도공사 / 의사소통능력

02 다음 밑줄 친 부분에 해당하는 키슬러의 대인관계 의사소통 유형은?

> 의사소통 시 <u>이 유형</u>의 사람은 따뜻하고 인정이 많고 자기희생적이나 타인의 요구를 거절하지 못하므로 타인과의 정서적인 거리를 유지하는 노력이 필요하다.

① 지배형
② 사교형
③ 친화형
④ 고립형
⑤ 순박형

03 다음 글을 통해 알 수 있는 철도사고 발생 시 행동요령으로 적절하지 않은 것은?

> 철도사고는 지하철, 고속철도 등 철도에서 발생하는 사고를 뜻한다. 많은 사람이 한꺼번에 이용하며 무거운 전동차가 고속으로 움직이는 특성상 철도사고가 발생할 경우 인명과 재산에 큰 피해가 발생한다.
> 철도사고는 다양한 원인에 의해 발생하며 사고 유형 또한 다양하게 나타나는데, 대표적으로는 충돌사고, 탈선사고, 열차화재사고가 있다. 이 사고들은 철도안전법에서 철도교통사고로 규정되어 있으며, 많은 인명피해를 야기하므로 철도사업자는 반드시 이를 예방하기 위한 조치를 취해야 한다. 또한 승객들은 위험으로부터 빠르게 벗어나기 위해 사고 시 대피요령을 파악하고 있어야 한다.
> 국토교통부는 철도사고 발생 시 인명과 재산을 보호하기 위한 국민행동요령을 제시하고 있다. 이 행동요령에 따르면 지하철에서 사고가 발생할 경우 가장 먼저 객실 양 끝에 있는 인터폰으로 승무원에게 사고를 알려야 한다. 만약 화재가 발생했다면 곧바로 119에 신고하고, 여유가 있다면 객실 양 끝에 비치된 소화기로 불을 꺼야 한다. 반면 화재의 진화가 어려울 경우 입과 코를 젖은 천으로 막고 화재가 발생하지 않은 다른 객실로 이동해야 한다. 전동차에서 대피할 때는 안내방송과 승무원의 안내에 따라 질서 있게 대피해야 하며 이때 부상자, 노약자, 임산부가 먼저 대피할 수 있도록 배려하고 도와주어야 한다. 만약 전동차의 문이 열리지 않으면 반드시 열차가 멈춘 후에 안내방송에 따라 비상핸들이나 비상콕크를 돌려 문을 열고 탈출해야 한다. 전동차가 플랫폼에 멈췄을 경우 스크린도어를 열고 탈출해야 하는데, 손잡이를 양쪽으로 밀거나 빨간색 비상바를 밀고 탈출해야 한다. 반대로 역이 아닌 곳에서 멈췄을 경우 감전의 위험이 있으므로 반드시 승무원의 안내에 따라 반대편 선로의 열차 진입에 유의하며 대피 유도등을 따라 침착하게 비상구로 대피해야 한다.
> 이와 같이 승객들은 철도사고 발생 시 신고, 질서 유지, 빠른 대피를 중점적으로 유념하여 행동해야 한다. 철도사고는 사고 자체가 일어나지 않도록 철저한 안전관리와 예방이 필요하지만, 다양한 원인으로 예상치 못하게 발생한다. 따라서 철도교통을 이용하는 승객 또한 평소에 안전 수칙을 준수하고 비상 상황에서 침착하게 대처하는 훈련이 필요하다.

① 침착함을 잃지 않고 승무원의 안내에 따라 대피해야 한다.
② 화재사고 발생 시 규모가 크지 않다면 빠르게 진화 작업을 해야 한다.
③ 선로에서 대피할 경우 승무원의 안내와 대피 유도등을 따라 대피해야 한다.
④ 전동차에서 대피할 때는 탈출이 어려운 사람부터 대피할 수 있도록 도와야 한다.
⑤ 철도사고 발생 시 탈출을 위해 우선 비상핸들을 돌려 열차의 문을 개방해야 한다.

04 다음 글을 통해 알 수 있는 하향식 읽기 모형의 사례로 적절하지 않은 것은?

> 글을 읽는 것은 단순히 책에 쓰인 문자를 해독하는 것이 아니라 그 안에 담긴 의미를 파악하는 과정이다. 그렇다면 사람들은 어떤 방식으로 글의 의미를 파악할까? 세상의 모든 어휘를 알고 있는 사람은 없을 것이다. 그러나 대부분의 사람들, 특히 고등교육을 받은 성인들은 자신이 잘 모르는 어휘가 있더라도 글의 전체적인 맥락과 의미를 파악할 수 있다. 이를 설명해 주는 것이 바로 하향식 읽기 모형이다.
>
> 하향식 읽기 모형은 독자가 이미 알고 있는 배경지식과 경험을 바탕으로 글의 전체적인 맥락을 먼저 파악하는 방식이다. 하향식 읽기 모형은 독자의 능동적인 참여를 활용하는 읽기로, 여기서 독자는 단순히 글을 받아들이는 수동적인 존재가 아니라 자신의 지식과 경험을 활용하여 글의 의미를 구성해 나가는 주체적인 역할을 한다. 이때 독자는 글의 내용을 예측하고 추론하며, 심지어 자신의 생각을 더하여 글에 대한 이해를 넓혀갈 수 있다.
>
> 하향식 읽기 모형의 장점은 빠르고 효율적인 독서가 가능하다는 것이다. 글의 전체적인 맥락을 먼저 파악하기 때문에 글의 핵심 내용을 빠르게 파악할 수 있고, 배경지식을 활용하여 더 깊이 있는 이해를 얻을 수 있다. 또한 예측과 추론을 통한 능동적인 독서는 독서에 대한 흥미를 높여 주는 효과도 있다.
>
> 그러나 하향식 읽기 모형은 독자의 배경지식에 의존하여 읽는 방법이므로 배경지식이 부족한 경우 글의 의미를 정확하게 파악하기 어려울 수 있으며, 배경지식에 의존하여 오해를 할 가능성도 크다. 또한 글의 내용이 복잡하다면 많은 배경지식을 가지고 있더라도 글의 맥락을 적극적으로 가정하거나 추측하기 어려운 것 또한 하향식 읽기 모형의 단점이 된다.
>
> 하향식 읽기 모형은 글의 내용을 빠르게 이해하고 독자 스스로 내면화할 수 있으므로 독서 능력 향상에 유용한 방법이다. 그러나 모든 글에 동일하게 적용할 수 있는 읽기 모형은 아니므로 글의 종류와 독자의 배경지식에 따라 적절한 읽기 전략을 사용해야 한다. 따라서 하향식 읽기 모형과 함께 상향식 읽기(문자의 정확한 해독), 주석 달기, 소리 내어 읽기 등 다양한 읽기 전략을 활용하여야 한다.

① 회의 자료를 읽기 전 회의 주제를 먼저 파악하여 회의 안건을 예상하였다.

② 기사의 헤드라인을 먼저 읽어 기사의 내용을 유추한 뒤 상세 내용을 읽었다.

③ 제품 설명서를 읽어 제품의 기능과 각 버튼의 용도를 파악하고 기계를 작동시켰다.

④ 요리법의 전체적인 조리 과정을 파악하고 단계별로 필요한 재료와 순서를 확인하였다.

⑤ 서문이나 목차를 통해 책의 전체적인 흐름을 파악하고 관심 있는 부분을 집중적으로 읽었다.

코레일 한국철도공사 / 수리능력

05 농도가 15%인 소금물 200g과 농도가 20%인 소금물 300g을 섞었을 때, 섞인 소금물의 농도는?

① 17%
② 17.5%
③ 18%
④ 18.5%
⑤ 19%

코레일 한국철도공사 / 수리능력

06 남직원 A ~ C, 여직원 D ~ F 6명이 일렬로 앉고자 한다. 여직원끼리 인접하지 않고, 여직원 D와 남직원 B가 서로 인접하여 앉는 경우의 수는?

① 12가지
② 20가지
③ 40가지
④ 60가지
⑤ 120가지

코레일 한국철도공사 / 수리능력

07 다음과 같이 일정한 규칙으로 수를 나열할 때 빈칸에 들어갈 수로 옳은 것은?

−23	−15	−11	5	13	25	( )	45	157	65

① 49
② 53
③ 57
④ 61
⑤ 65

08 다음은 K시의 유치원, 초 · 중 · 고등학교, 고등교육기관의 취학률 및 초 · 중 · 고등학교의 상급학교 진학률에 대한 자료이다. 이에 대한 설명으로 옳지 않은 것은?

〈유치원, 초 · 중 · 고등학교, 고등교육기관 취학률〉

(단위 : %)

구분	2014년	2015년	2016년	2017년	2018년	2019년	2020년	2021년	2022년	2023년
유치원	45.8	45.2	48.3	50.6	51.6	48.1	44.3	45.8	49.7	52.8
초등학교	98.7	99	98.6	98.9	99.3	99.6	98.1	98.1	99.5	99.9
중학교	98.5	98.6	98.1	98	98.9	98.5	97.1	97.6	97.5	98.2
고등학교	95.3	96.9	96.2	95.4	96.2	94.7	92.1	93.7	95.2	95.6
고등교육기관	65.6	68.9	64.9	66.2	67.5	69.2	70.8	71.7	74.3	73.5

〈초 · 중 · 고등학교 상급학교 진학률〉

(단위 : %)

구분	2014년	2015년	2016년	2017년	2018년	2019년	2020년	2021년	2022년	2023년
초등학교	100	100	100	100	100	100	100	100	100	100
중학교	99.7	99.7	99.7	99.7	99.7	99.7	99.7	99.7	99.7	99.6
고등학교	93.5	91.8	90.2	93.2	91.7	90.5	91.4	92.6	93.9	92.8

① 중학교의 취학률은 매년 97% 이상이다.

② 매년 취학률이 가장 높은 기관은 초등학교이다.

③ 고등교육기관의 취학률이 70%를 넘긴 해는 2020년부터이다.

④ 2023년에 중학교에서 고등학교로 진학하지 않은 학생의 비율은 전년 대비 감소하였다.

⑤ 고등교육기관의 취학률이 가장 낮은 해와 고등학교의 상급학교 진학률이 가장 낮은 해는 같다.

09 다음은 A기업과 B기업의 2024년 1 ~ 6월 매출액에 대한 자료이다. 이를 그래프로 옮겼을 때의 개형으로 옳은 것은?

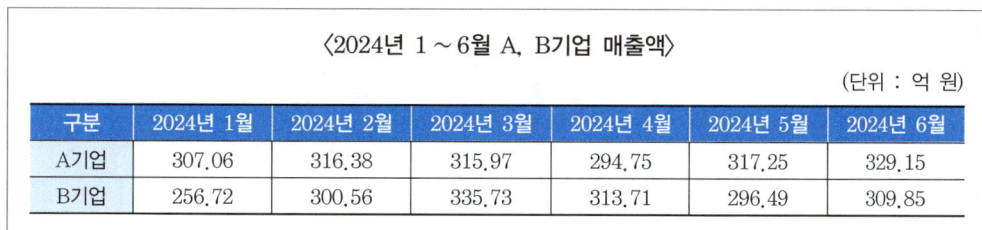

〈2024년 1 ~ 6월 A, B기업 매출액〉

(단위 : 억 원)

구분	2024년 1월	2024년 2월	2024년 3월	2024년 4월	2024년 5월	2024년 6월
A기업	307.06	316.38	315.97	294.75	317.25	329.15
B기업	256.72	300.56	335.73	313.71	296.49	309.85

①
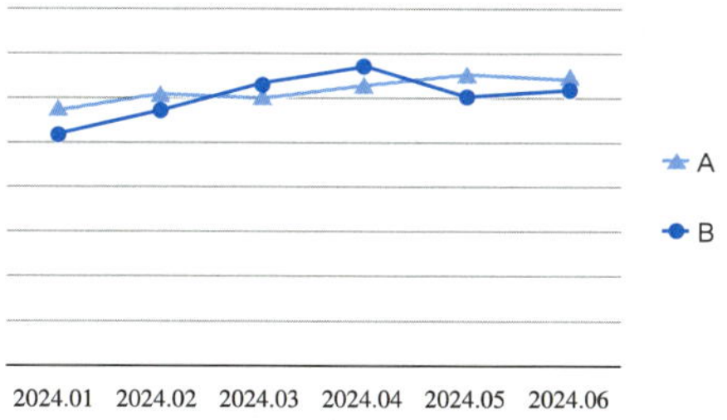

②
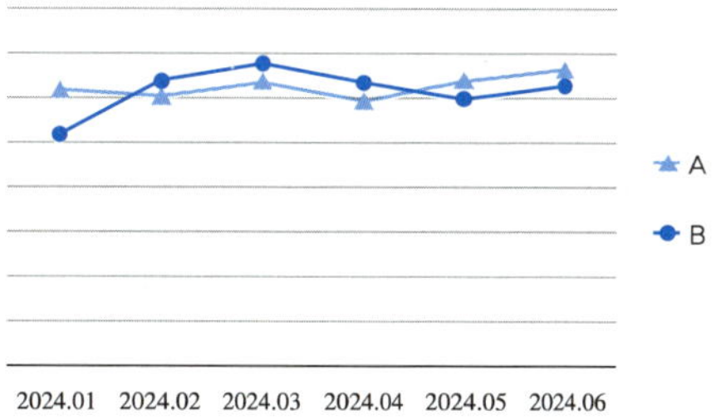

③
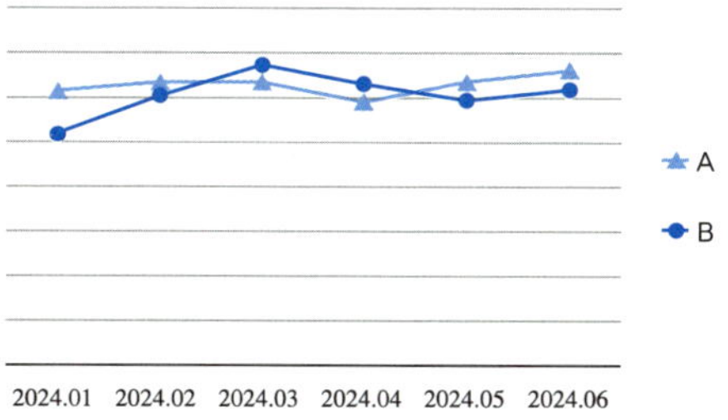

④
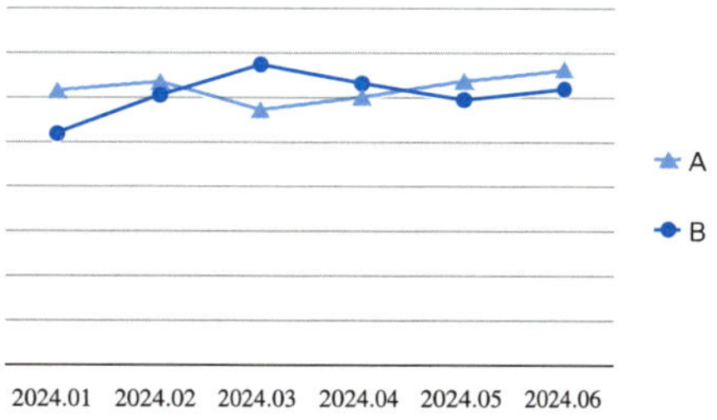

⑤
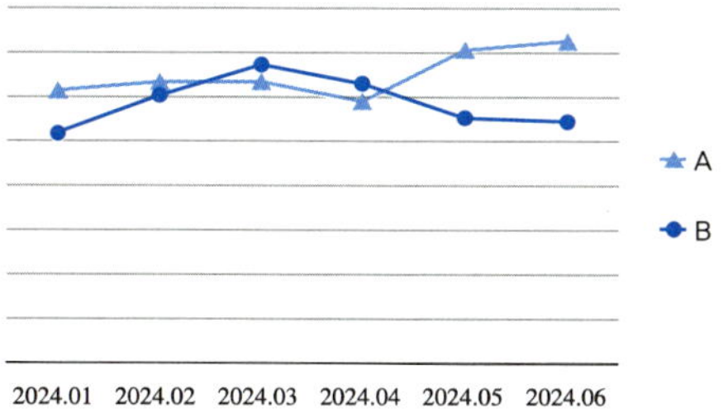

10 다음은 스마트 팜을 운영하는 K사에 대한 SWOT 분석 결과이다. 이에 따른 전략이 나머지와 다른 것은?

〈K사 스마트 팜 SWOT 분석 결과〉

구분		분석 결과
내부환경요인	강점 (Strength)	• 차별화된 기술력 : 기존 스마트 팜 솔루션과 차별화된 센서 기술, AI 기반 데이터 분석 기술 보유 • 젊고 유연한 조직 : 빠른 의사결정과 시장 변화에 대한 적응력 • 정부 사업 참여 경험 : 스마트 팜 관련 정부 사업 참여 가능성
	약점 (Weakness)	• 자금 부족 : 연구개발, 마케팅 등에 필요한 자금 확보 어려움 • 인력 부족 : 다양한 분야의 전문 인력 확보 필요 • 개발력 부족 : 신규 기술 개발 속도 느림
외부환경요인	기회 (Opportunity)	• 스마트 팜 시장 성장 : 스마트 팜에 대한 관심 증가와 이에 따른 정부의 적극적인 지원 • 해외 시장 진출 가능성 : 글로벌 스마트 팜 시장 진출 기회 확대 • 활발한 관련 연구 : 스마트 팜 관련 공동연구 및 포럼, 설명회 등 정보 교류가 활발하게 논의
	위협 (Threat)	• 경쟁 심화 : 후발 주자의 등장과 기존 대기업의 시장 장악 가능성 • 기술 변화 : 빠르게 변화하는 기술 트렌드에 대한 대응 어려움 • 자연재해 : 기후 변화 등 예측 불가능한 자연재해로 인한 피해 가능성

① 정부 지원을 바탕으로 연구개발에 필요한 자금을 확보

② 스마트 팜 관련 공동연구에 참가하여 빠르게 신규 기술을 확보

③ 스마트 팜에 대한 높은 관심을 바탕으로 온라인 펀딩을 통해 자금을 확보

④ 포럼 등 설명회에 적극적으로 참가하여 전문 인력 확충을 위한 인맥을 확보

⑤ 스마트 팜 관련 정부 사업 참여 경험을 바탕으로 정부의 적극적인 지원을 확보

11 다음 대화에서 공통적으로 나타나는 논리적 오류로 가장 적절한 것은?

A : 반려견 출입 금지라고 쓰여 있는 카페에 갔는데 거절당했어. 반려견 출입 금지면 고양이는 괜찮은 거 아니야?
B : 어제 직장동료가 "조심히 들어가세요."라고 했는데 집에 들어갈 때만 조심하라는 건가?
C : 친구가 비가 와서 우울하다고 했는데, 비가 안 오면 행복해지겠지?
D : 이웃을 사랑하라는 선생님의 가르침을 실천하기 위해 사기를 저지른 이웃을 숨겨 주었어.
E : 의사가 건강을 위해 채소를 많이 먹으라고 하던데 앞으로는 채소만 먹으면 되겠어.
F : 긍정적인 생각을 하면 좋은 일이 생기니까 아무리 나쁜 일이 있어도 긍정적으로만 생각하면 될 거야.

① 무지의 오류
② 연역법의 오류
③ 과대해석의 오류
④ 허수아비 공격의 오류
⑤ 권위나 인신공격에 의존한 논증

12 A～E열차를 운행거리가 가장 긴 순서대로 나열하려고 한다. 운행시간 및 평균 속력이 다음과 같을 때, C열차는 몇 번째로 운행거리가 긴 열차인가?(단, 열차 대기시간은 고려하지 않는다)

〈A～E열차 운행시간 및 평균 속력〉

구분	운행시간	평균 속력
A열차	900분	50m/s
B열차	10시간 30분	150km/h
C열차	8시간	55m/s
D열차	720분	2.5km/min
E열차	10시간	2.7km/min

① 첫 번째
② 두 번째
③ 세 번째
④ 네 번째
⑤ 다섯 번째

13 다음 글에서 나타난 문제해결 절차의 단계로 가장 적절한 것은?

> K대학교 기숙사는 최근 학생들의 불만이 끊이지 않고 있다. 특히, 식사의 질이 낮고, 시설이 노후화되었으며, 인터넷 연결 상태가 불안정하다는 의견이 많았다. 이에 K대학교 기숙사 운영위원회는 문제해결을 위해 긴급회의를 소집했다.
> 회의에서 학생 대표들은 식단의 다양성 부족, 식재료의 신선도 문제, 식당 내 위생 상태 불량 등을 지적했다. 또한, 시설 관리 담당자는 건물 외벽의 균열, 낡은 가구, 잦은 누수 현상 등 시설 노후화 문제를 강조했다. IT 담당자는 기숙사 내 와이파이 연결 불안정, 인터넷 속도 저하 등 통신환경 문제를 제기했다.
> 기숙사 운영위원회는 이러한 다양한 의견을 종합하여 문제를 더욱 구체적으로 분석하기로 결정했다. 먼저, 식사 문제의 경우 학생들의 식습관 변화에 따른 메뉴 구성의 문제, 식자재 조달 과정의 비효율성, 조리 시설의 부족 등의 문제를 파악했다. 시설 문제는 건물의 노후화로 인한 안전 문제, 에너지 효율 저하, 학생들의 편의성 저하 등으로 세분화했다. 마지막으로, 통신환경 문제는 기존 네트워크 장비의 노후화, 학생 수 증가에 따른 네트워크 부하 증가 등의 세부 문제가 제시되었다.

① 문제 인식
② 문제 도출
③ 원인 분석
④ 해결안 개발
⑤ 실행 및 평가

14 다음 중 빈칸에 들어갈 단어로 가장 적절한 것은?

> 감사원의 조사 결과 J공사는 공공사업을 위해 투입된 세금을 본래의 목적에 사용하지 않고 무단으로 ______했음이 밝혀졌다.

① 전용(轉用)
② 남용(濫用)
③ 적용(適用)
④ 활용(活用)
⑤ 준용(遵用)

15 다음 중 비행을 하기 위한 시조새의 신체 조건으로 가장 적절한 것은?

시조새(Archaeopteryx)는 약 1억 5천만 년 전 중생대 쥐라기 시대에 살았던 고대 생물로, 조류와 공룡의 중간 단계에 위치한 생물이다. 1861년 독일 바이에른 지방에 있는 졸른호펜 채석장에서 화석이 발견된 이후, 시조새는 조류의 기원과 공룡에서 새로의 진화 과정을 밝히는 데 중요한 단서를 제공해 왔다. '시조(始祖)'라는 이름에서 알 수 있듯이 시조새는 현대 조류의 조상으로 여겨지며 고생물학계에서 매우 중요한 연구 대상으로 취급된다.
시조새는 오늘날의 새와는 여러 가지 차이점이 있다. 이빨이 있는 부리, 긴 척추뼈로 이루어진 꼬리, 그리고 날개에 있는 세 개의 갈고리 발톱은 공룡의 특징을 잘 보여준다. 비록 현대 조류처럼 가슴뼈가 비행에 최적화된 형태로 발달되지는 않았지만, 갈비뼈와 팔에 강한 근육이 붙어있어 짧은 거리를 활강하거나 나뭇가지 사이를 오르내리며 이동할 수 있었던 것으로 추정된다.
한편, 시조새는 비대칭형 깃털을 가진 최초의 동물 중 하나로, 이는 비행을 하기에 적합한 형태이다. 시조새의 깃털은 현대의 날 수 있는 조류처럼 바람을 맞는 곳의 깃털은 짧고, 뒤쪽은 긴 형태인데, 이러한 비대칭형 깃털은 양력을 제공해 짧은 거리의 활강을 가능하게 했으며, 새의 조상으로서 비행의 초기 형태를 보여준다. 이로 인해 시조새는 공룡에서 새로 이어지는 진화 과정을 이해하는 데 있어 중요한 생물학적 증거로 여겨지고 있다.
시조새의 화석 연구는 당시의 생태계에 대한 정보도 제공하고 있다. 시조새는 열대 우림이나 활엽수림 근처에서 생활하며 나뭇가지를 오르내렸을 가능성이 큰 것으로 추정된다. 시조새의 이동 방식에 대해서는 여러 가설이 존재하지만, 짧은 거리의 활강을 통해 먹이를 찾고 이동했을 것이라는 주장이 유력하다.
결론적으로 시조새는 공룡과 새의 특성을 모두 가진 중간 단계의 생물로, 진화의 과정을 이해하는 데 핵심적인 역할을 한다. 시조새의 다양한 신체적 특징들은 공룡에서 새로 이어지는 진화의 연결 고리를 보여주며, 조류 비행의 기원을 이해하는 중요한 증거로 평가된다.

① 날개 사이에 근육질의 익막이 있다.
② 날개에는 세 개의 갈고리 발톱이 있다.
③ 날개의 깃털이 비대칭 구조로 형성되어 있다.
④ 척추뼈가 꼬리까지 이어지는 유선형 구조이다.
⑤ 현대 조류처럼 가슴뼈가 비행에 최적화된 구조이다.

16 다음 글의 주제로 가장 적절한 것은?

> 사람들에게 의학을 대표하는 인물을 물어본다면 대부분 히포크라테스(Hippocrates)를 떠올릴 것이다. 히포크라테스는 당시 신의 징벌이나 초자연적인 힘으로 생각되었던 질병을 관찰을 통해 자연적 현상으로 이해하였고, 당시 마술이나 철학으로 여겨졌던 의학을 분리하였다. 이에 따라 의사라는 직업이 과학적인 기반 위에 만들어지게 되었다. 현재에는 의학의 아버지로 불리며 히포크라테스 선서라고 불리는 의사의 윤리적 기준을 저술한 것으로 알려져 있다. 이처럼 히포크라테스는 서양의학의 상징으로 받아들여지지만, 서양의학에 절대적인 영향을 준 사람은 클라우디오스 갈레노스(Claudius Galenus)이다.
>
> 갈레노스는 로마 시대 검투사 담당의에서 황제 마르쿠스 아우렐리우스의 주치의로 활동한 의사로, 해부학, 생리학, 병리학에 걸친 방대한 의학체계를 집대성하여 이후 1,000년 이상 서양의학의 토대를 닦았다. 당시에는 인체의 해부가 금지되어 있었기 때문에 갈레노스는 원숭이, 돼지 등을 사용하여 해부학적 지식을 쌓았으며, 임상 실험을 병행하여 의학적 지식을 확립하였다. 이러한 해부 및 실험을 통해 갈레노스는 여러 장기의 기능을 밝히고, 근육과 뼈를 구분하였으며, 심장의 판막이나 정맥과 동맥의 차이점 등을 밝혀내거나, 혈액이 혈관을 통해 신체 말단까지 퍼져나가며 신진대사를 조절하는 물질을 운반한다고 밝혀냈다. 물론 갈레노스도 히포크라테스가 주장한 4원소에 따른 4체액설(혈액, 담즙, 황담즙, 흑담즙)을 믿거나 피를 뽑아 치료하는 사혈법을 주장하는 등 현대 의학과는 거리가 있지만, 당시에 의학 이론을 해부와 실험을 통해 증명하고 방대한 저술을 남겼다는 놀라운 업적을 가지고 있으며, 이것이 실제로 가장 오랫동안 서양의학을 지배하는 토대가 되었다.

① 갈레노스의 생애와 의학의 발전

② 고대에서 현대까지 해부학의 발전 과정

③ 히포크라테스 선서에 의한 전문직의 도덕적 기준

④ 히포크라테스와 갈레노스가 서양의학에 끼친 영향과 중요성

⑤ 히포크라테스와 갈레노스의 4체액설이 현대 의학에 끼친 영향

17 다음 중 제시된 단어와 가장 비슷한 단어는?

비상구

① 진입로
② 출입구
③ 돌파구
④ 여울목
⑤ 탈출구

18 A열차가 어떤 터널을 진입하고 5초 후 B열차가 같은 터널에 진입하였다. 그로부터 5초 후 B열차가 터널을 빠져나왔고 5초 후 A열차가 터널을 빠져나왔다. A열차가 터널을 빠져나오는 데 걸린 시간이 14초일 때, B열차는 A열차보다 몇 배 빠른가?(단, A열차와 B열차 모두 속력의 변화는 없으며, 두 열차의 길이는 서로 같다)

① 2배
② 2.5배
③ 3배
④ 3.5배
⑤ 4배

19 A팀은 5일부터 5일마다 회의실을 사용하고, B팀은 4일부터 4일마다 회의실을 사용하기로 하였으며, 두 팀이 사용하고자 하는 날이 겹칠 경우에는 A, B팀이 번갈아가며 사용하기로 하였다. 어느 날 A팀과 B팀이 사용하고자 하는 날이 겹쳤을 때, 겹친 날을 기준으로 A팀이 9번, B팀이 8번 회의실을 사용했다면, 이때까지 A팀은 회의실을 최대 몇 번 이용하였는가?(단, 회의실 사용일이 첫 번째로 겹친 날에는 A팀이 먼저 사용하였으며, 회의실 사용일은 주말 및 공휴일도 포함한다)

① 61회
② 62회
③ 63회
④ 64회
⑤ 65회

20 다음 모스 굳기 10단계에 해당하는 광물 A ~ C가 〈조건〉을 만족할 때, 이에 대한 설명으로 옳은 것은?

〈모스 굳기 10단계〉

단계	1단계	2단계	3단계	4단계	5단계
광물	활석	석고	방해석	형석	인회석
단계	6단계	7단계	8단계	9단계	10단계
광물	정장석	석영	황옥	강옥	금강석

• 모스 굳기 단계의 단계가 낮을수록 더 무른 광물이고, 단계가 높을수록 단단한 광물이다.
• 단계가 더 낮은 광물로 단계가 더 높은 광물을 긁으면 긁힘 자국이 생기지 않는다.
• 단계가 더 높은 광물로 단계가 더 낮은 광물을 긁으면 긁힘 자국이 생긴다.

조건

• 광물 A로 광물 B를 긁으면 긁힘 자국이 생기지 않는다.
• 광물 A로 광물 C를 긁으면 긁힘 자국이 생긴다.
• 광물 B로 광물 C를 긁으면 긁힘 자국이 생긴다.
• 광물 B는 인회석이다.

① 광물 C는 석영이다.
② 광물 A는 방해석이다.
③ 광물 A가 가장 무르다.
④ 광물 B가 가장 단단하다.
⑤ 광물 B는 모스 굳기 단계가 7단계 이상이다.

21 J공사는 지방에 있는 지점 사무실을 공유 오피스로 이전하고자 한다. 다음 사무실 이전 조건을 참고할 때, 〈보기〉 중 이전할 오피스로 가장 적절한 곳은?

〈사무실 이전 조건〉

- 지점 근무 인원 : 71명
- 사무실 예상 이용 기간 : 5년
- 교통 조건 : 역이나 버스 정류장에서 도보 10분 이내
- 시설 조건 : 자사 홍보영상 제작을 위한 스튜디오 필요, 회의실 필요
- 비용 조건 : 다른 조건이 모두 가능한 공유 오피스 중 가장 저렴한 곳(1년 치 비용 선납 가능)

보기

구분	가용 인원수	보유시설	교통 조건	임대비용
A오피스	100인	라운지, 회의실, 스튜디오, 복사실, 탕비실	A역에서 도보 8분	1인당 연간 600만 원
B오피스	60인	회의실, 스튜디오, 복사실	B정류장에서 도보 5분	1인당 월 40만 원
C오피스	100인	라운지, 회의실, 스튜디오	C역에서 도보 7분	월 3,600만 원
D오피스	90인	회의실, 복사실, 탕비실	D정류장에서 도보 4분	월 3,500만 원 (1년 치 선납 시 8% 할인)
E오피스	80인	라운지, 회의실, 스튜디오	E역과 연결된 사무실	월 3,800만 원 (1년 치 선납 시 10% 할인)

① A오피스
② B오피스
③ C오피스
④ D오피스
⑤ E오피스

※ 다음은 에너지바우처 사업에 대한 자료이다. 이어지는 질문에 답하시오. [22~23]

〈에너지바우처〉

1. 에너지바우처란?

국민 모두가 시원한 여름, 따뜻한 겨울을 보낼 수 있도록 에너지 취약계층을 위해 에너지바우처(이용권)를 지급하여 전기, 도시가스, 지역난방, 등유, LPG, 연탄을 구입할 수 있도록 지원하는 제도

2. 신청대상 : 소득기준과 세대원 특성기준을 모두 충족하는 세대

- 소득기준 : 국민기초생활 보장법에 따른 생계급여 / 의료급여 / 주거급여 / 교육급여 수급자
- 세대원 특성기준 : 주민등록표 등본상 기초생활수급자(본인) 또는 세대원이 다음 중 어느 하나에 해당하는 경우
  - 노인 : 65세 이상
  - 영유아 : 7세 이하의 취학 전 아동
  - 장애인 : 장애인복지법에 따라 등록한 장애인
  - 임산부 : 임신 중이거나 분만 후 6개월 미만인 여성
  - 중증질환자, 희귀질환자, 중증난치질환자 : 국민건강보험법 시행령에 따라 보건복지부장관이 정하여 고시하는 중증질환, 희귀질환, 중증난치질환을 가진 사람
  - 한부모가족 : 한부모가족지원법에 따른 '모' 또는 '부'로서 아동인 자녀를 양육하는 사람
  - 소년소녀가정 : 보건복지부에서 정한 아동분야 지원대상에 해당하는 사람(아동복지법에 의한 가정위탁보호 아동 포함)
- 지원 제외 대상 : 세대원 모두가 보장시설 수급자
- 다음의 경우 동절기 에너지바우처 중복 지원 불가
  - 긴급복지지원법에 따라 동절기 연료비를 지원받은 자(세대)
  - 한국에너지공단의 등유바우처를 발급받은 자(세대)
  - 한국광해광업공단의 연탄쿠폰을 발급받은 자(세대)

  ※ 하절기 에너지바우처를 사용한 수급자가 동절기에 위 사업들을 신청할 경우 동절기 에너지바우처를 중지 처리한 후 신청(중지사유 : 타동절기 에너지이용권 수급)

  ※ 단, 동절기 에너지바우처를 일부 사용한 경우 위 사업들은 신청 불가

3. 바우처 지원금액

구분	1인 세대	2인 세대	3인 세대	4인 이상 세대
하절기	55,700원	73,800원	90,800원	117,000원
동절기	254,500원	348,700원	456,900원	599,300원
총액	310,200원	422,500원	547,700원	716,300원

4. 지원방법

- 요금차감
  - 하절기 : 전기요금 고지서에서 요금을 자동으로 차감
  - 동절기 : 도시가스 / 지역난방 중 하나를 선택하여 고지서에서 요금을 자동으로 차감
- 실물카드 : 동절기 도시가스, 등유, LPG, 연탄을 실물카드(국민행복카드)로 직접 결제

22 **다음 중 에너지바우처에 대한 설명으로 옳지 않은 것은?**

① 36개월의 아이가 있는 의료급여 수급자 A는 에너지바우처를 신청할 수 있다.
② 혼자서 아이를 3명 키우는 교육급여 수급자 B는 1년에 70만 원을 넘게 지원받을 수 있다.
③ 보장시설인 양로시설에 살면서 생계급여를 받는 70세 독거노인 C는 에너지바우처를 신청할 수 있다.
④ 에너지바우처 기준을 충족하는 D는 겨울에 연탄보일러를 사용하므로 실물카드를 받는 방법으로 지원을 받아야 한다.
⑤ 희귀질환을 앓고 있는 어머니와 함께 단둘이 사는 생계급여 수급자 E는 에너지바우처를 통해 여름에 전기비에서 73,800원이 차감될 것이다.

23 **다음은 A, B가족의 에너지바우처 정보이다. A, B가족이 올해 에너지바우처를 통해 지원받는 금액의 총합은 얼마인가?**

〈A, B가족의 에너지바우처 정보〉

구분	세대 인원	소득기준	세대원 특성기준	특이사항
A가족	5명	의료급여 수급자	영유아 2명	연탄쿠폰 발급받음
B가족	2명	생계급여 수급자	소년소녀가정	지역난방 이용

① 190,800원
② 539,500원
③ 948,000원
④ 1,021,800원
⑤ 1,138,800원

| 한국전력공사 / 정보능력

24 다음 C 프로그램을 실행하였을 때의 결과로 옳은 것은?

```
#include <stdio.h>
int main() {
    int result=0;
    while (result<2) {
        result=result+1;
        printf("%d₩n",result);
        result=result-1;
    }
}
```

① 실행되지 않는다.

② 0
   1

③ 0
   −1

④ 1
   1

⑤ 1이 무한히 출력된다.

| 한국전력공사 / 정보능력

25 다음은 A국과 B국의 물가지수 동향에 대한 자료이다. [E2] 셀에 「=ROUND(D2, −1)」를 입력하였을 때, 출력되는 값은?

〈A, B국 물가지수 동향〉

	A	B	C	D	E
1		A국	B국	평균 판매지수	
2	2024년 1월	122.313	112.36	117.3365	
3	2024년 2월	119.741	110.311	115.026	
4	2024년 3월	117.556	115.379	116.4675	
5	2024년 4월	124.739	118.652	121.6955	
6	⋮	⋮	⋮	⋮	
7					

① 100
② 105
③ 110
④ 115
⑤ 120

26 다음 중 빈칸에 들어갈 내용으로 가장 적절한 것은?

> 주의력 결핍 과잉행동장애(ADHD)는 학령기 아동에게 흔히 나타나는 질환으로, 주의력 결핍, 과잉행동, 충동성의 증상을 보인다. 이는 아동의 학교 및 가정생활에 큰 영향을 미치며, 적절한 치료와 관리가 필요하다. ADHD의 원인은 신경화학적 요인과 유전적 요인이 복합적으로 작용하는 것으로 여겨진다. 도파민과 노르에피네프린 같은 신경전달물질의 불균형이 주요 원인으로 지목되며, 가족력이 있는 경우 ADHD 발병 확률이 높아진다. 연구에 따르면, ADHD는 상당한 유전적 연관성을 보이며, 부모나 형제 중에 ADHD를 가진 사람이 있을 경우 그 위험이 증가한다.
>
> 환경적 요인도 ADHD 발병에 영향을 미칠 수 있다. 임신 중 음주, 흡연, 약물 사용 등이 위험을 높일 수 있으며, 조산이나 저체중 출산도 연관성이 있다. 이러한 환경적 요인들은 태아의 뇌 발달에 영향을 미쳐 ADHD 발병 가능성을 증가시킬 수 있다. 그러나 이러한 요인들이 단독으로 ADHD를 유발하는 것은 아니며, 다양한 요인이 복합적으로 작용하여 증상이 나타난다.
>
> ADHD 치료는 약물요법과 비약물요법으로 나뉜다. 약물요법에서는 메틸페니데이트 같은 중추신경자극제가 널리 사용된다. 이 약물은 도파민과 노르에피네프린의 재흡수를 억제해 증상을 완화한다. 이러한 약물은 주의력 향상과 충동성 감소에 효과적이며, 많은 연구에서 그 효능이 입증되었다. 비약물요법으로는 행동개입 요법과 심리사회적 프로그램이 있다. 이는 구조화된 환경에서 집중을 방해하는 요소를 최소화하고, 연령에 맞는 개입방법을 적용한다. 예를 들어, 학령기 아동에게는 그룹 부모훈련과 교실 내 행동개입 프로그램이 추천된다.
>
> 가정에서는 부모가 아이가 해야 할 일을 목록으로 작성하도록 돕고, 한 번에 한 가지씩 처리하도록 지도해야 한다. 특히 아이의 바람직한 행동에는 칭찬하고, 잘못된 행동에는 책임을 지도록 하는 것이 중요하다. 이러한 방법은 아이의 자존감을 높이고 긍정적인 행동을 강화하는 데 도움이 된다. 학교에서는 과제를 짧게 나누고, 수업이 지루하지 않도록 하며, 규칙과 보상을 일관되게 유지해야 한다. 교사는 ADHD 아동이 주의가 산만해질 수 있는 환경적 요소를 제거하고, 많은 격려와 칭찬을 통해 학습 동기를 유발해야 한다.
>
> ADHD는 완치가 어려운 만성 질환이지만 적절한 치료와 관리를 통해 증상을 개선할 수 있다. 약물치료와 비약물 치료를 병행하고 가정과 학교에서 적절한 지원이 이루어지면 ADHD 아동도 건강하고 행복한 삶을 영위할 수 있다. 결론적으로, ADHD는 ______________________________
>
> 따라서 다양한 원인에 부합하는 맞춤형 치료와 환경 조성을 통해 아동의 잠재력을 최대한 발휘할 수 있도록 지원해야 한다. 이는 아동이 자신의 능력을 충분히 발휘하고 성공적인 삶을 살아가는 데 중요한 역할을 한다.

① 완벽한 치료가 불가능한 불치병이다.

② 약물 치료를 통해 쉽게 치료가 가능하다.

③ 다양한 원인이 복합적으로 작용하는 질환이다.

④ 아동에게 적극적으로 개입해 충동성을 감소시켜야 하는 질환이다.

27 **다음 중 밑줄 친 단어가 맞춤법상 옳지 않은 것은?**

① 김주임은 지난 분기 매출을 조사하여 증가량을 <u>백분율</u>로 표기하였다.

② 젊은 세대를 중심으로 빠른 이직 트렌드가 형성되어 <u>이직률</u>이 높아지고 있다.

③ 이번 학기 <u>출석율</u>이 이전보다 크게 향상되어 학생들의 참여도가 높아지고 있다.

④ 이번 시험의 <u>합격률</u>이 역대 최고치를 기록하며 수험생들에게 희망을 안겨주었다.

28 **S공사는 2024년 상반기에 신입사원을 채용하였다. 전체 지원자 중 채용에 불합격한 남성 수와 여성 수의 비율은 같으며, 합격한 남성 수와 여성 수의 비율은 2 : 3이라고 한다. 남성 전체 지원자와 여성 전체 지원자의 비율이 6 : 7일 때, 합격한 남성 수가 32명이면 전체 지원자는 몇 명인가?**

① 192명

② 200명

③ 208명

④ 216명

29 **다음은 직장가입자 보수월액보험료에 대한 자료이다. A씨가 〈조건〉에 따라 장기요양보험료를 납부할 때, A씨의 2023년 보수월액은?(단, 소수점 첫째 자리에서 반올림한다)**

〈직장가입자 보수월액보험료〉

• 개요 : 보수월액보험료는 직장가입자의 보수월액에 보험료율을 곱하여 산정한 금액에 경감 등을 적용하여 부과한다.

• 보험료 산정 방법

– 건강보험료는 다음과 같이 산정한다.

(건강보험료)=(보수월액)×(건강보험료율)

※ 보수월액 : 동일사업장에서 당해 연도에 지급받은 보수총액을 근무월수로 나눈 금액

– 장기요양보험료는 다음과 같이 산정한다.

2022.12.31. 이전 : (장기요양보험료)=(건강보험료)×(장기요양보험료율)

2023.01.01. 이후 : $(\text{장기요양보험료})=(\text{건강보험료})\times\frac{(\text{장기요양보험료율})}{(\text{건강보험료율})}$

〈2020 ~ 2024년 보험료율〉

(단위 : %)

구분	2020년	2021년	2022년	2023년	2024년
건강보험료율	6.67	6.86	6.99	7.09	7.09
장기요양보험료율	10.25	11.52	12.27	0.9082	0.9182

조건

• A씨는 K공사에서 2011년 3월부터 2023년 9월까지 근무하였다.
• A씨는 3개월 후 2024년 1월부터 S공사에서 현재까지 근무하고 있다.
• A씨의 2023년 장기요양보험료는 35,120원이었다.

① 3,866,990원
② 3,974,560원
③ 4,024,820원
④ 4,135,970원

| 건강보험심사평가원 / 정보능력

30 다음 중 개인정보보호법에서 사용하는 용어에 대한 정의로 옳지 않은 것은?

① '가명처리'란 추가 정보 없이도 특정 개인을 알아볼 수 있도록 처리하는 것을 말한다.
② '정보주체'란 처리되는 정보에 의하여 알아볼 수 있는 사람으로서 그 정보의 주체가 되는 사람을 말한다.
③ '개인정보'란 살아 있는 개인에 관한 정보로서 성명, 주민등록번호 및 영상 등을 통하여 개인을 알아볼 수 있는 정보를 말한다.
④ '처리'란 개인정보의 수집, 생성, 연계, 연동, 기록, 저장, 보유, 가공, 편집, 검색, 출력, 정정, 복구, 이용, 제공, 공개, 파기, 그 밖에 이와 유사한 행위를 말한다.

| 건강보험심사평가원 / 정보능력

31 다음은 생활보조금 신청자의 소득 및 결과에 대한 자료이다. 월 소득이 100만 원 이하인 사람은 보조금 지급이 가능하고, 100만 원을 초과한 사람은 보조금 지급이 불가능할 때, 보조금 지급을 받는 사람의 수를 구하는 함수로 옳은 것은?

〈생활보조금 신청자 소득 및 결과〉

	A	B	C	D	E
1	지원번호	소득(만 원)	결과		
2	1001	150	불가능		
3	1002	80	가능		보조금 지급 인원 수
4	1003	120	불가능		
5	1004	95	가능		
6	⋮	⋮	⋮		
7					

① =COUNTIF(A:C,"<=100")
② =COUNTIF(A:C,<=100)
③ =COUNTIF(B:B,"<=100")
④ =COUNTIF(B:B,<=100)

| 건강보험심사평가원 / 정보능력

32 다음은 초등학생의 주차별 용돈에 대한 자료이다. 빈칸에 들어갈 함수를 바르게 짝지은 것은?(단, 한 달은 4주로 한다)

〈초등학생 주차별 용돈〉

	A	B	C	D	E	F
1	학생번호	1주	2주	3주	4주	합계
2	1	7,000	8,000	12,000	11,000	(A)
3	2	50,000	60,000	45,000	55,000	
4	3	70,000	85,000	40,000	55,000	
5	4	10,000	6,000	18,000	14,000	
6	5	24,000	17,000	34,000	21,000	
7	6	27,000	56,000	43,000	28,000	
8	한 달 용돈이 150,000원 이상인 학생 수					(B)

	(A)	(B)
①	=SUM(B2:E2)	=COUNTIF(F2:F7,">=150,000")
②	=SUM(B2:E2)	=COUNTIF(B2:E2,">=150,000")
③	=SUM(B2:E2)	=COUNTIF(B2:E7,">=150,000")
④	=SUM(B2:E7)	=COUNTIF(F2:F7,">=150,000")

| 건강보험심사평가원 / 정보능력

33 다음 중 빅데이터 분석 기획 절차를 순서대로 바르게 나열한 것은?

① 범위 설정 → 프로젝트 정의 → 위험 계획 수립 → 수행 계획 수립
② 범위 설정 → 프로젝트 정의 → 수행 계획 수립 → 위험 계획 수립
③ 프로젝트 정의 → 범위 정의 → 위험 계획 수립 → 수행 계획 수립
④ 프로젝트 정의 → 범위 설정 → 수행 계획 수립 → 위험 계획 수립

34 다음 중 밑줄 친 부분의 단어가 어법상 옳은 것은?

> K씨는 항상 ㉠ 짜깁기 / 짜집기한 자료로 보고서를 작성했다. 처음에는 아무도 눈치채지 못했지만, 시간이 지나면서 K씨의 작업이 다른 사람들의 것과 비교해 질적으로 떨어지는 것이 분명해졌다. K씨는 결국 동료들 사이에서 ㉡ 뒤처지기 / 뒤쳐지기 시작했고, 격차를 좁히기 위해 더 많은 시간을 투자해야 했다.

	㉠	㉡
①	짜깁기	뒤처지기
②	짜깁기	뒤쳐지기
③	짜집기	뒤처지기
④	짜집기	뒤쳐지기

35 다음 중 공문서 작성 시 유의해야 할 점으로 옳지 않은 것은?

① 한 장에 담아내는 것이 원칙이다.
② 부정문이나 의문문의 형식은 피한다.
③ 마지막엔 반드시 '끝'자로 마무리한다.
④ 날짜 다음에 괄호를 사용할 경우에는 반드시 마침표를 찍는다.

36 영서가 어머니와 함께 40분 동안 만두를 60개 빚었다고 한다. 어머니가 혼자서 1시간 동안 만두를 빚을 수 있는 개수가 영서가 혼자서 1시간 동안 만두를 빚을 수 있는 개수보다 10개 더 많을 때, 영서는 1시간 동안 만두를 몇 개 빚을 수 있는가?

① 30개　② 35개
③ 40개　④ 45개

| 경기도 공공기관 통합채용 / 수리능력

37

대칭수는 순서대로 읽은 수와 거꾸로 읽은 수가 같은 수를 가리키는 말이다. 예컨대, 121, 303, 1,441, 85,058 등은 대칭수이다. 1,000 이상 50,000 미만의 대칭수는 모두 몇 개인가?

① 180개
② 325개
③ 405개
④ 490개

| 경기도 공공기관 통합채용 / 수리능력

38

어떤 자연수 '25□'가 3의 배수일 때, □에 들어갈 수 있는 모든 자연수의 합은?

① 12
② 13
③ 14
④ 15

| 경기도 공공기관 통합채용 / 문제해결능력

39

바이올린, 호른, 오보에, 플루트 4가지의 악기를 다음 〈조건〉에 따라 좌우로 4칸인 선반에 각각 1대씩 보관하려 한다. 각 칸에는 한 대의 악기만 배치할 수 있을 때, 왼쪽에서 두 번째 칸에 배치할 수 없는 악기는?

조건

- 호른은 바이올린 바로 왼쪽에 위치한다.
- 오보에는 플루트 왼쪽에 위치하지 않는다.

① 바이올린
② 호른
③ 오보에
④ 플루트

| 경기도 공공기관 통합채용 / 조직이해능력

40

다음 중 비영리 조직에 해당하지 않는 것은?

① 교육기관
② 자선단체
③ 사회적 기업
④ 비정부기구

| 한국도로공사 / 수리능력

41 다음은 D기업의 분기별 재무제표에 대한 자료이다. 2022년 4분기의 영업이익률은 얼마인가?

〈D기업 분기별 재무제표〉

(단위 : 십억 원, %)

구분	2022년 1분기	2022년 2분기	2022년 3분기	2022년 4분기	2023년 1분기	2023년 2분기	2023년 3분기	2023년 4분기
매출액	40	50	80	60	60	100	150	160
매출원가	30	40	70	80	100	100	120	130
매출총이익	10	10	10	(　)	−40	0	30	30
판관비	3	5	5	7	8	5	7.5	10
영업이익	7	5	5	(　)	−8	−5	22.5	20
영업이익률	17.5	10	6.25	(　)	−80	−5	15	12.5

※ (영업이익률)=(영업이익)÷(매출액)×100

※ (영업이익)=(매출총이익)−(판관비)

※ (매출총이익)=(매출액)−(매출원가)

① −30%　② −45%

③ −60%　④ −75%

| 한국도로공사 / 수리능력

42 5km/h의 속력으로 움직이는 무빙워크를 이용하여 이동하는 데 36초가 걸렸다. 무빙워크 위에서 무빙워크와 같은 방향으로 4km/h의 속력으로 걸어 이동할 때 걸리는 시간은?

① 10초　② 15초

③ 20초　④ 25초

43 다음 순서도에서 출력되는 result 값은?

〈순서도 기호〉

기호	설명	기호	설명
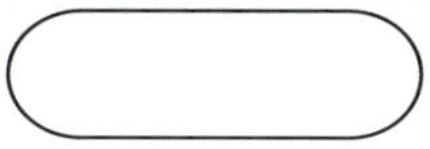	시작과 끝을 나타낸다.	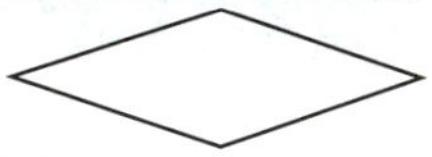	어느 것을 택할 것인지 판단한다.
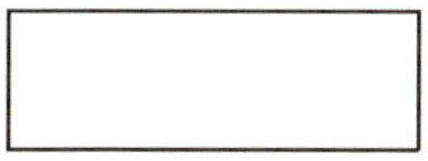	데이터를 입력하거나 계산하는 등의 처리를 한다.		선택한 값을 출력한다.

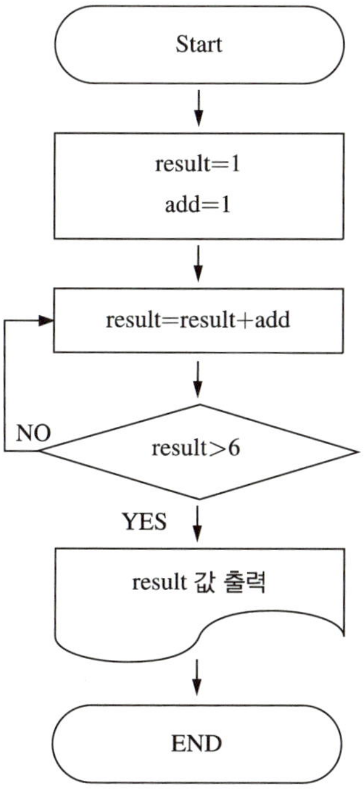

① 11
② 10
③ 9
④ 8
⑤ 7

44 다음은 A컴퓨터 A/S센터의 하드디스크 수리 방문접수 과정에 대한 순서도이다. 하드디스크 데이터 복구를 문의할 때, 출력되는 도형은 무엇인가?

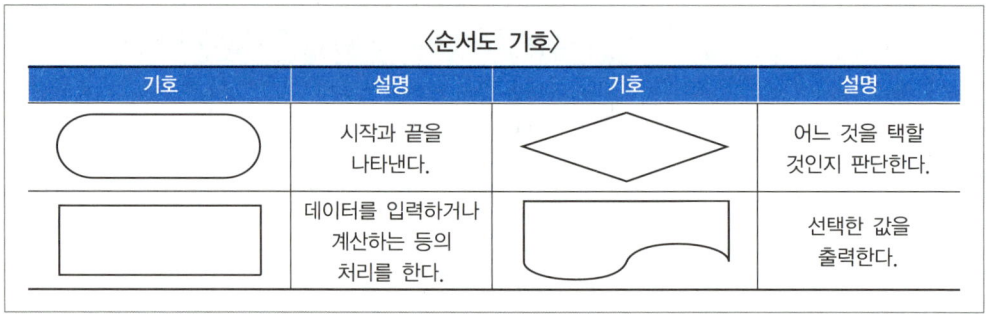

〈순서도 기호〉

기호	설명	기호	설명
	시작과 끝을 나타낸다.	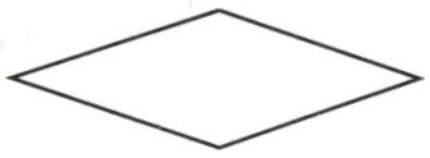	어느 것을 택할 것인지 판단한다.
	데이터를 입력하거나 계산하는 등의 처리를 한다.		선택한 값을 출력한다.

〈A컴퓨터 하드디스크 수리 방문접수 순서도〉

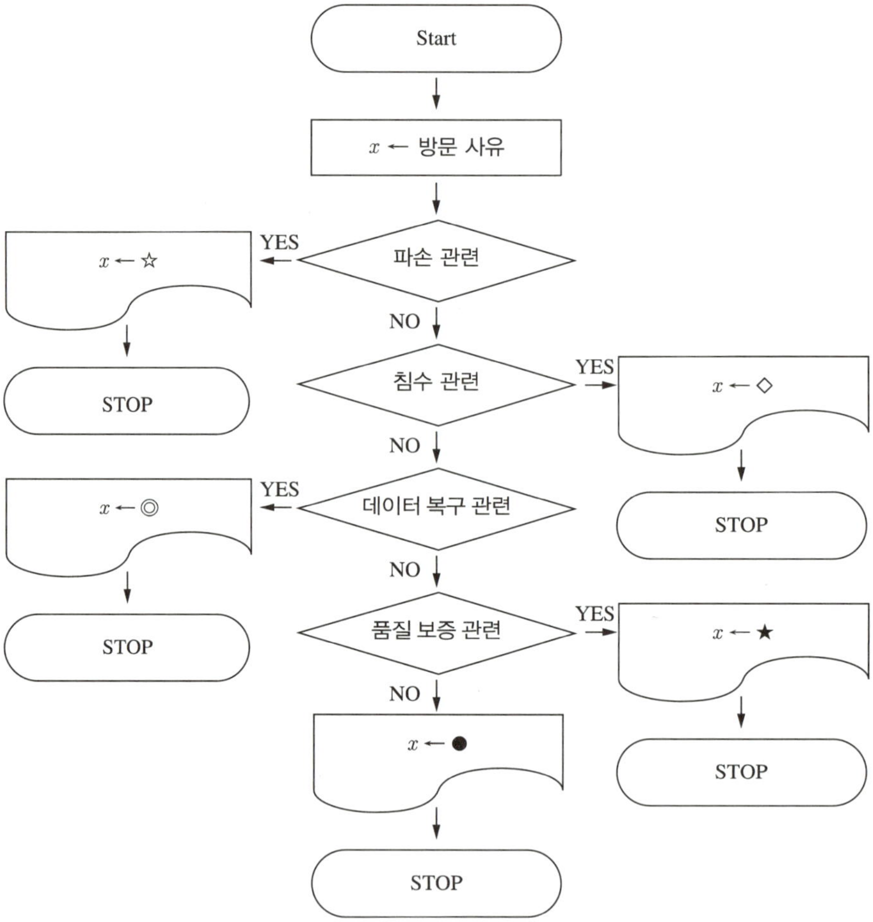

① ☆
② ◇
③ ◎
④ ★
⑤ ●

45 다음은 EAN-13 바코드 부여 규칙에 대한 자료이다. 상품코드의 맨 앞 자릿수가 9일 때, 2 ~ 7번째 자릿수가 '387655'라면 이를 이진코드로 바르게 변환한 것은?

〈EAN-13 바코드 부여 규칙〉

1. 13자리 상품코드의 맨 앞 자릿수에 따라 다음과 같이 변환한다.

상품코드 번호	2 ~ 7번째 자릿수	8 ~ 13번째 자릿수
0	AAAAAA	CCCCCC
1	AABABB	CCCCCC
2	AABBAB	CCCCCC
3	AABBBA	CCCCCC
4	ABAABB	CCCCCC
5	ABBAAB	CCCCCC
6	ABBBAA	CCCCCC
7	ABABAB	CCCCCC
8	ABABBA	CCCCCC
9	ABBABA	CCCCCC

2. A, B, C는 다음과 같이 상품코드 번호를 이진코드로 변환한 값이다.

상품코드 번호	A	B	C
0	0001101	0100111	1110010
1	0011001	0110011	1100110
2	0010011	0011011	1101100
3	0111101	0100001	1000010
4	0100011	0011101	1011100
5	0110001	0111001	1001110
6	0101111	0000101	1010000
7	0111011	0010001	1000100
8	0110111	0001001	1001000
9	0001011	0010111	1110100

	2번째 수	3번째 수	4번째 수	5번째 수	6번째 수	7번째 수
①	0111101	0001001	0010001	0101111	0111001	0110001
②	0100001	0001001	0010001	0000101	0111101	0111101
③	0111101	0110111	0111011	0101111	0111001	0111101
④	0100001	0101111	0010001	0010111	0100111	0001011
⑤	0111101	0011001	0010001	0101111	0011001	0111001

※ 다음은 청소 유형별 청소기 사용 방법 및 고장 유형별 확인 사항에 대한 자료이다. 이어지는 질문에 답하시오. [46~47]

〈청소 유형별 청소기 사용 방법〉

유형	사용 방법
일반 청소	1. 기본형 청소구를 장착해 주세요. 2. 작동 버튼을 눌러 주세요.
틈새 청소	1. 기본형 청소구의 입구 돌출부를 누르고 잡아당기면 좁은 흡입구를 꺼낼 수 있습니다. 반대로 돌출부를 누르면서 밀어 넣으면 좁은 흡입구를 안쪽으로 정리할 수 있습니다. 2. 1.의 좁은 흡입구를 꺼낸 상태에서 돌출부를 시계 방향으로 돌리면 돌출부를 고정할 수 있습니다. 3. 좁은 흡입구를 고정한 후 작동 버튼을 눌러 주세요. (좁은 흡입구에는 솔이 함께 들어 있습니다)
카펫 청소	1. 별도의 돌기 청소구로 교체해 주세요. (기본형으로도 카펫 청소를 할 수 있으나, 청소 효율이 떨어집니다) 2. 작동 버튼을 눌러 주세요.
스팀 청소	1. 별도의 스팀 청소구로 교체해 주세요. 2. 스팀 청소구의 물통에 물을 충분히 채운 후 뚜껑을 잠가 주세요. ※ 반드시 전원을 분리한 상태에서 진행해 주세요. 3. 걸레판에 걸레를 부착한 후 스팀 청소구의 노즐에 장착해 주세요. ※ 반드시 전원을 분리한 상태에서 진행해 주세요. 4. 스팀 청소 버튼을 누르고 안전 스위치를 눌러 주세요. ※ 안전을 위해 안전 스위치를 누르는 동안에만 스팀이 발생합니다. ※ 스팀 청소 작업 도중 및 완료 직후에 청소기를 거꾸로 세우거나 스팀 청소구를 눕히면 뜨거운 물이 새어 나와 화상을 입을 수 있습니다. 5. 스팀 청소 완료 후 물이 충분히 식은 후 물통 및 스팀 청소구를 분리해 주세요. ※ 충분히 식지 않은 상태에서 분리 시 뜨거운 물이 새어 나와 화상의 위험이 있습니다.

〈고장 유형별 확인 사항〉

유형	확인 사항
흡입력 약화	• 흡입구, 호스, 먼지통, 먼지분리기에 크기가 큰 이물질이 걸려 있는지 확인해 주세요. • 필터를 교체해 주세요. • 먼지통, 먼지분리기, 필터의 조립 상태를 확인해 주세요.
청소기 미작동	• 전원이 제대로 연결되어 있는지 확인해 주세요.
물 보충 램프 깜빡임	• 물통에 물이 충분한지 확인해 주세요. • 물이 충분히 채워졌어도 꺼질 때까지 시간이 다소 걸립니다. 잠시 기다려 주세요.
스팀 안 나옴	• 물통에 물이 충분한지 확인해 주세요. • 안전 스위치를 눌렀는지 확인해 주세요.
바닥에 물이 남음	• 스팀 청소구를 너무 자주 좌우로 기울이면 물이 소량 새어 나올 수 있습니다. • 걸레가 많이 젖었으므로 걸레를 교체해 주세요.
악취 발생	• 제품 기능상의 문제는 아니므로 고장이 아닙니다. • 먼지통 및 필터를 교체해 주세요. • 스팀 청소구의 물통 등 청결 상태를 확인해 주세요.
소음 발생	• 흡입구, 호스, 먼지통, 먼지분리기에 크기가 큰 이물질이 걸려 있는지 확인해 주세요. • 먼지통, 먼지분리기, 필터의 조립 상태를 확인해 주세요.

46 다음 중 청소 유형별 청소기 사용 방법에 대한 설명으로 옳지 않은 것은?

① 기본형 청소구로 카펫 청소가 가능하다.
② 스팀 청소 직후 통을 분리하면 화상의 위험이 있다.
③ 기본형 청소구를 이용하여 좁은 틈새를 청소할 수 있다.
④ 안전 스위치를 1회 누르면 별도의 외부 입력 없이 스팀을 지속하여 발생시킬 수 있다.
⑤ 스팀 청소 시 물 보충 및 걸레 부착 작업은 반드시 전원을 분리한 상태에서 진행해야 한다.

47 다음 중 고장 유형별 확인 사항이 바르게 연결되어 있지 않은 것은?

① 물 보충 램프 깜빡임 : 잠시 기다리기
② 악취 발생 : 스팀 청소구의 청결 상태 확인하기
③ 흡입력 약화 : 먼지통, 먼지분리기, 필터 교체하기
④ 바닥에 물이 남음 : 물통에 물이 너무 많이 있는지 확인하기
⑤ 소음 발생 : 흡입구, 호스, 먼지통, 먼지분리기의 이물질 걸림 확인하기

48 다음 중 동료의 피드백을 장려하기 위한 방안으로 적절하지 않은 것은?

① 행동과 수행을 관찰한다.
② 즉각적인 피드백을 제공한다.
③ 뛰어난 수행성과에 대해서는 인정한다.
④ 간단하고 분명한 목표와 우선순위를 설정한다.
⑤ 긍정적인 상황에서는 피드백을 자제하는 것도 나쁘지 않다.

49 다음 중 내적 동기를 유발하는 방법으로 적절하지 않은 것은?

① 변화를 두려워하지 않는다.
② 업무 관련 교육을 생략한다.
③ 주어진 일에 책임감을 갖는다.
④ 창의적인 문제해결법을 찾는다.
⑤ 새로운 도전의 기회를 부여한다.

50 다음은 갈등 정도와 조직 성과의 관계에 대한 그래프이다. 이에 대한 설명으로 옳지 않은 것은?

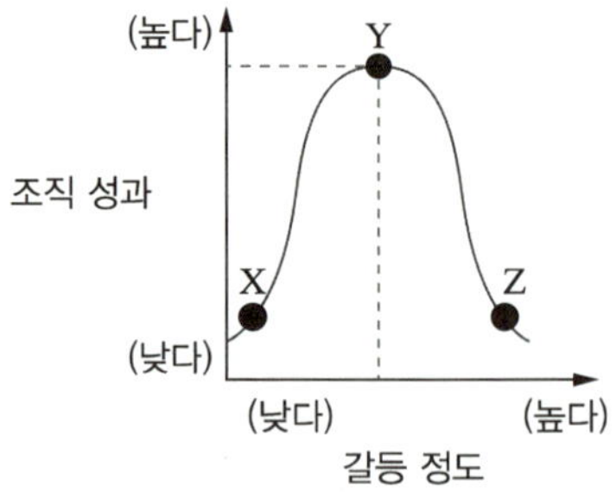

① 적절한 갈등이 있을 경우 가장 높은 조직 성과를 얻을 수 있다.
② 갈등이 없을수록 조직 내부가 결속되어 높은 조직 성과를 보인다.
③ Y점에서는 갈등의 순기능, Z점에서는 갈등의 역기능이 작용한다.
④ 갈등이 없을 경우 낮은 조직 성과를 얻을 수 있다.
⑤ 갈등이 잦을 경우 낮은 조직 성과를 얻을 수 있다.

PART 1
직업기초능력

CHAPTER 01

의사소통능력

합격 Cheat Key

의사소통능력은 평가하지 않는 공사·공단이 없을 만큼 필기시험에서 중요도가 높은 영역으로, 세부 유형은 문서 이해, 문서 작성, 의사 표현, 경청, 기초 외국어로 나눌 수 있다. 문서 이해·문서 작성과 같은 지문에 대한 주제 찾기, 내용 일치 문제의 출제 비중이 높으며, 문서의 특성을 파악하는 문제도 출제되고 있다.

1 문제에서 요구하는 바를 먼저 파악하라!

의사소통능력에서 가장 중요한 것은 제한된 시간 안에 빠르고 정확하게 답을 찾아내는 것이다. 의사소통능력에서는 지문이 아니라 문제가 주인공이므로 지문을 보기 전에 문제를 먼저 파악해야 하며, 문제에 따라 전략적으로 빠르게 풀어내는 연습을 해야 한다.

2 잠재되어 있는 언어 능력을 발휘하라!

세상에 글은 많고 우리가 학습할 수 있는 시간은 한정적이다. 이를 극복할 수 있는 방법은 다양한 글을 접하는 것이다. 실제 시험장에서 어떤 내용의 지문이 나올지 아무도 예측할 수 없으므로 평소에 신문, 소설, 보고서 등 여러 글을 접하는 것이 필요하다.

3 상황을 가정하라!

업무 수행에 있어 상황에 따른 언어 표현은 중요하다. 같은 말이라도 상황에 따라 다르게 해석될 수 있기 때문이다. 그런 의미에서 자신의 의견을 효과적으로 전달할 수 있는 능력을 평가하는 것이다. 업무를 수행하면서 발생할 수 있는 여러 상황을 가정하고 그에 따른 올바른 언어표현을 정리하는 것이 필요하다.

4 말하는 이의 입장에서 생각하라!

잘 듣는 것 또한 하나의 능력이다. 상대방의 이야기에 귀 기울이고 공감하는 태도는 업무를 수행하는 관계 속에서 필요한 요소이다. 그런 의미에서 다양한 상황에서의 듣는 능력을 평가하는 것이다. 말하는 이가 요구하는 듣는 이의 태도를 파악하고, 이에 따른 판단을 할 수 있도록 언제나 말하는 사람의 입장이 되는 연습이 필요하다.

대표기출유형

01 문서 내용 이해

| 유형분석 |

- 주어진 지문을 읽고 선택지를 고르는 전형적인 독해 문제이다.
- 지문은 주로 신문기사(보도자료 등)나 업무 보고서, 시사 등이 제시된다.
- 공사공단에 따라 자사와 관련된 내용의 기사나 법조문, 보고서 등이 출제되기도 한다.

G씨는 성장기인 아들의 수면 습관을 바로 잡기 위해 수면 습관에 관련된 글을 찾아보았다. 다음 글을 읽고 이해한 내용으로 적절하지 않은 것은?

수면은 비렘(non－REM)수면과 렘수면의 사이클이 반복되면서 이뤄지는 복잡한 신경계의 상호작용이며, 좋은 수면이란 이 사이클이 끊어지지 않고 충분한 시간 동안 유지되도록 하는 것이다. 수면 패턴은 일정한 것이 좋으며, 깨는 시간을 지키는 것이 중요하다. 그리고 수면 패턴은 휴일과 평일 모두 일정하게 지키는 것이 성장하는 아이들의 수면 리듬을 유지하는 데 좋다. 수면 상태에서 깨어날 때 영향을 주는 자극들은 '빛, 식사 시간, 운동, 사회 활동' 등이 있으며, 이 중 가장 강한 자극은 '빛'이다. 침실을 밝게 하는 것은 적절한 수면 자극을 방해하는 것이다. 반대로 깨어날 때 강한 빛 자극을 주면 수면 상태에서 빠르게 벗어날 수 있다. 이는 뇌의 신경 전달 물질인 멜라토닌의 농도와 연관되어 나타나는 현상이다. 수면 중 최대치로 올라간 멜라토닌은 시신경이 강한 빛에 노출되면 빠르게 줄어들게 되는데, 이때 수면 상태에서 벗어나게 된다. 아침 일찍 일어나 커튼을 젖히고 밝은 빛이 침실 안으로 들어오게 하는 것은 매우 효과적인 각성 방법인 것이다.

① 잠에서 깨는 데 가장 강력한 자극을 주는 것은 빛이었구나.
② 멜라토닌의 농도에 따라 수면과 각성이 영향을 받는군.
③ 평일에 잠이 모자란 우리 아들은 잠을 보충해 줘야 하니까 휴일에 늦게까지 자도록 둬야겠다.
④ 좋은 수면은 비렘수면과 렘수면의 사이클이 충분한 시간 동안 유지되도록 하는 것이구나.

정답 ③

수면 패턴은 휴일과 평일 모두 일정하게 지키는 것이 성장하는 아이들의 수면 리듬을 유지하는 데 좋다. 따라서 휴일에 늦잠을 자는 것은 적절하지 않다.

풀이 전략!

주어진 선택지에서 키워드를 체크한 후, 지문의 내용과 비교해 가면서 내용의 일치 유무를 빠르게 판단한다.

대표기출유형 01 기출응용문제

01 다음 중 반환일시금에 대한 설명으로 적절하지 않은 것은?

> **반환일시금(제77조)**
> ① 가입자 또는 가입자였던 자가 다음 각 호의 어느 하나에 해당하게 되면 본인이나 그 유족의 청구에 의하여 반환일시금을 지급받을 수 있다.
> 1. 가입기간이 10년 미만인 자가 60세가 된 때
> 2. 가입자 또는 가입자였던 자가 사망한 때. 다만, 유족연금이 지급되는 경우에는 그러하지 아니하다.
> 3. 국적을 상실하거나 국외로 이주한 때
>
> ② 제1항에 따른 반환일시금의 액수는 가입자 또는 가입자였던 자가 납부한 연금보험료(사업장가입자 또는 사업장가입자였던 자의 경우에는 사용자의 부담금을 포함한다)에 대통령령으로 정하는 이자를 더한 금액으로 한다.
> ③ 제1항에 따라 반환일시금의 지급을 청구할 경우 유족의 범위와 청구의 우선순위 등에 관하여는 제73조를 준용한다.
>
> **반납금 납부와 가입기간(제78조)**
> ① 제77조에 따라 반환일시금을 받은 자로서 다시 가입자의 자격을 취득한 자는 지급받은 반환일시금에 대통령령으로 정하는 이자를 더한 금액(이하 "반납금"이라 한다)을 공단에 낼 수 있다.
> ② 반납금은 대통령령으로 정하는 바에 따라 분할하여 납부하게 할 수 있다. 이 경우 대통령령으로 정하는 이자를 더하여야 한다.
> ③ 제1항과 제2항에 따라 반납금을 낸 경우에는 그에 상응하는 기간은 가입기간에 넣어 계산한다.
> ④ 제1항과 제2항에 따른 반납금의 납부 신청, 납부 방법 및 납부 기한 등 반납금의 납부에 필요한 사항은 대통령령으로 정한다.
>
> **반환일시금 수급권의 소멸(제79조)**
> 반환일시금의 수급권은 다음 각 호의 어느 하나에 해당하면 소멸한다.
> 1. 수급권자가 다시 가입자로 된 때
> 2. 수급권자가 노령연금의 수급권을 취득한 때
> 3. 수급권자가 장애연금의 수급권을 취득한 때
> 4. 수급권자의 유족이 유족연금의 수급권을 취득한 때

① 가입자였던 자가 국적을 상실하면 본인의 청구를 통해 반환일시금을 받을 수 있다.
② 가입자가 반납금을 분할하여 납부하려면 일정 기간으로 분할한 반환일시금만 납부하면 된다.
③ 국외로 이주함에 따라 반환일시금 수급권자가 되었던 자가 다시 자격을 취득하여 가입자가 된다면 반환일시금 수급권은 소멸된다.
④ 가입자가 사망함에 따라 유족에게 유족연금이 지급되었다면, 그 유족은 반환일시금을 받을 수 없다.

02 다음 글의 내용으로 가장 적절한 것은?

> 상업 광고는 기업은 물론이고 소비자에게도 요긴하다. 기업은 마케팅 활동의 주요한 수단으로 광고를 적극적으로 이용하여 기업과 상품의 인지도를 높이려 한다. 소비자는 소비 생활에 필요한 상품의 성능, 가격, 판매 조건 등의 정보를 광고에서 얻으려 한다. 광고를 통해 기업과 소비자가 모두 이익을 얻는다면 이를 규제할 필요는 없을 것이다. 그러나 광고에서 기업과 소비자의 이익이 상충하는 경우도 있고, 광고가 사회 전체에 폐해를 낳는 경우도 있어 다양한 규제 방식이 모색되었다.
>
> 이때 문제가 된 것은 과연 광고로 인한 피해를 책임질 당사자로서 누구를 상정할 것인가였다. 초기에는 '소비자 책임 부담 원칙'에 따라 광고 정보를 활용한 소비자의 구매 행위에 대해 소비자가 책임을 져야 한다고 보았다. 여기에는 광고 정보가 정직한 것인지와는 관계없이 소비자는 이성적으로 이를 판단하여 구매할 수 있어야 한다는 전제가 있었다. 그래서 기업은 광고에 의존하여 물건을 구매한 소비자가 입은 피해에 대하여 책임을 지지 않았고, 광고의 기만성에 대한 입증 책임도 소비자에게 있었다.
>
> 책임 주체로 기업을 상정하여 '기업 책임 부담 원칙'이 부상하게 된 배경은 복합적이다. 시장의 독과점 상황이 광범위해지면서 소비자의 자유로운 선택이 어려워졌고, 상품에 응용된 과학 기술이 복잡해지고 첨단화되면서 상품 정보에 대한 소비자의 정확한 이해도 기대하기 어려워졌다. 또한 다른 상품 광고와의 차별화를 위해 통념에 어긋나는 표현이나 장면도 자주 활용되었다. 그리하여 경제적, 사회・문화적 측면에서 광고로부터 소비자를 보호해야 한다는 당위를 바탕으로 기업이 광고에 대해 책임을 져야 한다는 공감대가 확산되었다.
>
> 오늘날 행해지고 있는 여러 광고 규제는 크게 법적 규제와 자율 규제로 나눌 수 있다. 구체적인 법 조항을 통해 광고를 규제하는 법적 규제는 광고 또한 사회적 활동의 일환이라는 점에 근거한다. 특히 자본주의 사회에서는 기업이 시장 점유율을 높여 다른 기업과의 경쟁에서 승리하기 위하여 사실에 반하는 광고나 소비자를 현혹하는 광고를 할 가능성이 높다. 법적 규제는 허위 광고나 기만 광고 등을 불공정 경쟁의 수단으로 간주하여 정부 기관이 규제를 가하는 것이다.
>
> 자율 규제는 법적 규제에 대한 기업의 대응책으로 등장했다. 법적 규제가 광고의 역기능에 따른 피해를 막기 위한 강제적 조치라면, 자율 규제는 광고의 순기능을 극대화하기 위한 자율적 조치이다. 광고에 대한 기업의 책임감에서 비롯된 자율 규제는 법적 규제를 보완하는 효과가 있다.

① 광고 주체의 자율 규제가 잘 작동될수록 광고에 대한 법적 규제의 역할도 커진다.

② 기업의 이익과 소비자의 이익이 상충하는 정도가 클수록 법적 규제와 자율 규제의 필요성이 약화된다.

③ 시장 독과점 상황이 심각해지면서 기업 책임 부담 원칙이 약화되고 소비자 책임부담 원칙이 부각되었다.

④ 첨단 기술을 강조한 상품의 광고일수록 소비자가 광고 내용을 정확히 이해하지 못한 채 상품을 구매할 가능성이 커진다.

03 다음 글을 통해 알 수 있는 내용으로 적절하지 않은 것은?

인간의 사유는 특정한 기준을 바탕으로 다른 것과의 차이를 인식하는 것이라 할 수 있다. 이때의 기준을 이루는 근간(根幹)은 당연히 현실 세계의 경험과 인식이다. 하지만 인간은 현실적 경험으로 인식되지 않는 대상을 사유하기도 하는데, 그중 하나가 신화적 사유이고 이는 상상력의 산물이다. 상상력은 통념(通念)상 현실과 대립되는 위치에 속한다. 또한, 현대 문명에서 상상력은 과학적·합리적 사고와 반대되는 사유 체계로 간주되기도 한다. 그러나 신화적 사유를 떠받치고 있는 상상력은 '현실적 – 비현실적', '논리적 – 비논리적', '합리적 – 비합리적' 등과 같은 단순한 양항 체계 속으로 환원될 수 없다.

초기 인류학에서는 근대 문명과 대비시켜 신화적 사유를 미개한 존재들의 미숙한 단계의 사고로 간주(看做)했었다. 이러한 입장을 대표하는 레비브륄에 따르면 미개인은 논리 이전의 사고방식과 비현실적 감각을 가진 존재이다. 그러나 신화 연구에 적지 않은 영향을 끼쳤고 오늘날에도 여전히 유효한 레비스트로스의 논의에 따르면 미개인과 문명인의 사고방식은 사물을 분류하는 방식과 주된 관심 영역 등이 다를 뿐, 어느 것이 더 합리적이거나 논리적이라고 할 수는 없다. 또한, 그것은 세계를 이해하는 두 가지의 서로 다른 방식 혹은 태도일 뿐이다. 신화적 사유를 비롯한 이른바 미개인의 사고방식을 가리키는 레비스트로스가 말하는 '야생의 사고'는 이러한 사고방식이 근대인 혹은 문명인 못지않게 질서와 체계에 민감하고 그 나름의 현실적, 논리적, 합리적 기반을 갖추고 있음을 함축하고 있는 개념이다.

레비스트로스의 '야생의 사고'는 신화시대와 신화적 사유를 근대적 문명에 입각한 발전론적 시각이 아닌 상대주의적 시각으로 바라보았다는 점에서 의미가 크다. 그러나 그가 신화 자체의 사유 방식이나 특성을 특정 시대의 것으로 한정(限定)하는 오류를 범하고 있다는 점에 유의해야 한다. 과거 신화시대에 생겨난 신화적 사유는 신화가 재현되고 재생되는 한 여전히 시간과 공간을 뛰어넘어 현재화되고 있기 때문이다.

이상에서 보듯이 신화적 사유는 현실적·경험적 차원의 '진실'이나 '비진실'로 구분될 수 없다. 신화는 허구적이거나 진실한 것 모두를 '재료'로 사용할 수 있으며, 이러한 재료들은 신화적 사유 고유의 규칙과 체계에 따라 배열된다. 그러므로 신화 텍스트에서 이러한 재료들의 구성 원리를 밝히는 것은 그 신화에 반영된 신화적 사유 체계를 밝히는 것이라 할 수 있다. 또한, 이는 신화를 공유하고 전승(傳承)해 왔던 집단의 원형적 사유 체계에 접근하는 작업이라고도 할 수 있다.

① 신화는 그 고유의 규칙과 체계를 갖고 있다.
② 신화적 사유는 상상력의 산물이라 할 수 있다.
③ 신화적 사유는 특정 시대의 사유 특성에 한정된다.
④ 신화적 상상력은 상상력에 대한 통념적 인식과 차이가 있다.

대표기출유형

02 글의 주제 · 제목

| 유형분석 |

- 주어진 지문을 파악하여 전달하고자 하는 핵심 주제를 고르는 문제이다.
- 정보를 종합하고 중요한 내용을 구별하는 능력이 필요하다.
- 설명문부터 주장, 반박문까지 다양한 성격의 지문이 제시되므로 글의 성격별 특징을 알아두는 것이 좋다.

다음 글의 주제로 가장 적절한 것은?

표준화된 언어는 의사소통을 효과적으로 하기 위하여 의도적으로 선택해야 할 공용어로서의 가치가 있다. 반면에 방언은 지역이나 계층의 언어와 문화를 보존하고 드러냄으로써 국가 전체의 언어와 문화를 다양하게 발전시키는 토대로서의 가치가 있다. 이러한 의미에서 표준화된 언어와 방언은 상호 보완적인 관계에 있다. 표준화된 언어가 있기에 정확한 의사소통이 가능하며, 방언이 있기에 개인의 언어생활에서나 언어 예술 활동에서 자유롭고 창의적인 표현이 가능하다. 결국 우리는 표준화된 언어와 방언 둘 다의 가치를 인정해야 하며, 발화(發話) 상황(狀況)을 잘 고려해서 표준화된 언어와 방언을 잘 가려서 사용할 줄 아는 능력을 길러야 한다.

① 창의적인 예술 활동에서는 방언의 기능이 중요하다.
② 표준화된 언어와 방언에는 각각 독자적인 가치와 역할이 있다.
③ 정확한 의사소통을 위해서는 표준화된 언어가 꼭 필요하다.
④ 표준화된 언어와 방언을 구분할 줄 아는 능력을 길러야 한다.

정답 ②

마지막 문장의 '표준화된 언어와 방언 둘 다의 가치를 인정'하고, '잘 가려서 사용할 줄 아는 능력을 길러야 한다.'는 내용을 바탕으로 ②와 같은 주제를 이끌어낼 수 있다.

풀이 전략!

'결국', '즉', '그런데', '그러나', '그러므로' 등의 접속어 뒤에 주제가 드러나는 경우가 많다는 것에 주의하면서 지문을 읽는다.

01 다음 글의 주제로 가장 적절한 것은?

서점에 들러 책을 꾸준히 사거나 도서관에서 계속해서 빌리는 사람들이 있다. 그들이 지금까지 사들이거나 빌린 책의 양만 본다면 겉보기에는 더할 나위 없이 훌륭한 습관처럼 보인다. 그러나 과연 그 모든 사람들이 처음부터 끝까지 책을 다 읽었고, 그 내용을 온전히 이해하고 있는지를 묻는다면 이야기는 달라진다. 한 권의 책을 사거나 빌리기 위해 우리는 돈을 지불하고, 틈틈이 도서관을 들리는 수고로움을 감수하지만 우리가 단순히 책을 손에 쥐고 있다는 사실만으로는 그 안에 담긴 지혜를 배우는 필요조건을 만족시키지 못하기 때문이다. 그러므로 책을 진정으로 소유하기 위해서는 책의 '소유방식'이 바뀌어야 하고, 더 정확히 말하자면 책을 대하는 방법이 바뀌어야 한다.
책을 읽는 데 가장 기본이 되는 것은 천천히 그리고 집중해서 읽는 것이다. 보통의 사람들은 책의 내용이 쉽게 읽히지 않을수록 빠르게 책장을 넘겨버리려고 하는 경향이 있다. 지겨움을 견디기 힘들기 때문이다. 그러나 속도가 빨라지면 이해하지 못하고 넘어가는 부분은 점점 더 많아지고, 급기야는 중도에 포기하는 경우가 생기고 만다. 그러므로 지루하고 이해가 가지 않을수록 천천히 읽어야 한다. 천천히 읽으면 이해되지 않던 것들이 이해되기 시작하고, 비로소 없던 흥미도 생기는 법이다.
또한 어떤 책을 읽더라도 그것을 자신의 이야기로 읽는 것이다. 책을 남의 이야기처럼 읽어서는 결코 자신의 것으로 만들 수 없다. 다른 사람이 쓴 남의 이야기라고 할지라도, 자신과 글쓴이의 입장을 일치시키며 읽어나가야 한다. 그리하여 책을 다 읽은 후 그 내용을 자신만의 말로 설명할 수 있다면 그것은 성공한 책 읽기라고 할 수 있을 것이다. 남의 이야기처럼 읽는 글은 어떤 흥미도, 그 글을 통해 얻어가는 지식도 있을 수 없다.
그러나 아무 책이나 이러한 방식으로 읽으라는 것은 아니다. 어떤 책을 선택하느냐 역시 책 읽는 이의 몫이기 때문이다. 좋은 책은 쉽게 읽히고, 누구나 이해할 수 있을 만큼 쉽게 설명되어 있는 책이 좋은 책이다. 그런 책을 분별하기 어렵다면 주변으로부터 책을 추천받거나 온라인 검색을 해보는 것도 좋다. 책이 쉽게 읽히지 않는다고 하더라도 쉽게 좌절하거나 포기해서는 안 된다.
현대사회에서는 더 이상 독서의 양에 따라 지식의 양을 판단할 수 없다. 지금 이 시대에 중요한 것은 얼마나 많은 지식이 나의 눈과 귀를 거쳐 가느냐가 아니라, 우리에게 필요한 것들을 얼마나 잘 찾아내어 효율적으로 습득하며 이를 통해 나의 지식을 확장할 수 있느냐인 것이다.

① 책은 쉽게 읽혀야 한다.
② 글쓴이의 입장을 생각하며 책을 읽어야 한다.
③ 독서의 목적은 책의 내용을 온전히 소유하는 것이다.
④ 독서 이외의 다양한 정보 습득 경로를 확보해야 한다.

02 다음 글의 제목으로 가장 적절한 것은?

우리 고유의 발효식품이자 한식 제1의 반찬인 김치는 천년이 넘는 역사를 함께해 온 우리 삶의 일부이다. 채소를 오래 보관하여 먹기 위한 절임 음식으로 시작된 김치는 양념을 버무리고 숙성시키는 우리만의 발효과학 식품으로 변신하였고, 김장은 우리 민족의 가장 중요한 행사 중 하나가 되었다. 다른 나라에도 소금 등에 채소를 절인 절임 음식이 존재하지만, 절임 후 양념으로 2차 발효시키는 음식으로는 우리 김치가 유일하다. 김치는 발효과정을 통해 원재료보다 영양이 한층 더 풍부하게 변신하며, 암과 노화, 비만 등의 예방과 억제에 효과적인 기능성을 보유한 슈퍼 발효 음식으로 탄생한다.

김치는 지역마다, 철마다, 또 특별한 의미를 담아 다양하게 변신하여 300가지가 넘는 종류로 탄생하는데, 기후와 지역 등에 따라서 다채로운 맛을 담은 김치들이 있으며, 주재료로 채소뿐만 아니라 수산물이나 육류를 이용한 독특한 김치도 있고, 같은 김치라도 사람에 따라 특별한 김치로 재탄생되기도 한다. 지역과 집안마다 저마다의 비법으로 담그기 때문에 유서 깊은 종가마다 비법으로 만든 특별한 김치가 전해오며, 김치를 담그고 먹는 일도 수행의 연속이라 여기는 사찰에서는 오신채를 사용하지 않은 김치가 존재한다.

우리 문화의 정수이자 자존심인 김치는 현대에 들어서는 문화와 전통이 결합한 복합 산업으로 펼쳐지고 있다. 김치에 들어가는 수많은 재료에 관련된 산업의 생산액은 3.3조 원이 넘으며, 주로 배추김치로 형성된 김치 생산은 약 2.3조 원의 시장을 형성하고 있고, 시판 김치의 경우 대기업의 시장 주도력이 증가하고 있다. 소비자 요구에 맞춘 다양한 포장 김치가 등장하고, 김치냉장고는 1.1조 원의 시장을 형성하고 있으며, 정성과 기다림을 상징하는 김치는 문화산업의 소재로 활용되며, 김치 문화는 관광 관련 산업으로 활성화되고 있다. 김치의 영양 기능성과 김치 유산균을 활용한 여러 기능성 제품이 개발되고, 부식뿐 아니라 새로운 요리의 식재료로서 김치는 39조 원의 외식산업 시장을 뒷받침하고 있다.

① 김치의 탄생
② 김치산업의 활성화 방안
③ 우리 민족의 축제, 김장
④ 우리 민족의 전통이자 자존심, 김치

03 다음 글의 주제로 가장 적절한 것은?

세계 최대의 소금사막인 우유니 사막은 남아메리카 중앙부 볼리비아의 포토시주(州)에 위치한 소금 호수로, '우유니 소금사막' 혹은 '우유니 염지' 등으로 불린다. 지각변동으로 솟아오른 바다가 빙하기를 거쳐 녹기 시작하면서 거대한 호수가 생겨났는데, 그 면적은 1만 2,000km^2이며 해발고도 3,680m의 고지대에 위치한다. 물이 배수되지 않는 지형적 특성 때문에 물이 고여 얕은 호수가 되었으며, 소금으로 덮인 수면 위에 푸른 하늘과 흰 구름이 거울처럼 투명하게 반사되어 관광지로도 이름이 높다.
소금층 두께는 30cm부터 깊은 곳은 100m 이상이며 호수의 소금 매장량은 약 100억 톤 이상이다. 우기인 12월에서 3월 사이에는 20 ~ 30cm의 물이 고여 얕은 염호를 형성하는 반면, 긴 건기 동안에는 표면뿐만 아니라 사막의 아래까지 증발한다. 특이한 점은 지역에 따라 호수의 색이 흰색, 적색, 녹색 등의 다른 빛깔을 띤다는 점이다. 이는 호수마다 쌓인 침전물의 색깔과 조류의 색깔이 다르기 때문이다. 또한 소금 사막 곳곳에서는 커다란 바위부터 작은 모래까지 한꺼번에 섞인 빙하성 퇴적물들과 같은 빙하의 흔적들을 볼 수 있다.

① 우유니 사막의 기후와 식생
② 우유니 사막의 주민 생활
③ 우유니 사막의 자연지리적 특징
④ 우유니 사막 이름의 유래

04 다음 글의 제목으로 가장 적절한 것은?

주어진 개념에 포섭시킬 수 없는 대상(의 표상)을 만난 경우, 상상력은 처음에는 기지의 보편에 포섭시킬 수 있도록 직관의 다양을 종합할 것이다. 말하자면 뉴턴의 절대 공간, 역학의 법칙 등의 개념(보편)과 자신이 가지고 있는 특수(빛의 휘어짐)가 일치하는가, 조화로운가를 비교할 것이다. 하지만 일치되는 것이 없으므로, 상상력은 또 다시 여행을 떠난다. 즉, 새로운 형태의 다양한 종합 활동을 수행해 볼 것이다. 이것은 미지의 세계로 향하는 여행이다. 그리고 이 여행에는 주어진 목적지가 없기 때문에 자유롭다.
이런 자유로운 여행을 통해 예들 들어 상대 공간, 상대 시간, 공간의 만곡, 상대성 이론이라는 새로운 개념들을 가능하게 하는 새로운 도식들을 산출한다면, 그 여행은 종결될 것이다. 여기서 우리는 왜 칸트가 상상력의 자유로운 유희라는 표현을 사용하는지 이해할 수 있게 된다. '상상력의 자유로운 유희'란 이렇게 정해진 개념이나 목적이 없는 상황에서 상상력이 그 개념이나 목적을 찾는 과정을 의미한다고 볼 수 있다. 이는 게임이다. 그리고 그 게임에 있어서 반드시 성취해야 할 그 어떤 것이 없다면, 순수한 놀이(유희)가 성립할 수 있을 것이다.

– 칸트, 『판단력비판』

① 상상력의 재발견
② 인식능력으로서의 상상력
③ 목적 없는 상상력의 활동
④ 자유로운 유희로서의 상상력의 역할

대표기출유형

03 문단 나열

| 유형분석 |

- 각 문단의 내용을 파악하고 논리적 순서에 맞게 배열하는 복합적인 문제이다.
- 전체적인 글의 흐름을 이해하는 것이 중요하며, 각 문장의 지시어나 접속어에 주의한다.

다음 문단을 논리적 순서대로 바르게 나열한 것은?

(가) 오류가 발견된 교과서들은 편향적 내용을 검증 없이 인용하거나 부실한 통계를 일반화하는 등의 문제점을 보였다. 대표적으로 교과서 대부분이 대도시의 온도 상승 평균값만을 보고 한반도의 기온 상승이 세계 평균보다 2배 높다고 과장한 것으로 나타났다.

(나) 환경 관련 교과서 대부분이 표면적으로 드러나는 사실을 검증하지 않고 그대로 싣는 문제점을 보였다. 고등학생들이 보는 교과서인 만큼 객관적 사실에 기반을 둬 균형 있는 내용을 실어야 한다.

(다) 고등학교 환경 관련 교과서 대부분이 특정 주장을 검증 없이 게재하는 등 많은 오류가 존재한다는 보수 환경・시민단체의 지적이 제기됐다. 환경정보평가원이 고등학교 환경 관련 교과서 23종을 분석한 결과 총 1,175개의 오류가 발견됐다.

(라) 또한 우리나라 전력 생산의 상당 부분을 차지하는 원자력 발전의 경우 단점만을 자세히 기술하고 경제성과 효율성이 낮은 신재생 에너지는 장점만 언급한 교과서도 있었다.

① (가) – (라) – (나) – (다)　　② (나) – (가) – (라) – (다)
③ (나) – (다) – (가) – (라)　　④ (다) – (가) – (라) – (나)

정답 ④

제시문은 교과서에서 많은 오류가 발견된 사실을 제시하고 오류의 유형과 예시를 차례로 언급하며 문제 해결에 대한 요구를 제시하고 있는 글이다. 따라서 (다) 교과서에서 많은 오류가 발견 → (가) 교과서에서 나타나는 오류의 유형과 예시 → (라) 편향된 내용을 담은 교과서의 또 다른 예시 → (나) 교과서의 문제 지적과 해결 촉구로 나열해야 한다.

풀이 전략!

상대적으로 시간이 부족하다고 느낄 때는 선택지를 참고하여 문장의 순서를 생각해 본다.

대표기출유형 03 기출응용문제

※ 다음 문단을 논리적 순서대로 바르게 나열한 것을 고르시오. [1~4]

01

(가) 그러나 캐넌과 바드는 신체 반응 이후 정서가 나타난다는 제임스와 랑에의 이론에 대해 다른 의견을 제시한다. 첫째, 그들은 정서와 신체 반응은 거의 동시에 나타난다고 주장한다. 즉, 정서를 일으키는 외부 자극이 대뇌에 입력되는 것과 동시에 우리 몸의 신경계가 자극되므로 정서와 신체 반응은 거의 동시에 발생한다는 것이다.

(나) 둘째, 특정한 신체 반응에 하나의 정서가 일대일로 대응되어 연결되는 것이 아니라고 주장한다. 즉, 특정한 신체 반응이 여러 가지 정서들에 대응되기도 한다는 것이다. 따라서 특정한 신체 반응 이후에 특정한 정서가 유발된다고 한 제임스와 랑에의 이론은 한계가 있다고 본 것이다.

(다) 이 이론에 따르면 외부자극은 인간의 신체 내부에 자율신경계의 반응을 일으키고, 정서는 이러한 신체 반응의 결과로 나타난다는 것이다. 이는 만약 우리가 인위적으로 신체 반응을 유발할 수 있다면 정서를 바꿀 수도 있다는 것을 시사해 주기도 한다.

(라) 인간의 신체 반응은 정서에 의해 유발되는 것일까? 이에 대해 제임스와 랑에는 정서에 의해 신체 반응이 유발되는 것이 아니라, 신체 반응이 오히려 정서보다 앞서 나타난다고 주장한다. 즉, 웃으니까 기쁜 감정이 생기고, 우니까 슬픈 감정이 생긴다는 것이다. 이는 외부자극에 대한 자율 신경계의 반응으로 신체의 변화가 먼저 일어나고, 이러한 변화에 대한 자각을 한 이후 공포감이나 놀라움이라는 정서를 느끼게 되었음을 보여준다.

① (라) – (가) – (다) – (나)
② (라) – (나) – (다) – (가)
③ (라) – (다) – (가) – (나)
④ (라) – (다) – (나) – (가)

02

(가) 이러한 수평적 연결은 사물인터넷 서비스로 새로운 성장 동력을 모색할 수 있다. 예를 들어, 스마트 컵인 프라임베실(개인에게 필요한 수분 섭취량을 알려줌), 스마트 접시인 탑뷰(음식의 양을 측정함), 스마트 포크인 해피포크(식사 습관개선을 돕는 스마트 포크로서 식사 속도와 시간, 1분간 떠먹는 횟수 등을 계산해 식사 습관을 분석함)를 연결하면 식생활 습관을 관리할 수 있을 것이다. 이를 식당, 병원, 헬스케어 센터에서 이용하면 고객의 식생활을 부가 서비스로 관리할 수 있다.

(나) 마치 100m 달리기를 하듯 각자의 트랙에서 목표를 향해 전력 질주하던 시대가 있었다. 선택과 집중의 논리로 수직 계열화를 통해 효율을 확보하고, 성능을 개선하고자 했었다. 그런데 세상이 변하고 있다. 고객 혹은 사용자를 중심으로 기존의 제품과 서비스가 재정의되고 있는 것이다. 이러한 산업의 패러다임적 전환을 신성장 동력이라 말한다.

(다) 기존의 가스 경보기를 만들려면 미세한 가스도 놓치지 않는 센서의 성능, 오래 지속되는 배터리, 크게 알릴 수 있는 알람 소리, 인테리어에 잘 어울리는 멋진 제품 디자인이 필요하다. 그런데 아무리 좋은 가스 경보기를 만들어도 사람의 안전을 담보하지는 못한다. 만약 집에서 가스 경보기가 울리면 아마 창문을 열어 환기시키고, 가스 밸브를 잠그고, 119에 신고를 해야 할 것이다. 사람의 안전을 담보하는, 즉 연결 지배성이 높은 가스 경보기는 이런 일을 모두 해내야 한다. 이런 가스 경보기를 만들려면 전기, 전자, 통신, 기계, 인테리어, 디자인 등의 도메인들이 사용자 경험을 중심으로 연결돼야 한다. 이를 수평적 연결이라 부른다.

(라) 똑똑한 사물인터넷은 점점 더 다양해진다. SK텔레콤의 '누구'나 아마존 '에코' 같은 스마트 스피커는 사용자가 언제 어디든, 일상에서 인공 비서로 사용되는 시대가 되었다. 그리고 귀뚜라미 보일러의 사물인터넷 서비스는 보일러 쪽으로 직접 가지 않아도 스마트폰 전용 앱으로 보일러를 관리한다. 이제 보일러가 언제, 얼마나, 어떻게 쓰이는지, 그리고 보일러의 상태는 어떠한지, 사용하는 방식과 에너지 소모 등의 정보도 얻을 수 있다. 4차 산업혁명의 전진기지 역할을 하는 사물인터넷 서비스는 이제 거스를 수 없는 대세이다.

① (나) – (가) – (다) – (라)
② (나) – (다) – (가) – (라)
③ (다) – (가) – (라) – (나)
④ (다) – (나) – (가) – (라)

03

(가) 대부분의 반딧불이는 빛을 사랑의 도구로 사용하지만, 어떤 반딧불이는 번식 목적이 아닌 적대적 목적으로 사용하기도 한다. 포투루스(Photurus)라는 반딧불이의 암컷은 아무렇지 않게 상대 반딧불이를 잡아먹는다. 이 무시무시한 작업을 벌이기 위해 암컷 포투루스는 포티너스(Photinus) 암컷의 불빛을 흉내 낸다. 이를 자신과 같은 종으로 생각한 수컷 포티너스가 사랑이 가득 찬 마음으로 암컷 포투루스에게 달려들지만, 정체를 알았을 때는 이미 너무 늦었다는 것을 알게 된다.

(나) 먼저 땅에 사는 반딧불이 한 마리가 60마리 정도의 다른 반딧불이들과 함께 일렬로 빛을 내뿜는 경우가 있다. 수많은 반딧불이가 기차처럼 한 줄을 지어 마치 리더의 지시에 따르듯 한 반딧불이의 섬광을 따라 불빛을 내는 모습은 마치 작은 번개처럼 보인다. 이처럼 반딧불이는 집단으로 멋진 작품을 연출하는데 그중 가장 유명한 것은 동남아시아에 서식하는 반딧불이다. 이들은 공동으로 동시에 그리고 완벽하게 발광함으로써 크리스마스 트리의 불빛을 연상시키기도 한다. 그러다 암컷을 발견한 반딧불이는 무리에서 빠져나와 암컷을 향해 직접 빛을 번쩍거리기도 한다.

(다) 이렇게 다른 종의 불빛을 흉내 내는 반딧불이는 북아메리카에서 흔히 찾아볼 수 있다. 그러므로 짝을 찾아 헤매는 수컷 반딧불이에게 황혼이 찾아드는 하늘은 유혹의 무대인 동시에 위험한 장소이기도 하다. 성욕을 채우려 연인을 찾다 그만 식욕만 왕성한 암컷을 만나게 되는 비운을 맞을 수 있기 때문이다.

(라) 사랑과 관련하여 반딧불이의 섬광은 여러 가지 형태의 신호가 있으며, 빛 색깔의 다양성, 밝기, 빛을 내는 빈도, 빛의 지속성 등에서 반딧불이 자신만의 특징을 가지기도 한다. 예를 들어 황혼 무렵에 사랑을 나누고 싶어 하는 반딧불이는 오렌지색을 선호하며, 그래도 역시 사랑엔 깊은 밤이 최고라는 반딧불이는 초록계열의 색을 선호한다. 발광 장소도 땅이나 공중, 식물 등 그 선호도가 다양하다. 반딧불이는 이런 모든 요소를 결합하여 다양한 모습을 보여주는데 이런 다양성이 조화를 이루거나 또는 동시에 이루어지게 되면 말 그대로 장관을 이루게 된다.

(마) 이처럼 혼자 행동하기를 좋아하는 반딧불이는 빛을 번쩍거리면서 서식지를 홀로 돌아다니기도 한다. 대표적인 뉴기니 지역의 반딧불이는 짝을 찾아 좁은 해안선과 근처 숲 사이를 반복적으로 왔다 갔다 한다. 반딧불이 역시 달이 빛나고 파도가 철썩이는 해변을 사랑을 나누기에 최적인 로맨틱한 장소로 여기는 것이다.

① (가) – (나) – (다) – (라) – (마)
② (가) – (다) – (라) – (나) – (마)
③ (나) – (가) – (다) – (마) – (라)
④ (라) – (나) – (마) – (가) – (다)

04

> (가) 기피 직종에 대한 인식 변화는 쉽게 찾아볼 수 있다. 9월 ○○시는 '하반기 정년퇴직으로 결원이 예상되는 인력을 충원하고자 환경미화원 18명을 신규 채용한다.'는 내용의 모집공고를 냈다. 지원자 457명이 몰려 경쟁률은 25 대 1을 기록했다. 지원자 연령을 보면 40대가 188명으로 가장 많았고 30대 160명, 50대 78명, 20대 31명으로 30, 40대 지원자가 76%를 차지했다.
> (나) 오랫동안 3D업종은 꺼리는 직업으로 여겨졌다. 일이 힘들기도 하지만 '하대하는' 사회적 시선을 견디기가 쉽지 않았기 때문이다. 그러나 최근 3D업종에 대해 달라진 분위기가 감지되고 있다. 저성장 시대에 들어서면서 청년취업난이 심각해지고, 일이 없어 고민하는 퇴직자가 늘어나 일자리 자체가 소중해지고 있기 때문이다. 즉, '직업에 귀천이 없다.'는 인식이 퍼지면서 3D업종도 다시금 주목받고 있다.
> (다) 기피 직종에 대한 인식 변화는 건설업계에서도 진행되고 있다. 최근 건설경기가 회복되고, 인테리어 산업이 호황을 이루면서 '인부' 구하기가 하늘의 별 따기다. 서울 △△구에서 30년째 인테리어 사무실을 운영하는 D씨는 "몇 년 새 공사 의뢰는 상당히 늘었는데 숙련공은 그만큼 늘지 않아 공사 기간에 맞춰 인력을 구하는 게 힘들다."라고 말했다.
> (라) 이처럼 환경미화원 공개 채용의 인기는 날로 높아지는 분위기다. ○○시 환경위생과 계장은 "모집인원이 해마다 달라 경쟁률도 바뀌지만 10년 전에 비하면 상당히 높아졌다. 지난해에는 모집 인원이 적었던 탓에 경쟁률이 35 대 1이었다. 그리고 환경미화원이 되려고 3수, 4수까지 불사하는 지원자가 늘고 있다."라고 말했다.
> (마) 환경미화원 공채에 지원자가 몰리는 이유는 근무환경과 연봉 때문이다. 주 5일 8시간 근무인데다 새벽에 출근해 점심 무렵 퇴근하기에 오후 시간을 자유롭게 쓸 수 있다. 초봉은 3,500만 원 수준이며 근무연수가 올라가면 최고 5,000만 원까지 받을 수 있다. 환경미화원인 B씨는 "육체적으로 힘들긴 하지만 시간적으로 여유롭다는 것이 큰 장점이다. 매일 야근에 시달리다 건강을 잃어본 경험이 있는 사람이 지원하기도 한다. 또 웬만한 중소기업보다 연봉이 좋다 보니 고학력자도 여기로 눈을 돌리는 것 같다."라고 말했다.

① (가) – (다) – (마) – (나) – (라)
② (나) – (가) – (라) – (마) – (다)
③ (다) – (마) – (가) – (나) – (라)
④ (라) – (마) – (가) – (나) – (다)

05 다음 제시된 문단에 이어질 내용을 논리적 순서대로 바르게 나열한 것은?

> 정부가 '열린혁신'을 국정과제로 선정하고, 공공부문의 선도적인 역할을 당부함에 따라 많은 공공기관에서 열린혁신 추진을 위한 조직 및 전담인력을 구성하고 있으며, K공사 역시 경영기획실 내 혁신기획팀을 조직하여 전사 차원의 열린혁신을 도모하고 있다. 다만, 아직까지 열린혁신은 도입 단계로 다소 생소한 개념이므로 이에 대한 이해가 필요하다.
>
> (가) 그렇다면 '열린혁신'을 보다 체계적이고 성공적으로 추진하기 위한 선행조건은 무엇일까? 첫째, 구성원들이 열린혁신을 명확히 이해하고, 수요자의 입장에서 사업을 바라보는 마인드 형성이 필요하다. 공공기관이 혁신을 추진하는 목적은 결국 본연의 사업을 잘 수행하기 위함이다. 이를 위해서는 수요자인 고객을 먼저 생각해야 한다. 제공받는 서비스에 만족하지 못하는 고객을 생각한다면 사업에 대한 변화와 혁신은 자연스럽게 따라올 수밖에 없다.
>
> (나) 위에서 언급한 정의의 측면에서 볼 때 열린혁신의 성공을 위한 초석은 시민사회(혹은 고객)를 포함한 다양한 이해관계자의 적극적인 참여와 협업이다. 어린이 – 시민 – 전문가 – 공무원이 모여 자연을 이용해 기획하고 디자인한 순천시의 '기적의 놀이터', 청년들이 직접 제안한 아이디어를 정부가 정식사업으로 채택하여 발전시킨 '공유기숙사' 등은 열린혁신의 추진방향을 보여주는 대표적인 사례이다. 특히 시민을 공공서비스의 수혜 대상에서 함께 사업을 만들어가는 파트너로 격상시킨 것이 큰 변화이며, 바로 이 지점이 열린혁신의 출발점이라 할 수 있다.
>
> (다) 둘째, 다양한 아이디어가 존중받고 추진될 수 있는 조직문화를 만들어야 한다. 나이 · 직급에 관계없이 새로운 아이디어를 마음껏 표현할 수 있는 환경을 조성하는 한편, 참신하고 완성도 높은 아이디어에 대해 인센티브를 제공하는 등 조직 차원의 동기부여가 필요하다. 행정안전부에서 주관하는 정부 열린혁신 평가에서 기관장의 의지와 함께 전사 차원의 지원체계 마련을 주문하는 것도 이러한 연유에서다.
>
> (라) '혁신'이라는 용어는 이미 경영 · 기술 분야에서 널리 사용되고 있다. 미국의 경제학자 슘페터는 혁신을 새로운 제품소개, 생산방법의 도입, 시장개척, 조직방식 등의 새로운 결합으로 발생하는 창조적 파괴라고 정의내린 바 있다. 이를 '열린혁신'의 개념으로 확장해보면 기관 자체의 역량뿐만 아니라 외부의 아이디어를 받아들이고 결합함으로써 당면한 문제를 해결하고, 사회적 가치를 창출하는 일련의 활동이라 말할 수 있을 것이다.
>
> (마) 마지막으로 지속가능한 혁신을 위해 이를 뒷받침할 수 있는 열정적인 혁신 조력자가 필요하다. 수요자의 니즈를 발굴하여 사업에 반영하는 제안 – 설계 – 집행 – 평가 전 과정을 살피고 지원할 수 있는 조력자의 역할은 필수적이다. 따라서 역량 있는 혁신 조력자를 육성하기 위한 체계적인 교육이 수반되어야 할 것이다. 덧붙여 전 과정에 다양한 이해관계자의 참여가 필요한 만큼 담당부서와 사업부서 간의 긴밀한 협조가 이루어진다면 혁신의 성과는 더욱 커질 것이다.

① (가) – (다) – (마) – (라) – (나)
② (나) – (가) – (라) – (다) – (마)
③ (나) – (라) – (다) – (마) – (가)
④ (라) – (나) – (가) – (다) – (마)

PART 1

대표기출유형

04 맞춤법 · 어휘

| 유형분석 |

- 맞춤법에 맞는 단어를 찾거나 주어진 지문의 내용에 어울리는 단어를 찾는 문제가 주로 출제된다.
- 단어 사이의 관계에 대한 문제가 출제되므로 뜻이 비슷하거나 반대되는 단어를 함께 학습하는 것이 좋다.
- 자주 출제되는 단어나 헷갈리는 단어에 대한 학습을 꾸준히 하는 것이 좋다.

다음 중 밑줄 친 부분의 표기가 옳은 것은?

① 나의 바램대로 내일은 흰 눈이 왔으면 좋겠다.

② 엿가락을 고무줄처럼 늘였다.

③ 학생 신분에 알맞는 옷차림을 해야 한다.

④ 계곡물에 손을 담구니 시원하다.

정답 ②

'본디보다 더 길어지게 하다.'라는 의미로 쓰였으므로 '늘이다'로 쓰는 것이 옳다.

오답분석

① 바램 → 바람

③ 알맞는 → 알맞은

④ 담구니 → 담그니

풀이 전략!

문제에서 물어보는 단어를 정확히 확인해야 하고, 어휘문제의 경우 주어진 지문의 전체적인 흐름에 어울리는 단어를 생각해본다.

대표기출유형 04 기출응용문제

01 다음 ㉠~㉣ 중 맥락에 맞는 단어를 바르게 나열한 것은?

> • 승객 대상 서비스를 강화하기 위해 전문가에게 ㉠ 자문 / 조언을 구하도록 했다.
> • 무더위로 최대 전력 수요 ㉡ 경신 / 갱신이 계속되고 있다.
> • 사업의 진행을 위해 팀장님께 ㉢ 결제 / 결재를 받았다.
> • 동생에게 결혼 문제를 ㉣ 비쳤더니 / 비췄더니 그 자리에서 펄쩍 뛰었다.

	㉠	㉡	㉢	㉣
①	자문	경신	결재	비쳤더니
②	조언	경신	결재	비쳤더니
③	자문	갱신	결제	비췄더니
④	조언	갱신	결제	비췄더니

02 다음 중 띄어쓰기가 옳지 않은 문장은?

① 강아지가 집을 나간지 사흘 만에 돌아왔다.
② 북어 한 쾌는 북어 스무 마리를 이른다.
③ 박승후 씨는 국회의원 출마 의사를 밝혔다.
④ 나는 주로 삼학년을 맡아 미술을 지도했다.

03 다음 중 어법에 맞고 자연스러운 문장은?

① 문학은 다양한 삶의 체험을 보여 주는 예술의 장르로서 문학을 즐길 예술적 본능을 지닌다.
② 신은 인간을 사랑하기도 하지만, 때로는 인간에게 시련의 고통을 주기도 한다.
③ 피로연은 성대하게 치러졌다. 신랑과 신부는 결혼식을 마치고 신혼여행을 떠났다. 하례객들이 식당 안으로 옮겨 앉으면서 시작되었다.
④ 그는 부모님의 말씀을 거스른 적이 없고 그는 친구들과 어울리다가도 정해진 시간에 반드시 들어오곤 했다.

※ 다음 글의 밑줄 친 ㉠~㉣ 중 맞춤법이 옳지 않은 것을 고르시오. [4~5]

04

맹사성은 고려 시대 말 문과에 급제하여 정계에 진출해 조선이 세워진 후 황희 정승과 함께 조선 전기의 문화 발전에 큰 공을 세운 인물이다. 맹사성은 성품이 맑고 깨끗하며, 단정하고 묵직해서 재상으로서의 품위가 있었다. 또 그는 청렴하고 검소하여 늘 ㉠ 남루한 행색으로 다녔는데, 이로 인해 한 번은 어느 고을 수령의 야유를 받았다. 나중에서야 맹사성의 실체를 알게 된 수령이 후사가 두려워 도망을 가다가 관인을 못에 ㉡ 빠뜨렸고, 후에 그 못을 인침연(人沈淵)이라 불렀다는 일화가 남아 있다.
조선시대의 학자 서거정은 『필원잡기』에서 이런 맹사성이 평소에 어떻게 살았는가를 소개했다. 서거정의 소개에 따르면 맹사성은 음률을 깨우쳐서 항상 하루에 서너 곡씩 피리를 불곤 했다. 그는 혼자 문을 닫고 조용히 앉아 피리 불기를 계속할 뿐 사사로운 손님을 받지 않았다. 일을 보고하러 오는 등 꼭 만나야 할 손님이 오면 잠시 문을 열어 맞이할 뿐 ㉢ 그 밖에는 오직 피리를 부는 것만이 그의 삶의 전부였다. 일을 보고하러 오는 사람은 동구 밖에서 피리 소리를 듣고 맹사성이 방 안에 있다는 것을 알 정도였다.
맹사성은 여름이면 소나무 그늘 아래에 앉아 피리를 불고, 겨울이면 방 안 부들자리에 앉아 피리를 불었다. 서거정의 표현에 의하면 맹사성의 방에는 '오직 부들자리와 피리만 있을 뿐 다른 물건은 없었다.'고 한다. 당시 한 나라의 정승까지 맡고 있었던 사람의 방이었건만 그곳에는 온갖 요란한 장신구나 수많은 장서가 쌓여 있지 않고 오직 피리 하나만 있었던 것이다.
옛 왕조의 끝과 새 왕조의 시작이라는 격동기에 살면서 급격한 변화를 경험해야 했던 맹사성이 방에 오직 부들자리와 피리만을 두면서 생각한 것은 무엇일까? 그는 어떤 생각을 하며 어떤 삶을 살아갔을까? 피리 소리만 ㉣ 남겨둔 체 늘 비우는 방과 같이 늘 마음을 비우려 노력했던 것은 아닐까.

① ㉠
② ㉡
③ ㉢
④ ㉣

05

계약서란 계약의 당사자 간의 의사표시에 따른 법률행위인 계약 내용을 문서화한 것으로 당사자 사이의 권리와 의무 등 법률관계를 규율하고 의사표시 내용을 항목별로 구분한 후, 구체적으로 명시하여 어떠한 법률 행위를 어떻게 ㉠ 하려고 하는지 등의 내용을 특정한 문서이다. 계약서의 작성은 미래에 계약에 관한 분쟁 발생 시 중요한 증빙자료가 된다.
계약서의 종류를 살펴보면, 먼저 임대차계약서는 임대인 소유의 부동산을 임차인에게 임대하고, 임차인은 이에 대한 약정을 합의하는 내용을 담고 있다. 임대차는 당사자의 한쪽이 상대방에게 목적물을 사용·수익하게 할 수 있도록 약정하고, 상대방이 이에 대하여 차임을 지급할 것을 ㉡ 약정함으로써 그 효력이 생긴다. 부동산 임대차의 경우 목적 부동산의 전세, 월세에 대한 임차보증금 및 월세를 지급할 것을 내용으로 하는 계약이 여기에 해당하며, 임대차계약서는 주택 등 집합건물의 임대차 계약을 작성하는 경우에 사용되는 계약서이다. 주택 또는 상가의 임대차계약은 민법에 대한 특례를 규정한 주택임대차보호법 및 상가건물 임대차보호법의 적용을 받으며, 이 법의 적용을 받지 않은 임대차에 관하여는 민법상의 임대차 규정을 적용하고 있다.
다음으로 근로계약서는 근로자가 회사(근로기준법에서는 '사용자'라고 함)의 지시 또는 관리에 따라 일을 하고 이에 대한 ㉢ 댓가로 회사가 임금을 지급하기로 한 내용의 계약서로 유상·쌍무계약을 말한다. 근로자와 사용자의 근로관계는 서로 동등한 지위에서 자유의사에 의하여 결정한 계약에 의하여 성립한다. 이러한 근로관계의 성립은 구술에 의하여 약정되기도 하지만 통상적으로 근로계약서 작성에 의하여 행해지고 있다.
마지막으로 부동산 매매계약서는 당사자가 계약 목적물을 매매할 것을 합의하고, 매수인이 매도자에게 매매 대금을 지급할 것을 약정함으로 인해 그 효력이 발생한다. 부동산 매매계약서는 부동산을 사고, 팔기 위하여 매도인과 매수인이 약정하는 계약서로 매매대금 및 지급시기, 소유권 이전, 제한권 소멸, 제세공과금, 부동산의 인도, 계약의 해제에 관한 사항 등을 약정하여 교환하는 문서이다. 부동산거래는 상황에 따라 다양한 매매조건이 ㉣ 수반되기 때문에 획일적인 계약내용 외에 별도 사항을 기재하는 경우가 많으므로 계약서에 서명하기 전에 계약내용을 잘 확인하여야 한다.
이처럼 계약서는 계약의 권리와 의무의 발생, 변경, 소멸 등을 명시하는 중요한 문서로 계약서를 작성할 때에는 신중하고 냉철하게 판단한 후, 권리자와 의무자의 관계, 목적물이나 권리의 행사방법 등을 명확하게 전달할 수 있도록 육하원칙에 따라 간결하고 명료하게 그리고 정확하고 평이하게 작성해야 한다.

① ㉠　　② ㉡
③ ㉢　　④ ㉣

대표기출유형

05 내용 추론

| 유형분석 |

- 주어진 지문을 바탕으로 도출할 수 있는 내용을 찾는 문제이다.
- 선택지의 내용을 정확하게 확인하고 지문의 정보와 비교하여 추론하는 능력이 필요하다.

다음 글을 통해 추론할 수 없는 것은?

제약 연구원이란 제약 회사에서 약을 만드는 과정에 참여하는 사람을 말한다. 제약 연구원은 이러한 모든 단계에 참여하지만, 특히 신약 개발 단계와 임상 시험 단계에서 가장 중점적인 역할을 한다. 일반적으로 약을 만드는 과정은 새로운 약품을 개발하는 신약 개발 단계, 임상 시험을 통해 개발된 신약의 약효를 확인하는 임상 시험 단계, 식약처에 신약이 판매될 수 있도록 허가를 요청하는 약품 허가 요청 단계, 마지막으로 의료진과 환자를 대상으로 신약에 대해 홍보하는 영업 및 마케팅의 단계로 나눈다.

제약 연구원이 되기 위해서는 일반적으로 약학을 전공해야 한다고 생각하기 쉽지만, 약학 전공자 이외에도 생명 공학, 화학 공학, 유전 공학 전공자들이 제약 연구원으로 활발하게 참여하고 있다. 만일 신약 개발의 전문가가 되고 싶다면 해당 분야에서 오랫동안 연구한 경험이 필요하기 때문에 대학원에서 석사나 박사 학위를 취득하는 것이 유리하다.

제약 연구원이 되기 위해서는 전문적인 지식도 중요하지만, 사람의 생명과 관련된 일인 만큼, 무엇보다도 꼼꼼함과 신중함, 책임 의식이 필요하다. 또한 제약 회사라는 공동체 안에서 일을 하는 것이므로 원만한 일의 진행을 위해서 의사소통 능력도 필수적으로 요구된다. 오늘날 제약 분야가 빠르게 성장하고 있다는 점을 고려할 때, 일에 대한 도전 의식, 호기심과 탐구심 등도 제약 연구원에게 필요한 능력으로 꼽을 수 있다.

① 제약 연구원은 약품 허가 요청 단계에 참여한다.
② 오늘날 제약 연구원에게 요구되는 능력이 많아졌다.
③ 생명이나 유전 공학 전공자도 제약 연구원으로 일할 수 있다.
④ 신약 개발 전문가가 되려면 반드시 석사나 박사를 취득해야 한다.

정답 ④

제시문에 따르면 신약 개발의 전문가가 되기 위해서는 해당 분야에서 오랫동안 연구한 경험이 필요하므로 석사나 박사 학위를 취득하는 것이 유리하다고 하였다. 그러나 석사나 박사 학위가 신약 개발 전문가가 되는 데 도움을 준다는 것일 뿐이므로 반드시 필요한 필수 조건인지는 알 수 없다. 따라서 ④는 제시문을 통해 추론할 수 없다.

풀이 전략!

주어진 지문이 어떠한 내용을 다루고 있는지 파악한 후 선택지의 키워드를 확실하게 체크하고, 지문의 정보에서 도출할 수 있는 내용을 찾는다.

01 다음은 칸트의 미적 기준에 대한 글이다. 밑줄 친 ㉠에 대해 '미적 무관심성'을 보인 사람은?

> 한 떨기 ㉠ 흰 장미가 우리 앞에 있다고 하자. 하나의 동일한 대상이지만 그것을 받아들이는 방식은 다양하다. 그것은 이윤을 창출하는 상품으로 보일 수도 있고, 식물학적 연구 대상으로 보일 수도 있다. 또한 어떤 경우에는 나치에 항거하다 죽어 간 저항 조직 '백장미'의 젊은이들을 떠올리게 할 수도 있다. 그런데 이런 경우들과 달리 우리는 종종 그저 그 꽃잎의 모양과 순백의 색깔이 아름답다는 이유만으로 충분히 만족을 느끼기도 한다.
>
> 가끔씩 우리는 이렇게 평소와는 매우 다른 특별한 순간들을 맛본다. 평소에 중요하게 여겨지던 것들이 이 순간에는 철저히 관심 밖으로 밀려나고, 오직 대상의 내재적인 미적 형식만이 관심의 대상이 된다. 이러한 마음의 작동 방식을 가리키는 개념어가 '미적 무관심성'이다. 칸트가 이 개념의 대표적인 대변자인데, 그에 따르면 미적 무관심성이란 대상의 아름다움을 판정할 때 요구되는 순수하게 심미적인 심리 상태를 뜻한다. 즉, 'X는 아름답다.'라고 판단할 때 우리의 관심은 오로지 X의 형식적 측면이 우리의 감수성에 쾌·불쾌를 주는지를 가리는 데 있으므로 '무관심적 관심'이다. 그리고 무언가를 실질적으로 얻거나 알고자 하는 모든 관심으로부터 자유로운 X의 존재 가치는 '목적 없는 합목적성'에 있다. 대상의 개념이나 용도 및 현존으로부터의 완전한 거리 두기를 통해 도달할 수 있는 순수 미적인 차원에 대한 이러한 이론적 정당화는 쇼펜하우어에 이르러서는 예술미의 관조를 인간의 영적 구원의 한 가능성으로 평가하는 사상으로까지 발전하였다. 불교에 심취한 그는 칸트의 '미적 무관심성' 개념에서 더 나아가 '미적 무욕성'을 주장했다. 그에 따르면 이 세계는 '맹목적 의지'가 지배하는 곳으로, 거기에 사는 우리는 욕구와 결핍의 부단한 교차 속에서 고통받지만, 예술미에 도취하는 그 순간만큼은 해방을 맛본다. 즉, '의지의 폭정'에서 벗어나 잠정적인 열반에 도달한다.
>
> 미적 무관심성은 예술의 고유한 가치를 옹호하는 데 큰 역할을 하는 개념이다. 그러나 우리는 그것이 극단적으로 추구될 경우에 가해질 수 있는 비판을 또한 존중하지 않을 수 없다. 왜냐하면 독립 선언이 곧 고립 선언은 아니기 때문이다. 예술의 고유한 가치는 진리나 선과 같은 가치 영역들과 유기적인 조화를 이룰 때 더욱 고양된다. 요컨대 예술은 다른 목적에 종속되는 한갓된 수단이 되어서도 안 되겠지만, 그것의 지적·실천적 역할이 완전히 도외시되어서도 안 된다.

① 예지 : 성년의 날에 장미를 대학교 앞에 가져가 팔면 많은 돈을 벌 수 있겠어.
② 지원 : 장미의 향기를 맡고 있자니 이 세상에서 영혼이 해방된 느낌이 들어.
③ 도일 : 장미에서 흐르는 윤기와 단단한 줄기에서 아름다움이 느껴져.
④ 지은 : 인위적으로 하얀색 장미를 만들어내는 것은 논란의 여지가 있어.

PART 1

02 다음 글을 읽고 추론할 수 없는 것은?

> 삼국통일을 이룩한 신라는 경덕왕(742 ~ 765)대에 이르러 안정된 왕권과 정치제도를 바탕으로 문화적인 면에서 역시 황금기를 맞이하게 되었다. 불교문화 또한 융성기를 맞이하여 석굴암, 불국사를 비롯한 많은 건축물과 조형물을 건립함으로써 당시의 문화적 수준과 역량을 지금까지 전하고 있다. 석탑에 있어서도 시원양식과 전형기를 거치면서 성립된 양식이 이때에 이르러 통일된 수법으로 정착되어, 이후 건립되는 모든 석탑의 근원적인 양식이 되고 있다. 이때 건립된 석탑으로는 나원리 오층석탑, 구황동 삼층석탑, 장항리 오층석탑, 불국사 삼층석탑, 갈항사지 삼층석탑, 원원사지 삼층석탑 그리고 경주지방 외에 청도 봉기동 삼층석탑과 창녕 술정리 동삼층석탑 등이 있다. 이들은 대부분 불국사 삼층석탑의 양식을 모형으로 건립되었다. 이러한 석탑이 경주지방에 밀집되어 있다는 것은 통일된 석탑양식이 아직 다른 지역으로까지는 파급되지 못하고 있었음을 보여 준다.
> 이 통일된 수법을 대표하는 가장 유명한 석탑이 불국사 삼층석탑이다. 부재의 단일화를 통해 규모는 축소되었으나, 목조건축의 양식을 완벽하게 재현하고 있고, 양식적인 면에서도 초기적인 양식을 벗어나 높은 완성도를 보이고 있다.
> 불국사 삼층석탑에는 세 가지 특징이 있다. 첫 번째는 탑이 이층기단으로, 상・하층기단부에 모두 2개의 탱주와 우주를 마련하고 있다는 점이다. 또한 하층기단갑석의 상면에는 호각형 2단의 상층기단면석 받침이, 상층기단갑석의 상면에는 각형 2단의 1층 탑신석 받침이 마련되었고, 하면에는 각형 1단의 부연이 마련되었다. 두 번째는 탑신석과 옥개석이 각각 1석으로 구성되어 있다는 점이다. 또한 1층 탑신에 비해 2・3층 탑신이 낮게 만들어져 체감율에 있어 안정감을 주고 있다. 옥개석은 5단의 옥개받침과 각형 2단의 탑신받침을 가지고 있으며, 낙수면의 경사는 완만하고, 처마는 수평을 이루다가 전각에 이르러 날렵한 반전을 보이고 있다. 세 번째는 탑의 상륜부가 대부분 결실되어 노반석만 남아 있다는 점이다.

① 경덕왕 때 불교문화가 번창할 수 있었던 것은 안정된 정치 체제가 바탕이 되었기 때문이다.
② 장항리 오층석탑은 불국사 삼층석탑과 동일한 양식으로 지어졌다.
③ 경덕왕 때 통일된 석탑양식은 경주뿐만 아니라 전 지역으로 유행했다.
④ 이전에는 시원양식을 사용해 석탑을 만들었다.

03 다음 글을 토대로 〈보기〉를 해석한 내용으로 적절하지 않은 것은?

자기 조절은 목표 달성을 위해 자신의 사고, 감정, 욕구, 행동 등을 바꾸려는 시도인데, 목표를 달성한 경우는 자기 조절의 성공을, 반대의 경우는 자기 조절의 실패를 의미한다. 이에 대한 대표적인 이론으로는 앨버트 반두라의 '사회 인지 이론'과 로이 바우마이스터의 '자기 통제 힘 이론'이 있다. 반두라의 사회 인지 이론에서는 인간이 자기 조절 능력을 선천적으로 가지고 있다고 본다. 이런 특징을 가진 인간은 가치 있는 것을 획득하기 위해 행동하거나 두려워하는 것을 피하기 위해 행동한다. 반두라에 따르면, 자기 조절은 세 가지의 하위 기능인 자기 검열, 자기 판단, 자기 반응의 과정을 통해 작동한다. 자기 검열은 자기 조절의 첫 단계로, 선입견이나 감정을 배제하고 자신이 지향하는 목표와 관련하여 자신이 놓여 있는 상황과 현재 자신의 행동을 감독, 관찰하는 것을 말한다. 자기 판단은 목표 성취와 관련된 개인의 내적 기준인 개인적 표준, 현재 자신이 처한 상황, 그리고 자신이 하게 될 행동 이후 느끼게 될 정서 등을 고려하여 자신이 하고자 하는 행동을 결정하는 것을 말한다. 그리고 자기 반응은 자신이 한 행동 이후에 자신에게 부여하는 정서적 현상을 의미하는데, 자신이 지향하는 목표와 관련된 개인적 표준에 부합하는 행동은 만족감이나 긍지라는 자기 반응을 만들어 내고 그렇지 않은 행동은 죄책감이나 수치심이라는 자기 반응을 만들어 낸다.
한편 바우마이스터의 자기 통제 힘 이론은 사회 인지 이론의 기본적인 틀을 유지하면서 인간의 심리적 현상에 대해 자연과학적 근거를 찾으려는 경향이 대두되면서 등장하였다. 이 이론에서 말하는 자기 조절은 개인의 목표 성취와 관련된 개인적 표준, 자신의 행동을 관찰하는 모니터링, 개인적 표준에 도달할 수 있게 하는 동기, 자기 조절에 들이는 에너지로 구성된다. 바우마이스터는 그중 에너지의 양이 목표 성취의 여부에 결정적인 영향을 준다고 보기 때문에 자기 조절에서 특히 에너지의 양적인 측면을 중시한다. 바우마이스터에 따르면 다양한 자기 조절 과업에서 개인은 자신이 가지고 있는 에너지를 사용하는데, 에너지의 양은 제한되어 있기 때문에 지속적으로 자기 조절에 성공하기 위해서는 에너지를 효율적으로 사용해야 한다. 그런데 에너지를 많이 사용한다 하더라도 에너지가 완전히 고갈되는 상황은 벌어지지 않는다. 그 이유는 인간이 긴박한 욕구나 예외적인 상황을 대비하여 에너지의 일부를 남겨 두기 때문이다.

보기

S씨는 건강관리를 삶의 가장 중요한 목표로 삼았다. 우선 S씨는 퇴근하는 시간이 규칙적인 자신의 근무 환경을, 그리고 과식을 하고 운동을 하지 않는 자신을 관찰하였다. 그래서 퇴근 후의 시간을 활용하여 일주일에 3번 필라테스를 하고, 균형 잡힌 식단에 따라 식사를 하겠다고 다짐하였다. 한 달 후 S씨는 다짐한 대로 운동을 해서 만족감을 느꼈다. 그러나 균형 잡힌 식단에 따라 식사를 하지는 못했다.

① 반두라에 따르면 S씨는 식단 조절에 실패함으로써 죄책감이나 수치심을 느꼈을 것이다.
② 반두라에 따르면 S씨는 선천적인 자기 조절 능력을 통한 자기 검열, 자기 판단, 자기 반응의 자기 조절 과정을 거쳤다.
③ 바우마이스터에 따르면 S씨는 건강관리라는 개인적 표준에 도달하기 위해 자신의 근무환경과 행동을 모니터링하였다.
④ 바우마이스터에 따르면 S씨는 운동하는 데 모든 에너지를 사용하여 에너지가 고갈됨으로써 식단 조절에 실패하였다.

CHAPTER 02

수리능력

합격 Cheat Key

수리능력은 사칙 연산 · 통계 · 확률의 의미를 정확하게 이해하고 이를 업무에 적용하는 능력으로, 기초 연산과 기초 통계, 도표 분석 및 작성의 문제 유형으로 출제된다. 수리능력 역시 채택하지 않는 공사 · 공단이 거의 없을 만큼 필기시험에서 중요도가 높은 영역이다.

특히, 난이도가 높은 공사 · 공단의 시험에서는 도표 분석, 즉 자료 해석 유형의 문제가 많이 출제되고 있고, 응용 수리 역시 꾸준히 출제하는 공사 · 공단이 많기 때문에 기초 연산과 기초 통계에 대한 공식의 암기와 자료 해석 능력을 기를 수 있는 꾸준한 연습이 필요하다.

1 응용 수리의 공식은 반드시 암기하라!

응용 수리는 공사 · 공단마다 출제되는 문제는 다르지만, 사용되는 공식은 비슷한 경우가 많으므로 자주 출제되는 공식을 반드시 암기하여야 한다. 문제에서 묻는 것을 정확하게 파악하여 그에 맞는 공식을 적절하게 적용하는 꾸준한 노력과 공식을 암기하는 연습이 필요하다.

2 자료의 해석은 자료에서 즉시 확인할 수 있는 지문부터 확인하라!

수리능력 중 도표 분석, 즉 자료 해석 능력은 많은 시간을 필요로 하는 문제가 출제되므로, 증가·감소 추이와 같이 눈으로 확인이 가능한 지문을 먼저 확인한 후 복잡한 계산이 필요한 지문을 확인하는 방법으로 문제를 풀이한다면 시간을 조금이라도 아낄 수 있다. 또한, 여러 가지 보기가 주어진 문제 역시 지문을 잘 확인하고 문제를 풀이한다면 불필요한 계산을 생략할 수 있으므로 항상 지문부터 확인하는 습관을 들여야 한다.

3 도표 작성에서는 지문에 작성된 도표의 제목을 반드시 확인하라!

도표 작성은 하나의 자료 혹은 보고서와 같은 수치가 표현된 자료를 도표로 작성하는 형식으로 출제되는데, 대체로 표보다는 그래프를 작성하는 형태로 많이 출제된다. 지문을 살펴보면 각 지문에서 주어진 도표에도 소제목이 있는 경우가 대부분이다. 이때, 자료의 수치와 도표의 제목이 일치하지 않는 경우 함정이 존재하는 문제일 가능성이 높으므로 도표의 제목을 반드시 확인하는 것이 중요하다.

대표기출유형

01 응용 수리

| 유형분석 |

- 문제에서 제공하는 정보를 파악한 뒤, 사칙연산을 활용하여 계산하는 전형적인 수리문제이다.
- 문제를 풀기 위한 정보가 산재되어 있는 경우가 많으므로 주어진 조건 등을 꼼꼼히 확인해야 한다.

대학 서적을 도서관에서 빌리면 10일간 무료이고, 그 이상은 하루에 100원의 연체료가 부과되며 한 달 단위로 연체료는 두 배로 늘어난다. 1학기 동안 대학 서적을 도서관에서 빌려 사용하는 데 얼마의 비용이 드는가?(단, 1학기의 기간은 15주이고, 한 달은 30일로 정한다)

① 18,000원　　② 20,000원
③ 23,000원　　④ 25,000원

정답 ④

- 1학기의 기간 : 15×7=105일
- 연체료가 부과되는 기간 : 105−10=95일
- 연체료가 부과되는 시점에서부터 한 달 동안의 연체료 : 30×100=3,000원
- 첫 번째 달부터 두 번째 달까지의 연체료 : 30×100×2=6,000원
- 두 번째 달부터 세 번째 달까지의 연체료 : 30×100×2×2=12,000원
- 95일(3개월 5일) 연체료 : 3,000+6,000+12,000+5×(100×2×2×2)=25,000원

따라서 1학기 동안 대학 서적을 도서관에서 빌려 사용한다면 25,000원의 비용이 든다.

풀이 전략!

문제에서 묻는 바를 정확하게 확인한 후, 필요한 조건 또는 정보를 구분하여 신속하게 풀어 나간다. 단, 계산에 착오가 생기지 않도록 유의한다.

01 나영이와 현지가 집에서 공원을 향해 분당 150m의 속력으로 걸어가고 있다. 30분 정도 걸었을 때, 나영이가 지갑을 집에 두고 온 것을 기억하여 분당 300m의 속력으로 집에 갔다가 같은 속력으로 다시 공원을 향해 걸어간다고 한다. 현지는 그 속력 그대로 20분 뒤에 공원에 도착했을 때, 나영이는 현지가 공원에 도착하고 몇 분 후에 공원에 도착할 수 있는가?(단, 집에서 공원까지의 거리는 직선이고, 이동시간 외 다른 소요시간은 무시한다)

① 20분 ② 25분

③ 30분 ④ 35분

02 출입국관리사무소에서는 우리나라에 입국한 외국인을 조사하고 있다. 당일 조사한 결과 외국인 100명 중 중국인은 30%였고, 관광을 목적으로 온 외국인은 20%였으며, 중국인을 제외한 외국인 중 관광을 목적으로 온 사람은 20%였다. 임의로 중국인 1명을 조사할 때, 관광을 목적으로 온 사람일 확률은?

① $\frac{1}{2}$ ② $\frac{1}{3}$

③ $\frac{1}{4}$ ④ $\frac{1}{5}$

03 예선 경기에서 우승한 8명의 선수들이 본선 경기를 진행하려고 한다. 경기 방식은 토너먼트이고 작년에 우승한 1 ~ 4위까지의 선수들이 첫 경기에서 만나지 않도록 대진표를 정한다. 이때 가능한 대진표의 경우의 수는?

① 60가지 ② 64가지

③ 68가지 ④ 72가지

04 다음 〈보기〉의 대화에서 H부장의 질문에 옳지 않은 대답을 한 사원을 모두 고르면?

> **보기**
>
> H부장 : 10진수 21을 2, 8, 16진수로 각각 바꾸면 어떻게 되는가?
> A사원 : 2진수로 바꾸면 10101입니다.
> B사원 : 8진수로 바꾸면 25입니다.
> C사원 : 16진수로 바꾸면 16입니다.

① A사원　　② B사원
③ C사원　　④ A, B사원

05 A는 마트에서 장을 보고 있다. 지금까지 고른 물건의 중간 계산을 해보니 버섯 한 봉지, 두부 두 모, 대파 한 묶음, 우유 두 팩, 달걀 한 판을 구매하여 총 12,500원이었다. 우유는 세일 제품으로 두 팩에 4,200원, 달걀은 한 판에 3,400원이며, 버섯 한 봉지와 두부 한 모의 가격은 대파 3묶음 가격보다 300원 저렴하다. 그리고 버섯 한 봉지는 두부 한 모보다 300원 비싸다고 할 때, 두부 한 모의 가격은 얼마인가?

① 1,500원　　② 1,400원
③ 1,300원　　④ 1,200원

06 K공단에 근무 중인 S사원은 업무 계약 건으로 출장을 가야 한다. 시속 75km로 이동하던 중 점심시간이 되어 전체 거리의 40% 지점에 위치한 휴게소에서 30분 동안 점심을 먹었다. 시계를 확인하니 약속된 시간에 늦을 것 같아 시속 25km를 더 올려 이동하였더니, 출장지까지 총 3시간 20분이 걸려 도착하였다. K공단에서 출장지까지의 거리는?

① 100km　　② 150km
③ 200km　　④ 250km

07 K식품업체에서 일하고 있는 용선이가 속한 부서는 추석을 앞두고 약 1,200개 제품의 포장 작업을 해야 한다. 손으로 포장하면 하나에 3분이 걸리고 기계로 포장하면 2분이 걸리는데 기계를 이용하면 포장 100개마다 50분을 쉬어야 한다. 만약 휴식 없이 연속해서 작업을 한다고 할 때, 가장 빨리 작업을 마치는 데 시간이 얼마나 필요하겠는가?(단, 두 가지 작업은 병행할 수 있다)

① 24시간
② 25시간
③ 26시간
④ 27시간

08 K카페는 평균 고객이 하루에 100명이다. 모든 고객은 음료를 포장하거나 카페 내에서 음료를 마신다. 한 사람당 평균 6,400원을 소비하며 카페 내에서 음료를 마시는 고객은 한 사람당 서비스 비용이 평균적으로 1,500원이 들고 가게 유지 비용은 하루에 53만 5천 원이 든다. 이 경우 하루에 수익이 발생할 수 있는 포장 고객은 최소 몇 명인가?

① 28명
② 29명
③ 30명
④ 31명

09 경언이는 고향인 진주에서 서울로 올라오려고 한다. 오전 8시에 출발하여 우등버스를 타고 340km를 달려 서울 고속터미널에 도착하였는데, 원래 도착 예정시간보다 2시간이 늦어졌다. 도착 예정시간은 평균 100km/h로 달리고 휴게소에서 30분 쉬는 것으로 계산되었으나 실제로 휴게소에서 36분을 쉬었다고 한다. 이때, 진주에서 서울로 이동하는 동안 경언이가 탄 버스의 평균 속도는?

① 약 49km/h
② 약 53km/h
③ 약 57km/h
④ 약 64km/h

10 학교에서 숙용이는 액체밀도 실험을 배우고 있었다. 갑자기 숙용이는 실험을 이용하여 가방에 있는 피규어의 질량을 알아보고 싶어 선생님께 질문을 하였다. 다음 숙용이와 선생님의 대화 내용을 참고하여 피규어를 통에 넣었을 때, B, C액체가 들어있는 통에서 넘친 액체의 부피 합은 몇 L인가?(단, 각 통의 부피는 들어있는 액체의 부피와 같다)

숙용 : 선생님, 오늘 배운 밀도를 이용해서 제가 가지고 있는 피규어 질량을 알아보고 싶은데 지금 해봐도 되나요?

선생님 : 네. 실험하고 있는 액체가 묻어도 상관없으면 한 번 해보세요. 실험하는 액체통에는 밀도가 다른 A, B, C액체가 들어있고, 세 개의 통에 들어있는 부피는 앞에 칠판에 적혀 있는 거 알죠?

A액체	B액체	C액체
12L	10L	15L

그리고 처음에 알려준 밀도는 $\frac{(질량)}{(부피)}$과 같고, 방금 한 실험에서 A액체의 밀도가 0.2kg/L였어요.

숙용 : 네. 어차피 피규어는 씻으면 되니깐 상관없어요. 아! 그리고 아까 제가 세 통 모두 질량을 측정해 보니 같았는데 모두 동일한 거 맞죠? 선생님.

선생님 : 벌써 기본적인 질량측정을 완료했군요. 맞아요. 그럼 시작해 보세요.

숙용 : (실험 후) B액체는 ________L가 넘쳤고, C액체는 ________L가 넘쳤어요. 그래서 피규어 질량은 300g이에요.

① 3.875L
② 3.455L
③ 3.285L
④ 3.125L

11 경영지원부의 김부장은 사내 소프트볼 대회에 앞서 소프트볼 구장의 잔디 정리를 하려고 한다. 소프트볼 구장에 대한 정보가 다음과 같을 때, 잔디 정리를 해야 할 면적은 얼마인가?

〈잔디 정리 면적〉

다음 그림의 색칠된 부분의 잔디를 정리하여야 한다.

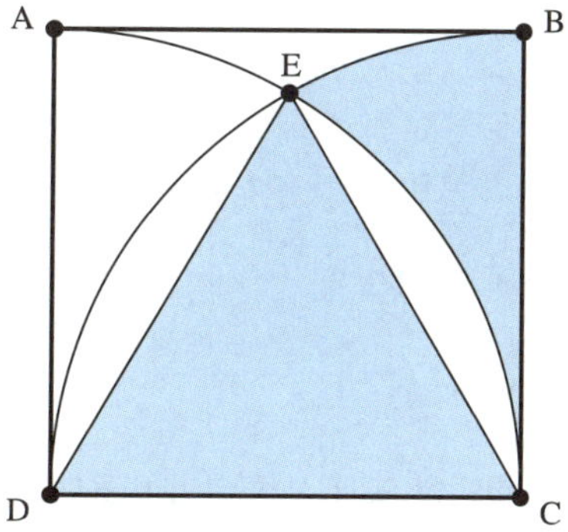

〈소프트볼 구장〉

- 소프트볼 구장은 가로, 세로가 12인 정사각형 모양이다.
- 점 E는 각각 점 C, D에서 부채꼴 모양을 그린 뒤 두 호가 만나는 지점이다.

① $72\sqrt{3}-12\pi$　　② $72\sqrt{3}-11\pi$

③ $36\sqrt{3}-12\pi$　　④ $36\sqrt{3}-11\pi$

대표기출유형

02 자료 계산

| 유형분석 |

- 문제에 주어진 자료를 분석하여 각 선택지의 값을 계산해 정답 유무를 판단하는 문제이다.
- 주로 그래프와 표로 제시되며, 경영·경제·산업 등과 관련된 최신 이슈를 많이 다룬다.
- 자료 간의 증감률·합계·차이 등을 자주 묻는다.

다음은 2024년도 K지역 고등학교 학년별 도서 선호 분야 비율에 대한 자료이다. 취업 관련 도서를 선호하는 3학년 학생 수 대비 철학·종교 도서를 선호하는 1학년 학생 수의 비율로 옳은 것은?(단, 모든 계산은 소수점 첫째 자리에서 반올림한다)

〈K지역 고등학교 학년별 도서 선호 분야 비율〉

(단위 : 명, %)

학년	사례 수	장르 소설	문학	자기 계발	취업 관련	예술·문화	역사·지리	과학·기술	정치·사회	철학·종교	경제·경영	기타
소계	1,160	28.9	18.2	7.7	6.9	5.4	6.1	7.9	5.8	4.2	4.5	4.4
1학년	375	29.1	18.1	7	6.4	8.7	5.3	7.8	4.1	3	6.5	4
2학년	417	28.4	18.7	8.9	7.5	3.8	6.3	8.3	8.1	5	3.1	1.9
3학년	368	29.3	17.8	7.1	6.6	3.7	6.8	7.6	4.8	4.5	4.1	7.7

① 42%　　② 46%

③ 54%　　④ 58%

정답 ②

취업 관련 도서를 선호하는 3학년 학생 수는 368×0.066≒24명이고, 철학·종교 도서를 선호하는 1학년 학생 수는 375×0.03≒11명이다.

따라서 취업 관련 도서를 선호하는 3학년 학생 수 대비 철학·종교 도서를 선호하는 1학년 학생 수의 비율은 $\frac{11}{24}\times100≒46\%$이다.

풀이 전략!

선택지에 주어진 값의 차이가 크지 않다면 어림값을 활용하는 것이 오히려 풀이 속도를 지연시킬 수 있으므로 주의해야 한다.

01 카페 주인인 S씨는 매장 내부의 가로 600cm, 세로 500cm 크기의 직사각형 벽을 하늘색 또는 크림색 정사각형 타일로 채우려고 한다. 타일의 크기와 비용이 다음과 같을 때, 어떤 타일을 선택하는 것이 더 경제적이며, 그 차이는 얼마인가?(단, 타일은 세트로만 구매 가능하다)

구분	크기	1세트당 개수	1세트당 가격
하늘색 타일	1m×1m	2개	5만 원
크림색 타일	1m×1m	3개	7만 원

	타일	구매비용의 차이
①	하늘색 타일	3만 원
②	하늘색 타일	5만 원
③	크림색 타일	3만 원
④	크림색 타일	5만 원

02 다음은 국내시장 규모에 대한 로봇 산업현황 자료이다. 2024년 제조업용 로봇 생산액의 2022년 대비 성장률은?(단, 소수점 둘째 자리에서 반올림한다)

〈로봇산업 현황〉

(단위 : 억 원, %)

구분	2022년		2023년			2024년		
	생산액	구성비	생산액	구성비	전년 대비	생산액	구성비	전년 대비
제조업용 로봇	6,272	87.2	6,410	85.0	2.2	7,016	84.9	9.5
서비스용 로봇	447	6.2	441	5.9	−1.1	483	5.9	9.4
전문 서비스용	124	1.7	88	1.2	−29.1	122	1.5	38.4
개인 서비스용	323	4.5	353	4.7	9.7	361	4.4	2.2
로봇부품 및 부분품	478	6.6	691	9.1	44.5	769	9.2	11.4
합계	7,197	100.0	7,542	100.0	4.8	8,268	100.0	9.6

① 7.3%
② 8.9%
③ 10.2%
④ 11.9%

03 김대리는 장거리 출장을 가기 전 주유와 함께 세차를 할 예정이다. A주유소와 B주유소의 주유 가격 및 세차 가격이 다음과 같을 때, A주유소에서 얼마나 주유해야 B주유소보다 저렴한가?

구분	주유 가격	세차 가격
A주유소	1,550원/L	3천 원(5만 원 이상 주유 시 무료)
B주유소	1,500원/L	3천 원(7만 원 이상 주유 시 무료)

① 32L 이상 45L 이하
② 32L 이상 46L 이하
③ 33L 이상 45L 이하
④ 33L 이상 46L 이하

04 다음은 2024년 우리나라의 LPCD(Liter Per Capital Day)에 대한 자료이다. 1인 1일 사용량에서 영업용 사용량이 차지하는 비중과 1인 1일 가정용 사용량의 하위 두 항목이 차지하는 비중을 순서대로 나열한 것은?(단, 소수점 셋째 자리에서 반올림한다)

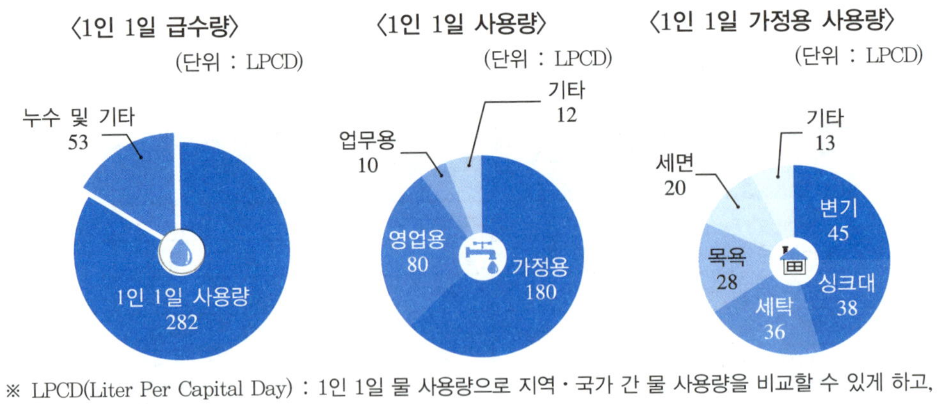

※ LPCD(Liter Per Capital Day) : 1인 1일 물 사용량으로 지역·국가 간 물 사용량을 비교할 수 있게 하고, 수자원을 효율적으로 활용할 수 있게 하는 지표임

① 27.57%, 16.25%
② 27.57%, 19.24%
③ 28.37%, 18.33%
④ 28.37%, 19.24%

05 다음은 2024년 방송산업 종사자 수를 나타낸 자료이다. 2024년 추세에 언급되지 않은 분야의 인원은 고정되어 있었다고 할 때, 2023년 방송산업 종사자 수는 모두 몇 명인가?

〈2024년 방송산업 종사자 수〉

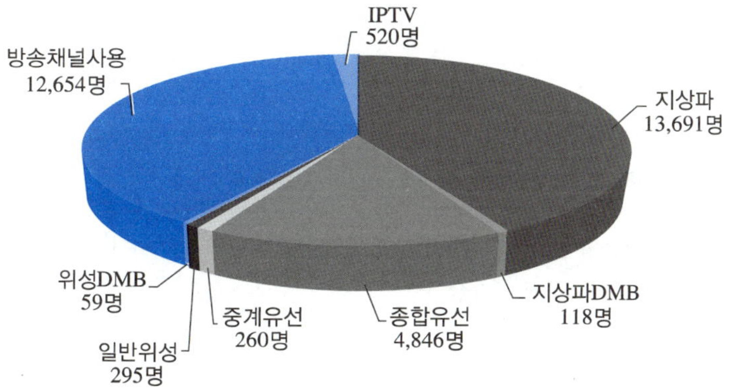

〈2024년 추세〉

지상파 방송사(지상파DMB 포함)는 전년보다 301명(2.2%p)이 증가한 것으로 나타났다. 직종별로 방송직에서는 PD(1.4%p 감소)와 아나운서(1.1%p 감소), 성우, 작가, 리포터, 제작지원 등의 기타 방송직(5%p 감소)이 감소했으나, 카메라, 음향, 조명, 미술, 편집 등의 제작관련직(4.8%p 증가)과 기자(0.5%p 증가)는 증가하였다. 그리고 영업홍보직(13.5%p 감소), 기술직(6.1%p 감소), 임원(0.7%p 감소)은 감소했으나, 연구직(11.7%p 증가)과 관리행정직(5.8%p 증가)은 증가했다.

① 20,081명 ② 24,550명
③ 32,142명 ④ 36,443명

대표기출유형

03 자료 이해

| 유형분석 |

- 제시된 자료를 분석하여 선택지의 정답 유무를 판단하는 문제이다.
- 자료의 수치 등을 통해 변화량이나 증감률, 비중 등을 비교하여 판단하는 문제가 자주 출제된다.
- 지원하고자 하는 기업이나 산업과 관련된 자료 등이 문제의 자료로 많이 다뤄진다.

다음은 A ~ E 5개국의 경제 및 사회 지표 자료이다. 이에 대한 설명으로 옳지 않은 것은?

〈주요 5개국의 경제 및 사회 지표〉

구분	1인당 GDP(달러)	경제성장률(%)	수출(백만 달러)	수입(백만 달러)	총인구(백만 명)
A	27,214	2.6	526,757	436,499	50.6
B	32,477	0.5	624,787	648,315	126.6
C	55,837	2.4	1,504,580	2,315,300	321.8
D	25,832	3.2	277,423	304,315	46.1
E	56,328	2.3	188,445	208,414	24.0

※ (총 GDP)=(1인당 GDP)×(총인구)

① 경제성장률이 가장 큰 나라가 총 GDP는 가장 작다.
② 총 GDP가 가장 큰 나라의 GDP는 가장 작은 나라의 GDP보다 10배 이상 더 크다.
③ 5개국 중 수출과 수입에 있어서 규모에 따라 나열한 순위는 서로 일치한다.
④ 1인당 GDP에 따른 순위와 총 GDP에 따른 순위는 서로 일치한다.

정답 ④

1인당 GDP 순위는 E>C>B>A>D이다. 그런데 1인당 GDP가 가장 큰 E국은 1인당 GDP가 2위인 C국보다 1% 정도밖에 높지 않은 반면, 인구는 C국의 $\frac{1}{10}$ 이하이므로 총 GDP 역시 C국보다 작다. 따라서 1인당 GDP 순위와 총 GDP 순위는 일치하지 않는다.

풀이 전략!

평소 변화량이나 증감률, 비중 등을 구하는 공식을 알아두고 있어야 하며, 지원하는 기업이나 산업에 대한 자료 등을 확인하여 비교하는 연습 등을 한다.

대표기출유형 03 기출응용문제

01 다음은 지역별 마약류 단속에 대한 자료이다. 이에 대한 설명으로 옳은 것은?

〈지역별 마약류 단속 건수〉

(단위 : 건, %)

구분	대마	마약	향정신성 의약품	합계	
					비중
서울	49	18	323	390	22.1
인천·경기	55	24	552	631	35.8
부산	6	6	166	178	10.1
울산·경남	13	4	129	146	8.3
대구·경북	8	1	138	147	8.3
대전·충남	20	4	101	125	7.1
강원	13	0	35	48	2.7
전북	1	4	25	30	1.7
광주·전남	2	4	38	44	2.5
충북	0	0	21	21	1.2
제주	0	0	4	4	0.2
전체	167	65	1,532	1,764	100.0

※ 수도권은 서울과 인천·경기를 합한 지역임

※ 마약류는 대마, 마약, 향정신성의약품으로만 구성됨

① 대마 단속 전체 건수는 마약 단속 전체 건수의 3배 이상이다.

② 수도권의 마약류 단속 건수는 마약류 단속 전체 건수의 50% 이상이다.

③ 마약 단속 건수가 없는 지역은 5곳이다.

④ 향정신성의약품 단속 건수는 대구·경북 지역이 광주·전남 지역의 4배 이상이다.

02 다음은 동일한 상품군을 판매하는 백화점과 TV홈쇼핑의 상품군별 2024년 판매수수료율에 대한 자료이다. 〈보기〉 중 이에 대한 설명으로 옳은 것을 모두 고르면?

〈백화점 판매수수료율 순위〉

(단위 : %)

판매수수료율 상위 5개			판매수수료율 하위 5개		
순위	상품군	판매수수료율	순위	상품군	판매수수료율
1	셔츠	33.9	1	디지털기기	11.0
2	레저용품	32.0	2	대형가전	14.4
3	잡화	31.8	3	소형가전	18.6
4	여성정장	31.7	4	문구	18.7
5	모피	31.1	5	신선식품	20.8

〈TV홈쇼핑 판매수수료율 순위〉

(단위 : %)

판매수수료율 상위 5개			판매수수료율 하위 5개		
순위	상품군	판매수수료율	순위	상품군	판매수수료율
1	셔츠	42.0	1	여행패키지	8.4
2	여성캐주얼	39.7	2	디지털기기	21.9
3	진	37.8	3	유아용품	28.1
4	남성정장	37.4	4	건강용품	28.2
5	화장품	36.8	5	보석	28.7

보기

ㄱ. 백화점과 TV홈쇼핑 모두 셔츠 상품군의 판매수수료율이 전체 상품군 중 가장 높았다.
ㄴ. 여성정장 상품군과 모피 상품군의 판매수수료율은 TV홈쇼핑이 백화점보다 더 낮았다.
ㄷ. 디지털기기 상품군의 판매수수료율은 TV홈쇼핑이 백화점보다 더 높았다.
ㄹ. 여행패키지 상품군의 판매수수료율은 백화점이 TV홈쇼핑의 2배 이상이었다.

① ㄱ, ㄴ
② ㄱ, ㄷ
③ ㄴ, ㄹ
④ ㄱ, ㄷ, ㄹ

03 다음은 K국의 출생 및 사망 추이를 나타낸 자료이다. 이에 대한 설명으로 옳지 않은 것은?

〈연도별 K국 출생 및 사망 추이〉

구분		2018년	2019년	2020년	2021년	2022년	2023년	2024년
출생아 수(명)		490,543	472,761	435,031	448,153	493,189	465,892	444,849
사망자 수(명)		244,506	244,217	243,883	242,266	244,874	246,113	246,942
기대수명(년)		77.44	78.04	78.63	79.18	79.56	80.08	80.55
수명	남자(년)	73.86	74.51	75.14	75.74	76.13	76.54	76.99
	여자(년)	80.81	81.35	81.89	82.36	82.73	83.29	83.77

① 출생아 수는 2018년 이후 감소하다가 2021년, 2022년에 증가 이후 다시 감소하고 있다.
② 매년 기대수명은 증가하고 있다.
③ 남자와 여자의 수명은 매년 5년 이상의 차이를 보이고 있다.
④ 매년 출생아 수는 사망자 수보다 20만 명 이상 더 많으므로 매년 총 인구는 20만 명 이상씩 증가한다고 볼 수 있다.

04 다음은 민간 분야 사이버 침해사고 발생현황에 대한 자료이다. 〈보기〉 중 이에 대한 설명으로 옳지 않은 것을 모두 고르면?

〈민간 분야 사이버 침해사고 발생현황〉

(단위 : 건)

구분	2021년	2022년	2023년	2024년
홈페이지 변조	6,490	10,148	5,216	3,727
스팸릴레이	1,163	988	731	365
기타 해킹	3,175	2,743	4,126	2,961
단순침입시도	2,908	3,031	3,019	2,783
피싱 경유지	2,204	4,320	3,043	1,854
전체	15,940	21,230	16,135	11,690

보기

ㄱ. 단순침입시도 분야의 침해사고는 매년 스팸릴레이 분야의 침해사고 건수의 두 배 이상이다.
ㄴ. 2021년 대비 2024년 침해사고 건수가 50%p 이상 감소한 분야는 2개 분야이다.
ㄷ. 2023년 홈페이지 변조 분야의 침해사고 건수가 차지하는 비중은 35% 이하이다.
ㄹ. 2022년 대비 2024년은 모든 분야의 침해사고 건수가 감소하였다.

① ㄱ, ㄴ　　② ㄱ, ㄹ
③ ㄴ, ㄹ　　④ ㄷ, ㄹ

CHAPTER 03

문제해결능력

합격 Cheat Key

문제해결능력은 업무를 수행하면서 여러 가지 문제 상황이 발생하였을 때, 창의적이고 논리적인 사고를 통하여 이를 올바르게 인식하고 적절히 해결하는 능력으로, 하위 능력에는 사고력과 문제처리능력이 있다.

문제해결능력은 NCS 기반 채용을 진행하는 대다수의 공사·공단에서 채택하고 있으며, 다양한 자료와 함께 출제되는 경우가 많아 어렵게 느껴질 수 있다. 특히, 난이도가 높은 문제로 자주 출제되기 때문에 다른 영역보다 더 많은 노력이 필요할 수는 있지만 그렇기에 차별화를 할 수 있는 득점 영역이므로 포기하지 말고 꾸준하게 노력해야 한다.

1 질문의 의도를 정확하게 파악하라!

문제해결능력은 문제에서 무엇을 묻고 있는지 정확하게 파악하여 먼저 풀이 방향을 설정하는 것이 가장 중요하다. 특히, 조건이 주어지고 답을 찾는 창의적·분석적인 문제가 주로 출제되고 있기 때문에 처음에 정확한 풀이 방향이 설정되지 않는다면 문제를 제대로 풀지 못하게 되므로 첫 번째로 출제 의도 파악에 집중해야 한다.

2 중요한 정보는 반드시 표시하라!

출제 의도를 정확히 파악하기 위해서는 문제의 중요한 정보를 반드시 표시하거나 메모하여 하나의 조건, 단서도 잊고 넘어가는 일이 없도록 해야 한다. 실제 시험에서는 시간의 압박과 긴장감으로 정보를 잘못 적용하거나 잊어버리는 실수가 많이 발생하므로 사전에 충분한 연습이 필요하다.

3 반복 풀이를 통해 취약 유형을 파악하라!

문제해결능력은 특히 시간관리가 중요한 영역이다. 따라서 정해진 시간 안에 고득점을 할 수 있는 효율적인 문제 풀이 방법을 찾아야 한다. 이때, 반복적인 문제 풀이를 통해 자신이 취약한 유형을 파악하는 것이 중요하다. 정확하게 풀 수 있는 문제부터 빠르게 풀고 취약한 유형은 나중에 푸는 효율적인 문제 풀이를 통해 최대한 고득점을 맞는 것이 중요하다.

대표기출유형

01 명제 추론

| 유형분석 |

- 주어진 조건을 토대로 논리적으로 추론하여 참 또는 거짓을 구분하는 문제이다.
- 자료를 제시하고 새로운 결과나 자료에 주어지지 않은 내용을 추론해 가는 형식의 문제가 출제된다.

어느 도시에 있는 병원의 공휴일 진료 현황은 다음과 같다. 공휴일에 진료하는 병원의 수는?

- B병원이 진료를 하지 않으면, A병원은 진료를 한다.
- B병원이 진료를 하면, D병원은 진료를 하지 않는다.
- A병원이 진료를 하면, C병원은 진료를 하지 않는다.
- C병원이 진료를 하지 않으면, E병원이 진료를 한다.
- E병원은 공휴일에 진료를 하지 않는다.

① 1곳 ② 2곳

③ 3곳 ④ 4곳

정답 ②

제시된 진료 현황을 각각의 명제로 보고 이들을 수식으로 설명하면 다음과 같다(단, 명제가 참일 경우 그 대우도 참이다).

- B병원이 진료를 하지 않으면 A병원이 진료를 한다(~B → A / ~A → B).
- B병원이 진료를 하면 D병원은 진료를 하지 않는다(B → ~D / D → ~B).
- A병원이 진료를 하면 C병원은 진료를 하지 않는다(A → ~C / C → ~A).
- C병원이 진료를 하지 않으면 E병원이 진료를 한다(~C → E / ~E → C).

이를 하나로 연결하면, D병원이 진료를 하면 B병원이 진료를 하지 않고, B병원이 진료를 하지 않으면 A병원은 진료를 한다. A병원이 진료를 하면 C병원은 진료를 하지 않고, C병원이 진료를 하지 않으면 E병원은 진료를 한다(D → ~B → A → ~C → E). 명제가 참일 경우 그 대우도 참이므로 ~E → C → ~A → B → ~D가 된다. E병원은 공휴일에 진료를 하지 않으므로 위의 명제를 참고하면 C와 B병원만이 진료를 하는 경우가 된다. 따라서 공휴일에 진료를 하는 병원은 2곳이다.

풀이 전략!

명제와 관련한 기본적인 논법에 대해서는 미리 학습해 두며, 이를 바탕으로 각 문장에 있는 핵심단어 또는 문구를 기호화하여 정리한 후, 선택지와 비교하여 참 또는 거짓을 판단한다.

대표기출유형 01 기출응용문제

01 민호는 겨울방학 동안 6개의 도시를 여행했다. 〈조건〉을 토대로 할 때 부산이 민호의 4번째 여행지였다면, 전주는 몇 번째 여행지였는가?

조건

- 춘천은 3번째 여행지였다.
- 대구는 6번째 여행지였다.
- 전주는 강릉의 바로 전 여행지였다.
- 부산은 안동의 바로 전 여행지였다.

① 첫 번째 ② 두 번째

③ 세 번째 ④ 네 번째

02 중학생 50명을 대상으로 한 해외여행에 대한 설문조사 결과가 〈조건〉과 같을 때, 다음 중 항상 참인 것은?

조건

- 미국을 여행한 사람이 가장 많다.
- 일본을 여행한 사람은 미국 또는 캐나다 여행을 했다.
- 중국과 캐나다를 모두 여행한 사람은 없다.
- 일본을 여행한 사람의 수가 캐나다를 여행한 사람의 수보다 많다.

① 일본을 여행한 사람보다 중국을 여행한 사람이 더 많다.

② 일본을 여행했지만 미국을 여행하지 않은 사람은 중국을 여행하지 않았다.

③ 미국을 여행한 사람의 수는 일본 또는 중국을 여행한 사람보다 많다.

④ 중국을 여행한 사람은 일본을 여행하지 않았다.

03 고용노동부와 K공단이 주관한 채용박람회의 해외채용관에는 8개의 부스가 마련되어 있다. A호텔, B호텔, C항공사, D항공사, E여행사, F여행사, G면세점, H면세점이 〈조건〉에 따라 8개의 부스에 각각 위치하고 있을 때, 다음 중 항상 참인 것은?

조건

- 같은 종류의 업체는 같은 라인에 위치할 수 없다.
- A호텔과 B호텔은 복도를 사이에 두고 마주 보고 있다.
- G면세점과 H면세점은 양 끝에 위치하고 있다.
- E여행사 반대편에 위치한 H면세점은 F여행사와 나란히 위치하고 있다.
- C항공사는 제일 앞번호의 부스에 위치하고 있다.

[부스 위치]

<table>
<tr><td>1</td><td>2</td><td>3</td><td>4</td></tr>
<tr><td colspan="4">복도</td></tr>
<tr><td>5</td><td>6</td><td>7</td><td>8</td></tr>
</table>

① A호텔은 면세점 옆에 위치하고 있다.

② B호텔은 여행사 옆에 위치하고 있다.

③ C항공사는 여행사 옆에 위치하고 있다.

④ D항공사는 E여행사와 나란히 위치하고 있다.

04 A는 사내 여행 동아리의 회원이고 이번 주말에 반드시 여행에 참가할 계획이다. 다음 〈조건〉에 따라 A～E회원이 여행에 참가할 때, 여행에 참가하는 사람을 모두 고르면?

조건

- C가 여행에 참가하지 않으면, A도 참가하지 않는다.
- E가 여행에 참가하지 않으면, B는 여행에 참가한다.
- D가 여행에 참가하지 않으면, B도 여행에 참가하지 않는다.
- E가 여행에 참가하면, C는 참가하지 않는다.

① A, B　　② A, B, C

③ A, B, E　　④ A, B, C, D

05 K사 재무팀 직원들은 회의를 위해 회의실에 모였다. 회의실의 테이블은 원형이고, 다음 〈조건〉에 따라 자리배치를 하려고 할 때, 김팀장을 기준으로 시계방향으로 앉은 사람을 순서대로 나열한 것은?

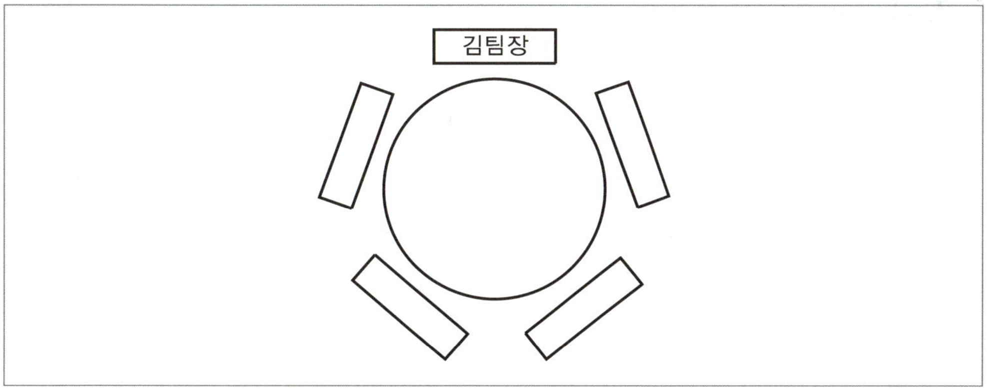

조건

- 정차장과 오과장은 서로 사이가 좋지 않아서 나란히 앉지 않는다.
- 김팀장은 정차장이 바로 오른쪽에 앉기를 바란다.
- 한대리는 오른쪽 귀가 좋지 않아서 양사원이 왼쪽에 앉기를 바란다.

① 정차장 – 양사원 – 한대리 – 오과장
② 한대리 – 오과장 – 정차장 – 양사원
③ 양사원 – 정차장 – 오과장 – 한대리
④ 오과장 – 한대리 – 양사원 – 정차장

02 규칙 적용

| 유형분석 |

- 주어진 상황과 규칙을 종합적으로 활용하여 풀어가는 문제이다.
- 일정, 비용, 순서 등 다양한 내용을 다루고 있어 유형을 한 가지로 단일화하기 어렵다.

A팀과 B팀은 보안등급 상에 해당하는 문서를 나누어 보관하고 있다. 이에 따라 두 팀은 보안을 위해 아래와 같은 규칙에 따라 각 팀의 비밀번호를 지정하였다. 다음 중 A팀과 B팀에 들어갈 수 있는 암호배열은?

〈규칙〉

- 1 ~ 9까지의 숫자로 (한 자릿수)×(두 자릿수)=(세 자릿수)=(두 자릿수)×(한 자릿수) 형식의 비밀번호로 구성한다.
- 가운데에 들어갈 세 자릿수의 숫자는 156이며 숫자는 중복 사용할 수 없다. 즉, 각 팀의 비밀번호에 1, 5, 6이란 숫자가 들어가지 않는다.

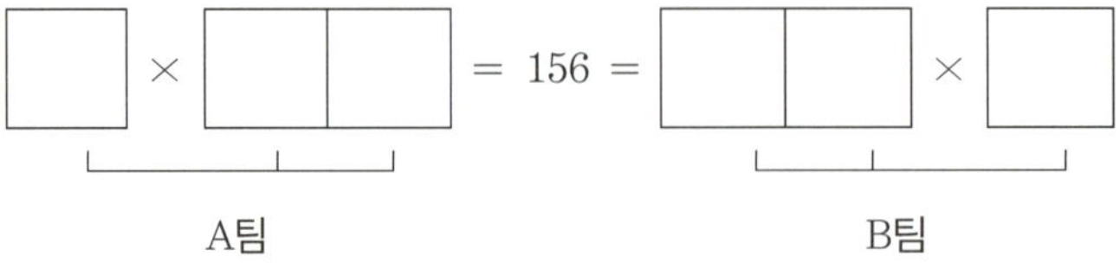

① 29　　② 27
③ 39　　④ 37

정답 ③

규칙에 따라 사용할 수 있는 숫자는 1, 5, 6을 제외한 나머지 2, 3, 4, 7, 8, 9로 총 6개이다. (한 자릿수)×(두 자릿수)=156이 되는 수를 알기 위해서는 156의 소인수를 구해보면 된다. 156의 소인수는 3, 2^2, 13으로 여기서 156이 되는 수의 곱 중에 조건을 만족하는 것은 2×78과 4×39이다. 따라서 선택지 중에 A팀 또는 B팀에 들어갈 수 있는 암호배열은 39이다.

풀이 전략!

문제에 제시된 조건이나 규칙을 정확히 파악한 후, 선택지나 상황에 적용하여 문제를 풀어 나간다.

01 K제품을 운송하는 A씨는 업무상 편의를 위해 고객의 주문 내역을 임의의 코드로 기록하고 있다. 다음과 같은 주문전화가 왔을 때, A씨가 기록한 코드로 옳은 것은?

〈주문 내역 코드〉

재료	연강	고강도강	초고강도강	후열처리강
	MS	HSS	AHSS	PHTS
판매량	낱개	1묶음	1box	1set
	01	10	11	00
지역	서울	경기남부	경기북부	인천
	E	S	N	W
윤활유 사용	청정작용	냉각작용	윤활작용	밀폐작용
	P	C	I	S
용도	베어링	스프링	타이어코드	기계구조
	SB	SS	ST	SM

※ A씨는 [재료] – [판매량] – [지역] – [윤활유 사용] – [용도]의 순서로 코드를 기록함

〈주문 전화〉

B씨 : 어이~ A씨. 나야, 나. 인천 지점에서 같이 일했던 B. 내가 필요한 것이 있어서 전화했어. 일단 서울 지점의 C씨가 스프링으로 사용할 제품이 필요하다고 하는데 한 박스 정도면 될 것 같아. 이전에 주문했던 대로 연강에 윤활용으로 윤활유를 사용한 제품으로 부탁하네. 나는 이번에 경기도 남쪽으로 가는데 거기에 있는 내 사무실 알지? 거기로 초고강도강 타이어코드용으로 1세트 보내 줘. 튼실한 걸로 밀폐용 윤활유 사용해서 부탁해. 저번에 냉각용으로 사용한 제품은 생각보다 좋진 않았어.

① MS11EISB, AHSS00SSST
② MS11EISS, AHSS00SSST
③ MS11EISS, HSS00SSST
④ MS11WISS, AHSS10SSST

※ 다음은 강원도 K부동산의 매물번호에 대한 자료이다. 이어지는 질문에 답하시오. [2~3]

〈매물번호 부여 기준〉

AA	B	CC	D	EE	F
매물구분	매매구분	매물지역	거래구분	매매 / 보증금	월세

매물구분	매매구분	매물지역
GD : 토지 HO : 전원주택 FE : 펜션 SR : 상가 AP : 아파트 VI : 빌라 FC : 공장	O : 매매 P : 전세 Q : 월세	01 : 강화읍 02 : 선원면 03 : 길상면 04 : 불은면 05 : 송해면 06 : 하점면 07 : 양도면

거래구분	매매 / 보증금	월세
1 : 독점매물 2 : 공유매물	00 : 1,000만 원 미만 01 : 1,000만 원대 02 : 2,000만 원대 … 10 : 10,000만 원대 … 49 : 49,000만 원대 50 : 50,000만 원대	T : 해당 없음 N : 30만 원 미만 D : 30만 원 이상 50만 원 미만 X : 50만 원 이상 70만 원 미만 S : 70만 원 이상 100만 원 미만 V : 100만 원 이상

02 매물번호가 다음과 같을 때, 이에 대한 설명으로 옳지 않은 것은?

HOO01135T

① 매물은 주거를 위한 것이다.
② 매물 구매 시 소유권이 변경된다.
③ 매물은 읍 단위에 위치하고 있다.
④ 매물의 월세는 협의가 가능하다.

03 다음은 K부동산을 방문한 A씨의 대화 내용이다. A씨에게 K부동산 중개인이 보여 줄 매물로 옳은 것은?

A : 안녕하세요. 이번에 강화도로 공장을 이전하게 되어 적당한 매물이 있는지 여쭤보러 왔어요. 공장허가를 받을 수 있는 토지도 좋고, 기존 공장건물이 있는 곳도 좋아요. 저희는 매매나 전세로 생각 중인데, 매매가의 경우에는 최대 3억 3천만 원까지 가능하고요. 전세가의 경우에는 최대 4억 원까지만 가능할 것 같아요. 위치는 크게 상관없으나, 아무래도 공장이라 소음이나 냄새 등으로 주민들과 마찰이 적었으면 해서 시내인 강화읍은 피하고 싶어요.

① GDO01131T
② GDP02241T
③ FCO03138T
④ FCP04231T

04 다음은 도서코드(ISBN)에 대한 자료이다. 주문한 도서에 대한 설명으로 옳은 것은?

〈도서코드(ISBN) 부여 방법〉

국제표준도서번호					부가기호		
접두부	국가번호	발행자번호	서명식별번호	체크기호	독자대상	발행형태	내용분류
123	12	1234567		1	1	1	123

※ 국제표준도서번호는 5개의 군으로 나누어지고 군마다 '–'로 구분함
※ 부가기호는 국제표준도서번호와 따로 표기하며 군마다 '–'로 구분하지 않음

〈도서코드(ISBN) 세부사항〉

접두부	국가번호	발행자번호	서명식별번호	체크기호
978 또는 979	89 한국 05 미국 72 중국 40 일본 22 프랑스	발행자번호 – 서명식별번호 7자리 숫자 예 8491 – 208 : 발행자번호가 8491번인 출판사에서 208번째 발행한 책		0 ~ 9

독자대상	발행형태	내용분류
0 교양 1 실용 2 여성 3 (예비) 4 청소년 5 중고등 학습참고서 6 초등 학습참고서 7 아동 8 (예비) 9 전문	0 문고본 1 사전 2 신서판 3 단행본 4 전집 5 (예비) 6 도감 7 그림책, 만화 8 혼합자료, 점자자료, 전자책, 마이크로자료 9 (예비)	030 백과사전 100 철학 170 심리학 200 종교 360 법학 470 생명과학 680 연극 710 한국어 770 스페인어 740 영미문학 720 유럽사

〈주문한 도서〉

978 – 05 – 441 – 1011 – 3 14710

① 한국에서 출판한 도서이다.
② 441번째 발행된 도서이다.
③ 발행자번호는 총 7자리이다.
④ 한 권으로만 출판되지는 않았다.

대표기출유형

03 SWOT 분석

| 유형분석 |

- 상황에 대한 환경 분석 결과를 통해 주요 과제를 도출하는 문제이다.
- 주로 3C 분석 또는 SWOT 분석을 활용한 문제들이 출제되고 있으므로 해당 분석도구에 대한 사전 학습이 요구된다.

다음은 K미용실에 대한 SWOT 분석 결과이다. 이에 대한 대응 방안으로 가장 적절한 것은?

S(강점)	W(약점)
• 뛰어난 실력으로 미용대회에서 여러 번 우승한 경험이 있다. • 인건비가 들지 않아 비교적 저렴한 가격에 서비스를 제공한다.	• 한 명이 운영하는 가게라 동시에 많은 손님을 받을 수 없다. • 홍보가 미흡하다.
O(기회)	**T(위협)**
• 바로 옆에 유명한 프랜차이즈 레스토랑이 생겼다. • 미용실을 위한 소셜 네트워크 예약 서비스가 등장했다.	• SNS를 활용하여 주변 미용실들이 열띤 가격경쟁을 펼치고 있다. • 대규모 프랜차이즈 미용실들이 잇따라 등장하고 있다.

① ST전략 : 여러 번 대회에서 우승한 경험을 가지고 가맹점을 낸다.
② WT전략 : 여러 명의 직원을 고용해 오히려 가격을 올리는 고급화 전략을 펼친다.
③ SO전략 : 소셜 네트워크 예약 서비스를 이용해 방문한 사람들에게만 저렴한 가격에 서비스를 제공한다.
④ WO전략 : 유명한 프랜차이즈 레스토랑과 연계하여 홍보물을 비치한다.

정답 ④

WO전략은 약점을 극복함으로써 기회를 활용할 수 있도록 내부 약점을 보완해 좀 더 효과적으로 시장 기회를 추구한다. 따라서 바로 옆에 유명한 프랜차이즈 레스토랑이 생겼다는 사실을 이용하여 홍보가 미흡한 점을 보완할 수 있도록 레스토랑과 제휴하여 레스토랑 내에 홍보물을 비치하는 방법은 WO전략으로 적절하다.

풀이 전략!

문제에 제시된 분석도구를 확인한 후, 분석 결과를 종합적으로 판단하여 각 선택지의 전략 과제와 일치 여부를 판단한다.

01 K공단에 근무하는 A대리는 국내 신재생에너지 산업에 대한 SWOT 분석 결과 자료를 토대로, 경영 전략을 〈보기〉와 같이 판단하였다. 다음 〈보기〉 중 SWOT 전략과 내용이 잘못 연결된 것을 모두 고르면?

〈국내 신재생에너지 산업에 대한 SWOT 분석 결과〉

구분	분석 결과
강점(Strength)	• 해외 기관과의 협업을 통한 풍부한 신재생에너지 개발 경험 • 에너지 분야의 우수한 연구개발 인재 확보
약점(Weakness)	• 아직까지 화석연료 대비 낮은 전력 효율성 • 도입 필요성에 대한 국민적 인식 저조
기회(Opportunity)	• 신재생에너지에 대한 연구가 세계적으로 활발히 추진 • 관련 정부부처로부터 충분한 예산 확보
위협(Threat)	• 신재생에너지 산업 특성상 설비 도입 시의 높은 초기 비용

보기

㉠ SO전략 : 개발 경험을 통해 쌓은 기술력을 바탕으로 향후 효과적인 신재생에너지 연구 추진
㉡ ST전략 : 우수한 연구개발 인재들을 활용하여 초기비용 감축방안 연구 추진
㉢ WO전략 : 확보한 예산을 토대로 우수한 연구원 채용
㉣ WT전략 : 세계의 신재생에너지 연구를 활용한 전력 효율성 개선

① ㉠, ㉡
② ㉡, ㉢
③ ㉡, ㉣
④ ㉢, ㉣

02 K공단는 필리핀의 신재생에너지 시장에 진출하려고 한다. 전략기획팀의 M대리는 3C 분석 방법을 통해 다음과 같은 결과를 도출하였다. 다음 중 K공단의 필리핀 시장 진출에 대한 판단으로 가장 적절한 것은?

〈3C 분석〉

구분	상황 분석
고객(Customer)	• 아시아국가 중 전기요금이 높은 편에 속함 • 태양광, 지열 등 훌륭한 자연환경 조건 기반 • 신재생에너지 사업에 대한 정부의 적극적 추진 의지
경쟁사(Competitor)	• 필리핀 민간 기업의 투자 증가 • 중국 등 후발국의 급속한 성장 • 체계화된 기술 개발 부족
자사(Company)	• 필리핀 화력발전 사업에 진출한 이력 • 필리핀의 태양광 발전소 지분 인수 • 현재 미국, 중국 등 4개국에서 풍력과 태양광 발전소 운영 중

① 풍부한 자연환경 조건을 가진 필리핀 신재생에너지 시장의 성장 가능성은 높지만, 경쟁사에 비해 체계적이지 못한 자사의 기술 개발 역량이 필리핀 시장 진출에 걸림돌이 될 것이다.

② 필리핀은 정부의 적극적 추진 의지로 신재생에너지 시장이 급성장하고 있으나, 민간 기업의 투자와 다른 아시아국가의 급속한 성장으로 경쟁이 치열하므로 자사는 비교적 경쟁이 덜한 중국 시장으로 진출하는 것이 바람직하다.

③ 필리핀은 전기요금이 높아 국민들의 전력 사용량이 많지 않을 것으로 예상되며, 열악한 전력 인프라로 신재생에너지 시장의 발전 가능성 또한 낮을 것으로 예상되므로 자사의 필리핀 시장 진출은 바람직하지 않다.

④ 훌륭한 자연환경 조건과 사업에 대한 정부의 추진 의지를 바탕으로 한 필리핀의 신재생에너지 시장에서는 필리핀 민간 기업이나 후발국과의 치열한 경쟁이 예상되나, 자사의 진출 이력을 바탕으로 경쟁력을 확보할 수 있을 것이다.

03 **다음 수제 초콜릿에 대한 분석 기사를 읽고 SWOT 분석에 의한 마케팅 전략을 진행하고자 할 때, 마케팅 전략에 해당하지 않는 것은?**

> 오늘날 식품 시장을 보면 원산지와 성분이 의심스러운 제품들로 넘쳐 납니다. 이로 인해 소비자들은 고급스럽고 안전한 먹거리를 찾고 있습니다. 우리의 수제 초콜릿은 이러한 요구를 완벽하게 충족시켜주고 있습니다. 풍부한 맛, 고급 포장, 모양, 건강상의 혜택, 강력한 스토리텔링 모두 높은 품질을 원하는 소비자들의 요구를 충족시키는 것입니다. 사실 수제 초콜릿을 만드는 데는 비용이 많이 듭니다. 각종 장비 및 유지・보수에서부터 값비싼 포장과 유통 업체의 높은 수익을 보장해주다 보면 초콜릿을 생산하는 업체에게 남는 이익은 많지 않습니다. 또한 수제 초콜릿의 존재 자체를 많은 사람들이 알지 못하는 상황입니다. 하지만 보다 좋은 식품에 대한 인기가 높아짐에 따라 더 많은 업체들이 수제 초콜릿을 취급하기를 원하고 있습니다. 따라서 수제 초콜릿은 일반 초콜릿보다 더 높은 가격으로 판매될 수 있을 것입니다. 현재 초콜릿을 대량으로 생산하는 대형 기업들은 자신들의 일반 초콜릿과 수제 초콜릿의 차이를 줄이는 데 최선을 다하고 있습니다. 그리고 직접 맛을 보기 전에는 일반 초콜릿과 수제 초콜릿의 차이를 알 수 없기 때문에 소비자들은 굳이 초콜릿에 더 많은 돈을 지불해야 하는 이유를 알지 못할 수 있습니다. 따라서 수제 초콜릿의 효과적인 마케팅 전략이 필요합니다.

〈SWOT 분석에 의한 마케팅 전략〉

- SO전략(강점 – 기회전략) : 강점을 살려 기회를 포착
- ST전략(강점 – 위협전략) : 강점을 살려 위협을 회피
- WO전략(약점 – 기회전략) : 약점을 보완하여 기회를 포착
- WT전략(약점 – 위협전략) : 약점을 보완하여 위협을 회피

① 수제 초콜릿을 고급 포장하여 수제 초콜릿의 스토리텔링을 더 살려보는 것은 어떨까?

② 수제 초콜릿의 스토리텔링을 포장에 명시한다면 소비자들이 믿고 구매할 수 있을 거야.

③ 수제 초콜릿의 마케팅을 강화하는 방법으로 수제 초콜릿의 차이를 알려 대기업과의 경쟁에서 이겨야겠어.

④ 전문가의 의견을 통해 수제 초콜릿의 풍부한 맛을 알리는 동시에 일반 초콜릿과 맛의 차이도 알려야겠어.

대표기출유형

04 자료 해석

| 유형분석 |

- 주어진 자료를 해석하고 활용하여 풀어가는 문제이다.
- 꼼꼼하고 분석적인 접근이 필요한 다양한 자료들이 출제된다.

K사 인사팀 직원인 A씨는 사내 설문조사를 통해 요즘 사람들이 연봉보다는 일과 삶의 균형을 더 중요시하고 직무의 전문성을 높이고 싶어 한다는 결과를 도출했다. 다음 중 설문조사 결과와 K사 임직원의 근무여건에 대한 자료를 참고하여 인사제도를 합리적으로 변경한 것은?

〈임직원 근무여건〉

구분	주당 근무 일수(평균)	주당 근무시간(평균)	직무교육 여부	퇴사율
정규직	6일	52시간 이상	○	17%
비정규직 1	5일	40시간 이상	○	12%
비정규직 2	5일	20시간 이상	×	25%

① 정규직의 연봉을 7% 인상한다.
② 정규직을 비정규직으로 전환한다.
③ 비정규직 1의 직무교육을 비정규직 2와 같이 조정한다.
④ 정규직의 주당 근무시간을 비정규직 1과 같이 조정하고 비정규직 2의 직무교육을 시행한다.

정답 ④

정규직의 주당 근무시간을 비정규직 1과 같이 줄여 근무여건을 개선하고, 퇴사율이 가장 높은 비정규직 2의 직무교육을 시행하여 퇴사율을 줄이는 것이 가장 적절하다.

오답분석

① 설문조사 결과에서 연봉보다는 일과 삶의 균형을 더 중요시한다고 하였으므로 연봉이 상승하는 것은 퇴사율에 영향을 미치지 않음을 알 수 있다.
② 정규직을 비정규직으로 전환하는 것은 고용의 안정성을 낮추어 퇴사율을 더욱 높일 수 있다.
③ 직무교육을 하지 않는 비정규직 2보다 직무교육을 하는 정규직과 비정규직 1의 퇴사율이 더 낮기 때문에 이는 적절하지 않다.

풀이 전략!

문제 해결을 위해 필요한 정보가 무엇인지 먼저 파악한 후, 제시된 자료를 분석적으로 읽고 해석한다.

대표기출유형 04 기출응용문제

01 경영기획실에서 근무하는 A씨는 매년 부서별 사업계획을 정리하는 업무를 맡고 있다. 부서별 사업계획을 간략하게 정리한 보고서를 보고 A씨가 할 수 있는 생각으로 옳은 것은?

〈사업별 기간 및 소요예산〉

- A사업 : 총사업기간은 2년으로, 첫해에는 1조 원, 둘째 해에는 4조 원의 예산이 필요하다.
- B사업 : 총사업기간은 3년으로, 첫해에는 15조 원, 둘째 해에는 18조 원, 셋째 해에는 21조 원의 예산이 필요하다.
- C사업 : 총사업기간은 1년으로, 총소요예산은 15조 원이다.
- D사업 : 총사업기간은 2년으로, 첫해에는 15조 원, 둘째 해에는 8조 원의 예산이 필요하다.
- E사업 : 총사업기간은 3년으로, 첫해에는 6조 원, 둘째 해에는 12조 원, 셋째 해에는 24조 원의 예산이 필요하다.

올해를 포함한 향후 5년간 위의 5개 사업에 투자할 수 있는 예산은 아래와 같다.

〈연도별 가용예산〉

(단위 : 조 원)

1차 연도(올해)	2차 연도	3차 연도	4차 연도	5차 연도
20	24	28.8	34.5	41.5

〈규정〉

- 모든 사업은 한번 시작하면 완료될 때까지 중단할 수 없다.
- 예산은 당해 사업연도에 남아도 상관없다.
- 각 사업연도의 예산은 이월될 수 없다.
- 모든 사업을 향후 5년 이내에 반드시 완료한다.

① B사업을 세 번째 해에 시작하고 C사업을 최종연도에 시행한다.
② A사업과 D사업을 첫해에 동시에 시작한다.
③ 첫해에는 E사업만 시작한다.
④ D사업을 첫해에 시작한다.

02 K공단은 창립 10주년을 맞이하여 전 직원 단합대회를 준비하고 있다. 이를 위해 진행위원 S는 여행상품 중 한 가지를 선정하려 하는데, 직원 투표 결과를 통해 결정하려고 한다. 직원 투표 결과와 여행지별 혜택이 다음과 같고, 추가로 행사를 위한 부서별 고려사항을 참고하여 선택할 경우 〈보기〉 중 옳은 것을 모두 고르면?

〈직원 투표 결과〉

상품내용		투표 결과(표)					
여행상품	1인당 비용(원)	총무팀	영업팀	개발팀	홍보팀	공장1	공장2
A	500,000	2	1	2	0	15	6
B	750,000	1	2	1	1	20	5
C	600,000	3	1	0	1	10	4
D	1,000,000	3	4	2	1	30	10
E	850,000	1	2	0	2	5	5

〈여행상품별 혜택〉

상품명	날짜	장소	식사제공	차량지원	편의시설	체험시설
A	5/10 ~ 5/11	해변	○	○	×	×
B	5/10 ~ 5/11	해변	○	○	○	×
C	6/7 ~ 6/8	호수	○	○	○	×
D	6/15 ~ 6/17	도심	○	×	○	○
E	7/10 ~ 7/13	해변	○	○	○	×

〈부서별 고려사항〉

- 총무팀 : 행사 시 차량 지원이 가능함
- 영업팀 : 6월 초순에 해외 바이어와 가격 협상 회의 일정이 있음
- 공장1 : 3일 연속 공장 비가동 시 제품의 품질 저하가 예상됨
- 공장2 : 7월 중순 공장 이전 계획이 있음

보기

㉠ 필요한 여행상품 비용은 총 1억 500만 원이 필요하다.
㉡ 투표 결과, 가장 인기가 좋은 여행상품은 B이다.
㉢ 공장1의 A, B 투표 결과가 바뀐다면 여행상품 선택은 변경된다.

① ㉠ ② ㉠, ㉡
③ ㉠, ㉢ ④ ㉡, ㉢

03 다음은 미성년자(만 19세 미만)의 전자금융서비스 신규 · 변경 · 해지 신청에 필요한 서류와 관련된 자료이다. 이를 이해한 내용으로 가장 적절한 것은?

구분	미성년자 본인 신청 (만 14세 이상)	법정대리인 신청 (만 14세 미만은 필수)
신청서류	• 미성년자 실명확인증표 • 법정대리인(부모) 각각의 동의서 • 법정대리인 각각의 인감증명서 • 미성년자의 가족관계증명서 • 출금계좌통장, 통장인감(서명)	• 미성년자의 기본증명서 • 법정대리인(부모) 각각의 동의서 • 내방 법정대리인 실명확인증표 • 미내방 법정대리인 인감증명서 • 미성년자의 가족관계증명서 • 출금계좌통장, 통장인감
	※ 유의사항 ① 미성년자 실명확인증표 : 학생증(성명 · 주민등록번호 · 사진 포함), 청소년증, 주민등록증, 여권 등(단, 학생증에 주민등록번호가 포함되지 않은 경우 미성년자의 기본증명서 추가 필요) ② 전자금융서비스 이용신청을 위한 법정대리인 동의서 법정대리인 미방문 시 인감 날인(단, 한부모가정인 경우 친권자 동의서 필요 – 친권자 확인 서류 : 미성년자의 기본증명서) ③ 법정대리인이 자녀와 함께 방문한 경우 법정대리인의 실명확인증표로 인감증명서 대체 가능 ※ 법정대리인 동의서 양식은 '홈페이지 → 고객센터 → 약관 · 설명서 · 서식 → 서식자료' 중 '전자금융게시' 내용 참고	

① 만 13세인 희수가 전자금융서비스를 해지하려면 반드시 법정대리인이 신청해야 한다.

② 법정대리인이 자녀와 함께 방문하여 신청할 경우, 반드시 인감증명서가 필요하다.

③ 법정대리인 신청 시 동의서는 부모 중 한 명만 있으면 된다.

④ 올해로 만 18세인 지성이가 전자금융서비스를 변경하려면 신청서류로 이름과 사진이 들어있는 학생증과 법정대리인 동의서가 필요하다.

04 A, B 두 여행팀이 다음 정보에 따라 자신의 효용을 극대화하는 방향으로 관광지 이동을 결정한다고 한다. 두 여행팀은 어떤 결정을 할 것이며, 총효용은 얼마인가?

〈여행팀의 효용 정보〉

- A여행팀과 B여행팀이 동시에 오면 각각 10, 15의 효용을 얻는다.
- A여행팀은 왔으나, B여행팀이 안 온다면 각각 15, 10의 효용을 얻는다.
- A여행팀은 안 오고, B여행팀만 왔을 땐 각각 25, 20의 효용을 얻는다.
- A, B여행팀이 모두 오지 않았을 때는 각각 35, 15의 효용을 얻는다.

〈결정 방법〉

A, B여행팀 모두 결정할 때 효용의 총합은 신경 쓰지 않는다. 상대방이 어떤 선택을 했는지는 알 수 없고 서로 상의하지 않는다. 각 팀은 자신의 선택에 따른 다른 팀의 효용이 얼마인지는 알 수 있다. 이때 다른 팀의 선택을 예상해서 자신의 효용을 극대화하는 선택을 한다.

	A여행팀	B여행팀	총효용
①	관광지에 간다	관광지에 간다	25
②	관광지에 가지 않는다	관광지에 간다	45
③	관광지에 간다	관광지에 가지 않는다	25
④	관광지에 가지 않는다	관광지에 가지 않는다	50

※ 다음은 T주임의 해외여행 이동수단에 대한 자료이다. 이어지는 질문에 답하시오. **[5~6]**

〈해외여행 이동수단 정보〉

• 현지 유류비

연료	가솔린	디젤	LPG
리터당 가격	1.4달러	1.2달러	2.2달러

• 차량별 연비 및 연료

차량	K	H	P
연비	14km/L	10km/L	15km/L
연료	디젤	가솔린	LPG

※ 연료는 최소 1리터 단위로 주유가 가능함

• 관광지 간 거리

구분	A광장	B계곡	C성당
A광장		25km	12km
B계곡	25km		18km
C성당	12km	18km	

05 T주임이 H차량을 렌트하여 A광장에서 출발하여 C성당으로 이동한 후, B계곡으로 이동하고자 한다. T주임이 유류비를 최소화하고자 할 때, A광장에서부터 B계곡으로 이동할 때 소요되는 유류비는?(단, 처음 자동차를 렌트했을 때 차에 연료는 없다)

① 4.2달러 ② 4.5달러
③ 5.2달러 ④ 5.6달러

06 T주임의 상황이 다음과 같을 때, T주임이 여행일정을 완료하기까지 소요되는 총 이동시간은?

〈상황〉

• T주임은 P차량을 렌트하였다.
• T주임은 C성당에서 출발하여 B계곡으로 이동한 후, A광장을 거쳐 C성당으로 다시 돌아오는 여행일정을 수립하였다.
• T주임은 C성당에서 A광장까지는 시속 60km로 이동하고, A광장에서 C성당으로 이동할 때에는 시속 40km로 이동하고자 한다.

① 48분 ② 52분
③ 58분 ④ 1시간 1분

CHAPTER 04

정보능력

합격 Cheat Key

정보능력은 업무를 수행함에 있어 기본적인 컴퓨터를 활용하여 필요한 정보를 수집 · 분석 · 활용하는 능력으로, 업무와 관련된 정보를 수집하고, 이를 분석하여 의미 있는 정보를 얻는 능력을 의미한다. 세부 유형은 컴퓨터 활용, 정보 처리로 나눌 수 있다.

1 평소에 컴퓨터 활용 스킬을 틈틈이 익혀라!

윈도우(OS)에서 어떠한 설정을 할 수 있는지, 응용프로그램(엑셀 등)에서 어떠한 기능을 활용할 수 있는지를 평소에 직접 사용해 본다면 문제를 보다 수월하게 해결할 수 있다. 여건이 된다면 컴퓨터 활용 능력에 관련된 자격증 공부를 하는 것도 이론과 실무를 익히는 데 도움이 될 것이다.

2 문제의 규칙을 찾는 연습을 하라!

일반적으로 코드체계나 시스템 논리체계를 제공하고 이를 분석하여 문제를 해결하는 유형이 출제된다. 이러한 문제는 문제해결능력과 같은 맥락으로 규칙을 파악하여 접근하는 방식으로 연습이 필요하다.

3 현재 보고 있는 그 문제에 집중하라!

정보능력의 모든 것을 공부하려고 한다면 양이 너무나 방대하다. 그렇기 때문에 수험서에서 본인이 현재 보고 있는 문제들을 집중적으로 공부하고 기억하려고 해야 한다. 그러나 엑셀의 함수 수식, 연산자 등 암기를 필요로 하는 부분들은 필수적으로 암기를 해서 출제가 되었을 때 오답률을 낮출 수 있도록 한다.

4 사진 · 그림을 기억하라!

컴퓨터 활용 능력을 파악하는 영역이다 보니 컴퓨터 속 옵션, 기능, 설정 등의 사진 · 그림이 문제에 같이 나오는 경우들이 있다. 그런 부분들은 직접 컴퓨터를 통해서 하나하나 확인을 하면서 공부한다면 더 기억에 잘 남게 된다. 조금 귀찮더라도 한 번씩 클릭하면서 확인해 보도록 한다.

대표기출유형

01 엑셀 함수

| 유형분석 |

- 컴퓨터 활용과 관련된 상황에서 문제를 해결하기 위한 행동이 무엇인지 묻는 문제이다.
- 주로 업무수행 중에 많이 활용되는 대표적인 엑셀 함수(COUNTIF, ROUND, MAX, SUM, COUNT, AVERAGE …)가 출제된다.
- 종종 엑셀시트를 제시하여 각 셀에 들어갈 함수식이 무엇인지 고르는 문제가 출제되기도 한다.

다음과 같이 거주지가 강원특별자치도인 사람에게 값 1을 부여하고, 그 외 지역인 사람에게 0을 부여하고자 할 때, [D3] 셀에 사용해야 할 함수로 옳은 것은?

	A	B	C	D	E
1					
2		이름	거주지	값	
3		A	서울 송파	0	
4		B	경기 하남	0	
5		C	경남 창원	0	
6		D	강원 홍천	1	
7		E	전북 군산	0	
8		F	경기 남양주	0	
9		G	강원 태백	1	
10					

① =IF(RIGHT(C3,2)=강원,1,0)
② =IF(RIGHT(C3,4)="강원",1,0)
③ =IF(LEFT(C3,2)=강원,1,0)
④ =IF(LEFT(C3,2)="강원",1,0)

정답 ④

「IF(logical_test,[value_if_true],[value_if_false])」 함수는 정의한 조건과 일치하거나 불일치할 때, 그에 맞는 값을 출력하는 조건문이다. 'logical_test'는 정의하려는 조건, [value_if_true]는 앞선 조건이 참일 때 출력할 값, [Value_if_false]는 앞선 조건이 거짓일 때 출력할 값을 입력한다. 또한 LEFT 함수는 셀의 왼쪽부터 공백을 포함하여 몇 번째 수까지의 수 또는 텍스트를 추출하여 출력하는 함수이다. 따라서 [D3] 셀에 입력해야 할 함수는 [C3]의 왼쪽에서 2번째 텍스트를 추출하고, 그 값이 "강원"일 때 1을 출력하는 함수이며, 「=IF(LEFT(C3,2)="강원",1,0)」이다.

풀이 전략!

제시된 상황에서 사용할 엑셀 함수가 무엇인지 파악한 후, 선택지에서 적절한 함수식을 골라 식을 만들어야 한다. 평소 대표적으로 문제에 자주 출제되는 몇몇 엑셀 함수를 익혀두면 풀이시간을 단축할 수 있다.

대표기출유형 01 기출응용문제

01 다음 시트에서 [E10] 셀에 수식 「=INDEX(E2:E9,MATCH(0,D2:D9,0))」를 입력했을 때, [E10] 셀에 표시되는 결과로 옳은 것은?

	A	B	C	D	E
1	부서	직위	사원명	근무연수	근무월수
2	재무팀	사원	이수연	2	11
3	교육사업팀	과장	조민정	3	5
4	신사업팀	사원	최지혁	1	3
5	교육컨텐츠팀	사원	김다연	0	2
6	교육사업팀	부장	민경희	8	10
7	기구설계팀	대리	김형준	2	1
8	교육사업팀	부장	문윤식	7	3
9	재무팀	대리	한영혜	3	0
10					

① 0 ② 1
③ 2 ④ 3

02 다음 시트에서 [D2:D7]처럼 생년월일만 따로 구하려고 할 때 [D2] 셀에 들어갈 함수식으로 옳은 것은?

	A	B	C	D
1	순번	이름	주민등록번호	생년월일
2	1	김현진	880821-2949324	880821
3	2	이혜지	900214-2928342	900214
4	3	김지언	880104-2124321	880104
5	4	이유미	921011-2152345	921011
6	5	박슬기	911218-2123423	911218
7	6	김혜원	920324-2143426	920324

① =RIGHT(A2,6) ② =RIGHT(A2,C2)
③ =LEFT(C2,6) ④ =LEFT(C2,2)

03 K공단은 2026년 1월에 정년퇴임식을 할 예정이다. T사원은 퇴직자 명단을 엑셀로 정리하고 〈조건〉에 따라 행사물품을 준비하려고 한다. 〈보기〉 중 옳은 것을 모두 고르면?

	A	B	C	D	E
1	퇴직자	소속부서	팀원 수	팀장인원	입사년도
2	A씨	회계	8	1	2008년
3	B씨	기획	12	2	1999년
4	C씨	인사	11	1	2005년
5	D씨	사무	15	2	2009년
6	E씨	영업	30	5	2007년
7	F씨	관리	21	4	2003년
8	G씨	생산	54	7	2010년
9	H씨	품질관리	6	1	2018년
10	I씨	연구	5	1	2002년
11	J씨	제조	34	6	2010년

조건

- 행사에는 퇴직자가 속한 부서의 팀원들만 참석한다.
- 퇴직하는 직원이 소속된 부서당 화분 1개가 필요하다.
- 퇴직자를 포함하여 근속연수 20년 이상인 직원에게 감사패를 준다.
- 볼펜은 행사에 참석한 직원 1인당 1개씩 지급한다.
- 팀원에는 팀장도 포함되어 있다.

보기

㉠ 화분은 총 9개가 필요하다.
㉡ 감사패는 4개 필요하다.
㉢ 볼펜은 [C2:C11]의 합계만큼 필요하다.

① ㉠　　② ㉡
③ ㉢　　④ ㉠, ㉡, ㉢

04 다음 시트를 참조하여 작성한 함수식 「=VLOOKUP(SMALL(A2:A10,3),A2:E10,4,0)」의 결과로 옳은 것은?

	A	B	C	D	E
1	번호	억양	발표	시간	자료준비
2	1	80	84	91	90
3	2	89	92	86	74
4	3	72	88	82	100
5	4	81	74	89	93
6	5	84	95	90	88
7	6	83	87	72	85
8	7	76	86	83	87
9	8	87	85	97	94
10	9	98	78	96	81

① 82
② 83
③ 86
④ 87

05 다음 시트에서 'O' 한 개당 20점으로 시험 점수를 계산하여 점수 필드에 입력하려고 할 때, [H2] 셀에 입력할 함수식으로 옳은 것은?

	A	B	C	D	E	F	G	H
1	수험번호	성명	문항 1	문항 2	문항 3	문항 4	문항 5	점수
2	20250001	구대영	○	○	×	○	○	
3	20250002	오해영	×	○	○	○	×	
4	20250003	김은희	○	○	○	○	○	

① =COUNT(C2:G2,"○")*20
② =COUNTIF(C2:G2,"○")*20
③ =SUM(C2:G2,"○")*20
④ =SUMIF(C2:G2,"○")*20

대표기출유형

02 정보 이해

| 유형분석 |

- 정보능력 전반에 대한 이해를 확인하는 문제이다.
- 정보능력 이론이나 새로운 정보 기술에 대한 문제가 자주 출제된다.

다음은 정보처리 과정 중 하나에 대한 설명이다. 이 과정 다음에 수행해야 할 정보처리 과정은 무엇인가?

> K공단은 2025년 국제유가의 변화를 예측하기 위해 2024년 전 세계 유가 동향 및 사우디아라비아 등 주요 산유국의 원유 생산 추이에 대한 자료를 취합해 2025년의 예상되는 국제유가 평균 변동률 및 국내물가에 대한 시사점을 제시한 바 있다.

① 정보의 기획　② 정보의 수집
③ 정보의 관리　④ 정보의 활용

정답 ③

제시문은 취합한 정보를 통해 예측하는 과정으로, '정보의 수집'에 해당되는 단계이다. 따라서 제시된 과정 다음에 이어지는 정보처리 과정은 '정보의 관리'에 해당한다.

오답분석

① 정보의 기획 : 정보관리의 첫 단계로, '무엇을 · 어디에서 · 언제까지 · 왜 · 누가 · 어떻게 · 얼마나'에 맞춰 정보에 대해 기획하는 것이다.
② 정보의 수집 : 다양한 정보원으로부터 목적에 적합한 정보를 입수하는 것으로, 최종 목적은 과거의 정보를 모아 미래에 대해 예측하는 것이다.
④ 정보의 활용 : 정보가 필요하다는 문제 상황을 인지할 수 있는 능력, 문제해결에 적합한 정보를 찾고 선택할 수 있는 능력, 찾은 정보를 문제해결에 적용할 수 있는 능력, 윤리의식을 가지고 합법적으로 정보를 활용할 수 있는 능력 등 다양한 능력이 수반되는 단계이다.

풀이 전략!

자주 출제되는 정보능력 이론을 확인하고, 확실하게 암기해야 한다. 특히 새로운 정보 기술이나 컴퓨터 전반에 대해 관심을 가지는 것이 좋다.

대표기출유형 02 기출응용문제

01 다음 중 폼 작성기에서 작성된 컨트롤을 클릭한 후 방향키를 이용하여 이동시킬 때 사용되는 기능키는?

① 〈Alt〉
② 〈Alt〉+〈Shift〉
③ 〈Ctrl〉
④ 〈Shift〉

02 다음 중 피벗테이블에 대한 설명으로 옳지 않은 것은?

① 피벗테이블 결과가 표시되는 장소는 동일한 시트 내에만 지정된다.
② 피벗테이블로 작성된 목록에서 행 필드를 열 필드로 편집할 수 있다.
③ 피벗테이블 작성 후에도 사용자가 새로운 수식을 추가하여 표시할 수 있다.
④ 피벗테이블은 많은 양의 데이터를 손쉽게 요약하기 위해 사용되는 기능이다.

03 다음은 데이터베이스에 대한 설명이다. 데이터베이스의 특징으로 적절하지 않은 것은?

> 데이터베이스란 대량의 자료를 관리하고 내용을 구조화하여 검색이나 자료 관리 작업을 효과적으로 실행하는 프로그램으로, 삽입, 삭제, 수정, 갱신 등을 통하여 항상 최신의 데이터를 유동적으로 유지할 수 있으며, 이와 같은 다량의 데이터는 사용자의 질의에 대한 신속한 응답 처리를 가능하게 한다. 또한 이러한 데이터를 여러 명의 사용자가 동시에 공유할 수 있고, 각 데이터를 참조할 때는 사용자가 요구하는 내용에 따라 참조가 가능함은 물론 응용프로그램과 데이터베이스를 독립시킴으로써 데이터를 변경시키더라도 응용프로그램은 변경되지 않는다.

① 실시간 접근성
② 계속적인 진화
③ 데이터의 논리적 의존성
④ 내용에 의한 참조

우리가 해야 할 일은 끊임없이 호기심을 갖고
새로운 생각을 시험해 보고 새로운 인상을 받는 것이다.

– 월터 페이터

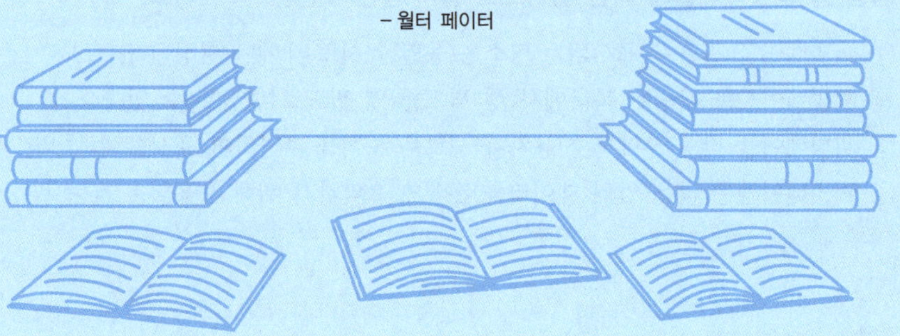

PART 2

최종점검 모의고사

제1회
최종점검 모의고사

※ 한국도로교통공단 최종점검 모의고사는 2024년 필기 후기 및 채용공고를 기준으로 구성한 것으로, 실제 시험과 다를 수 있습니다.

■ 취약영역 분석

번호	O/×	영역	번호	O/×	영역	번호	O/×	영역
01		의사소통능력	21		수리능력	41		문제해결능력
02			22			42		
03			23			43		
04			24			44		
05			25			45		
06			26			46		정보능력
07			27			47		
08			28			48		
09			29			49		
10			30			50		
11			31		문제해결능력	51		
12			32			52		
13			33			53		
14			34			54		
15			35			55		
16		수리능력	36			56		
17			37			57		
18			38			58		
19			39			59		
20			40			60		

평가문항	60문항	평가시간	60분
시작시간	:	종료시간	:
취약영역			

제1회
최종점검 모의고사

모바일 OMR

응시시간 : 60분 문항 수 : 60문항

정답 및 해설 p.036

01 다음 중 빈칸에 들어갈 단어를 바르게 나열한 것은?

- 관계 ____을/를 위하여 노력하다.
- 악법의 ____에 힘쓰다.
- 노후된 건물을 ____하다.

① 개선(改善) – 개정(改正) – 개조(改造)
② 개조(改造) – 개정(改正) – 개선(改善)
③ 개선(改善) – 개조(改造) – 개정(改正)
④ 개조(改造) – 개선(改善) – 개정(改正)

02 A사원은 직장 내에서의 의사소통능력 향상 방법에 대한 강연을 들으면서 다음과 같이 메모하였다. ㉠~㉤ 중 A사원이 잘못 작성한 것은 모두 몇 개인가?

〈의사소통능력 향상 방법 강연을 듣고...〉

- 의사소통의 저해 요인

… (중략) …

- 의사소통에 있어 자신이나 타인의 느낌을 건설적으로 처리하는 방법
  - ㉠ 얼굴을 붉히는 것과 같은 간접적 표현을 피한다.
  - ㉡ 자신의 감정을 주체하지 못하고 과격한 행동을 하지 않는다.
  - ㉢ 자신의 감정 상태에 대한 책임을 타인에게 전가하지 않는다.
  - ㉣ 자신의 감정을 조절하기 위하여 상대방으로 하여금 그의 행동을 변하도록 강요하지 않는다.
  - ㉤ 자신의 감정을 명확하게 하지 못할 경우라도 즉각적인 의사소통이 될 수 있도록 노력한다.

① 1개
② 2개
③ 3개
④ 4개

03 의사 표현에서는 말하는 사람이 말하는 순간 듣는 사람이 바로 알아들을 수 있어야 하므로 어떠한 언어를 사용하는지가 매우 중요하다. 다음 〈보기〉에서 의사 표현에 사용되는 언어로 적절하지 않은 것을 모두 고르면?

보기

㉠ 이해하기 쉬운 언어	㉡ 상세하고 구체적인 언어
㉢ 간결하면서 정확한 언어	㉣ 전문적 언어
㉤ 단조로운 언어	㉥ 문법적 언어

① ㉠, ㉡
② ㉡, ㉢
③ ㉢, ㉥
④ ㉣, ㉤

04 다음 글을 읽고 빈칸 ㉠~㉣에 들어갈 접속어를 바르게 나열한 것은?

컴퓨터는 수와 기호를 다루기 위해 만들어졌다. 그런 이상, 컴퓨터와 문학 연구 사이에는 아무런 관련성이 없는 것처럼 생각된다. 사실 컴퓨터는 문맥에 따라 미묘하게 변하는 말뜻이나 섬세한 감정의 그림자를 처리하기에는 너무나 우둔한 장치이다. ___㉠___ 문학 연구에 컴퓨터를 활용한다는 것은 애당초 말이 되지 않는 착각일 듯도 하다. ___㉡___ 문학 연구도 학문 활동의 하나인 한, 자료를 모으고 분류하며 정리해야 할 필요가 많다. 자료 카드가 수십 장 혹은 수백 장일 때는 별문제가 아니지만, 그 이상이 될 경우에는 혼란스러운 자료 더미 속에서 시간을 허비하는 일이 한두 번이 아닐 것이다. ___㉢___ 컴퓨터는 매우 효과적인 도구가 될 것이다. ___㉣___ 컴퓨터는 어떻게 쓰느냐에 따라 문학 연구의 매우 훌륭한 조수가 될 수도 있는 것이다.

	㉠	㉡	㉢	㉣
①	하지만	그러므로	그러므로	이런 경우에
②	그러므로	하지만	이런 경우에	그러므로
③	이런 경우에	하지만	그러므로	그러므로
④	그러므로	이런 경우에	하지만	그러므로

05 다음 중 문서적인 의사소통에 대한 설명으로 적절하지 않은 것은?

① 업무지시 메모, 업무보고서 작성 등이 있다.

② 문서적인 의사소통은 정확하지 않을 수 있다.

③ 언어적인 의사소통보다 권위감이 있다.

④ 언어적인 의사소통에 비해 유동성이 크다.

06 다음 글의 내용으로 가장 적절한 것은?

> 사회 진화론은 다윈의 생물 진화론을 개인과 집단에 적용시킨 사회 이론이다. 사회 진화론의 중심 개념은 19세기에 등장한 '생존경쟁'과 '적자생존'인데, 이 두 개념의 적용 범위가 개인인가 집단인가에 따라 자유방임주의와 결합하기도 하고 민족주의나 제국주의와 결합하기도 하였다. 1860년대 대표적인 사회 진화론자인 스펜서는 인간 사회의 생활은 개인 간의 '생존경쟁'이며, 그 경쟁은 '적자생존'에 의해 지배된다고 주장하였다. 19세기 말 키드, 피어슨 등은 인종이나 민족, 국가 등의 집단 단위로 '생존경쟁'과 '적자생존'을 적용하여 우월한 집단이 열등한 집단을 지배하는 것은 자연법칙이라고 주장함으로써 인종 차별이나 제국주의를 정당화하였다. 일본에서는 19세기 말 문명개화론자들이 사회 진화론을 수용하였다.
> 이들은 '생존경쟁'과 '적자생존'을 국가와 민족 단위에 적용하여 '약육강식', '우승열패'의 논리를 바탕으로 서구식 근대 문명국가 건설과 군국주의를 역설하였다.

① 사회 진화론은 생물 진화론을 바탕으로 개인에게만 적용시킨 사회 이론이다.

② 사회 진화론은 19세기 이전에는 존재하지 않았다.

③ '생존경쟁'과 '적자생존'의 개념이 개인의 범위에 적용되면 민족주의와 결합한다.

④ 키드, 피어슨 등의 주장은 사회 진화론의 개념을 집단 단위에 적용한 결과이다.

07 다음 글의 내용으로 적절하지 않은 것은?

> 위기지학(爲己之學)이란 15세기의 사림파 선비들이 『소학(小學)』을 강조하면서 내세운 공부 태도를 가리킨다. 원래 이 말은 위인지학(爲人之學)과 함께 『논어(論語)』에 나오는 말이다. '옛날에 공부하던 사람들은 자기를 위해 공부했는데, 요즘 사람들은 남을 위해 공부한다.' 즉, 공자는 공부하는 사람의 관심이 어디에 있느냐를 가지고 학자를 두 부류로 구분했다. 어떤 학자는 '위기(爲己)란 자아가 성숙하는 것을 추구하며, 위인(爲人)이란 남들에게서 인정받기를 바라는 태도'라고 했다.
> 조선 시대를 대표하는 지식인 퇴계 이황(李滉)은 이렇게 말했다. '위기지학이란 우리가 마땅히 알아야 할 바가 도리이며, 우리가 마땅히 행해야 할 바가 덕행이라는 것을 믿고, 가까운 데서부터 착수해 나가되 자신의 이해를 통해서 몸소 실천하는 것을 목표로 삼는 공부이다. 반면, 위인지학이란 내면의 공허함을 감추고 관심을 바깥으로 돌려 지위와 명성을 취하는 공부이다.' 위기지학과 위인지학의 차이는 공부의 대상이 무엇이냐에 있다기보다 공부를 하는 사람의 일차적 관심과 태도가 자신을 내면적으로 성숙시키는 데 있느냐 아니면 다른 사람으로부터 인정을 받는 데 있느냐에 있다는 것이다.
> 이것은 학문의 목적이 외재적 가치에 의해서가 아니라 내재적 가치에 의해서 정당화된다는 사고방식이 나타났음을 뜻한다. 이로써 당시 사대부들은 출사(出仕)를 통해 정치에 참여하는 것 외에 학문과 교육에 종사하면서도 자신의 사회적 존재 의의를 주장할 수 있다고 믿었다. 더 나아가 학자 또는 교육자로서 사는 것이 관료 또는 정치가로서 사는 것보다 훌륭한 것이라고 주장할 수 있게 되었다. 또한 위기지학의 출현은 종래 과거제에 종속되어 있던 교육에 독자적 가치를 부여했다는 점에서 역사적 사건으로 평가받아 마땅하다.

① 국가가 위기지학을 권장함으로써 그 위상이 높아졌다.
② 위인지학을 추구하는 사람들은 체면과 인정을 중시했다.
③ 위기적 태도를 견지한 사람들은 자아의 성숙을 추구했다.
④ 공자는 학문을 대하는 태도를 기준으로 삼아 학자들을 나누었다.

PART 2

08 다음 글의 주제로 가장 적절한 것은?

최근에 사이버공동체를 중심으로 한 시민의 자발적 정치 참여 현상이 많은 관심을 끌고 있다. 이러한 현상과 관련하여 A의 연구가 새삼 주목 받고 있다. A의 연구에 따르면 공동체의 구성원이 됨으로써 얻게 되는 '사회적 자본'이 시민사회의 성숙과 민주주의 발전을 가져오는 원동력이다. A의 이론에서는 공동체에 대한 자발적 참여를 통해 사회 구성원 간의 상호 의무감과 신뢰, 구성원들이 공유하는 규칙과 관행, 사회적 유대 관계와 같은 사회적 자본이 늘어나면, 사회 구성원 간의 협조적인 행위가 가능하게 된다고 보았다. 더 나아가 A는 자원봉사자와 같이 공동체 참여도가 높은 사람이 투표할 가능성이 높고 정부 정책에 대한 의견 개진도 활발해지는 등 정치 참여도가 높아진다고 주장하였다.

몇몇 학자들은 A의 이론을 적용하여 면대면 접촉에 따른 인간관계의 산물인 사회적 자본이 사이버공동체에서도 충분히 형성될 수 있다고 보았다. 그리고 사이버공동체에서 사회적 자본의 증가는 곧 정치 참여도 활성화시킬 것으로 기대했다. 하지만 이러한 기대와는 달리 정치 참여가 활성화되지 않았다. 요즘 젊은이들을 보면 각종 사이버공동체에 자발적으로 참여하는 수준은 높지만 투표나 다른 정치 활동에는 무관심하거나 심지어 정치를 혐오하기도 한다. 이런 측면에서 A의 주장은 사이버공동체가 활성화된 오늘날에는 잘 맞지 않는다.

이러한 이유 때문에 오늘날 사이버공동체를 중심으로 한 정치 참여를 더 잘 이해하기 위해서 '정치적 자본' 개념의 도입이 필요하다. 정치적 자본은 사회적 자본의 구성 요소와는 달리 정치 정보의 습득과 이용, 정치적 토론과 대화, 정치적 효능감 등으로 구성된다. 정치적 자본은 사회적 자본과 마찬가지로 공동체 참여를 통해서 획득되지만, 정치 과정에의 관여를 촉진한다는 점에서 사회적 자본과는 구분될 필요가 있다. 사회적 자본만으로 정치 참여를 기대하기 어렵고, 사회적 자본과 정치 참여 사이를 정치적 자본이 매개할 때 비로소 정치 참여가 활성화된다.

① 사이버공동체를 통해 축적된 사회적 자본에 정치적 자본이 더해질 때 정치 참여가 활성화된다.
② 사회적 자본은 정치적 자본을 포함하기 때문에 그 자체로 정치 참여의 활성화를 가져온다.
③ 사회적 자본이 많은 사회는 정치 참여가 활발하기 때문에 적극적인 민주주의가 실현된다.
④ 사이버공동체의 특수성으로 인해 시민들의 정치 참여가 어렵게 되었다.

09 다음 글의 제목으로 가장 적절한 것은?

대부분의 사람이 주식 투자를 하는 목적은 자산을 증식하는 것이지만, 항상 이익을 낼 수는 없으며 이익에 대한 기대에는 언제나 손해에 따른 위험이 동반된다. 이러한 위험을 줄이기 위해서 일반적으로 투자자는 포트폴리오를 구성하는데, 이때 전반적인 시장상황에 상관없이 나타나는 위험인 '비체계적 위험'과 시장 상황에 연관되어 나타나는 위험인 '체계적 위험' 두 가지를 동시에 고려해야 한다. 비체계적 위험이란 종업원의 파업, 경영 실패, 판매의 부진 등 개별 기업의 특수한 상황과 관련이 있는 것으로 '기업 고유 위험'이라고도 한다. 기업의 특수 사정으로 인한 위험은 예측하기 어려운 상황에서 돌발적으로 일어날 수 있는 것들로, 여러 주식에 분산 투자함으로써 제거할 수 있다. 반면에 체계적 위험은 시장의 전반적인 상황과 관련한 것으로, 예를 들면 경기 변동, 인플레이션, 이자율의 변화, 정치 사회적 환경 등 여러 기업들에 공통으로 영향을 주는 요인들에 기인한다. 체계적 위험은 주식 시장 전반에 관한 위험이기 때문에 비체계적 위험에 대응하는 분산투자의 방법으로도 감소시킬 수 없으므로 '분산 불능 위험'이라고도 한다.
그렇다면 체계적 위험에 대응할 방법은 없을까? '베타 계수'를 활용한 포트폴리오 구성으로 투자자는 체계적 위험에 대응할 수 있다. 베타 계수란 주식 시장 전체의 수익률 변동이 발생했을 때 이에 대해 개별 기업의 주가 수익률이 얼마나 민감하게 반응하는가를 측정하는 계수로, 종합주가지수의 수익률이 1% 변할 때 개별 주식의 수익률이 얼마나 변하는가를 나타내며, 수익률의 민감도로 설명할 수 있다. 따라서 투자자는 주식시장이 호황에 진입할 경우 베타 계수가 큰 종목의 투자 비율을 높이지만 불황이 예상되는 경우에는 베타 계수가 작은 종목의 투자 비율을 높여 위험을 최소화할 수 있다.

① 비체계적 위험과 체계적 위험의 사례 분석
② 비체계적 위험을 활용한 경기 변동의 예측 방법
③ 비체계적 위험과 체계적 위험을 고려한 투자 전략
④ 종합주가지수 변동에 민감한 비체계적 위험의 중요성

10 다음 문단을 논리적 순서대로 바르게 나열한 것은?

(가) 개념사를 역사학의 한 분과로 발전시킨 독일의 역사학자 코젤렉은 '개념은 실재의 지표이자 요소'라고 하였다. 이 말은 실타래처럼 얽혀 있는 개념과 정치·사회적 실재, 개념과 역사적 실재의 관계를 정리하기 위한 중요한 지침으로 작용한다. 그에 의하면 개념은 정치적 사건이나 사회적 변화 등의 실재를 반영하는 거울인 동시에 정치·사회적 사건과 변화의 실제적 요소이다.

(나) 개념은 정치적 사건과 사회적 변화 등에 직접 관련되어 있거나 그것을 기록, 해석하는 다양한 주체들에 의해 사용된다. 이러한 주체들, 즉 '역사 행위자'들이 사용하는 개념은 여러 의미가 포개어진 층을 이룬다. 개념사에서는 사회·역사적 현실과 관련하여 이러한 층들을 파헤치면서 개념이 어떻게 사용되어 왔는가, 이 과정에서 그 의미가 어떻게 변화했는가, 어떤 함의들이 거기에 투영되었는가, 그 개념이 어떠한 방식으로 작동했는가 등에 대해 탐구한다.

(다) 이상에서 보듯이 개념사에서는 개념과 실재를 대조하고 과거와 현재의 개념을 대조함으로써, 그 개념이 대응하는 실재를 정확히 드러내고 있는가, 아니면 실재의 이해를 방해하고 더 나아가 왜곡하는가를 탐구한다. 이를 통해 코젤렉은 과거에 대한 '단 하나의 올바른 묘사'를 주장하는 근대 역사학의 방법을 비판하고, 과거의 역사 행위자가 구성한 역사적 실재와 현재 역사가가 만든 역사적 실재를 의미있게 소통시키고자 했다.

(라) 사람들이 '자유', '민주', '평화' 등과 같은 개념들을 사용할 때, 그 개념이 서로 같은 의미를 갖는 것은 아니다. '자유'의 경우, '구속받지 않는 상태'를 강조하는 개념으로 쓰이는가 하면, '자발성'이나 '적극적인 참여'를 강조하는 개념으로 쓰이기도 한다. 이러한 정의와 해석의 차이로 인해 개념에 대한 논란과 논쟁이 늘 있어 왔다. 바로 이러한 현상에 주목하여 출현한 것이 코젤렉의 '개념사'이다.

(마) 또한 개념사에서는 '무엇을 이야기 하는가.'보다는 '어떤 개념을 사용하면서 그것을 이야기하는가.'에 관심을 갖는다. 개념사에서는 과거의 역사 행위자가 자신이 경험한 '현재'를 서술할 때 사용한 개념과 오늘날의 입장에서 '과거'의 역사 서술을 이해하기 위해 사용한 개념의 차이를 밝힌다. 그리고 과거의 역사를 현재의 역사로 번역하면서 양자가 어떻게 수렴될 수 있는가를 밝히는 절차를 밟는다.

① (나) – (가) – (라) – (다) – (마)
② (나) – (다) – (가) – (라) – (마)
③ (라) – (가) – (나) – (마) – (다)
④ (라) – (나) – (가) – (다) – (마)

11 다음 글을 <보기>와 같은 순서로 재구성하려고 할 때 논리적 순서대로 바르게 나열한 것은?

(가) 최근 전자 상거래 시장에서 소셜 커머스 열풍이 거세게 불고 있다. 할인율 50%라는 파격적인 조건으로 검증된 상품을 구매할 수 있다는 입소문이 나면서 국내 소셜 커머스 시장의 규모가 급성장하고 있다. 시장 규모가 커지다 보니 개설된 소셜 커머스 사이트가 수백 개에 달하고, 소셜 커머스 모임 사이트까지 등장할 정도로 소셜 커머스의 인기가 날로 높아지고 있다.

(나) 현재 국내 소셜 커머스는 일정 수 이상의 구매자가 모일 경우 파격적인 할인가로 상품을 판매하는 방식의 소셜 쇼핑이 주를 이루고 있다. 그러나 소셜 쇼핑 외에도 SNS상에 개인화된 쇼핑 환경을 만들거나 상거래 전용 공간을 여는 방식의 소셜 커머스도 등장하고 있다. 소셜 커머스의 소비자는 판매자(생산자)의 상품을 하는 데서 그치지 않고 판매자들로 하여금 자신들이 원하는 물건을 판매하도록 유도할 수 있으며, 자신들 스스로가 새로운 소비자를 끌어 모을 수도 있다. 이러한 소비자의 변모는 소비자의 역할뿐만 아니라 상거래 지형이 크게 변화할 것임을 시사한다. 소셜 커머스 시대에는 소비자가 상거래의 주도권을 쥐는 일이 가능할 것이다.

(다) 소셜 커머스란 소셜 네트워크 서비스(SNS)를 통하여 이루어지는 전자 상거래를 가리키는 말이다. 소셜 커머스는 상품의 구매를 원하는 사람들이 할인을 성사하기 위하여 공동 구매자를 모으는 과정을 주로 SNS를 이용하는 데서 그 명칭이 유래되었다. 소셜 커머스는 2005년 '야후(Yahoo)'의 장바구니 공유 서비스인 '쇼퍼스피어(Shopersphere)' 같은 사이트를 통하여 처음 소개되었다.

보기

국내 소셜 커머스의 현황 → 소셜 커머스의 명칭 유래 및 등장 배경 → 소셜 커머스의 유형 및 전망

① (가) – (나) – (다)
② (가) – (다) – (나)
③ (나) – (가) – (다)
④ (나) – (다) – (가)

12 **다음 중 밑줄 친 부분이 맞춤법상 옳지 않은 것은?**

① 바리스타<u>로서</u> 자부심을 가지고 커피를 내렸다.
② 어제는 <u>왠지</u> 피곤한 하루였다.
③ 용감한 시민의 제보로 진실이 <u>드러났다</u>.
④ 점심을 먹은 뒤 바로 <u>설것이</u>를 했다.

13 **다음 빈칸에 들어갈 내용으로 가장 적절한 것은?**

> 어떤 기업체에서 사원을 선발하는 방법으로 끈으로 묶은 꾸러미를 내놨는데 한 사람은 주머니칼을 꺼내어 끈을 잘라 버렸고, 다른 한 사람은 끈을 풀었다는 것이다. 채용된 쪽은 칼을 사용한 사람이었다고 한다.
> 기업주는 물자보다 시간을 아꼈던 것이다. ________________ 소비자는 낭비된 물자의 대가를 고스란히 떠맡는다. 자원의 임자인 지구나 그 혜택을 받는 뭇 생명들 차원에서 본다면 에너지와 자원의 손실을 떠맡아야 한다. 아주 미세한 얘긴지 모르겠다. 그러나 도처에서 지속적으로 행해온 그 후유증을 우리는 현재 겪고 있는 것이다. 그것은 보이지 않는 유령이며 그것들로 인하여 지구는 병들어가고 있다. 많은 종(種)들이 하나둘 사라져갔으며 이 활기 넘쳐 보이는 현실은 실상 자원 고갈을 향해 행진을 멈추지 않고 있는 것이다.

① 왜냐하면 시간을 아껴 써야 기업이 성공할 수 있기 때문이다.
② 물론 기업주는 물자와 시간 가운데 더 중요한 것을 선택했다.
③ 그러나 이러한 선택으로 아껴지는 것은 기업주의 시간일 뿐이다.
④ 이러한 행동은 경제성만을 추구한 데서 비롯된 당연한 결과이다.

14 다음 글에서 버클리의 견해와 부합하는 것을 〈보기〉에서 모두 고르면?

세계관은 세계의 존재와 본성, 가치 등에 관한 신념들의 체계이다. 세계를 해석하고 평가하는 준거인 세계관은 곧 우리 사고와 행동의 토대가 되므로, 우리는 최대한 정합성과 근거를 갖추도록 노력해야 한다. 모순되거나 일관되지 못한 신념은 우리의 사고와 행동을 교란할 것이므로 세계관에 대한 관심과 검토는 중요하다. 세계관을 이루는 여러 신념 가운데 가장 근본적인 수준의 신념은 '세계는 존재한다.'이다. 이 신념이 성립해야만 세계에 관한 다른 신념, 이를테면 세계가 항상 변화한다든가 불변한다든가 하는 등의 신념이 성립하기 때문이다.

실재론은 이 근본적 신념에 덧붙여 세계가 '우리 정신과 독립적으로' 존재함을 주장한다. 내가 만들어 날린 종이비행기는 멀리 날아가, 볼 수 없게 되었다 해도 여전히 존재한다. 이는 명확해서 논란의 여지가 없어 보이지만, 반실재론자는 이 상식에 도전한다. 유명한 반실재론자인 버클리는 세계의 독립적 존재를 부정한다. 그에 따르면, 우리가 감각 경험에 의존하지 않고는 세계를 인식할 수 없다고 한다. 그는 이를 바탕으로 세계에 관한 주장을 편다. 그에 의하면 '주관적' 성질인 색깔, 소리, 냄새, 맛 등은 물론, '객관적'으로 성립한다고 여겨지는 형태, 공간을 차지함, 딱딱함, 운동 등의 성질도 오로지 우리가 감각할 수 있을 때만 존재하는 주관적 속성이다. 세계 속의 대상과 현상이란 이런 속성으로 구성되므로 세계는 감각으로 인식될 때만 존재한다는 것이다.

버클리의 주장은 우리의 통념과 충돌한다. 당시 어떤 사람이 돌을 차면서 "나는 이렇게 버클리를 반박한다!"라고 외쳤다고 한다. 그는 날아간 돌이 엄연히 존재한다는 점을 근거로 버클리의 주장을 반박하고자 한 것이다. 그러나 버클리를 비롯한 반실재론자들이 부정한 것은 세계가 정신과 독립하여 그 자체로 존재한다는 신념이다. 따라서 돌을 찬 사람은 그들을 제대로 반박하지 못했다고 볼 수 있다.

최근까지도 새로운 형태의 반실재론이 제기되어 활발한 논의가 진행 중이다. 논증의 성패를 떠나 반실재론자는 타성에 젖은 실재론적 세계관의 토대에 대해 성찰할 기회를 제공한다. 또한 세계관에 대한 도전과 응전의 반복은 그 자체로 인간 지성이 상호 소통하면서 발전해 가는 과정을 보여준다.

보기

ㄱ. 번개가 치는 현상은 감각 경험으로 구성된 것이다.
ㄴ. '비둘기가 존재한다.'는 '비둘기가 지각된다.'와 같은 뜻이다.
ㄷ. 우리에게 지각되는 책상은 우리의 인식 이전에 그 자체로 존재한다.
ㄹ. 사과의 단맛은 주관적인 속성이며, 둥근 모양은 객관적 속성이다.

① ㄱ, ㄴ　　② ㄱ, ㄷ
③ ㄴ, ㄷ　　④ ㄴ, ㄹ

15 다음 글을 통해 추론할 수 있는 내용으로 적절하지 않은 것은?

일상에서 타인의 특성과 성향을 구분 지을 때 흔히 좌뇌형 인간과 우뇌형 인간이라는 개념이 쓰이곤 한다. 이 개념에 따르면 좌뇌형 인간은 추상적인 언어나 사고, 수학적 계산 등 논리적인 능력이 뛰어나며, 우뇌형 인간은 전체를 보는 통찰력과 협동성, 예술적인 직관이 뛰어난데, 이를 성별에 빗대 좌뇌형 인간을 남성적이고 우뇌형 인간을 여성적이라고 평가하는 일 또한 흔하다.
하지만 성별이나 성향에 따른 좌뇌와 우뇌의 활용도 차이는 결과에 따른 사후해석에 가깝다. 물론 말하기를 담당하는 브로카 영역과 듣기를 담당하는 베르니케 영역이 거의 대부분 좌반구에 존재하기 때문에 좌측 뇌에 손상을 받으면 언어 장애가 생기는 것은 사실이다. 하지만 그렇기 때문에 좌뇌형 인간은 언어능력이 뛰어나며, 각자의 성격이나 장점에 직접적으로 관여한다고 결론짓는 것은 근거가 없는 개념인 것이다. 또한 이 개념대로라면 실제로 좌반구는 우측 신체를 담당하고, 우반구는 좌측 신체를 담당하기 때문에 오른손잡이가 대부분 좌뇌형 인간이 되는 불상사가 일어난다.
다만 성별에 따른 뇌기능 차이에 대해서는 어느 정도 유의미한 실험 결과들이 존재하기도 한다. 1998년 미국 듀크대학 연구팀은 실험을 통해 남성은 공간 정보를 담은 표지물의 절대적 위치를 주로 활용하고, 여성은 '의미화'될 수 있는 공간 정보의 상대적 위치를 가늠하여 기억한다는 사실을 발견했다. 2014년 미국 펜실베이니아대학 연구팀은 여성 뇌에서는 좌뇌와 우뇌의 상호 연결이 발달한 데 반해 남성 뇌에서는 좌뇌와 우뇌 각각의 내부 연결이 발달하는 특징이 나타난다고 보고했다.

① 윗글의 주장에 따르면 단순히 베르니케 영역에 문제가 생겼다고 해서 언어를 이해하는 능력에 문제가 발생할 것이라고 단정 짓기는 어렵다.

② 좌뇌 우뇌 개념에 따르면 법조계에서 일하는 여성은 좌뇌형 인간에 가까우며, 따라서 남성성이 상대적으로 강할 것이라고 추측할 수 있다.

③ 오른손잡이가 대부분이라는 점에서 그들이 좌반구가 우반구보다 발달했을 것이라고 추측할 수 있다.

④ 상대적으로 여성이 남성에 비해 다양한 일을 고르게 수행하는 멀티플레이에 능할 가능성이 높을 것이다.

16 K회사의 사우회에서는 참석자들에게 과자를 1인당 8개씩 나누어 주려고 한다. 10개씩 들어 있는 과자 17상자를 준비하였더니 과자가 남았고, 남은 과자를 1인당 1개씩 더 나누어 주려고 하니 부족했다. 만약 지금보다 9명이 더 참석한다면 과자 6상자를 추가해야 참석자 모두에게 과자를 1인당 8개 이상씩 나누어 줄 수 있다. 처음 사우회에 참석한 사람의 수는?

① 18명 ② 19명
③ 20명 ④ 21명

17 한 직선 위에서 시속 1km의 속도로 오른쪽으로 등속 운동하는 두 물체가 있다. 이 직선상에서 두 물체의 왼쪽에 있는 한 점 P로부터 두 물체까지의 거리의 비는 현재 4 : 1이다. 13시간 후 P로부터의 거리의 비가 7 : 5가 된다면 현재 P로부터 두 물체까지의 거리는 각각 몇 km인가?

① 6km, 2km ② 8km, 2km
③ 12km, 3km ④ 18km, 32km

18 지혜는 농도가 7%인 소금물 300g과 농도가 8%인 소금물 500g을 모두 섞었다. 섞은 소금물의 물을 증발시켜 농도가 10% 이상인 소금물을 만들려고 할 때, 지혜가 증발시켜야 하는 물의 양은 최소 몇 g 이상인가?

① 200g ② 190g
③ 185g ④ 175g

19 20억 원을 투자하여 10% 수익이 날 확률은 50%이고, 원가 그대로일 확률은 30%, 10% 손해를 볼 확률은 20%일 때 기대수익은?

① 4,500만 원
② 5,000만 원
③ 5,500만 원
④ 6,000만 원

20 아버지, 어머니, 나, 동생의 나이의 합은 132세이다. 어머니는 가족 평균보다 10세 더 많고, 나와 동생의 나이의 합보다 2세 더 많다. 아버지는 동생의 나이의 두 배보다 10세 더 많고, 내 나이의 두 배보다 4세 더 많다. 동생의 나이는?

① 16세
② 17세
③ 18세
④ 19세

21 다음은 4개 업체에서 판매 중인 사이다를 비교한 자료이다. 어느 업체에서 사이다를 사는 것이 가장 저렴한가?

〈업체별 사이다 용량 및 가격〉

구분	A업체	B업체	C업체	D업체
가격(원)	25,000	25,200	25,400	25,600
한 개당 용량(mL)	340	345	350	355
한 묶음 개수(개)	25	24	25	24

※ 사이다는 한 묶음으로만 판매함

① A업체
② B업체
③ C업체
④ D업체

22 다음은 2020년부터 2024년까지 서울시 냉장고 화재발생 현황을 나타낸 자료이다. 이를 나타낸 그래프로 옳은 것은?

〈냉장고 화재발생 현황〉

(단위 : 건)

구분	2020년	2021년	2022년	2023년	2024년
김치냉장고	21	35	44	60	64
일반냉장고	23	24	53	41	49

※ (김치냉장고 비율)=(김치냉장고 건수)÷[(김치냉장고 건수)+(일반냉장고 건수)]×100

※ (일반냉장고 비율)=(일반냉장고 건수)÷[(김치냉장고 건수)+(일반냉장고 건수)]×100

① 김치냉장고 비율

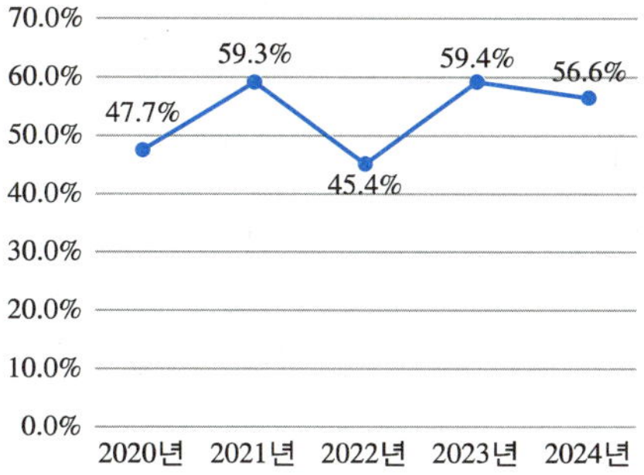

② 김치냉장고 비율

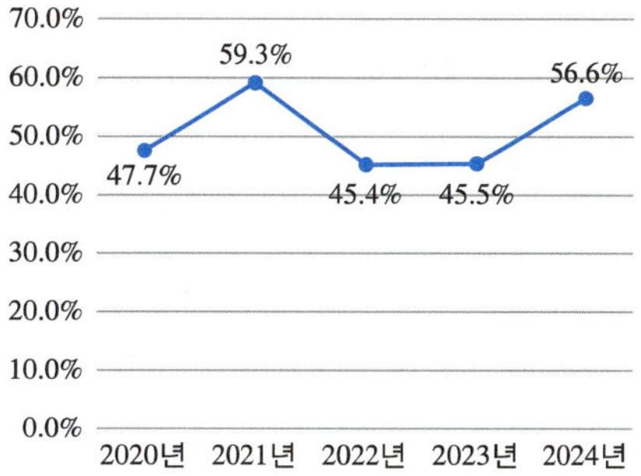

③ 김치냉장고 비율

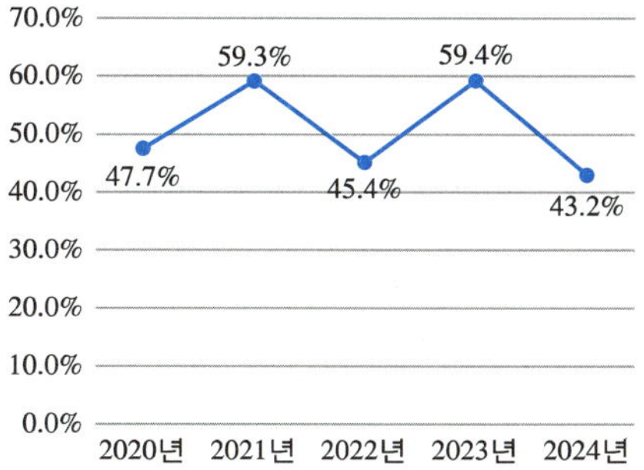

④ 일반냉장고 비율

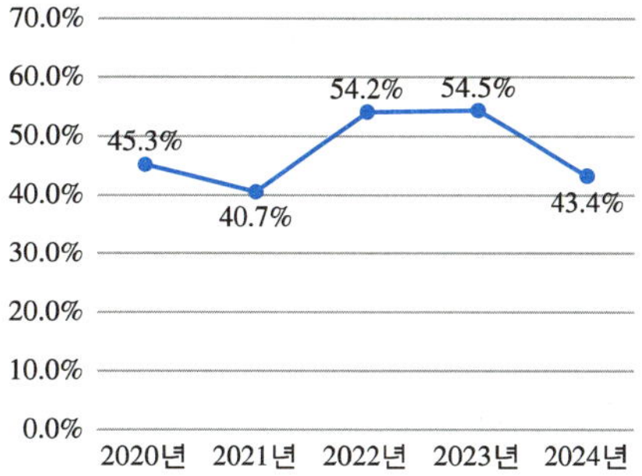

※ 다음은 2020 ~ 2024년 교통수단별 사고건수를 나타낸 자료이다. 이어지는 질문에 답하시오. **[23~24]**

〈2020 ~ 2024년 교통수단별 사고건수〉

(단위 : 건)

구분	2020년	2021년	2022년	2023년	2024년
전동킥보드	8	12	54	81	162
원동기장치 자전거	5,450	6,580	7,480	7,110	8,250
이륜자동차	12,400	12,900	12,000	11,500	11,200
택시	158,800	175,200	168,100	173,000	177,856
버스	222,800	210,200	235,580	229,800	227,256
전체	399,458	404,892	423,214	421,491	424,724

23 다음 중 자료에 대한 설명으로 옳은 것은?

① 2021년부터 2024년까지 원동기장치 자전거의 사고건수는 매년 증가하고 있다.

② 이륜자동차를 제외하고 2020년부터 2024년까지 교통수단별 사고건수가 가장 많은 해는 2024년이다.

③ 2020년 대비 2024년 택시의 사고건수 증가율은 2020년 대비 2024년 버스의 사고건수 증가율보다 낮다.

④ 이륜자동차의 2021년과 2022년의 사고건수의 합은 2020 ~ 2024년 이륜자동차 총 사고건수의 40% 이상이다.

24 다음 중 자료에 대한 설명으로 옳은 것을 〈보기〉에서 모두 고르면?

보기

㉠ 전동킥보드만 매년 사고건수가 증가하는 것으로 보아 이에 대한 대책이 필요하다.
㉡ 원동기장치 자전거의 사고건수가 가장 적은 해에 이륜자동차의 사고건수는 가장 많았다.
㉢ 2022 ~ 2024년 이륜자동차의 사고건수가 전년 대비 감소한 것에는 법률개정도 영향이 있었을 것이다.
㉣ 택시와 버스의 사고건수 증감추이는 해마다 서로 반대이다.

① ㉠, ㉢ ② ㉡, ㉣
③ ㉠, ㉡, ㉢ ④ ㉠, ㉢, ㉣

25 다음은 경기 일부 지역의 2023 ~ 2024년 월별 미세먼지 도시오염도 현황을 나타낸 자료이다. 이에 대한 설명으로 옳지 않은 것은?(단, 소수점 첫째 자리에서 반올림한다)

〈2023년 지역별 미세먼지 현황〉

(단위 : $\mu g/m^3$)

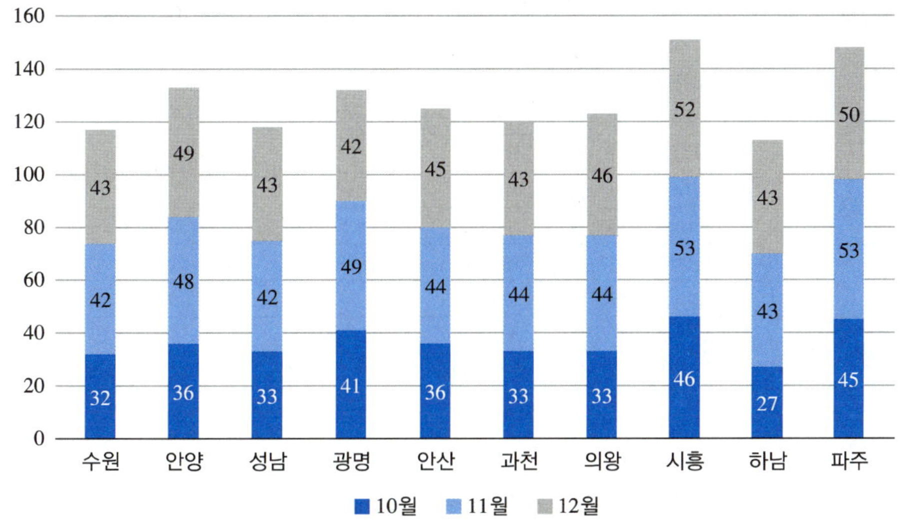

〈2024년 지역별 미세먼지 현황〉

(단위 : $\mu g/m^3$)

구분	1월	2월	3월
수원	44	42	47
안양	49	46	52
성남	44	43	47
광명	50	47	52
안산	49	44	46
과천	45	43	48
의왕	47	43	46
시흥	54	47	52
하남	46	43	45
파주	48	43	50

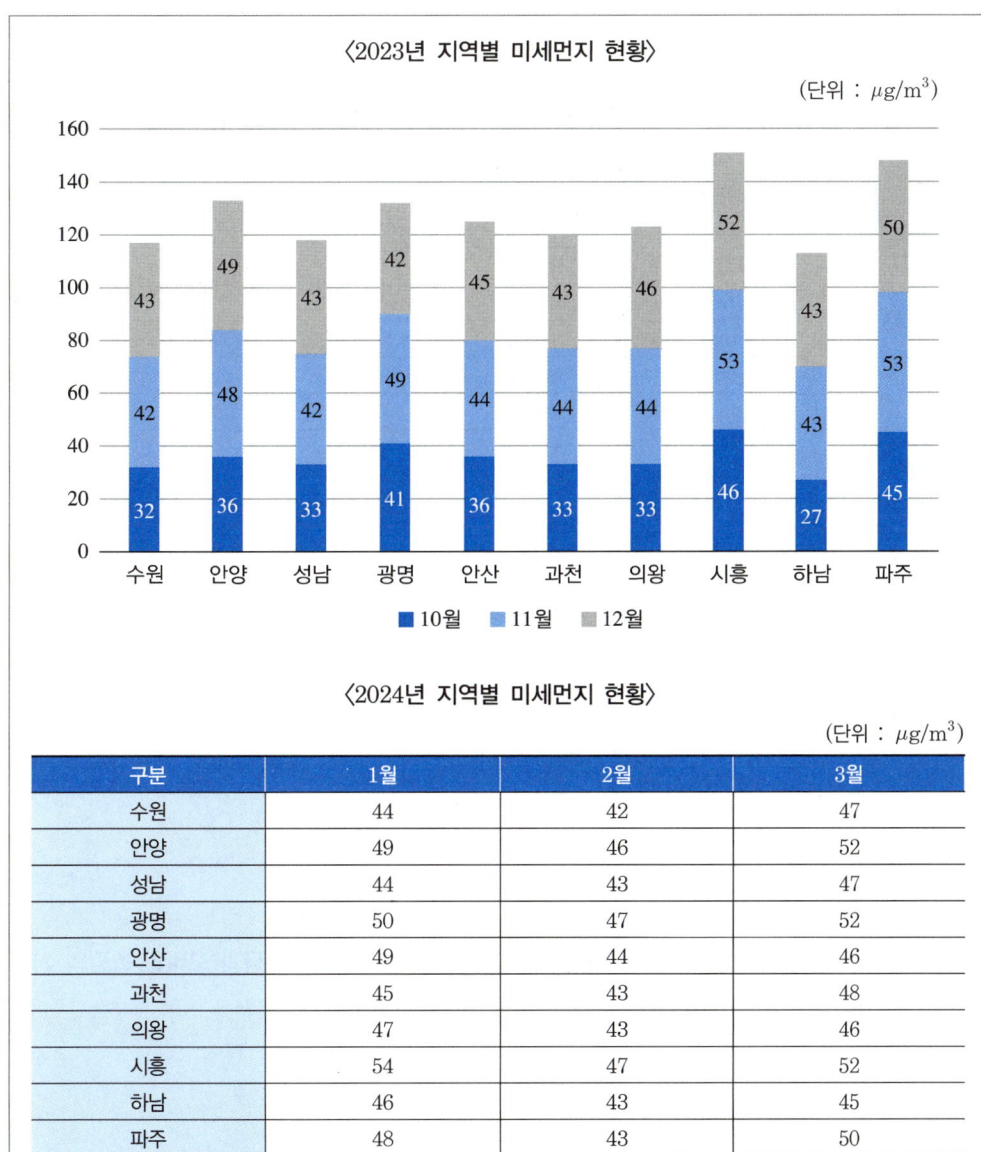

① 2023년 10 ~ 12월까지 미세먼지 농도의 합이 150$\mu g/m^3$ 이상인 지역은 1곳이다.

② 2024년 1월 대비 2월에 미세먼지 현황이 좋아진 지역은 모두 3월에 다시 나빠졌다.

③ 2023년 10월부터 2024년 3월까지 지역마다 미세먼지 농도가 가장 높은 달이 3월인 지역은 4곳 이하이다.

④ 2024년 1월 미세먼지 농도의 전월 대비 증감률이 0%인 지역의 2024년 2월 농도는 45$\mu g/m^3$ 이상이다.

PART 2

※ 다음은 2024년 온라인쇼핑몰 상품종류에 따른 거래액을 나타낸 자료이다. 이어지는 질문에 답하시오. [26~28]

〈2024년 온라인쇼핑몰 상품별 거래액〉

(단위 : 백만 원)

구분		5월	6월	7월	8월
전자통신기기	인터넷 쇼핑	591,722	500,919	547,533	534,823
	모바일 쇼핑	726,711	705,056	720,752	710,497
생활용품	인터넷 쇼핑	288,386	260,158	274,893	278,781
	모바일 쇼핑	546,062	524,686	542,328	561,756
애완용품	인터넷 쇼핑	25,089	23,061	23,360	23,399
	모바일 쇼핑	54,457	56,766	55,663	55,267
여행 및 교통서비스	인터넷 쇼핑	560,585	558,231	610,736	566,972
	모바일 쇼핑	855,011	848,815	967,871	1,017,259
음식서비스	인터넷 쇼핑	47,926	49,389	52,054	56,282
	모바일 쇼핑	697,133	726,974	777,791	858,946

26 5～8월까지 생활용품의 인터넷 쇼핑 거래액의 총합은 얼마인가?(단, 억 원 단위 미만은 버림한다)

① 10,822억 원
② 10,922억 원
③ 11,002억 원
④ 11,022억 원

27 7월 중 모바일 쇼핑 거래액이 가장 높은 상품의 8월 인터넷 쇼핑과 모바일 쇼핑의 거래 차액은 얼마인가?

① 430,593백만 원
② 450,287백만 원
③ 470,782백만 원
④ 490,614백만 원

28 다음 중 자료에 대한 설명으로 옳은 것은?

① 5～8월 동안 모든 상품은 인터넷 쇼핑 거래액이 모바일 쇼핑 거래액보다 크다.
② 5～8월 동안 모바일 쇼핑 거래액이 가장 낮은 상품은 애완용품이다.
③ 6월부터 모든 상품의 전월 대비 인터넷 쇼핑 거래액은 증가하는 추세이다.
④ 5월 대비 7월 모바일 쇼핑 거래액이 증가한 상품은 두 가지이다.

※ 다음은 초등학교 고학년(4 ~ 6학년)의 도서 선호 분야를 설문조사한 자료이다. 이어지는 질문에 답하시오. **[29~30]**

〈초등학교 고학년 도서 선호 분야〉

(단위 : %)

구분		사례 수	소설	역사	동화	과학	예술	철학	기타
전체		926명	19.7	10.4	9.1	6.9	2.7	2.6	48.6
학년별	4학년	305명	13.2	8.6	12.0	9.3	2.4	2.1	52.4
	5학년	302명	20.6	12.7	8.0	6.6	3.1	2.8	46.2
	6학년	319명	25.1	10.0	7.4	5.0	2.7	3.1	46.7

PART 2

29 고학년 전체 학생 중에서 동화를 선호하는 4 ~ 5학년 학생의 비율은?(단, 비율은 소수점 둘째 자리에서 반올림한다)

① 4.4% ② 5.5%
③ 6.6% ④ 7.7%

30 다음 중 학년이 올라갈수록 도서 선호 분야 비율이 커지는 분야는?(단, 기타 분야는 제외한다)

① 소설, 철학 ② 소설, 과학
③ 예술, 철학 ④ 역사, 철학

31 다음은 업무 수행 과정에서 발생하는 문제의 유형 3가지를 소개한 자료이다. 문제의 유형과 〈보기〉의 사례가 바르게 연결된 것은?

〈문제의 유형〉

발생형 문제	현재 직면한 문제로, 어떤 기준에 대하여 일탈 또는 미달함으로써 발생하는 문제
탐색형 문제	현재 상황을 개선하거나 효율을 높이기 위해 발생하는 문제
설정형 문제	미래지향적인 새로운 과제 또는 목표를 설정하면서 발생하는 문제

보기

ㄱ. A회사는 초콜릿 과자에서 애벌레로 보이는 곤충 사체가 발견되어 과자 제조과정에 대해 고민하고 있다.
ㄴ. B회사는 점차 다가오는 초고령사회에 대비하여 노인들을 위한 애플리케이션을 개발하기로 했다.
ㄷ. C회사는 현재의 충전지보다 더 많은 전압을 회복시킬 수 있는 충전지를 연구하고 있다.
ㄹ. D회사는 발전하고 있는 드론시대를 위해 드론센터를 건립하기로 결정했다.
ㅁ. E회사는 업무 효율을 높이기 위해 근로시간을 단축하기로 결정했다.
ㅂ. F회사는 올해 개발한 침대에 방사능이 검출되어 안전기준에 부적합 판정을 받았다.

	발생형 문제	탐색형 문제	설정형 문제
①	ㄱ, ㅂ	ㄷ, ㅁ	ㄴ, ㄹ
②	ㄱ, ㅁ	ㄴ, ㄹ	ㄷ, ㅂ
③	ㄱ, ㄴ	ㄷ, ㅂ	ㄹ, ㅁ
④	ㄱ, ㄴ	ㅁ, ㅂ	ㄷ, ㄹ

※ 다음은 이유식 상품번호에 대한 자료이다. 이어지는 질문에 답하시오. **[32~33]**

〈이유식 상품번호 분류〉

권장연령	4 ~ 6개월	7 ~ 9개월	10 ~ 12개월	13개월 이상
	MUM	MG	JBB	IGBB
상품종류	아기밥	아기반찬	아기국	아기덮밥
	01	11	10	00
보관방법	상온보관	냉장보관	냉동보관	–
	T	R	F	–
인증내역	유기농인증	무항생제인증	GAP인증	HACCP인증
	OC	NAC	GC	HC
소고기함유량	해당 없음	7% 이하	8% 초과 13% 이하	21% 이상
	B00	B07	B13	B21

※ GAP인증 : 농산물우수관리제도에 따른 인증을 말함
※ HACCP인증 : 식품안전관리인증제도에 따른 인증을 말함
※ 인증내역의 경우, 중복된 내용이 있으면 차례로 모두 입력함

32 이유식 상품번호가 다음과 같을 때, 이에 대한 설명으로 옳은 것은?

JBB11TOCNACB00

① 갓 태어난 아기가 섭취하기 적절한 상품이다.
② 밥과 곁들여 먹기에 좋은 상품이다.
③ 보관방법상 냉장고가 필수적이다.
④ 상품은 3가지 인증을 받았다.

33 다음 주문내용을 보고 배송해야 하는 상품의 상품번호로 옳은 것은?

아기가 지난달에 돌이어서 이제 덮밥 종류를 한번 먹여볼까 해서 주문하게 되었어요. 저는 보통 이유식을 만들어주는 편이지만 외출할 때는 챙기기 번거로워서 상온보관이 가능한 이유식을 들고 다니는데, 혹시 여기도 상온보관이 가능한 이유식이 있을까요? 그리고 소고기 함유량은 21% 이상이었으면 합니다. 무항생제인증을 받은 제품으로 부탁드립니다.

① JBB00TNACB20
② IGBB01TNACB20
③ JBB00TNACB21
④ IGBB00TNACB21

PART 2

34 다음 중 창의적 사고에 대한 설명으로 적절하지 않은 것은?

① 창의적 사고능력은 누구나 할 수 있는 일반적 사고와 달리 일부 사람만이 할 수 있는 능력이다.
② 창의적 사고란 정보와 정보의 조합으로 사회나 개인에게 새로운 가치를 창출하도록 하게 한다.
③ 창의적 사고란 무에서 유를 만들어 내는 것이 아니라 끊임없이 참신한 아이디어를 도출하는 것이다.
④ 창의적인 사고란 이미 알고 있는 경험과 지식을 다시 결합함으로써 참신한 아이디어를 도출하는 것이다.

35 다음 중 비판적 사고에 대한 설명으로 적절하지 않은 것은?

① 비판적 사고의 주목적은 어떤 주장의 단점을 파악하고 분쟁하려는 데 있다.
② 비판적 사고는 학습을 통해 향상시킬 수 있다.
③ 비판적 사고를 하기 위해서는 감정을 조절할 수 있어야 한다.
④ 비판적 사고에는 지식과 정보에 바탕을 둔 합리적인 생각이 필요하다.

36 다음 중 SWOT 분석에 대한 설명으로 적절하지 않은 것은?

〈SWOT 분석〉

강점, 약점, 기회, 위협요인을 분석·평가하고 이들을 서로 연관 지어 전략을 개발하고 문제해결 방안을 개발하는 방법이다.

	강점 (Strength)	약점 (Weakness)
기회 (Opportunity)	SO전략	WO전략
위협 (Threat)	ST전략	WT전략

① 강점과 약점은 외부 환경요인에 해당하며, 기회와 위협은 내부 환경요인에 해당한다.
② SO전략은 강점을 살려 기회를 포착하는 전략을 의미한다.
③ ST전략은 강점을 살려 위협을 회피하는 전략을 의미한다.
④ WO전략은 약점을 보완하여 기회를 포착하는 전략을 의미한다.

37 K공단 안전본부의 사고분석 개선처에 근무하는 B대리는 혁신우수 연구대회에 출전하여 첨단장비를 활용한 차종별 보행자사고 모형개발 자료를 발표했다. 연구 추진방향을 도출하기 위해 SWOT 분석을 한 결과가 다음과 같을 때, 분석 결과에 대응하는 전략과 그 내용이 바르지 않게 연결된 것은?

강점(Strength)	약점(Weakness)
10년 이상 지속적인 교육과 연구로 신기술 개발을 위한 인프라 구축	보행자사고 모형개발을 위한 예산 및 실차 실험을 위한 연구소 부재
기회(Opportunity)	**위협(Threat)**
첨단 과학장비(3D스캐너, MADYMO) 도입으로 정밀 시뮬레이션 분석 가능	교통사고에 대한 국민의 관심과 분석수준 향상으로 공단의 사고분석 질적 제고 필요

① WT전략 : 신기술 개발을 위한 연구대회를 개최해 인프라를 더욱 탄탄히 구축

② WO전략 : 실차 실험 대신 과학장비를 통한 시뮬레이션 연구로 모형개발

③ ST전략 : 지속적 교육과 연구로 쌓아온 데이터를 바탕으로 사고분석 프로그램 신기술 개발을 통해 사고분석 질적 향상에 기여

④ SO전략 : 과학장비를 통한 정밀 시뮬레이션 분석을 토대로 국내 차량의 전면부 형상을 취득하고 보행자사고를 분석해 신기술 개발에 도움

38 K공단은 공단 내 미세먼지 정화설비 A ~ F 6개 중 일부를 도입하고자 한다. 설비들의 호환성에 따른 도입규칙이 다음과 같을 때, 공단에서 도입할 설비를 모두 고르면?

〈호환성에 따른 도입규칙〉

규칙1. A는 반드시 도입한다.
규칙2. B를 도입하지 않으면 D를 도입한다.
규칙3. E를 도입하면 A를 도입하지 않는다.
규칙4. B, E, F 중 적어도 두 개는 반드시 도입한다.
규칙5. E를 도입하지 않고, F를 도입하면 C는 도입하지 않는다.
규칙6. 최대한 많은 설비를 도입한다.

① A, B, C, D
② A, B, C, E
③ A, B, C, F
④ A, B, D, F

39 G대리는 다음 분기에 참여할 연수프로그램을 결정하고자 한다. 〈조건〉에 따라 프로그램을 결정할 때, 다음 중 반드시 참인 것은?

> **조건**
> - 다음 분기 연수프로그램으로는 혁신역량강화, 조직문화, 전략적 결정, 일과 가정, 공사융합전략, 미래가치교육 6개가 있다.
> - G대리는 혁신역량강화에 참여하면, 조직문화에 참여하지 않는다.
> - G대리는 일과 가정에 참여하지 않으면, 미래가치교육에 참여한다.
> - G대리는 혁신역량강화와 미래가치교육 중 한 가지만 참여한다.
> - G대리는 조직문화, 전략적 결정, 공사융합전략 중 두 가지에 참여한다.
> - G대리는 조직문화에 참여한다.
> - 별다른 조건이 없을 경우, G대리는 연수프로그램을 최대한 많이 참여한다.

① G대리가 참여할 프로그램 수는 최대 4개이다.
② G대리가 전략적 결정에 참여할 경우, 일과 가정에는 참여하지 않는다.
③ G대리는 혁신역량강화에 참여하고, 일과 가정에 참여하지 않는다.
④ G대리는 전략적 결정과 공사융합전략에 모두 참여한다.

40 다음의 교통수단별 특징을 고려할 때, 오전 9시에 회사에서 출발해 전주역까지 가장 먼저 도착하는 교통수단은?(단, 자료에 제시된 시간 이외는 고려하지 않는다)

〈회사 → 서울역 간 교통편〉

구분	소요시간	출발시간
A버스	24분	매시 20분, 40분
B버스	40분	매시 정각, 20분, 40분
지하철	20분	매시 30분

〈서울역 → 전주역 간 교통편〉

구분	소요시간	출발시간
새마을호	3시간	매시 정각부터 5분 간격
KTX	1시간 32분	9시 정각부터 45분 간격

① A버스 – 새마을호　② B버스 – KTX
③ B버스 – 새마을호　④ 지하철 – KTX

41 다음은 국가별 와인 상품과 세트에 대한 자료이다. 세트 가격을 한도로 하여 구입할 수 있는 국가별 와인 상품을 바르게 연결한 것은?

〈국가별 와인 상품〉

와인	생산지	인지도	풍미	당도	가격(원)
A	이탈리아	5	4	3	50,000
B	프랑스	5	2	4	60,000
C	포르투갈	4	3	5	45,000
D	독일	4	4	4	70,000
E	벨기에	2	2	1	80,000
F	네덜란드	3	1	2	55,000
G	영국	5	5	4	65,000
H	스위스	4	3	3	40,000
I	스웨덴	3	2	1	75,000

※ 인지도 및 풍미와 당도는 '5'가 가장 높고, '1'이 가장 낮음

〈와인 세트〉

1 Set	2 Set
프랑스 와인 1병 외 다른 국가 와인 1병	이탈리아 와인 1병 외 다른 국가 와인 1병
인지도가 높고 풍미가 좋은 와인 구성	당도가 높은 와인 구성
포장비 : 10,000원	포장비 : 20,000원
세트 가격 : 130,000원	세트 가격 : 160,000원

※ 반드시 세트로 구매해야 하며, 세트 가격에는 포장비가 포함되어 있지 않음
※ 같은 조건이면 인지도와 풍미, 당도가 더 높은 와인으로 세트를 구성함

① 1 Set : 프랑스, 독일
② 1 Set : 프랑스, 영국
③ 2 Set : 이탈리아, 스위스
④ 2 Set : 이탈리아, 포르투갈

※ 다음은 K공단의 청렴감사팀에서 제작한 부패신고자 보호·보상 안내 팸플릿이다. 이어지는 질문에 답하시오. [42~43]

〈부패신고자 보호·보상 안내〉

가. 부패신고 보상금

- 신고보상금을 최대 30억 원까지 받을 수 있습니다.
- 부패신고로 인하여 직접적인 공공기관 수입의 회복이나 증대 또는 비용의 절감 등이 있는 경우 지급합니다.

보상대상가액		지급기준
1억 원 이하	→	보상대상가액의 30%
1억 원 초과 5억 원 이하		3천만 원+1억 원 초과금액의 20%
5억 원 초과 20억 원 이하		1억 1천만 원+5억 원 초과금액의 14%
20억 원 초과 40억 원 이하		3억 2천만 원+20억 원 초과금액의 8%
40억 원 초과		4억 8천만 원+40억 원 초과금액의 4%

※ 보상대상가액 : 직접적인 공공기관 수입의 회복이나 증대 또는 비용의 절감을 가져오거나 그에 관한 법률관계가 확정된 금액

나. 부패신고 포상금

- 신고포상금을 최대 2억 원까지 지급받을 수 있습니다.
- 부패신고로 인하여 직접적인 수입회복 등이 없더라도 공익의 증진 등을 가져온 경우 지급합니다.

다. 신분보장

- 신고를 이유로 어떠한 불이익이나 차별을 받지 않습니다.
- 부패신고자에게 불이익을 주면 과태료나 징계처분 등을 받게 됩니다.
- 부패신고를 한 이유로 신분상 불이익, 근무조건상 차별, 경제적·행정적 불이익을 당하였거나 당할 우려가 있는 경우에는 원상회복·전직·징계보류·효력 유지 등 적절한 조치가 이루어집니다.

라. 비밀보장

- 신고자의 비밀이 보장됩니다.
- 누구든지 부패신고자의 동의 없이 그 신분을 밝히거나 암시할 수 없습니다.
- 신고자의 동의 없이 신분을 공개하면 징계 또는 형사 처벌을 받게 됩니다.

마. 신변보호

- 부패신고를 한 이유로 신고자 자신과 친족 등 신변에 불안이 있는 경우 보호를 받을 수 있습니다.
- 신변보호의 종류
  - 일정기간 특정시설에서 보호
  - 일정기간 신변경호
  - 출석·귀가 시 동행
  - 주거에 대한 주기적 순찰
  - 기타 신변안전에 필요한 조치

바. 책임감면

- 부패신고를 함으로써 그와 관련된 자신의 범죄가 발견된 경우 징계 또는 형을 감형·면제받을 수 있습니다.
- 부패신고를 한 경우에는 직무상 비밀준수의 의무를 위반하지 않은 것으로 봅니다.

사. 위반자 처벌

- 부패신고자의 인적사항 등을 공개한 자에게는 3년 이하의 징역 또는 3천만 원 이하의 벌금이 부과됩니다.
- 부패신고를 이유로 신분상 불이익이나 근무조건상의 차별 등을 한 자에게는 1천만 원 이하의 과태료가 부과됩니다.
- 불이익 처분을 한 자가 위원회의 조치요구를 이행하지 않았을 때에는 1년 이하의 징역 또는 1천만 원 이하의 벌금이 부과됩니다.

42 다음 중 팸플릿을 이해한 내용으로 가장 적절한 것은?

① 부패신고는 비밀준수의 의무에 위배되지 않는 선에서 해야 한다.
② 부패신고자의 신분은 감사팀을 제외하고 누구도 밝힐 수 없다.
③ 신고포상금은 최대 30억 원까지 지급받을 수 있다.
④ 포상금은 공익의 증진을 가져온 경우에 지급될 수 있다.

43 다음 중 팸플릿을 토대로 부패신고 보상금을 계산할 때 보상대상가액별 부패신고 보상금의 금액이 바르게 연결된 것은?(단, 백만 원 이하는 반올림한다)

	보상대상가액		부패신고 보상금
①	17억 2천만 원	→	3억 3천만 원
②	5억 3천만 원	→	410만 원
③	3억 7천만 원	→	8천만 원
④	752억 원	→	28억 원

※ 문화예술 공연에 관심이 많은 B씨는 문화예술 수강생을 모집한다는 다음 광고문을 보고 지원하고자 한다. 이어지는 질문에 답하시오. **[44~45]**

〈문화예술교실 수강생 모집〉

우리 문화예술회관에서는 일반 시민과 청소년들에게 고품격 문화체험의 기회 제공과 국악인구의 저변확대를 위하여 예술기량이 뛰어난 시립예술단원(수·차석)을 강사로 초빙, 연중 문화예술교실을 운영하고 있습니다. 특히, 동·하계 특수 분야 직무연수(교사) 위주로 운영하던 국악교실을 분기별로 상설 개설하여 아래와 같이 운영하오니 많은 관심과 적극적인 참여 부탁드립니다.

■ 운영개요

1. 운영기간 : 2025년 중
2. 운영장소 : 단체연습실
3. 운영대상 : 일반시민, 학생, 교사, 직장인 누구나(단, 유아발레의 경우 6세 이상부터 등록 가능)
4. 운영강좌 : 발레 8, 여성합창교실 1, 국악교실 2(판소리, 한국무용)

■ 모집개요

1. 수강생모집 : 1분기(1~3월), 2분기(4~6월), 3분기(7~9월), 4분기(10~12월)
2. 모집인원 : 강좌당 20명 내외(선착순 모집)
   ※ 단, 수강생 모집인원이 5명 미만인 과목은 폐강
3. 접수기간
   - 발레단 : 3월, 6월, 9월, 12월 마지막 주 화요일 선착순 접수
   - 합창단 : 3월, 6월, 9월, 12월 접수
   - 창극단 : 수시접수
4. 수강료 : 과목당 분기별 50,000~120,000원
5. 접수방법 : 방문 또는 우편신청
   ※ 홈페이지 공지사항에서 수강신청서를 다운받아 통합사무국으로 방문 또는 우편이나 팩스로 신청

■ 강좌일정표

<table>
<tr><th>수강과목</th><th>모집대상</th><th>강습시간</th><th>수강료</th></tr>
<tr><td>판소리</td><td rowspan="2">일반</td><td rowspan="2">매주 월·목 PM 7:00~9:00</td><td rowspan="3">분기별 5만 원</td></tr>
<tr><td>한국무용</td></tr>
<tr><td rowspan="3">발레</td><td>유아 초급 A반</td><td>매주 월·수 PM 4:30~5:30</td></tr>
<tr><td>유아 초급 B반</td><td>매주 월·수 PM 4:30~5:30</td><td rowspan="2">분기별 9만 원</td></tr>
<tr><td>유아 중급 B반</td><td>매주 화·목 PM 5:30~7:30</td></tr>
<tr><td rowspan="5">발레</td><td>유아 고급반</td><td>매주 화·목 PM 7:00~9:30</td><td rowspan="4">분기별 12만 원</td></tr>
<tr><td>성인 초급 A반</td><td>매주 화·목 PM 7:30~9:30</td></tr>
<tr><td>성인 초급 B반</td><td>매주 화·목 PM 7:30~9:30</td></tr>
<tr><td>성인 중급반</td><td>매주 월·수 PM 7:30~9:30</td></tr>
<tr><td>발레 핏</td><td>매주 금요일 PM 7:30~9:00</td><td>무료</td></tr>
<tr><td>여성합창단</td><td>일반</td><td>매주 월·수 PM 2:00~4:00</td><td>분기별 6만 원</td></tr>
</table>

※ 발레 핏 : 발레와 피트니스를 결합한 발레 수업

44 **다음 중 B씨가 광고문을 이해한 내용으로 가장 적절한 것은?**

① 반마다 정해진 연습실이 나누어져 있어서 공간 활용이 잘 될 것 같아.
② 홈페이지에서 수강신청서 다운부터 접수까지 간편하게 신청이 가능한걸.
③ 시립예술단원의 수·차석에게 직접 배울 수 있으니 정말 믿음이 가네.
④ 지금이 6월이니 어떤 강좌든 이번 달 안에만 신청하면 언제든지 수강할 수 있네.

PART 2

45 **피아노를 전공한 B씨는 개인 레슨을 다음 시간표와 같이 지도하고 있다. B씨가 자신의 6살 딸과 함께 시간을 내어 문화예술교실을 수강하려고 할 때, 수강이 가능한 반은?**

〈개인 레슨 시간표〉

• 매주 화·목요일 오전 10:00 ~ 12:00
• 매주 수·목요일 오후 4:00 ~ 6:00
• 매주 화·금요일 저녁 7:00 ~ 9:00
※ 딸의 하원시간인 4시 이전에 유치원으로 데리러 가야 함
※ 해당 강습 날짜와 시간 모두 지켜서 수강함
※ 딸은 발레 유아 초급 A반에 등록하였고, 적어도 일주일에 한 번은 딸의 수업을 참관해야 함
※ 매주 수요일은 가족의 날로, 오후 6시부터 가족이 모여 저녁시간을 함께 보내는 날임

① 한국무용
② 발레 성인 초급 A반
③ 발레 성인 중급반
④ 발레 핏

46 다음은 정보화 사회에서 필수적으로 해야 할 일을 설명한 글이다. 이에 대한 사례로 적절하지 않은 것은?

첫째, 정보검색이다. 인터넷 사이트를 활용하여 내가 원하는 정보를 찾는 것을 정보검색, 소위 말하는 인터넷 서핑이라 할 수 있다. 현재 인터넷에는 수많은 사이트가 있으며, 그 많은 사이트에서 내가 원하는 정보를 찾기란 그렇게 만만치 않다. 지금은 다행히도 검색방법이 발전하여 문장검색용 검색엔진과 자연어 검색방법도 나와 네티즌들로부터 대환영을 받고 있다. 이처럼 검색이 그만큼 쉬워졌다는 것이다. 이러한 발전에 맞추어 정보화 사회에서는 궁극적으로 타인의 힘을 빌리지 않고 내가 원하는 정보는 무엇이든지 다 찾을 수가 있도록 되어야 한다. 즉, 당신은 자신이 가고 싶은 곳의 정보라든지 궁금한 사항을 스스로 해결할 정도는 되어야 한다는 것이다.
둘째, 정보관리이다. 인터넷에서 어렵게 검색하여 찾아낸 결과를 관리하지 못하여 머릿속에만 입력하고, 컴퓨터를 끄고 나면 잊어버리는 것은 정보관리를 못하는 것이다. 자기가 검색한 내용에 대하여 파일로 만들어 보관하든, 프린터로 출력하여 인쇄물로 보관하든, 언제든지 필요할 때 다시 볼 수 있을 정도가 되어야 하는 것이다.
셋째, 정보전파이다. 이것은 정보관리를 못한 사람에겐 어렵다. 오로지 입을 이용해서만 전파가 가능하기 때문이다. 요즘은 전자우편과 SNS를 이용해서 정보를 전달하기 때문에 정보전파가 매우 쉽다. 참으로 편리한 세상이 아닐 수 없다. 인터넷만 이용하면 편안히 서울에 앉아서 미국에도 논문을 보낼 수 있는 것이다.

① A씨는 내일 축구에서 승리하는 국가를 맞추기 위해 선발 선수들의 특징을 파악했다.
② B씨는 라면을 맛있게 조리할 수 있는 나만의 비법을 SNS에 올렸다.
③ C씨는 다음 주 제주도 여행을 위해서 다음 주 날씨를 요일별로 잘 파악해서 기억하고자 했다.
④ D씨는 가진 금액에 맞는 의자를 사기 위해 가격 비교 사이트를 이용했다.

47 다음 글을 읽고 K대학교의 문제해결 방안으로 가장 적절한 것은?

K대학교는 현재 학생 관리 프로그램, 교수 관리 프로그램, 성적 관리 프로그램의 3개의 응용 프로그램을 갖추고 있다. 학생 관리 프로그램은 학생 정보를 저장하고 있는 파일을 이용하고, 교수 관리 프로그램은 교수 정보 파일, 그리고 성적 관리 프로그램은 성적 정보 파일을 이용한다. 즉, 다음과 같이 각각의 응용 프로그램들은 개별적인 파일을 이용한다.
이런 경우의 파일에는 많은 정보가 중복 저장되어 있다. 그렇기 때문에 중복된 정보가 수정되면 관련된 모든 파일을 수정해야 하는 불편함이 있다. 예를 들어, 한 학생이 자퇴하게 되면 학생 정보 파일뿐만 아니라 교수 정보 파일, 성적 정보 파일도 수정해야 하는 것이다.

① 데이터베이스 구축
② 유비쿼터스 구축
③ RFID 구축
④ NFC 구축

※ 다음 글을 읽고 이어지는 질문에 답하시오. [48~49]

정보는 기업이나 어떤 조직을 운영하는 데 있어서 중요한 자원이다. 정보의 활용은 의사결정을 하거나 문제의 답을 알아내고자 할 때, 가지고 있는 정보로는 부족하여 새로운 정보가 필요하다는 상황을 인식하는 순간부터 시작된다. 필요한 정보가 무엇인지 구체적으로 인식하게 되면 찾고자 하는 정보를 어디서 수집할 수 있을지를 탐색하게 될 것이다.
흔히 필요한 정보를 수집할 수 있는 원천을 정보원이라 부른다. 정보원은 정보를 수집하는 사람의 입장에서 볼 때 공개된 것은 물론이고 비공개된 것도 포함되며 수집자의 주위에 있는 유형의 객체 가운데서 발생시키는 모든 것이 정보원이라 할 수 있다. 이러한 정보원은 크게 1차 자료와 2차 자료로 구분할 수 있다. 1차 자료는 원래의 연구 성과가 기록된 자료를 의미한다. 2차 자료는 1차 자료를 효과적으로 찾아보기 위한 자료 혹은 1차 자료에 포함되어 있는 정보를 압축·정리해서 읽기 쉬운 형태로 제공하는 자료를 의미한다.
정보분석이란 여러 정보를 상호 관련지어 새로운 정보를 생성해 내는 활동이다. 정보를 분석함으로써 정보의 불분명한 사항을 다른 정보를 통해 명백히 할 수 있으며, 서로 상반되거나 큰 차이가 있는 정보의 글을 판단해서 새로운 해석을 할 수도 있다.
한 주제나 문제 상황에 대하여 필요한 정보를 찾아 활용하고 나면 다시 그 정보를 이용할 경우가 없는 경우도 있겠지만 대부분 같은 정보를 다시 이용할 필요가 발생하게 된다. 특히, 직장인처럼 특정 업무 분야가 정해져 있다면 특정 주제 분야의 정보를 지속적으로 이용하게 될 것이다. 따라서 한번 이용했던 정보를 이용한 후에 버리는 것이 아니라 <u>정보관리</u>를 잘 하는 것은 정보활용의 중요한 과정에 속한다.

48 윗글에 따르면 정보원은 크게 1차 자료와 2차 자료로 구분된다. 다음 중 1차 자료를 〈보기〉에서 모두 고르면?

보기
ㄱ 편람　　ㄴ 단행본
ㄷ 학술지　　ㄹ 학위논문
ㅁ 백과사전

① ㄱ, ㄴ, ㄷ　　② ㄱ, ㄷ, ㅁ
③ ㄴ, ㄷ, ㄹ　　④ ㄴ, ㄹ, ㅁ

49 다음 중 윗글에서 밑줄 친 정보관리의 3원칙에 해당하지 않는 것은?

① 목적성　　② 보안성
③ 용이성　　④ 유용성

50 **다음 중 분산처리 시스템의 특징으로 옳지 않은 것은?**

① 작업을 병렬적으로 수행함으로써 사용자에게 빠른 반응 시간과 빠른 처리 시간을 제공한다.

② 사용자들이 비싼 자원을 쉽게 공유하여 사용할 수 있고, 작업의 부하를 균등하게 유지할 수 있다.

③ 작업 부하를 분산시킴으로써 반응 시간을 항상 일관성 있게 유지할 수 있다.

④ 분산 시스템에 구성 요소를 추가하거나 삭제할 수는 없다.

51 **다음 대화를 미루어 보아 K사원이 안내할 엑셀 함수로 옳은 것은?**

> P과장 : K씨, 제품 일련번호가 짝수인 것과 홀수인 것을 구분하고 싶은데, 일일이 찾아 분류하자니 데이터가 너무 많아 번거로울 것 같아. 엑셀로 분류할 수 있는 방법이 없을까?
>
> K사원 : 네, 과장님. ________ 함수를 사용하면 편하게 분류할 수 있습니다. 이 함수는 지정한 숫자를 특정 숫자로 나눈 나머지를 알려줍니다. 만약 제품 일련번호를 2로 나누면 나머지가 0 또는 1이 나오는데, 여기서 나머지가 0이 나오는 것은 짝수이고 나머지가 1이 나오는 것은 홀수이기 때문에 분류가 빠르고 쉽게 됩니다. 분류하실 때는 필터기능을 함께 사용하면 더욱 간단해집니다.
>
> P과장 : 그렇게 하면 간단히 처리할 수 있겠어. 정말 큰 도움이 되었네.

① SUMIF　　② MOD

③ INT　　④ NOW

52 다음 시트에서 [E2] 셀에 「=DCOUNT(A1:C9,2,A12:B14)」 함수를 입력했을 때 결괏값으로 옳은 것은?

	A	B	C	D	E
1	부서	성명	나이		결괏값
2	영업부	이합격	28		
3	인사부	최시대	29		
4	총무부	한행복	33		
5	영업부	김사랑	42		
6	영업부	오지현	36		
7	인사부	이수미	38		
8	총무부	이지선	37		
9	총무부	한기수	25		
10					
11					
12	부서	나이			
13	영업부				
14		>30			

① 0
② 2
③ 3
④ 6

PART 2

53 다음 시트에서 현재를 기준으로 재직기간이 15년 이상인 재직자의 수를 구하려고 한다. 재직연수를 구하는 함수식을 [D2] 셀에 넣고 [D8] 셀까지 드래그한 후 [F2] 셀에 앞서 구한 재직연수를 이용하여 조건에 맞는 재직자 수를 구하는 함수식을 넣으려 할 때, 각 셀에 넣을 함수식으로 옳은 것은?

	A	B	C	D	E	F
1	재직자	부서	입사일	재직연수		15년 이상 재직자 수
2	K씨	인사팀	2011-12-21			
3	O씨	회계팀	2009-05-01			
4	G씨	개발팀	2010-10-25			
5	J씨	경영팀	2005-05-05			
6	M씨	마케팅팀	2009-11-02			
7	L씨	디자인팀	2012-01-05			
8	C씨	물류팀	2013-05-07			
9						

	[D2]	[F2]
①	=DATEDIF(C2,TODAY(),"Y")	=COUNTIF(D2:D8,">=15")
②	=DATEDIF(C2,TODAY(),Y)	=COUNTIF(D2:D8,>=15)
③	=DATEDIF(C2,NOW(),"Y")	=COUNTIF(D2:D8,>=15)
④	=DATEDIF(C2,TODAY(),Y)	=COUNTIF(D2:D8,"<=15")

54 다음 시트에서 수식 「=INDEX(B2:D9,2,3)」의 결괏값은?

	A	B	C	D
1	코드	정가	판매수량	판매가격
2	L-001	25,400	503	12,776,000
3	D-001	23,200	1,000	23,200,000
4	D-002	19,500	805	15,698,000
5	C-001	28,000	3,500	98,000,000
6	C-002	20,000	6,000	96,000,000
7	L-002	24,000	750	18,000,000
8	L-003	26,500	935	24,778,000
9	D-003	22,000	850	18,700,000

① 15,698,000
② 23,200,000
③ 1,000
④ 805

55 다음 중 [D2] 셀에 수식 「=UPPER(TRIM(A2))」 & "KR"을 입력했을 경우의 결괏값은?

	A	B	C	D
1	도서코드	출판사	출판년도	변환도서코드
2	mng-002	대한도서	2008	
3	pay-523	믿음사	2009	
4	mng-091	정일도서	2007	

① MNG-002-kr
② MNG-KR
③ MNG 002KR
④ MNG-002KR

56 다음 중 정상적인 프로그램으로 위장하여 사용자의 정보를 탈취하거나 컴퓨터를 조종하는 악성코드는?

① 트로이목마
② 웜
③ 랜섬웨어
④ 스파이웨어

57 다음 중 엑셀의 '틀 고정' 기능에 대한 설명으로 옳지 않은 것은?

① 셀 포인터의 이동에 상관없이 항상 제목 행이나 제목 열을 표시하고자 할 때 설정한다.

② 제목 행으로 설정된 행은 셀 포인터를 화면의 아래쪽으로 이동시켜도 항상 화면에 표시된다.

③ 제목 열로 설정된 열은 셀 포인터를 화면의 오른쪽으로 이동시켜도 항상 화면에 표시된다.

④ 틀 고정을 취소할 때에는 반드시 셀 포인터를 틀 고정된 우측 하단에 위치시키고 [창] – [틀 고정 취소]를 클릭해야 한다.

58 왼쪽의 데이터를 엑셀 정렬 기능을 사용하여 오른쪽과 같이 정렬할 때, 열과 정렬에 들어갈 항목이 바르게 연결된 것은?

	A	B	C
1	이름	성별	나이
2	이선영	여	24
3	박영현	남	19
4	서지웅	남	21
5	주아영	여	23
6	배지은	여	34
7	신광민	남	31
8	우영민	남	28
9	유민지	여	35

→

	A	B	C
1	이름	성별	나이
2	박영현	남	19
3	서지웅	남	21
4	주아영	여	23
5	이선영	여	24
6	우영민	남	28
7	신광민	남	31
8	배지은	여	34
9	유민지	여	35

	열	정렬
①	성별	내림차순
②	성별	오름차순
③	나이	내림차순
④	나이	오름차순

59 **다음은 K공단 인트라넷에 올라온 컴퓨터의 비프음과 관련된 문제 해결 방법에 대한 공지사항이다. 부팅 시 비프음 소리와 해결방법에 대한 설명으로 옳지 않은 것은?**

> 안녕하십니까.
> 최근 사용하시는 컴퓨터를 켤 때 비프음 소리가 평소와 다르게 들리는 경우가 종종 있습니다.
> 해당 비프음 소리별 발생 원인과 해결 방법을 공지하오니 참고해 주시기 바랍니다.
>
> **〈비프음으로 진단하는 컴퓨터 상태〉**
>
> • 짧게 1번 : 정상
> • 짧게 2번 : 바이오스 설정이 올바르지 않은 경우, 모니터에 오류 메시지가 나타나게 되므로 참고하여 문제 해결
> • 짧게 3번 : 키보드가 불량이거나 올바르게 꽂혀 있지 않은 경우
> • 길게 1번+짧게 1번 : 메인보드 오류
> • 길게 1번+짧게 2번 : 그래픽 카드의 접촉 점검
> • 길게 1번+짧게 3번 : 쿨러의 고장 등 그래픽 카드 접촉 점검
> • 길게 1번+짧게 9번 : 바이오스의 초기화, A/S 점검
> • 아무 경고음도 없이 모니터가 켜지지 않을 때 : 전원 공급 불량 또는 합선, 파워서플라이의 퓨즈 점검, CPU나 메모리의 불량
> • 연속으로 울리는 경고음 : 시스템 오류, 메인보드 점검 또는 각 부품의 접촉 여부와 고장 확인

① 짧게 2번 울릴 때는 모니터에 오류 메시지가 뜨니 원인을 참고해 해결할 수 있다.
② 비프음이 길게 1번, 짧게 1번 울렸을 때는 CPU를 교체해야 한다.
③ 길게 1번, 짧게 9번 울리면 바이오스 ROM 오류로 바이오스의 초기화 또는 A/S가 필요하다.
④ 키보드가 올바르게 꽂혀 있지 않은 경우 짧게 3번 울린다.

60 **귀하는 최근 회사 내 업무용 개인 컴퓨터의 보안을 강화하기 위하여 다음과 같은 메일을 받았다. 메일 내용을 토대로 귀하가 취해야 할 행동으로 옳지 않은 것은?**

> 발신 : 전산보안팀
>
> ---
>
> 수신 : 전 임직원
>
> 제목 : 업무용 개인 컴퓨터 보안대책 공유
>
> 내용 :
> 안녕하십니까. 전산팀 ○○○ 팀장입니다.
> 최근 개인정보 유출 등 전산보안 사고가 자주 발생하고 있어 각별한 주의가 필요한 상황입니다. 이에 따라 자사에서도 업무상 주요 정보가 유출되지 않도록 보안프로그램을 업그레이드하는 등 전산보안을 더욱 강화하고 있습니다.
> 무엇보다 업무용 개인 컴퓨터를 사용하는 분들이 특히 신경을 많이 써 주셔야 철저한 보안이 실천됩니다. 번거로우시더라도 아래와 같은 사항을 따라 주시길 바랍니다.
>
> - 인터넷 익스플로러를 종료할 때마다 검색기록이 삭제되도록 설정해 주세요.
> - 외출 또는 외근으로 장시간 컴퓨터를 켜두어야 하는 경우에는 인터넷 검색기록을 직접 삭제해 주세요.
> - 인터넷 검색기록 삭제 시 기본 설정되어 있는 항목 외에도 '다운로드 기록', '양식 데이터', '암호', '추적방지, ActiveX 필터링 및 Do Not Track 데이터'를 모두 체크하여 삭제해 주세요(단, 즐겨찾기 웹 사이트 데이터 보존 부분은 체크 해제할 것).
> - 인터넷 익스플로러에서 방문한 웹 사이트 목록을 저장하는 기간을 5일로 변경해 주세요.
> - 자사에서 제공 중인 보안프로그램은 항시 업데이트하여 최신 상태로 유지해 주세요.
>
> 위 사항을 적용하는 데 어려움이 있을 경우에는 아래 첨부파일에 이미지와 함께 친절하게 설명되어 있으니 참고하시기 바랍니다.
>
> 〈첨부〉 업무용 개인 컴퓨터 보안대책 적용 방법 설명(이미지).zip

① 인터넷 익스플로러에서 [도구(또는 톱니바퀴 모양)]를 클릭하여 [인터넷 옵션]의 '일반' 카테고리에 있는 [종료할 때 검색기록 삭제]를 체크한다.

② 장시간 외출할 경우에는 [인터넷 옵션]의 '일반' 카테고리에 있는 [삭제]를 클릭해 직접 삭제한다.

③ 검색기록 삭제 시 [인터넷 옵션]의 '일반' 카테고리에 있는 [삭제]를 클릭하여 기존에 설정되어 있는 항목을 포함한 모든 항목을 체크하여 삭제한다.

④ [인터넷 옵션]의 '일반' 카테고리 중 검색기록 부분에서 [설정]을 클릭하고, '기록' 카테고리의 [페이지 보관일수]를 5일로 설정한다.

많이 보고 많이 겪고 많이 공부하는 것은 배움의 세 기둥이다.

– 벤자민 디즈라엘리 –

제2회
최종점검 모의고사

※ 한국도로교통공단 최종점검 모의고사는 2024년 필기 후기 및 채용공고를 기준으로 구성한 것으로, 실제 시험과 다를 수 있습니다.

■ 취약영역 분석

번호	O/×	영역	번호	O/×	영역	번호	O/×	영역
01		의사소통능력	21		수리능력	41		문제해결능력
02			22			42		
03			23			43		
04			24			44		
05			25			45		
06			26			46		정보능력
07			27			47		
08			28			48		
09			29			49		
10			30			50		
11			31		문제해결능력	51		
12			32			52		
13			33			53		
14			34			54		
15			35			55		
16		수리능력	36			56		
17			37			57		
18			38			58		
19			39			59		
20			40			60		

평가문항	60문항	평가시간	60분
시작시간	:	종료시간	:
취약영역			

제2회
최종점검 모의고사

모바일 OMR

응시시간 : 60분   문항 수 : 60문항

정답 및 해설 p.048

※ 다음 글을 읽고 이어지는 질문에 답하시오. [1~2]

> 문화상대주의는 다른 문화를 서로 다른 역사, 환경의 맥락에서 이해해야 한다는 인식론이자 방법론이며 관점이고 원칙이다. 하지만 문화상대주의가 차별을 정당화하거나 빈곤과 인권침해, 저개발상태를 방치하는 윤리의 백치상태를 정당화하는 수단이 될 수는 없다. 만일 문화상대주의가 타문화를 이해하는 방법이 아니라, 윤리적 판단을 회피하거나 보류하는 도덕적 문화상대주의에 빠진다면, 이는 문화상대주의를 ______한 것이다. 문화상대주의는 다른 문화를 강요하거나 똑같이 적용해서는 안 된다는 입장일 뿐, 보편윤리와 인권을 부정하는 윤리적 회의주의와 혼동되어서는 안 된다.

01 다음 중 빈칸에 들어갈 단어로 가장 적절한 것은?

① 포용　② 과용
③ 관용　④ 남용

02 다음 중 윗글의 입장과 가장 거리가 먼 것은?

① 문화상대주의와 윤리적 회의주의는 구분되어야 한다.
② 문화상대주의가 도덕적 문화상대주의에 빠지는 것을 경계해야 한다.
③ 문화상대주의자는 일반적으로 도덕적 판단에 대해 가치중립적이어야 한다.
④ 문화상대주의는 타문화에 대한 관용의 도구가 될 수 있다.

03 다음 글의 서술상 특징으로 가장 적절한 것은?

> 광고는 문화 현상이다. 이 점에 대해서 의심하는 사람은 거의 없다. 그럼에도 불구하고 많은 사람들이 광고를 단순히 경제적인 영역에서 활동하는 상품 판매 도구로만 인식하고 있다. 이와 같이 광고를 경제현상에 집착하여 논의하게 되면 필연적으로 극단적인 옹호론과 비판론으로 양분될 수밖에 없다. 예컨대, 옹호론에서 보면 마케팅적 설득이라는 긍정적 성격이 부각되는 반면, 비판론에서는 이데올로기적 조작이라는 부정적 성격이 두드러지는 이분법적 대립이 초래된다는 것이다.
> 물론 광고는 숙명적으로 상품의 판촉수단으로서의 굴레를 벗어날 수 없다. 상품광고가 아닌 공익광고나 정치광고 등도 현상학적으로는 상품의 판매를 위한 것이 아니라 할지라도, 본질적으로 상품과 다를 바 없이 이념과 슬로건, 그리고 정치적 후보들을 판매하고 있다.
> 그런데 현대적 의미에서 상품 소비는 물리적 상품 교환에 그치는 것이 아니라 기호와 상징들로 구성된 의미 교환 행위로 파악된다. 따라서 상품은 경제적 차원에만 머무르는 것이 아니라 문화적 차원에서 논의될 필요가 있다. 현대사회에서 상품은 기본적으로 물질적 속성의 유용성과 문제적 속성의 상징성이 이중적으로 중첩되어 있다. 더구나 최근 상품의 질적인 차별이 없어짐으로써 상징적 속성이 더욱더 중요하게 되었다.
> 현대 광고에 나타난 상품의 모습은 초기 유용성을 중심으로 물질적 기능이 우상으로 숭배되는 모습에서, 근래 상품의 차이가 사람의 차이가 됨으로써 기호적 상징이 더 중요시되는 토테미즘 양상으로 변화되었다고 한다. 이와 같은 광고의 상품 '채색' 활동 때문에 현대사회의 지배적인 '복음'은 상품의 소유와 소비를 통한 욕구 충족에 있다는 비판을 받는다. 광고는 상품과 상품이 만들어 놓은 세계를 미화함으로써 개인의 삶과 물질적 소유를 보호하기 위한 상품 선택의 자유와 향락을 예찬한다. 이러한 맥락에서 오늘날 광고는 소비자와 상품 사이에서 일어나는 일종의 담론이라고 할 수 있다. 광고 읽기는 단순히 광고를 수용하거나 해독하는 행위에 그치지 않고 광고에 대한 비판적인 안목을 갖고 비평을 시도하는 것을 뜻한다고 할 수 있다.

① 대상을 새로운 시각으로 바라보고 이해할 수 있게 하였다.
② 대상의 의미를 통시적 관점으로 고찰하고 있다.
③ 대상의 문제점을 파악하고 나름의 해결책을 모색하고 있다.
④ 대상에 대한 견해 중 한쪽에 치우쳐 논리를 전개하고 있다.

※ K관광공사는 한국 관광 상품 개발 및 상품의 질적 제고를 위한 인바운드 우수 신상품 기획 공모전을 개최하려 한다. 이어지는 질문에 답하시오. [4~5]

1. 인바운드 상품개발 공모전 개최
- 사업명 : 인바운드 우수 신상품 개발 공모
- 주최 : 문화체육관광부, K관광공사
- 후원 : 한국관광협회중앙회, 한국일반여행업협회
- 응모부문
  - 여행사 : 한국 상품 취급 해외 여행사(현지 에이전트) 우수 신상품 기획 개발 공모
  - 일반인 : 국내외 일반인 상품개발 아이디어 공모
- 응모기간 : 2025. 1. 1. ~ 2025. 6. 30.
- 심사 및 시상 : 2025년 7월 중 예정
- 응모대상
  - 여행사 부문 : 해외 소재 한국 관광 상품 개발 및 판매 여행사
    → 1사 3개 이내 관광 상품
  - 일반인 부문 : 한국 관광에 관심 있는 내외국인
    → 1인 3개 이내 관광 상품 아이디어
- 응모방법 : 우편 또는 E－mail
  - 여행사 부문 : K관광공사 해외지사를 통해 접수
  - 일반인 부문 : K관광공사 해외지사 및 본사(상품개발팀)에 접수
- 응모요령 : 관광 소재 특성, 관광 상품 매력, 주 타깃 지역 및 타깃층, 관광객 유치 가능성

2. 추진 목적 및 방향
- 외국인 관광객의 다양한 관광 니즈에 맞는 인바운드 신상품을 공모, 육성함으로써, 신규 수요창출과 외국인 관광객 유치 증대
- 우수 관광소재의 관광 상품화를 적극 지원하여 한국 상품 취급 해외 여행사(현지 에이전트)의 신상품 개발 활성화 지원 도모
- 지속가능하며 한국 관광에 기여할 수 있는 상품 개발
- 국내외 일반인 대상 관광 상품 소재 개발 아이디어 공모전 개최를 통해 한국 관광에 대한 관심과 화제 도출

3. 평가 기준 및 심사 내용
- 평가 기준 : 상품의 독창성, 상품개발의 체계성, 가격의 적정성, 지역관광 활성화 가능성, 상품 실현성 및 지속 가능성
- 심사 관련 : 2회 심사
  - 1차 심사 : 2025년 7월 중(심사위원 : K관광공사)
  - 2차 심사 : 2025년 7월 중(심사위원 : K관광공사, 관광 학계, 언론인, 협회 등 관련 단체)
- 홍보 계획
  - 한국 관광 상품 판매 대상 여행사 : 해외지사를 통한 홍보
  - 일반인 대상 홍보 웹사이트 홍보 : 문화체육관광부, K관광공사 홈페이지 활용
  - 기타 언론 및 인터넷 매체 홍보 추진

04 다음 중 윗글의 내용으로 가장 적절한 것은?

① 한국관광협회중앙회, 한국일반여행업협회에서 주최하고 있다.
② 국내여행사도 참여가 가능하다.
③ 일반인은 한두 개의 관광 상품 아이디어를 제출해도 된다.
④ 여행사 기획 상품은 문화체육관광부, K관광공사 홈페이지를 통해 홍보된다.

05 다음 중 윗글의 추진 목적에 따른 상품기획 소재가 아닌 것은?

① 한류 드라마 및 영화 촬영장소
② DMZ 투어
③ 한스타일(한복, 한글, 한지 등) 연계 상품
④ 면세점 명품쇼핑 투어

06 다음 글의 밑줄 친 단어와 같은 의미로 쓰인 단어가 아닌 문장은?

> 고대 그리스의 조각 작품들을 살펴보면, 조각 전체의 자세 및 동작이 기하학적 균형을 바탕으로 나타나 있음을 알 수 있다. 세부적인 묘사에 치중된 (가) <u>기교</u>보다는 기하학을 바탕으로 한 전체적인 균형과 (나) <u>절제</u>된 표현이 고려된 것이다. 그런데 헬레니즘 시기의 조각으로 넘어가면서 초기의 (다) <u>근엄</u>하고 정적인 모습이나 기하학적인 균형을 중시하던 입장에서 후퇴하는 현상들이 보이게 된다. 형태들을 보다 더 (라) <u>완숙</u>한 모습으로 나타내기 위해 사실적인 묘사나 장식적인 측면들에 주목하게 된 것이라 할 수 있다. 하지만 그 안에서도 여전히 기하학적인 균형을 찾아볼 수 있으며 개별적인 것들을 포괄하는 보편적인 질서인 이데아를 구현하고자 하는 고대 그리스 사람들의 생각을 엿볼 수 있다.

① (가) : 그는 당대의 쟁쟁한 바이올리니스트 중에서도 <u>기교</u>가 뛰어나기로 유명하다.
② (나) : 수도사들은 욕망을 <u>절제</u>하고 청빈한 삶을 산다.
③ (다) : 방에 들어서니 할아버지가 <u>근엄</u>한 표정으로 앉아 계셨다.
④ (라) : 그의 손놀림은 어느 사이에 <u>완숙</u>한 경지에 이르렀다.

07 다음 제시된 문단을 읽고, 이어질 문단을 논리적 순서대로 바르게 나열한 것은?

> 맨체스터 유나이티드는 한때 지역의 축구팀에 불과했지만 브랜딩 과정을 통해 글로벌 스포츠 브랜드로 성장했다. 이런 변화는 어떻게 시작되었을까?

> (가) 먼저 맨체스터 유나이티드는 최고의 잠재력을 지닌 전 세계 유소년 선수들을 모아 청소년 아카데미를 운영했다. 1986년 맨체스터 유나이티드의 감독 퍼거슨은 베컴을 비롯한 많은 스타선수들을 유소년기부터 훈련시켰다.
> (나) 이를 바탕으로 맨체스터 유나이티드는 지역의 작은 축구팀이 아니라 전 세계인이 알고 있는 글로벌 브랜드가 되었고, 단기간의 팀 경기력 하락 등에 의해 쉽게 영향을 받지 않는 튼튼한 소비층을 구축하게 되었다.
> (다) 이후 맨체스터 유나이티드는 자사 제품의 품질을 강화시킨 후 경영 전략에 변화를 주었다. 이들은 클럽을 '브랜드'로, 선수를 '자산'으로, 팬을 '소비자'로, 세계를 '시장'으로 불렀다.
> (라) 이렇게 만들어진 맨체스터 유나이티드의 브랜드를 팀 테마 레스토랑, 스포츠용품점, TV 등 다양한 경로를 통해 유통하기 시작했다.

① (가) – (나) – (다) – (라)
② (가) – (나) – (라) – (다)
③ (가) – (다) – (라) – (나)
④ (가) – (라) – (다) – (나)

08 다음 글의 제목으로 가장 적절한 것은?

> 만공탑에서 다시 돌계단을 오르면 정혜사 능인선원이 나온다. 정혜사 앞뜰에 서서 담장을 앞에 두고 올라온 길을 내려다보면 홍성 일대의 평원이 일망무제로 펼쳐진다. 산마루와 가까워 바람이 항시 세차게 불어오는데, 살면서 쌓인 피곤과 근심이 모두 씻겨지는 후련한 기분을 느낄 수 있을 것이다. 자신도 모르게 물 한 모금을 마시며 이 호탕하고 맑은 기분을 오래 간직하고 싶어질 것이다. 정혜사 약수는 바위틈에서 비집고 올라오는 샘물이 공을 반으로 자른 모양의 석조에 넘쳐흐르는데 이 약수를 덮고 있는 보호각에는 '불유각(佛乳閣)'이라는 현판이 걸려 있다. '부처님의 젖이라!' 글씨는 분명 스님의 솜씨다. 말을 만들어낸 솜씨도 예사롭지 않다. 누가 저런 멋을 가졌던가. 누구에게 묻지 않아도 알 것 같았고 설혹 틀린다 해도 상관할 것이 아니었다(훗날 다시 가서 확인해보았더니 예상대로 만공의 글씨였다). 나는 그것을 사진으로 찍어 그만한 크기로 인화해서 보며 즐겼다. 그런데 우리 집에는 그것을 걸 자리가 마땅치 않았다. 임시방편이지만 나는 목욕탕 문짝에 압정으로 눌러 놓았다.

① 돌계단을 오르면서
② 정혜사 능인선원
③ 정혜사의 불유각
④ 약수 보호각

09 다음 글의 빈칸에 들어갈 내용을 〈보기〉에서 골라 순서대로 바르게 나열한 것은?

창은 채광이나 환기를 위해서, 문은 사람들의 출입을 위해서 건물 벽에 설치한 개폐가 가능한 시설이다. 일반적으로 현대적인 건축물에서 창과 문은 각각의 기능이 명확하고 크기와 형태가 달라 구별이 쉽다. 그러나 ___(가)___ 그리하여 창과 문을 합쳐서 창호(窓戶)라고 부른다. 이것은 창호가 창과 문의 기능과 미를 공유하고 있다는 것을 의미한다. 그런데 창과 문을 굳이 구별한다면 머름이라는 건축 구성요소를 통해 가능하다. 머름은 창 아래 설치된 낮은 창턱으로, 팔을 얹고 기대어 앉기에 편안한 높이로 하였다.

공간의 가변성을 특징으로 하는 한옥에서 창호는 핵심적인 역할을 한다. 여러 짝으로 된 큰 창호가 한쪽 벽면 전체를 대체하기도 하는데, 이때 외부에 면한 창호뿐만 아니라 방과 방 사이에 있는 창호를 열면 별개의 공간이 합쳐지면서 넓은 새로운 공간을 형성하게 된다. 창호의 개폐에 의해 안과 밖의 공간이 연결되거나 분리되고 실내공간의 구획이 변화되기도 하는 것이다. 이처럼 ___(나)___

한편, 한옥에서 창호는 건축의 심미성이 잘 드러나는 독특한 요소이다. 창호가 열려있을 때 바깥에 나무나 꽃과 같은 자연물이 있을 경우 방 안에서 창호와 일정 거리 떨어져 밖을 내다보면 창호를 감싸는 바깥둘레 안으로 한 폭의 풍경화를 감상하게 된다. 방 안의 사람이 방 밖의 자연과 완전한 소통을 하여 인공의 미가 아닌 자연의 미를 직접 받아들임으로써 한옥의 실내공간은 자연과 하나된 심미적인 공간으로 탈바꿈한다. 열린 창호가 안과 밖, 사람과 자연 사이의 경계를 없앤 것이다.

창호가 닫혀 있을 때에는 창살 문양과 창호지가 중요한 심미적 기능을 한다. 한옥에서 창호지는 방쪽의 창살에 바른다. 방 밖에서 보았을 때 대칭적으로 배열된 여러 창살들이 서로 어울려 만들어내는 창살 문양은 단정한 선의 미를 창출한다. 창살로 구현된 다양한 문양에 따라 집의 표정을 읽을 수 있고 집주인의 품격도 알 수 있다. 방 안에서 보았을 때 창호지에 어리는 햇빛은 이른 아침에 청회색을 띠고, 대낮의 햇빛이 들어올 때는 뽀얀 우윳빛, 하루 일과가 끝날 때쯤이면 석양의 붉은색으로 변한다. 또한 ___(다)___ 방 안에서 바깥의 바람과 새의 소리를 들을 수 있고, 화창한 날과 흐린 날의 정서와 분위기를 느낄 수 있다. 창호는 이와 같이 사람과 자연간의 지속적인 소통을 가능케 함으로써 양자가 서로 조화롭게 어울리도록 한다.

보기

㉠ 창호는 한옥의 공간구성에서 빠트릴 수 없는 중요한 위치를 차지한다.
㉡ 창호지가 얇기 때문에 창호가 닫혀 있더라도 외부와 소통이 가능하다.
㉢ 한국 전통 건축, 곧 한옥에서 창과 문은 그 크기와 형태가 비슷해서 구별하지 않는 경우가 많다.

	(가)	(나)	(다)
①	㉠	㉡	㉢
②	㉡	㉠	㉢
③	㉡	㉢	㉠
④	㉢	㉠	㉡

※ 다음 글의 주제로 가장 적절한 것을 고르시오. [10~11]

10

우주 개발이 왜 필요한가에 대한 주장은 크게 다음 세 가지로 구분할 수 있다. 먼저 칼 세이건이 우려하는 것처럼 인류가 혜성이나 소행성의 지구 충돌과 같은 재앙에서 살아남으려면 지구 이외의 다른 행성에 식민지를 건설해야 한다는 것이다. 소행성의 지구 충돌로 절멸한 공룡의 전철을 밟지 않기 위해서 말이다. 여기에는 자원 고갈이나 환경오염과 같은 전 지구적 재앙에 대비하자는 주장도 포함된다. 그 다음으로 우리의 관심을 지구에 한정하다는 것은 인류의 숭고한 정신을 가두는 것이라는 호킹의 주장을 들 수 있다. 지동설, 진화론, 상대성 이론, 양자역학, 빅뱅 이론과 같은 과학적 성과들은 인류의 문명뿐만 아니라 정신적 패러다임의 변화에 지대한 영향을 끼쳤다. 마지막으로 우주 개발의 노력에 따르는 부수적인 기술의 파급 효과를 근거로 한 주장을 들 수 있다. 실제로 우주 왕복선 프로그램을 통해 산업계에 이전된 새로운 기술이 100여 가지나 된다고 한다. 인공심장, 신분확인 시스템, 비행추적 시스템 등이 그 대표적인 기술들이다. 그러나 우주 개발에서 얻는 이익이 과연 인류 전체의 이익을 대변할 수 있는가에 대해서는 쉽게 답할 수가 없다. 역사적으로 볼 때 탐사의 주된 목적은 새로운 사실의 발견이라기보다 영토와 자원, 힘의 우위를 선점하기 위한 것이었기 때문이다. 이러한 이유로 우주 개발에 의심의 눈초리를 보내는 사람들도 적지 않다. 그들은 우주 개발에 소요되는 자금과 노력을 지구의 가난과 자원 고갈, 환경 문제 등을 해결하는 데 사용하는 것이 더 현실적이라고 주장한다.

하지만 그 주장을 따른다고 해서 이러한 문제들을 해결할 수 있는가? 인류가 우주 개발에 나서지 않고 지구 안에서 인류의 미래를 위한 노력을 경주한다고 가정해보자. 그렇더라도 인류가 사용할 수 있는 자원이 무한한 것은 아니며, 인구의 자연 증가를 막을 수 없다는 문제는 여전히 남는다. 지구에 자금과 노력을 투자해야 한다고 주장하는 사람들은 지금 당장은 아니더라도 언젠가는 이러한 문제들을 해결할 수 있다는 논리를 펼지도 모른다. 그러나 이러한 논리는 우주 개발을 지지하는 쪽에서 마찬가지로 내세울 수 있다. 오히려 인류가 미래에 닥칠 문제를 해결할 수 있는 방법은 지구 밖에서 찾게 될 가능성이 더 크지 않을까?

우주를 개발하려는 시도가 최근에 등장한 것은 아니다. 인류가 의식을 갖게 되면서부터 우주를 꿈꾸어 왔다는 증거는 세계 여러 민족의 창세신화에서 발견된다. 수천 년 동안 우주에 대한 인류의 꿈은 식어갈 줄 몰랐다. 그리고 그 결과가 오늘날의 우주 개발이라는 현실로 다가온 것이다. 이제 인류는 우주의 시초를 밝히게 되었고, 우주의 끄트머리를 바라볼 수 있게 되었으며, 우주 공간에 인류의 거주지를 만들 수 있게 되었다. 우주 개발을 해야 할 것이냐 말아야 할 것이냐는 이제 문제의 핵심이 아니다. 우리가 선택해야 할 문제는 우주 개발을 어떻게 해야 할 것인가이다. "달과 다른 천체들은 모든 나라가 함께 탐사하고 이용할 수 있도록 자유지역으로 남아 있어야 한다. 어느 국가도 영유권을 주장할 수는 없다."라는 린든 B. 존슨의 경구는 우주 개발의 방향을 일러주는 시금석이 되어야 한다.

① 우주 개발의 한계
② 지구의 당면 과제
③ 우주 개발의 정당성
④ 친환경적인 지구 개발

11

경제학에서는 한 재화나 서비스 등의 공급이 기업에 집중되는 양상에 따라 시장 구조를 크게 독점시장, 과점시장, 경쟁시장으로 구분하고 있다. 소수의 기업이 공급의 대부분을 차지할수록 독점시장에 가까워지고, 다수의 기업이 공급을 나누어 가질수록 경쟁시장에 가까워진다. 이렇게 시장 구조를 구분하기 위해서 사용하는 지표 중의 하나가 바로 '시장집중률'이다.
시장집중률을 이해하기 위해서는 먼저 '시장점유율'에 대한 이해가 있어야 한다. 시장점유율이란 시장 안에서 특정 기업이 차지하고 있는 비중을 의미하는데, 생산량, 매출액 등을 기준으로 측정할 수 있다. Y기업의 시장점유율을 생산량 기준으로 측정한다면 '(Y기업의 생산량) ÷ (시장 내 모든 기업의 생산량의 총합) × 100'으로 나타낼 수 있다.
시장점유율이 시장 내 한 기업의 비중을 나타내 주는 수치라면, 시장집중률은 시장 내 일정 수의 상위 기업들이 차지하는 비중을 나타내 주는 수치, 즉 일정 수의 상위 기업의 시장점유율을 합한 값이다. 몇 개의 상위 기업을 기준으로 삼느냐는 나라마다 자율적으로 결정하고 있는데, 우리나라에서는 상위 3대 기업의 시장점유율을 합한 값을, 미국에서는 상위 4대 기업의 시장점유율을 합한 값을 시장집중률로 채택하여 사용하고 있다. 이렇게 산출된 시장집중률을 통해 시장 구조를 구분해 볼 수 있는데, 시장집중률이 높으면 그 시장은 공급이 소수의 기업에 집중되어 있는 독점시장으로 구분하고, 시장집중률이 낮으면 공급이 다수의 기업에 의해 분산되어 있는 경쟁시장으로 구분한다. 한국개발연구원에서는 어떤 산업에서의 시장집중률이 80% 이상이면 독점시장, 60% 이상 80% 미만이면 과점시장, 60% 미만이면 경쟁시장으로 구분하고 있다.
시장집중률을 측정하는 기준에는 여러 가지가 있기 때문에 어느 것을 기준으로 삼느냐에 따라 측정 결과에 차이가 생기며 이에 대한 경제학적인 해석도 달라진다. 어느 시장의 시장집중률을 '생산량' 기준으로 측정했을 때 A, B, C기업이 상위 3대 기업이고 시장집중률이 80%로 측정되었다고 하더라도, '매출액' 기준으로 측정했을 때는 D, E, F기업이 상위 3대 기업이 되고 시장집중률이 60%가 될 수도 있다.
이처럼 시장집중률은 시장 구조를 구분하는 데 매우 유용한 지표이며, 이를 통해 시장 내의 공급이 기업에 집중되는 양상을 파악해 볼 수 있다.

① 시장 구조의 변천사
② 시장집중률의 개념과 의의
③ 독점시장과 경쟁시장의 비교
④ 우리나라 시장점유율의 특성

※ 얼마 전 운전면허를 취득한 A씨는 안전운전을 하기 위해 교통표지판에 대해 공부 중이다. 다음 글을 보고 이어지는 질문에 답하시오. [12~13]

〈교통표지판, 아는 만큼 안전하다〉

주의표지판
주의표지판은 삼각형 모양으로, 노란색 바탕과 빨간색 테두리가 특징입니다. 미끄러운 도로, 터널 진입, 횡단보도, 경사, 교차로 안내 등 주의표지판은 도로상태가 위험하거나 도로 부근에 위험물이 있을 때 필요한 안전조치와 예비 동작을 할 수 있도록 알리는 역할을 하고 있습니다.

지시표지판
파란색 바탕에 흰색 문자가 특징인 지시표지판은 도로교통 안전을 위해 필요한 지시를 하는 표지판으로, 도로 통행방법, 통행구분 등을 운전자에게 알리는 역할을 합니다.

규제표지판
다양한 모양의 규제표지판은 도로교통 안전을 위해 각종 제한이나 금지 등의 내용을 알려주고 있습니다. 이를 어길 시에는 법적인 처벌을 받을 수 있습니다.

보조표지판
보조표지판은 보통 흰색 바탕으로 이루어져 있으며 거리, 시간, 교통규제, 노면상태, 안전속도 등 주의, 규제, 지시표지판에서 설명할 수 없는 조금 더 명확한 설명과 내용을 보충해주는 안내문 역할을 합니다.

12 다음 중 A씨가 윗글을 읽고 이해한 내용으로 적절하지 않은 것은?

① 교통표지판의 형태는 종류에 따라 다르다.
② 도로상태가 위험하거나 도로 부근에 위험물이 있을 때 알려주는 것은 지시표지판이다.
③ 지시표지판은 파란색 바탕에 흰색 문자가 특징이다.
④ 규제표지판을 지키지 않을 경우에는 법적인 처벌을 받을 수 있다.

13 다음 중 표지판의 성격이 다른 하나는?

①

②

③

④

14 K공단의 연구용역 업무를 담당하는 정대리는 연구비 총액 6,000만 원이 책정된 용역업체와의 계약을 체결하였다. 규정을 준수하는 정대리의 상사 최부장은 계약 체결건에 대해 확인하기 위해 정대리에게 전화를 걸었다. 규정을 참고할 때, 밑줄 친 ㉠～㉣ 중 적절하지 않은 것은?

〈규정〉

용역발주의 방식(제1조)
연구비 총액 5,000만 원 이상의 연구용역은 경쟁입찰 방식을 따르되, 그 외의 연구용역은 담당자에 의한 수의계약 방식으로 발주한다.

용역방침결정서(제2조)
용역 발주 전에 담당자는 용역방침결정서를 작성하여 부서장의 결재를 받아야 한다.

책임연구원의 자격(제3조)
연구용역의 연구원 중에 책임연구원은 대학교수 또는 박사학위 소지자이어야 한다.

계약실시요청 공문작성(제4조)
연구자가 결정된 경우, 담당자는 연구용역 계약실시를 위해 용역수행계획서와 예산계획서를 작성하여 부서장의 결재를 받아야 한다.

보안성 검토(제5조)
담당자는 연구용역에 참가하는 모든 연구자에게 보안서약서를 받아야 하며, 총액 3,000만 원을 초과하는 연구용역에 대해서는 감사원에 보안성 검토를 의뢰해야 한다.

계약실시요청(제6조)
담당자는 용역방침결정서, 용역수행계획서, 예산계획서, 보안성 검토결과를 첨부하여 운영지원과에 연구용역 계약실시요청 공문을 발송해야 한다.

계약의 실시(제7조)
운영지원과는 연구용역 계약실시를 요청받은 경우 지체없이 계약업무를 개시하여야 하며, 계약과정에서 연구자와의 협의를 통해 예산계획서상의 예산을 10% 이내의 범위에서 감액할 수 있다.

정대리 : 네, ××과 정○○ 대리입니다.
최부장 : 이번에 연구용역 계약 체결은 다 완료되었나?
정대리 : 네, ㉠ 경쟁입찰 방식으로 용역 발주하였습니다. 용역방침결정서도 부서장님께 결재받았습니다.
최부장 : 그래, 연구원들은 총 몇 명이나 되나?
정대리 : ㉡ ××대학교 교수님이 책임연구원으로 계시고, 밑에 석사과정생 3명이 있습니다.
최부장 : 예산은 어느 정도로 책정되었나?
정대리 : ㉢ 처음에 6,000만 원으로 책정되었는데 계약과정에서 연구자와 협의해보니 5,000만 원까지 감액할 수 있을 것 같습니다.
최부장 : 운영지원과에 공문은 발송했나?
정대리 : ㉣ 아직 감사원으로부터 보안성 검토결과가 오지 않아 발송하지 못하였고, 오는 대로 공문 발송하겠습니다.
최부장 : 그럼 업무는 언제부터 시작하나?
정대리 : 운영지원과에 연구용역 계약실시요청 공문을 발송한 즉시 바로 업무 개시될 예정입니다.

① ㉠ ② ㉡
③ ㉢ ④ ㉣

15 다음 중 '브레히트'가 〈보기〉의 입장을 가진 '아리스토텔레스'에게 제기할 수 있는 의문으로 가장 적절한 것은?

> 오페라는 이른바 수준 있는 사람들이 즐기는 고상한 예술이라고 생각하는 사람들이 많다. 그런데 오페라 앞에 '거지'라든가 '서 푼짜리' 같은 단어를 붙인 '거지 오페라', '서 푼짜리 오페라'라는 것이 있다. 이렇게 어울리지 않는 단어들로 제목을 억지로 조합해 놓은 의도는 무엇일까?
> 영국 작가 존 게이는 당시 런던 오페라 무대를 점령했던 이탈리아 오페라에 반기를 들고, 1782년에 이와는 완전히 대조적인 성격의 거지 오페라를 만들었다. 그는 이탈리아 오페라가 일반인의 삶과 거리가 먼 신화나 왕, 귀족들의 이야기를 소재로 한데다가 영국 관객들이 이해하지 못하는 이탈리아어로 불린다는 점에 불만을 품었다. 그는 등장인물의 신분을 과감히 낮추고 음악 형식도 당시의 민요와 유행가를 곁들여 사회의 부패상을 통렬하게 풍자하였다. 이렇게 만들어진 거지 오페라는 이탈리아 오페라에 대항하는 서민 오페라로 런던에서 선풍적인 인기를 끌었다.
> 1928년에 독일의 극작가 브레히트는 작곡가 쿠르트 바일과 손잡고 거지 오페라를 번안한 서 푼짜리 오페라를 만들었다. 그는 형식과 내용 면에서 훨씬 적극적이고 노골적으로 당시 사회를 비판한다. 이 극은 밑바닥 사람들의 삶을 통해 위정자들의 부패와 위선을 그려 계급적 갈등과 사회적 모순을 드러내고 있다. 브레히트는 감정이입과 동일시에 근거를 둔 종래의 연극에 반기를 들고 낯선 기법의 서사극을 만들었다. 등장인물이 극에서 빠져나와 갑자기 해설자의 역할을 하게 함으로써 관객들이 극에 몰입하지 않고 지금 연극을 보고 있다는 사실을 자각하도록 한 것이다.
> 이처럼 존 게이와 브레히트는 종전의 극과는 다른 형식과 내용의 극을 지향했다. 제목을 서로 어울리지 않는 단어들로 조합하고 새로운 형식을 도입한 이유는 기존의 관점을 뒤집어 보게 하려는 의도였다. 그 이면에는 사회의 부조리를 풍자하고자 하는 의도가 깔려 있었다.

> **보기**
>
> 아리스토텔레스는 예술을 통한 관객과 극중 인물과의 감정 교류와 공감을 강조했다. 그는 관객들이 연극을 통해 타인의 경험과 감정, 상황을 받아들이고 나아가 극에 이입하고 몰두함으로써 쌓여 있던 감정을 분출하며 느끼는, 이른바 카타르시스를 경험하게 된다고 주장하였다.

① 극과 거리를 두고 보아야 오히려 카타르시스를 경험할 수 있지 않나요?
② 관객이 몰입하게 되면 사건을 객관적으로 바라보기 어려운 것 아닌가요?
③ 해설자 역할을 하는 인물이 있어야 관객의 몰입을 유도할 수 있지 않나요?
④ 낯선 기법을 쓰면 관객들이 극중 인물과 더 쉽게 공감할 수 있지 않을까요?

16 K마트 물류팀에 근무하는 G사원은 6월 라면 입고량과 판매량을 확인하던 중 11일과 15일, A · B 업체의 기록이 누락되어 있는 것을 발견했다. 동료직원인 H사원은 G사원에게 "6월 11일의 전체 라면 재고량 중 A업체는 10%, B업체는 9%를 차지하였고, 6월 15일의 A업체 라면 재고량은 B업체보다 500개가 더 많았다."라고 얘기해 주었다. 이때 6월 11일의 전체 라면 재고량은 몇 개인가?

(단위 : 개)

구분		6월 12일	6월 13일	6월 14일
A업체	입고량	300	–	200
	판매량	150	100	–
B업체	입고량	–	250	–
	판매량	200	150	50

① 10,000개
② 15,000개
③ 20,000개
④ 25,000개

17 W씨는 3명의 친구와 함께 K공단에서 운영하고 있는 교육을 수강하고자 한다. W씨는 첫 번째 친구와 함께 A, C강의를 수강하고 두 번째 친구는 B강의를, 세 번째 친구는 A～C 세 강의를 모두 수강하려고 한다. 네 사람이 결제해야 할 총액은?

변경 전	변경 후	비고
모두 5만 원	• A강의 : 5만 원 • B강의 : 7만 원 • C강의 : 8만 원	• 두 강의를 동시 수강할 경우, 금액의 10% 할인 • 세 강의를 모두 수강할 경우, 금액의 20% 할인

① 530,000원
② 464,000원
③ 453,000원
④ 421,700원

18 전체가 200명인 집단을 대상으로 S, K, M의 3개 방송사 오디션 프로그램에 대한 선호도를 조사하여 다음과 같은 결과를 얻었다. S방송사의 오디션 프로그램을 좋아하는 사람 중 남자의 비율은 얼마인가?

〈선호도 조사결과〉

- 각 응답자는 S방송사, K방송사, M방송사 중 하나만을 선택하여 응답하였다.
- 전체 응답자 중 여자는 60%이다.
- 여자 응답자 중 50%가 S방송사를 선택했다.
- K방송사를 선택한 남자 응답자는 30명이다.
- 남자 응답자 중 M방송사를 선택한 사람은 40%이다.
- M방송사를 선택한 여자 응답자는 20명이다.

① $\frac{1}{5}$ ② $\frac{2}{5}$

③ $\frac{3}{13}$ ④ $\frac{19}{39}$

19 다음은 1g당 80원인 A회사 우유와 1g당 50원인 B회사 우유를 각각 100g씩 섭취했을 때 얻을 수 있는 열량과 단백질의 양을 나타낸 표이다. A, B회사의 우유를 합하여 300g을 구매하려고 할 때, 열량 490kcal 이상과 단백질 29g 이상을 얻으면서 가장 저렴하게 구매할 수 있는 가격은?

〈A, B회사 우유의 100g당 열량과 단백질의 양〉

성분 / 식품	열량(kcal)	단백질(g)
A회사 우유	150	12
B회사 우유	200	5

① 20,000원 ② 21,000원

③ 22,000원 ④ 23,000원

※ 다음은 현 직장 만족도에 대하여 조사한 자료이다. 이어지는 질문에 답하시오. **[20~21]**

〈현 직장 만족도〉

만족분야별	직장유형별	2023년	2024년
전반적 만족도	기업	6.9	6.3
	공공연구기관	6.7	6.5
	대학	7.6	7.2
임금과 수입	기업	4.9	5.1
	공공연구기관	4.5	4.8
	대학	4.9	4.8
근무시간	기업	6.5	6.1
	공공연구기관	7.1	6.2
	대학	7.3	6.2
사내분위기	기업	6.3	6.0
	공공연구기관	5.8	5.8
	대학	6.7	6.2

20 **2023년 3개 기관의 전반적 만족도의 합은 2024년 3개 기관의 임금과 수입 만족도의 합의 몇 배인가?(단, 소수점 둘째 자리에서 반올림한다)**

① 1.4배 ② 1.6배
③ 1.8배 ④ 2.0배

21 **다음 중 자료에 대한 설명으로 옳지 않은 것은?(단, 비율은 소수점 둘째 자리에서 반올림한다)**

① 현 직장에 대한 전반적 만족도는 대학 유형에서 가장 높다.
② 2024년 근무시간 만족도에서는 공공연구기관과 대학의 만족도가 동일하다.
③ 전년 대비 2024년에 모든 유형의 직장에서 임금과 수입의 만족도는 증가했다.
④ 사내분위기 측면에서 2023년과 2024년 공공연구기관의 만족도는 동일하다.

※ 다음은 K공단의 2022 ~ 2024년의 지식재산권 현황에 대한 자료이다. 이어지는 질문에 답하시오. **[22~23]**

〈2024년 지식재산권 현황(누적)〉

(단위 : 건)

구분	산업재산권					SW권(컴퓨터 프로그램)	저작권	총계
	소계	특허권(PCT 포함)	실용신안권	디자인권	상표권			
출원	21	16	0	0	5	0	0	21
등록	79	50	0	24	5	71	214	364
총계	100	66	0	24	10	71	214	385

〈2023년 지식재산권 현황(누적)〉

(단위 : 건)

구분	산업재산권					SW권(컴퓨터 프로그램)	저작권	총계
	소계	특허권(PCT 포함)	실용신안권	디자인권	상표권			
출원	32	27	0	0	5	0	0	32
등록	72	43	0	24	5	68	214	354
총계	104	70	0	24	10	68	214	386

〈2022년 지식재산권 현황(누적)〉

(단위 : 건)

구분	산업재산권					SW권(컴퓨터 프로그램)	저작권	총계
	소계	특허권(PCT 포함)	실용신안권	디자인권	상표권			
출원	24	19	0	0	5	0	0	24
등록	66	33	0	28	5	57	214	337
총계	90	52	0	28	10	57	214	361

22 다음 〈보기〉 중 지식재산권 현황에 대한 설명으로 옳은 것을 모두 고르면?

보기

ㄱ. 2024년까지 등록 및 출원된 산업재산권 수는 등록 및 출원된 SW권보다 40% 이상 많다.
ㄴ. 2024년까지 출원된 특허권 수는 산업재산권 전체 출원 수의 80% 이상을 차지한다.
ㄷ. 2024년까지 등록된 저작권 수는 등록된 SW권의 3배를 초과한다.
ㄹ. 2024년까지 출원된 특허권 수는 등록 및 출원된 특허권의 50% 이상이다.

① ㄱ, ㄴ　　② ㄱ, ㄷ
③ ㄴ, ㄷ　　④ ㄴ, ㄹ

23 다음 중 지식재산권 현황에 대한 설명으로 옳지 않은 것은?

① 등록된 누적 특허권 수는 2023년과 2024년 모두 전년 대비 증가하였다.
② 총 디자인권 수는 2022년 대비 2024년에 5% 이상 감소하였다.
③ 매년 모든 산업재산권에서 등록된 건수가 출원된 건수 이상이다.
④ 등록된 지식재산권 중 2022년부터 2024년까지 건수에 변동이 없는 것은 2가지이다.

PART 2

24 수영장에 오염농도가 5%인 물 20kg가 있다. 이 물에 깨끗한 물을 넣어 오염농도를 1%p 줄이려고 한다. 이때 물을 얼마나 넣어야 하는가?

① 3kg ② 4kg
③ 5kg ④ 6kg

25 빨간 장미와 노란 장미가 섞인 꽃다발을 만들려고 한다. 빨간 장미는 한 송이에 500원, 노란 장미는 한 송이에 700원이라고 한다. 총 30송이의 꽃으로 꽃다발을 만들어 16,000원을 지불하였을 때, 빨간 장미는 몇 송이를 구입했겠는가?

① 10송이 ② 15송이
③ 20송이 ④ 25송이

26 다음은 자영업 업종에 대한 글이다. 자영업 업종별 비중을 나타낸 그래프로 옳은 것은?(단, 모든 그래프의 단위는 %이다)

> 국내 자영업자 비율이 세계 3위에 오른 가운데, 자영업의 상위 5개 업종을 살펴보면 다음과 같다. 먼저 치킨집이 가장 많았으며, 커피전문점보다 5%p 높은 1위였다. 커피전문점 또한 자영업의 30% 이상을 차지할 정도로 인기 있는 업종이었다. 다음으로 헤어샵, 편의점, 요식업 순으로 높았으며, 기타 업종은 전체 자영업 업종의 5% 미만을 차지하였다.

①
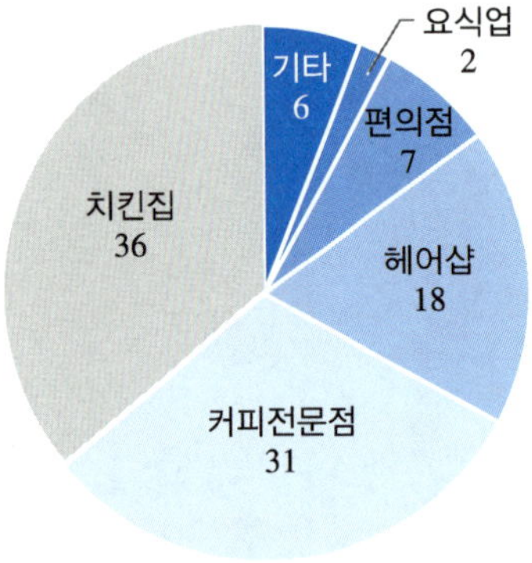

②
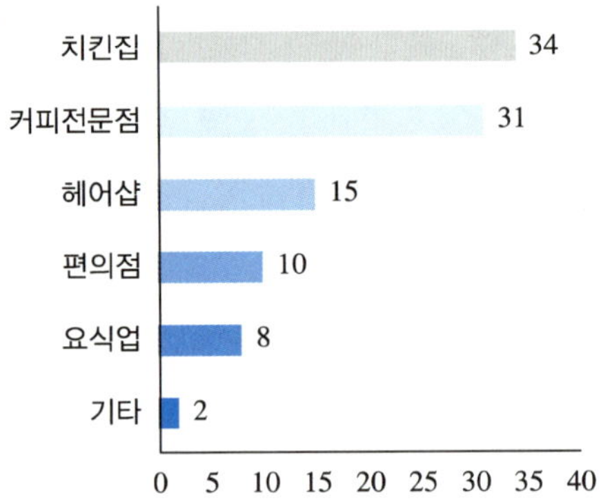

③
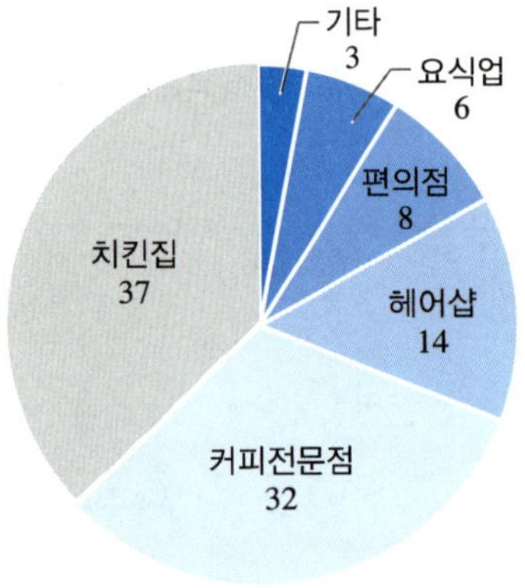

④
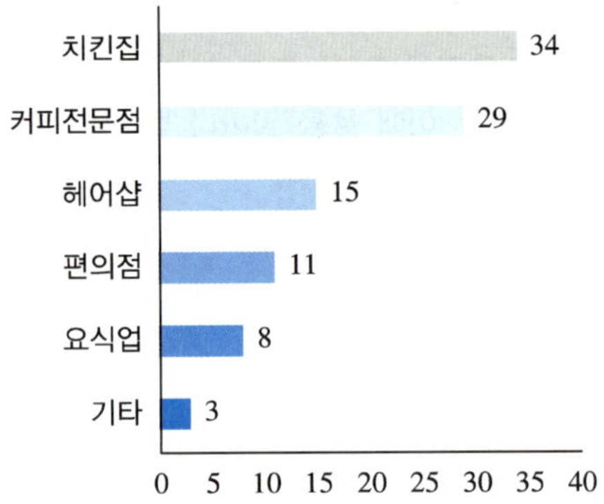

27 여대생 진희는 남자친구 4명, 여자친구 2명과 함께 야구장에 갔다. 야구장에 입장하는 순서를 임의로 정한다고 할 때, 첫 번째와 마지막에 남자친구가 입장할 확률은?

① $\frac{2}{7}$
② $\frac{3}{7}$
③ $\frac{4}{7}$
④ $\frac{5}{7}$

28 길이가 1cm씩 일정하게 길어지는 사각형 n개의 넓이를 모두 더하면 $255cm^2$가 된다. n개의 사각형을 연결했을 때 전체 둘레는?(단, 정사각형의 길이는 자연수이다)

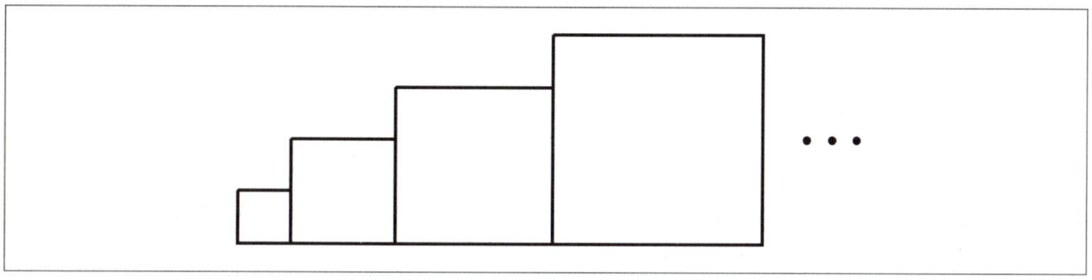

① 80cm
② 84cm
③ 88cm
④ 92cm

※ 다음은 신재생에너지 공급량 현황 자료이다. 이어지는 질문에 답하시오. **[29~30]**

〈신재생에너지 공급량 현황〉

(단위 : 천 TOE)

구분	2016년	2017년	2018년	2019년	2020년	2021년	2022년	2023년	2024년
총 공급량	5,608.8	5,858.5	6,086.2	6,856.3	7,582.8	8,850.7	9,879.2	11,537.4	13,293.0
태양열	29.4	28.0	30.7	29.3	27.4	26.3	27.8	28.5	28.0
태양광	15.3	61.1	121.7	166.2	197.2	237.5	344.5	547.4	849.0
바이오	370.2	426.8	580.4	754.6	963.4	1,334.7	1,558.5	2,822.0	2,766.0
폐기물	4,319.3	4,568.6	4,558.1	4,862.3	5,121.5	5,998.5	6,502.4	6,904.7	8,436.0
수력	780.9	660.1	606.6	792.3	965.4	814.9	892.2	581.2	454.0
풍력	80.8	93.7	147.4	175.6	185.5	192.7	242.4	241.8	283.0
지열	11.1	15.7	22.1	33.4	47.8	65.3	87.0	108.5	135.0
수소·연료전지	1.8	4.4	19.2	42.3	63.3	82.5	122.4	199.4	230.0
해양	–	–	–	0.2	11.2	98.3	102.1	103.8	105.0

29 다음 중 자료에 대한 설명으로 옳지 않은 것은?

① 2019년부터 꾸준히 공급량이 증가한 신재생에너지는 5가지이다.

② 폐기물을 통한 신재생에너지 공급량은 매년 증가하였다.

③ 2019년부터 수소·연료전지를 통한 공급량은 지열을 통한 공급량을 추월하였다.

④ 2019년의 수력을 통한 신재생에너지 공급량은 같은 해 바이오와 태양열을 통한 공급량의 합보다 크다.

30 다음 중 2018 ~ 2021년의 전년 대비 신재생에너지 총 공급량의 증가율이 가장 높은 해는 언제인가?(단, 소수점 둘째 자리에서 반올림한다)

① 2018년 ② 2019년

③ 2020년 ④ 2021년

31 K공단은 5층 건물이고 A ~ E의 5개의 부서가 있다. 다음 〈조건〉에 따라 위치하고 있을 때, 항상 옳은 것은?

> **조건**
> - 각 부서는 한 층에 한 개씩 위치하고 있다.
> - A부서는 1층과 5층에 위치하고 있지 않다.
> - B부서와 D부서는 인접하고 있다.
> - A부서와 E부서 사이에 C부서가 위치하고 있다.
> - A부서와 D부서는 인접하고 있지 않다.

① A부서는 3층에 있다.
② B부서는 2층에 있다.
③ D부서는 5층에 있다.
④ E부서는 1층에 있다.

32 다음 글을 바탕으로 〈보기〉의 기사를 읽고 한국자동차가 취할 수 있는 전략으로 옳은 것은?

> 'SWOT'는 Strength(강점), Weakness(약점), Opportunity(기회), Threat(위협)의 머리글자를 따서 만든 단어로 경영 전략을 세우는 방법론이다. SWOT로 도출된 조직의 내·외부 환경을 분석하고, 이 결과를 통해 대응전략을 구상할 수 있다. 'SO(강점 – 기회)전략'은 기회를 활용하기 위해 강점을 사용하는 전략이고, 'WO(약점 – 기회)전략'은 약점을 보완 또는 극복하여 시장의 기회를 활용하는 전략이다. 'ST(강점 – 위협)전략'은 위협을 피하기 위해 강점을 활용하는 방법이며 'WT(약점 – 위협)전략'은 위협요인을 피하기 위해 약점을 보완하는 전략이다.

> **보기**
> - 새로운 정권의 탄생으로 자동차 업계 내 새로운 바람이 불 것으로 예상된다. Z당선인이 이번 선거에서 친환경차 보급 확대를 주요 공약으로 내세웠고, 공약에 따라 전기자동차에 대한 지원과 함께 친환경차 보급 확대에 적극 나설 것으로 보이기 때문이다. Z당선인은 공공기관용 친환경차 비율을 70%로 상향시키기로 하고, 친환경차 보조금 확대 등을 통해 친환경차 보급률을 높이겠다는 계획을 세웠다. 또한, 최근 환경을 생각하는 국민 의식의 향상과 친환경차의 연비 절감 부분이 친환경차 구매욕구 상승에 기여하고 있다.
> - 한국자동차는 기존에 전기자동차 모델들을 꾸준히 출시하여 성장세가 두드러지고 있는데다 고객들의 다양한 구매 욕구를 충족시킬 만한 전기자동차 상품의 다양성을 확보하였다. 또한, 한국자동차의 전기자동차 미국 수출이 증가하고 있는 만큼 앞으로의 전망도 밝을 것으로 예상된다.

① SO전략
② WO전략
③ ST전략
④ WT전략

※ 다음은 K전자의 품목별 부품보유기간 · 내용연수 및 보상 규정과 보증기간, 분쟁해결기준과 관련된 내규사항을 정리한 자료이다. 이어지는 질문에 답하시오. **[33~34]**

〈품목별 부품보유기간 · 내용연수 및 보상 규정〉

품목	부품보유기간	내용연수	보유기간 내 부품 없을 시 보상 규정
에어컨 · 보일러 · 전자레인지 · 정수기	7년	7년	(잔존가치액)+(최고 구입가의 5% 가산)
전기압력밥솥 · 가스레인지		7년	
TV · 냉장고	6년	6년	
세탁기		5년	
오븐	6년	6년	
로봇청소기	7년	7년	
휴대전화	3년	3년	
전기면도기 · 헤어드라이어	4년	4년	
자동차	8년	8년	(잔존가치액)+(잔존가치액의 10% 가산)

〈분쟁해결기준〉

가. 부품보유기간 이내에 수리용 부품을 보유하고 있지 않아 발생한 피해
  ㉠ 품질보증기간 이내
    – 정상 사용 중 성능 · 기능상의 하자로 인해 발생한 경우 : 제품 교환 또는 구입가 환급
    – 소비자의 고의 · 과실로 인한 고장인 경우 : 유상수리에 해당하는 금액 징수 후 제품교환
  ㉡ 품질보증기간 경과 후 정액감가상각한 잔여 금액에 구입가의 5%를 가산하여 환급
    (감가상각한 잔여금액 <0이면, 0으로 계산)

나. 품질보증기간 이내에 동일하자에 대해 2회까지 수리하였으나 하자가 재발하는 경우 또는 여러 부위 하자에 대해 4회까지 수리하였으나 하자가 재발하는 경우는 수리 불가능한 것으로 본다.

다. 구입 후 1개월 이내에 정상적인 사용상태에서 발생한 성능 · 기능상의 하자로 중요한 수리를 요할 때에는 제품 교환 또는 무상수리를 한다.

〈제품별 보증기간〉

구분	보증기간	종류
일반제품	1년	휴대전화, TV, 냉장고, 세탁기, 청소기, 주방기기, 가습기, PC, 모니터, 프린터 등
계절성 제품	2년	에어컨, 선풍기, 난방기, 히터 등

※ (잔존가치액)=(구매가)−(감가상각비)

※ (감가상각비)=(사용연수)÷(내용연수)×(구입가)

33 K전자서비스 고객센터에 근무하는 A씨는 한 고객으로부터 문의 전화를 받았다. 다음 중 A씨가 대답할 내용으로 적절하지 않은 것은?

> 고객 : 안녕하세요. 부품 교환, 수리 관련해서 문의하려고 연락 드렸습니다. 아이가 놀다가 오븐에 있는 타이머 레버를 부숴서 오븐 작동이 안 됩니다. 그리고 로봇청소기도 고장이 나서 작동이 안 되는데 교환이나 수리가 가능한지 궁금해요. 또 에어컨은 구입한 지 1개월도 안 되었는데, 작동해보니 차가운 바람이 나오지 않습니다. 로봇청소기는 1년 2개월 사용하였고, 오븐은 4년 2개월 사용하였습니다.

> 〈K전자 창고 상황〉
>
> • 오븐 : 부품 생산 중단(재고 – 0개)
> • 로봇청소기 : 부품보유(재고 – 99개)
> • 에어컨 : 부품보유(재고 – 78개)

① 오븐은 50개월을 사용하셨기 때문에 당사의 부품보유기간에 해당합니다.

② 에어컨은 계절성 상품으로 품질보증기간 2년에 해당합니다.

③ 오븐 타이머 레버는 소비자의 과실로 인한 고장이므로 유상수리에 해당하는 금액 징수 후 제품 교환을 해드리겠습니다.

④ 에어컨은 구입한 지 1개월 이내에 발생한 성능·기능상의 하자이기 때문에 제품 교환 또는 무상수리를 받으실 수 있습니다.

34 33번의 고객과의 통화를 마친 A씨는 전산오류로 인해 로봇청소기 부품 재고가 없다는 것을 확인한 후 고객에게 다시 서비스 안내를 하려고 한다. 로봇청소기의 정가가 240만 원일 때, A씨가 고객에게 안내해야 할 보상 금액은 얼마인가?

① 200만 원　② 212만 원

③ 224만 원　④ 236만 원

※ 다음은 K공단의 전기요금 할인제도 중 복지할인에 대한 종류를 명시한 자료이다. 이어지는 질문에 답하시오. [35~36]

〈전기요금 복지할인 종류〉

구분	계약종별	적용대상	할인율
독립유공자	주택용	독립유공자 예우에 관한 법률에 의한 독립유공자 또는 독립유공자의 권리를 이전받은 유족 1인	정액감면(월 8천 원 한도)
국가유공자	주택용	국가유공자 등 예우 및 지원에 관한 법률에 의한 1~3급 상이자	
5·18 민주유공자	주택용	5·18 민주유공자 예우에 관한 법률에 의한 1~3급 상이자	
장애인	주택용	장애인복지법에 의한 1~3급 장애인	
사회복지시설	주택용	사회복지사업법에 의한 사회복지시설 ※ 노인복지주택, 유료양로시설, 유료노인요양시설 등 호화 사회복지시설은 감면대상에서 제외	21.6%
	일반용		20%
	심야(갑)		31.4%
	심야(을)		20%
기초생활수급자	주택용	국민기초생활보장법에 정한 수급자	정액감면(월 8천 원 한도)
	심야(갑)	주거용 심야전력 사용 기초생활수급자	31.4%
	심야(을)	주거용 심야전력 사용 기초생활수급자	20%
차상위계층	주택용	국민기초생활보장법에 의한 차상위계층 법령에 의해 지원받는 자	정액감면(월 2천 원 한도)
	심야(갑)	주거용 심야전력 사용 차상위계층	29.7%
	심야(을)	주거용 심야전력 사용 차상위계층	18%
3자녀 이상 가구	주택용	가구원 중 자녀가 3인 이상인 가구	20%(월 1만 2천 원 한도)

※ 중복할인은 3개까지 가능함

35 미성년자인 3남매를 둔 A씨 가족의 한 달 전기요금이 67,000원일 때, 복지요금으로 얼마를 할인받을 수 있는가?

① 10,000원　　② 11,200원
③ 12,000원　　④ 13,400원

36 다음 대화를 바탕으로 할머니가 받을 수 있는 복지할인의 종류를 바르게 나열한 것은?

사회복지사	: 할머니, 안녕하세요. K사회복지관 A입니다. 잘 지내셨어요?
할머니	: 그럼, 잘 지냈지.
사회복지사	: 이제 여름도 다가오는데 전기요금 걱정 많으시죠? 할머니, 혹시 전기요금에서 복지할인을 받으실 수 있는 항목이 있는지 여쭤보려고 전화드렸어요.
할머니	: 복지할인? 우리 남편이 예전에 독립운동을 해서 독립유공자인데 일찍 돌아가셨어. 이것도 할인을 받을 수 있나? 내가 혜택을 받을 수 있는지 계속 나한테 연락이 오긴 하더라고.
사회복지사	: 그렇군요. 아, 그러고 보니 자녀분도 세 분 있는 걸로 알고 있는데요.
할머니	: 셋 다 결혼해서 큰아들이랑 둘째 아들은 서울에 살고 막내딸은 대구에 있어.
사회복지사	: 그러시군요. 할머니, 혹시 가지고 계신 장애 등급은 없으세요?
할머니	: 예전에 몸이 안 좋아서 큰 수술을 한 번 했었는데, 심장 이식을 받았어. 그때 장애등급 5급을 받았었는데, 등록증이 어디 있나 모르겠네.
사회복지사	: 네, 알겠습니다. 제가 해당사항 검토 후에 다시 연락드릴게요. 감사합니다.

① 독립유공자
② 독립유공자, 국가유공자
③ 기초생활수급자, 3자녀 이상 가구
④ 3자녀 이상 가구, 장애인

37 A씨는 자동차도로 고유번호 부여 규정을 근거로 하여 도로에 노선번호를 부여할 계획이다. 그림에서 점선은 '영토'를, 실선은 '고속국도'를 표시한 것이며, (가) ~ (라)는 '간선노선'을 (마), (바)는 '보조간선노선'을 나타낸 것이다. 다음 중 노선번호를 바르게 부여한 것은?

〈자동차도로 고유번호 부여 규정〉

자동차도로는 관리상 고속국도, 일반국도, 특별광역시도, 지방도, 시도, 군도, 구도의 일곱 가지로 구분된다. 이들 각 도로에는 고유번호가 부여되어 있고, 이는 지형도상의 특정 표지판 모양 안에 표시되어 있다. 그러나 군도와 구도는 구간이 짧고 노선 수가 많아 노선번호가 중복될 우려가 있어 표지상에 번호를 표기하지 않는다.

고속국도 가운데 간선노선의 경우 두 자리 숫자를 사용하며, 남북을 연결하는 경우는 서에서 동으로 가면서 숫자가 증가하는데 끝자리에 5를 부여하고, 동서를 연결하는 경우는 남에서 북으로 가면서 숫자가 증가하는데 끝자리에 0을 부여한다.

보조간선노선은 간선노선 사이를 연결하는 고속국도로서 이 역시 두 자리 숫자로 표기한다. 그런데 보조간선노선이 남북을 연결하는 모양에 가까우면 첫자리는 남쪽 시작점의 간선노선 첫자리를 부여하고 끝자리는 5를 제외한 홀수를 부여한다. 한편 동서를 연결하는 모양에 가까우면 첫자리는 동서를 연결하는 간선노선 가운데 해당 보조간선노선의 바로 아래쪽에 있는 간선노선의 첫자리를 부여하며, 끝자리는 0을 제외한 짝수를 부여한다.

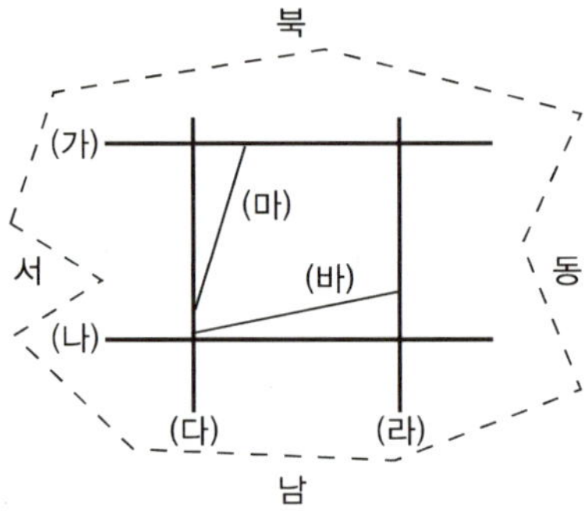

	(가)	(나)	(다)	(라)	(마)	(바)
①	25	15	10	20	19	12
②	20	10	15	25	18	14
③	25	15	20	10	17	12
④	20	10	15	25	17	12

38 수도관 매설 공사를 총 지휘하고 있는 서울시 K소장은 S지점부터 T지점까지 최소 거리로 수도관 파이프라인을 설치하여 수도관 재료비용을 절감하려고 한다. 매설 가능한 수도관의 종류는 연결 구간의 위치에 따라 세 가지로 구분되며, 각각의 수도관은 직경별로 가격 차이가 있다. 제시된 자료를 바탕으로 할 때, 수도관의 최소 구입비용은 얼마인가?

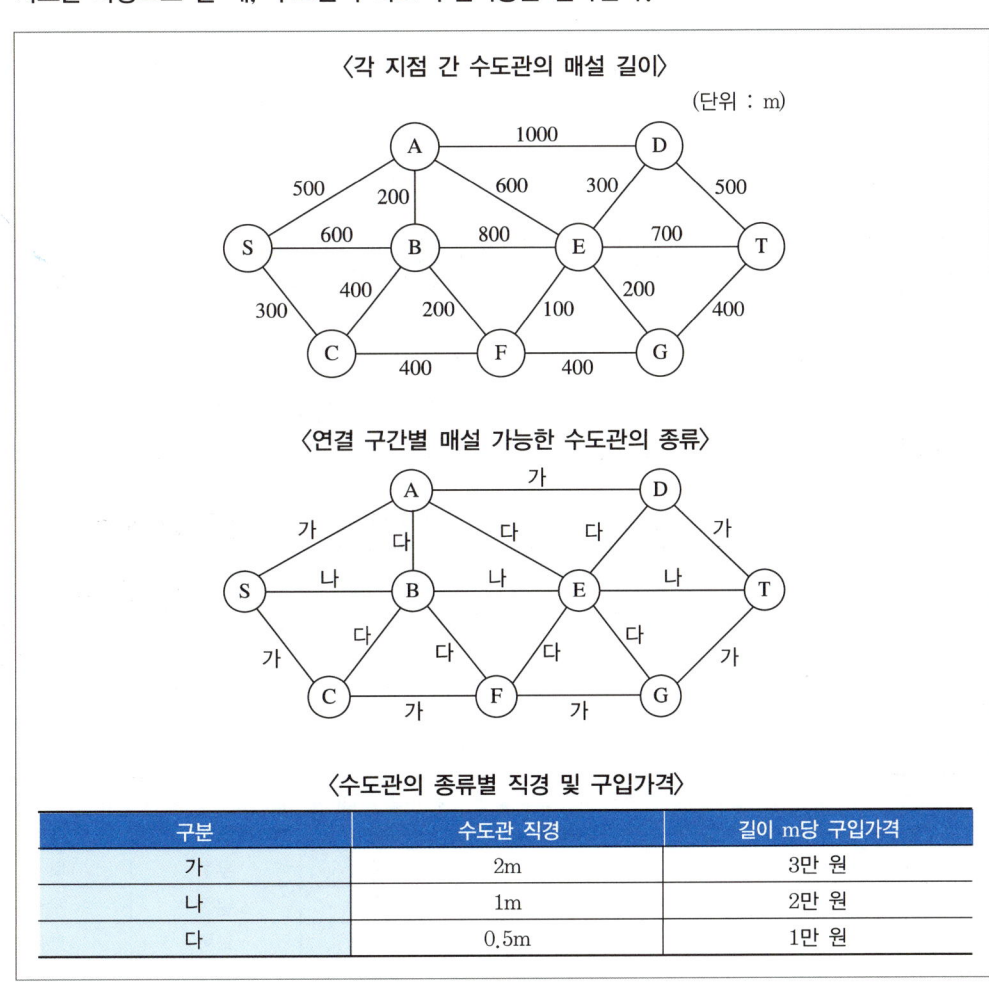

〈각 지점 간 수도관의 매설 길이〉

(단위 : m)

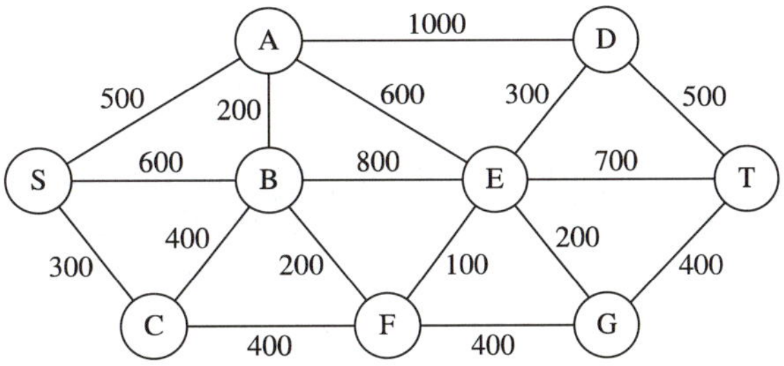

〈연결 구간별 매설 가능한 수도관의 종류〉

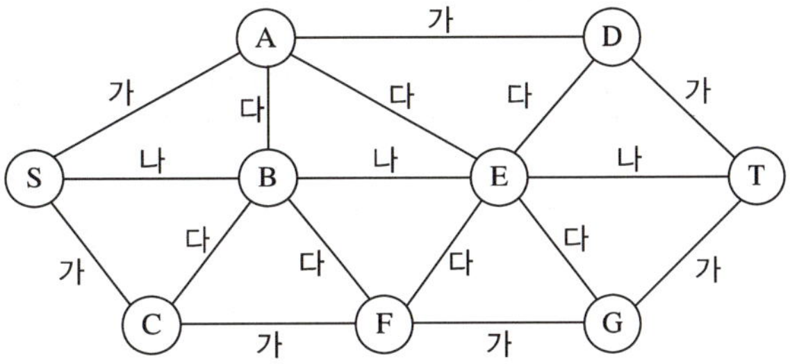

〈수도관의 종류별 직경 및 구입가격〉

구분	수도관 직경	길이 m당 구입가격
가	2m	3만 원
나	1m	2만 원
다	0.5m	1만 원

① 2,900만 원
② 3,000만 원
③ 3,100만 원
④ 3,200만 원

※ 다음은 K공단의 성과급 지급기준 및 경영지원팀 A팀장, B대리, C주임, D주임, E사원에 대한 성과평가 결과에 대한 자료이다. 이어지는 질문에 답하시오. **[39~40]**

〈성과급 지급기준〉

- 직원들의 성과급은 평점점수에 따라 지급한다.
- 평점점수는 성과평가 결과에 따라 다음 5등급으로 나눈 평가항목별 기준점수에 해당하는 각 점수의 총합으로 계산한다.

〈평가항목별 기준점수〉

(단위 : 점)

구분	업무량	업무수행 효율성	업무협조성	업무처리 적시성	업무결과 정확성
탁월	10	25	25	20	20
우수	8	20	20	16	16
보통	6	15	15	12	12
부족	4	10	10	8	8
열등	2	5	5	4	4

〈평점점수 구간에 따른 직책별 성과급 지급액〉

구분	80점 이상	80점 미만 75점 이상	75점 미만 70점 이상	70점 미만
팀장	120만 원	100만 원	75만 원	40만 원
팀원	90만 원	80만 원	70만 원	45만 원

〈경영지원팀 성과평가 결과〉

구분	업무량	업무수행 효율성	업무협조성	업무처리 적시성	업무결과 정확성
A팀장	탁월	부족	우수	보통	탁월
B대리	우수	열등	보통	우수	탁월
C주임	우수	탁월	탁월	열등	우수
D주임	탁월	부족	우수	보통	부족
E사원	우수	탁월	보통	우수	탁월

39 경영지원팀 팀원들의 성과급 지급액은 성과급 지급 기준에 따라 결정된다. 다음 〈보기〉 중 경영지원팀의 각 팀원에게 지급될 성과급에 대한 설명으로 옳은 것을 모두 고르면?

보기

ㄱ. 평점점수가 높은 직원일수록 더 많은 성과급을 지급받는다.
ㄴ. 동일한 금액의 성과급을 지급받는 직원이 2명 이상 있다.
ㄷ. A팀장이 지급받을 성과급은 D주임이 지급받을 성과급의 2배 이상이다.
ㄹ. E사원이 가장 많은 성과급을 지급받는다.

① ㄱ, ㄴ
② ㄱ, ㄷ
③ ㄴ, ㄷ
④ ㄴ, ㄹ

40 성과급 지급액을 산정하던 중 성과평가 과정에서 오류가 발견되어 성과평가를 다시 실시하였다. 성과평가를 다시 실시한 결과 다음과 같이 평가 결과가 수정되었다고 할 때, 두 번째로 많은 성과급을 지급받을 직원은?

〈경영지원팀 성과평가 결과 수정내용〉

- B대리의 업무량 평가 : 우수 → 보통
- C주임의 업무처리 적시성 평가 : 열등 → 우수
- D주임의 업무수행 효율성 평가 : 부족 → 열등
- E사원의 업무결과 정확성 평가 : 탁월 → 보통

① A팀장
② B대리
③ C주임
④ E사원

41 다음은 농민·농촌을 사업 근거로 하는 특수은행인 K은행의 SWOT 분석 결과를 정리한 자료이다. 밑줄 친 ㉠~㉣ 중 SWOT 분석에 들어갈 내용으로 적절하지 않은 것은?

〈SWOT 분석 결과〉

강점 (Strength)	• 공적 기능을 수행하는 농민·농촌의 은행이라는 위상은 대체 불가능함 • 전국에 걸친 국내 최대의 영업망을 기반으로 안정적인 사업 기반 및 수도권 이외의 지역에서 우수한 사업 지위를 확보함 • 지자체 시금고 예치금 등 공공금고 예수금은 안정적인 수신 기반으로 작용함 • ㉠ 은행권 최초로 보이스피싱 차단을 위해 24시간 '대포통장 의심 계좌 모니터링' 도입 • BIS자기자본비율, 고정이하여신비율, 고정이하여신 대비 충당금커버리지비율 등 자산 건전성 지표가 우수함 • 디지털 전환(DT)을 위한 중장기 전략을 이행 중이며, 메타버스·인공지능(AI)을 활용한 개인 맞춤형 상품 등 혁신 서비스 도입 추진
약점 (Weakness)	• ㉡ 수수료 수익 등 비이자 이익의 감소 및 이자 이익에 편중된 수익 구조 • K중앙회에 매년 지급하는 농업지원 사업비와 상존하는 대손 부담으로 인해 시중은행보다 수익성이 낮음 • ㉢ 인터넷전문은행의 활성화 및 빅테크의 금융업 진출 확대 추세 • 금리 상승, 인플레이션, 경기 둔화 등의 영향으로 차주의 상환 부담이 높아짐에 따라 일정 수준의 부실여신비율 상승이 불가피할 것으로 예상
기회 (Opportunity)	• ㉣ 마이데이터(Mydata)로 제공할 수 있는 정보 범위의 확대 및 암호화폐 시장의 성장 • 2024년 홍콩, 중국, 호주, 인도에서 최종 인가를 획득하는 등 해외 영업망 확충 • 금융 당국의 유동성 지원 정책과 정책자금 대출을 기반으로 유동성 관리가 우수함 • 법률에 의거해 농업금융채권의 원리금 상환을 국가가 전액 보증하는 등 유사시 정부의 지원 가능성이 높음 • 귀농·귀촌 인구의 증가 및 농촌에 대한 소비자의 인식 변화로 새로운 사업 발굴 가능
위협 (Threat)	• 자산관리 시장에서의 경쟁 심화 • 사이버 위협에 대응해 개인정보 보안 대책 및 시스템 마련 시급 • 이자 이익 의존도가 높은 은행의 수익 구조에 대한 비판 여론 • 금리 및 물가 상승 영향에 따른 자산 건전성 저하 가능성 존재 • 주택 시장 침체, 고금리 지속 등으로 가계여신 수요 감소 전망 • 경기 침체, 투자 심리 위축으로 기업여신 대출 수요 감소 전망 • 보험사, 증권사, 카드사 등의 은행업(지급 결제, 예금·대출) 진입 가능성 • 은행에 있던 예금·적금을 인출해 주식·채권으로 이동하는 머니무브의 본격화 조짐

① ㉠　　② ㉡
③ ㉢　　④ ㉣

42 해외협력과 A사원, B주임, C대리, D대리, E과장 5명은 해외사업추진을 위해 독일로 출장을 가게 되었다. 〈조건〉에 따라 항공기 좌석에 앉는다고 할 때, 다음 중 항상 옳은 것은?

앞

1열	창가	A1	A2	통로
2열	창가	☒	B2	통로
3열	창가	C1	C2	통로

뒤

조건

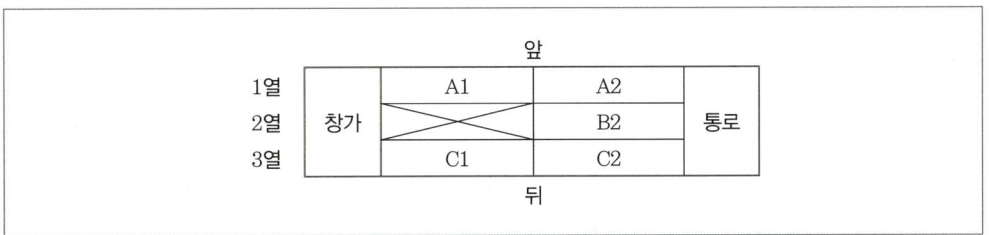

- B1 좌석은 이미 예약되어 있어 해외협력과 직원들이 앉을 수 없다.
- E과장은 통로 쪽에 앉는다.
- A사원과 B주임은 이웃하여 앉을 수 없다.
- 2열에는 대리가 앉는다.
- 이웃하여 앉는다는 것은 앞뒤 혹은 좌우로 인접하여 앉는 것을 의미한다.

① A사원은 항상 창가 쪽에 앉는다.

② E과장이 A2에 앉으면 B주임은 C2에 앉는다.

③ C대리가 3열에 앉으면 D대리는 2열에 앉는다.

④ B주임이 C1에 앉으면 C대리는 B2에 앉는다.

43 다음 명제가 모두 참일 때, 반드시 참인 명제는?

- 물을 녹색으로 만드는 조류는 냄새 물질을 배출한다.
- 독소 물질을 배출하는 조류는 냄새 물질을 배출하지 않는다.
- 물을 황색으로 만드는 조류는 물을 녹색으로 만들지 않는다.

① 독소 물질을 배출하지 않는 조류는 물을 녹색으로 만든다.

② 물을 녹색으로 만들지 않는 조류는 냄새 물질을 배출하지 않는다.

③ 독소 물질을 배출하는 조류는 물을 녹색으로 만들지 않는다.

④ 냄새 물질을 배출하지 않는 조류는 물을 황색으로 만들지 않는다.

※ 홍보팀 A사원은 최근 규제가 강화되고 있는 허위표시나 과대광고를 예방하기 위해 법무팀으로부터 관련 법조문을 받았다. 이어지는 질문에 답하시오. **[44~45]**

〈허위표시 및 과대광고 관련 법조문〉

제○○조

① 식품에 대한 허위표시 및 과대광고의 범위는 다음 각 호의 어느 하나에 해당하는 것으로 한다.

1. 질병의 치료와 예방에 효능이 있다는 내용의 표시·광고
2. 각종 감사장·상장 또는 체험기 등을 이용하거나 '인증'·'보증' 또는 '추천'을 받았다는 내용을 사용하거나 이와 유사한 내용을 표현하는 광고. 다만, 중앙행정기관·특별지방행정 기관 및 그 부속기관 또는 지방자치단체에서 '인증'·'보증'을 받았다는 내용의 광고는 제외한다.
3. 다른 업소의 제품을 비방하거나 비방하는 것으로 의심되는 광고나, 제품의 제조방법·품질·영양가·원재료·성분 또는 효과와 직접적인 관련이 적은 내용 또는 사용하지 않은 성분을 강조함으로써 다른 업소의 제품을 간접적으로 다르게 인식하게 하는 광고

② 제1항에도 불구하고 다음 각 호에 해당하는 경우에는 허위표시나 과대광고로 보지 않는다.

1. 일반음식점과 제과점에서 조리·제조·판매하는 식품에 대한 표시·광고
2. 신체조직과 기능의 일반적인 증진, 인체의 건전한 성장 및 발달과 건강한 활동을 유지하는 데 도움을 준다는 표시·광고
3. 제품에 함유된 영양성분의 기능 및 작용에 관하여 식품영양학적으로 공인된 사실

44 법조문을 전달받은 A사원은 계열사별 광고 문구를 확인하였다. 다음 중 허위표시 및 과대광고를 하지 않은 곳을 〈보기〉에서 모두 고르면?

보기

ㄱ. (○○삼계탕 식당 광고) '고단백 식품인 닭고기와 스트레스 해소에 효과가 있는 인삼을 넣은 삼계탕은 인삼, 찹쌀, 밤, 대추 등의 유효성분이 어우러져 영양의 균형을 이룬 아주 훌륭한 보양식입니다.'
ㄴ. (○○라면의 표시·광고) '우리 회사의 라면은 폐식용유를 사용하지 않습니다.'
ㄷ. (○○두부의 표시·광고) '건강유지 및 영양보급에 만점인 단백질을 많이 함유한 ○○두부'
ㄹ. (○○녹차의 표시·광고) '변비와 당뇨병 예방에 탁월한 ○○녹차'
ㅁ. (○○소시지의 표시·광고) '식품의약품안전처에서 인증받은 ○○소시지'

① ㄱ, ㄴ
② ㄹ, ㅁ
③ ㄱ, ㄴ, ㄹ
④ ㄱ, ㄷ, ㅁ

45 A사원은 법조문을 받은 후, 동료들과 점심식사를 하면서 허위표시 및 과대광고에 대한 주제로 대화를 하게 되었다. 다음 중 대화 내용으로 적절하지 않은 것은?

① 얼마 전 어머니가 당뇨병에 좋다며 사온 건강식품도 허위표시로 봐야 하는구나.

② 최근 인터넷 검색을 하면 체험후기가 많은데 그것도 모두 과대광고에 속하는 거지?

③ 혈관성 질환에 확실히 효과가 있다고 광고하는 것도 과대광고구나.

④ 어제 구매한 운동보조식품의 경우 신체의 건강한 발달에 도움이 된다고 광고한 것도 과대광고인 거지?

PART 2

46 K사 영업부에 근무 중인 C사원은 영업부 사원들의 월별 매출을 다음과 같이 함수를 이용해 만 단위로 나타내려고 한다. 이때 [B9] 셀에 입력된 함수로 옳은 것은?

	A	B	C	D	E	F
1	구분	1월	2월	3월	5월	6월
2	A대리	1,252,340	1,345,620	1,568,670	1,321,670	1,563,850
3	B주임	1,689,320	1,859,460	1,546,210	1,689,250	1,123,960
4	C사원	1,432,670	1,965,230	1,532,460	1,326,030	1,659,210
5	D주임	1,235,640	1,635,420	1,236,950	1,468,210	1,246,180
6	E사원	1,743,560	1,325,470	1,125,350	1,856,920	1,216,530
7						
8	구분	1월	2월	3월	5월	6월
9	A대리	1,260,000	1,350,000	1,570,000	1,330,000	1,570,000
10	B주임	1,690,000	1,860,000	1,550,000	1,690,000	1,130,000
11	C사원	1,440,000	1,970,000	1,540,000	1,330,000	1,660,000
12	D주임	1,240,000	1,640,000	1,240,000	1,470,000	1,250,000
13	E사원	1,750,000	1,330,000	1,130,000	1,860,000	1,220,000

① =ROUND(B2, −3)

② =ROUND(B2, −4)

③ =ROUNDUP(B2, −3)

④ =ROUNDUP(B2, −4)

47 **다음 중 프로세서 레지스터에 대한 설명으로 옳은 것은?**

① 하드디스크의 부트 레코드에 위치한다.
② 하드웨어 입출력을 전담하는 장치로 속도가 빠르다.
③ 주기억장치보다 큰 프로그램을 실행시켜야 할 때 유용한 메모리이다.
④ 중앙처리장치에서 사용하는 임시기억장치로 메모리 중 속도가 가장 빠르다.

48 **다음 중 엑셀의 셀 서식 관련 바로가기 키에 대한 설명으로 옳지 않은 것은?**

① 〈Ctrl〉+〈1〉 : 셀 서식 대화상자가 표시된다.
② 〈Ctrl〉+〈2〉 : 선택한 셀에 글꼴 스타일 '굵게'가 적용되며, 다시 누르면 적용이 취소된다.
③ 〈Ctrl〉+〈3〉 : 선택한 셀에 밑줄이 적용되며, 다시 누르면 적용이 취소된다.
④ 〈Ctrl〉+〈5〉 : 선택한 셀에 취소선이 적용되며, 다시 누르면 적용이 취소된다.

49 **다음 〈보기〉 중 정보, 자료, 지식에 대한 설명으로 옳은 것을 모두 고르면?**

보기

ㄱ. 자료와 정보 가치의 크기는 절대적이다.
ㄴ. 정보는 특정한 상황에 맞도록 평가한 의미 있는 기록이다.
ㄷ. 정보는 사용하는 사람과 사용하는 시간에 따라 달라질 수 있다.
ㄹ. 지식은 평가되지 않은 상태의 숫자나 문자들의 나열을 의미한다.

① ㄱ, ㄴ　　② ㄱ, ㄷ
③ ㄴ, ㄷ　　④ ㄴ, ㄹ

50 짝수 행에만 배경색과 글꼴 스타일 '굵게'를 설정하는 조건부 서식을 지정하고자 한다. 다음 중 이를 위해 아래의 [새 서식 규칙] 대화상자에 입력할 수식으로 옳은 것은?

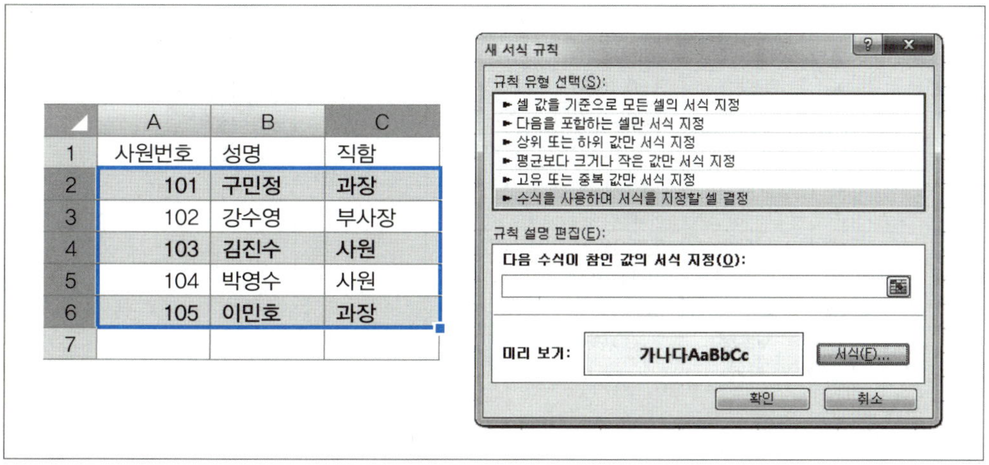

① =MOD(ROW(),2)=1
② =MOD(ROW(),2)=0
③ =MOD(COLUMN(),2)=1
④ =MOD(COLUMN(),2)=0

※ A씨는 지점별 매출 및 매입 현황을 정리하고 있다. 이어지는 질문에 답하시오. [51~52]

	A	B	C	D	E	F
1	지점명	매출	매입			
2	주안점	2,500,000	1,700,000			
3	동암점	3,500,000	2,500,000		최대 매출액	
4	간석점	7,500,000	5,700,000		최소 매출액	
5	구로점	3,000,000	1,900,000			
6	강남점	4,700,000	3,100,000			
7	압구정점	3,000,000	1,500,000			
8	선학점	2,500,000	1,200,000			
9	선릉점	2,700,000	2,100,000			
10	교대점	5,000,000	3,900,000			
11	서초점	3,000,000	1,900,000			
12	합계					

51 다음 중 매출과 매입의 합계를 구할 때 사용해야 하는 함수로 옳은 것은?

① REPT
② CHOOSE
③ SUM
④ AVERAGE

52 다음 중 [F3] 셀을 구하는 함수식으로 옳은 것은?

① =MIN(B2:B11)
② =MAX(B2:C11)
③ =MIN(C2:C11)
④ =MAX(B2:B11)

53 다음 중 다양한 상황과 변수에 따른 여러 가지 결괏값의 변화를 가상의 상황을 통해 예측하여 분석할 수 있는 도구는?

① 시나리오 관리자　　② 목푯값 찾기
③ 부분합　　④ 통합

54 다음은 정보분석 단계에 대한 자료이다. 빈칸 (ㄱ)～(ㄷ)에 들어갈 단계를 순서대로 바르게 나열한 것은?

분석과제의 발생
⇩
과제(요구)의 분석
⇩
조사항목의 선정
⇩
(ㄱ)
⇩
기존자료 조사 및 신규자료 조사
⇩
(ㄴ)
⇩
(ㄷ)
⇩
종합・결론
⇩
활용・정리

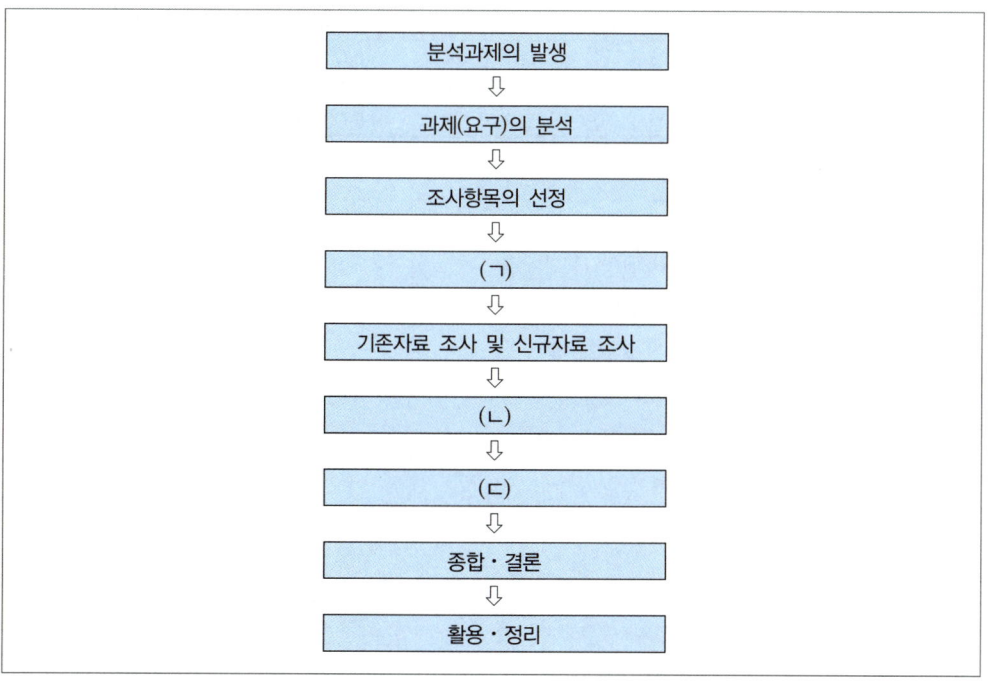

	(ㄱ)	(ㄴ)	(ㄷ)
①	관련 정보의 수집	항목별 분석	수집 정보의 분류
②	관련 정보의 수집	수집 정보의 분류	항목별 분석
③	수집 정보의 분류	관련 정보의 수집	항목별 분석
④	수집 정보의 분류	항목별 분석	관련 정보의 수집

55 A씨는 고객의 지출성향을 파악하기 위하여 아래와 같은 내역을 조사하여 파일을 작성하였다. 다음 중 외식비로 지출된 금액의 총액을 구하고자 할 때, [G5] 셀에 들어갈 함수식으로 옳은 것은?

	A	B	C	D	E	F	G
1							
2		날짜	항목	지출금액			
3		01월 02일	외식비	35,000			
4		01월 05일	교육비	150,000			
5		01월 10일	월세	500,000		외식비 합계	
6		01월 14일	외식비	40,000			
7		01월 19일	기부	1,000,000			
8		01월 21일	교통비	8,000			
9		01월 25일	외식비	20,000			
10		01월 30일	외식비	15,000			
11		01월 31일	교통비	2,000			
12		02월 05일	외식비	22,000			
13		02월 07일	교통비	6,000			
14		02월 09일	교육비	120,000			
15		02월 10일	월세	500,000			
16		02월 13일	외식비	38,000			
17		02월 15일	외식비	32,000			
18		02월 16일	교통비	4,000			
19		02월 20일	외식비	42,000			
20		02월 21일	교통비	6,000			
21		02월 23일	외식비	18,000			
22		02월 24일	교통비	8,000			
23							
24							

① =SUMIF(C4:C23,“외식비”,D4:D23)

② =SUMIF(C3:C22,“외식비”,D3:D22)

③ =SUMIF(C3:C22,“C3”,D3:D22)

④ =SUMIF(“외식비”,C3:C22,D3:D22)

56 다음 중 워크시트의 [머리글 / 바닥글] 설정에 대한 설명으로 옳지 않은 것은?

① 머리글 / 바닥글에 그림을 삽입하고, 그림 서식을 지정할 수 있다.

② 첫 페이지, 홀수 페이지, 짝수 페이지의 머리글 / 바닥글 내용을 다르게 지정할 수 있다.

③ '페이지 레이아웃' 보기 상태에서는 워크시트 페이지 위쪽이나 아래쪽을 클릭하여 머리글 / 바닥글을 추가할 수 있다.

④ '페이지 나누기 미리보기' 상태에서는 미리 정의된 머리글이나 바닥글을 선택하여 쉽게 추가할 수 있다.

57 다음 시트와 같이 월 ~ 금요일은 '업무'로, 토요일과 일요일에는 '휴무'로 표시하고자 할 때, [B2] 셀에 입력해야 할 함수식으로 옳지 않은 것은?

	A	B
1	일자	휴무, 업무
2	2025-01-04	휴무
3	2025-01-05	휴무
4	2025-01-06	업무
5	2025-01-07	업무
6	2025-01-08	업무
7	2025-01-09	업무
8	2025-01-10	업무

① =IF(OR(WEEKDAY(A2,0)=0,WEEKDAY(A2,0)=6),"휴무","업무")

② =IF(OR(WEEKDAY(A2,1)=1,WEEKDAY(A2,1)=7),"휴무","업무")

③ =IF(OR(WEEKDAY(A2,2)=6,WEEKDAY(A2,2)=7),"휴무","업무")

④ =IF(WEEKDAY(A2,2)>=6,"휴무","업무")

58 다음 시트에서 [B1] 셀에 수식 「=INT(A1)」 함수를 입력했을 때 결괏값은?

	A	B
1	100.58	

① 100　② 100.5

③ 100.58　④ 100.6

59 **김대리는 메일을 발송하려던 중 랜섬웨어와 같은 컴퓨터 악성코드에 대해 잘 모르는 직원들을 위해 악성코드 관련 설명을 추가하기로 하였다. 다음 중 김대리가 메일에 포함시킬 내용으로 옳지 않은 것은?**

① 악성코드는 악의적인 용도로 사용될 수 있는 유해 프로그램을 말합니다.

② 악성코드는 외부 침입을 탐지하고 분석하는 프로그램으로 잘못된 정보를 남발할 수 있습니다.

③ 악성코드는 때로 실행하지 않은 파일을 저절로 삭제하거나 변형된 모습으로 나타나게 합니다.

④ 악성코드에는 대표적으로 스파이웨어, 트로이목마 같은 것이 있습니다.

60 **다음 빈칸에 들어갈 용어로 가장 적절한 것은?**

> 마이크로프로세서의 명령어 실행을 위한 명령어 인출 사이클(Instruction Fetch Cycle)은 제어장치 관리하에 있는 프로그램 카운터(PC)에 저장된 기억장치 위치 주소로부터 명령어를 인출하여 ______(으)로 전송된다.

① MBR ② RAM

③ MAR ④ ROM

행운이란 100%의 노력 뒤에 남는 것이다.

– 랭스턴 콜만 –

제3회
최종점검 모의고사

※ 한국도로교통공단 최종점검 모의고사는 2024년 필기 후기 및 채용공고를 기준으로 구성한 것으로, 실제 시험과 다를 수 있습니다.

■ 취약영역 분석

번호	O/×	영역	번호	O/×	영역	번호	O/×	영역
01		의사소통능력	21		수리능력	41		문제해결능력
02			22			42		
03			23			43		
04			24			44		
05			25			45		
06			26			46		정보능력
07			27			47		
08			28			48		
09			29			49		
10			30			50		
11			31		문제해결능력	51		
12			32			52		
13			33			53		
14			34			54		
15			35			55		
16		수리능력	36			56		
17			37			57		
18			38			58		
19			39			59		
20			40			60		

평가문항	60문항	평가시간	60분
시작시간	:	종료시간	:
취약영역			

제3회
최종점검 모의고사

모바일 OMR

응시시간 : 60분 문항 수 : 60문항

정답 및 해설 p.060

01 다음 글에서 〈보기〉의 문장이 들어갈 위치로 가장 적절한 곳은?

자본주의 경제 체제는 이익을 추구하려는 인간의 욕구를 최대한 보장해주고 있다. 기업 또한 이익 추구라는 목적에서 탄생하여, 생산의 주체로서 자본주의 체제의 핵심적 역할을 수행하고 있다. 곧, 이익은 기업가로 하여금 사업을 시작하게 하는 동기가 된다. (가) 이익에는 단기적으로 실현되는 이익과 장기간에 걸쳐 지속적으로 실현되는 이익이 있다. 기업이 장기적으로 존속, 성장하기 위해서는 단기 이익보다 장기 이익을 추구하는 것이 더 중요하다. 실제로 기업은 단기 이익의 극대화가 장기 이익의 극대화와 상충할 때에는 단기 이익을 과감히 포기하기도 한다. (나) 자본주의 초기에는 기업이 단기 이익과 장기 이익을 구별하여 추구할 필요가 없었다. 소자본끼리의 자유 경쟁 상태에서는 단기든 장기든 이익을 포기하는 순간에 경쟁에서 탈락하기 때문이다. 그에 따라 기업은 치열한 경쟁에서 살아남기 위해 주어진 자원을 최대한 효율적으로 활용하여 가장 저렴한 가격으로 좋은 품질의 상품을 소비자에게 공급하게 되었다. (다) 이 단계에서는 기업의 소유자가 곧 경영자였기 때문에, 기업의 목적은 자본가의 이익을 추구하는 것으로 집중되었다.

그러나 기업의 규모가 점차 커지고 경영 활동이 복잡해지면서 전문적인 경영 능력을 갖춘 경영자가 필요하게 되었다. (라) 이에 따라 소유와 경영이 분리되어 경영의 효율성이 높아졌지만, 동시에 기업이 단기 이익과 장기 이익 사이에서 갈등을 겪게 되는 일도 발생하였다. 주주의 대리인으로 경영을 위임 받은 전문 경영인은 기업의 장기적 전망보다 단기 이익에 치중하여 경영 능력을 과시하려는 경향이 있기 때문이다. 주주는 경영자의 이러한 비효율적 경영 활동을 감시함으로써 자신의 이익은 물론 기업의 장기 이익을 극대화하고자 하였다.

보기

이는 기업의 이익 추구가 결과적으로 사회 전체의 이익도 증진시켰다는 의미이다.

① (가)
② (나)
③ (다)
④ (라)

02 다음 글의 빈칸에 들어갈 내용으로 가장 적절한 것은?

> 오존 구멍을 비롯해 성층권의 오존이 파괴되면 어떤 문제가 생길까. 지표면에서 오존은 강력한 산화물질로 호흡기를 자극하는 대기 오염물질로 분류되지만, 성층권에서는 자외선을 막아주기 때문에 두 얼굴을 가진 물질로 불리기도 한다. 오존층은 강렬한 태양 자외선을 막아주는 역할을 하는데, 오존층이 얇아지면 자외선이 지구 표면까지 도달하게 된다.
> 사람의 경우 자외선에 노출되면 백내장과 피부암 등에 걸릴 위험이 커진다. 강한 자외선이 각막을 손상시키고 세포 DNA에 이상을 일으키기 때문이다. DNA 염기 중 티민(T; Thymine) 두 개가 나란히 있는 경우 자외선에 의해 티민 두 개가 한데 붙어버리는 이상이 발생하고, 세포 분열 때 DNA가 복제되면서 다른 염기가 들어가고, 이것이 암으로 이어질 수 있다.
> 지난 2월 '사이언스'는 극지방 성층권의 오존 구멍은 줄었지만, 많은 인구가 거주하는 중위도 지방에서는 오히려 오존층이 얇아졌다고 지적했다. 중위도 성층권에서도 상층부는 오존층이 회복되고 있지만, 저층부는 얇아졌다는 것이다. 오존층이 얇아지면 더 많은 자외선이 지구 표면에 도달하여 사람들 사이에서 피부암이나 백내장 발생 위험이 커지게 된다. 즉, ______________________

① 극지방 성층권의 오존 구멍을 줄이는 데 정부는 더 많은 노력을 기울여야 한다.
② 인구가 많이 거주하는 지역일수록 오존층의 파괴가 더욱 심하게 나타난다는 것이다.
③ 극지방의 파괴된 오존층으로 인해 사람들이 더 많은 자외선에 노출되고, 세포 DNA에 이상이 발생한다.
④ 극지방의 오존 구멍보다 중위도 저층부에서 얇아진 오존층이 더 큰 피해를 가져올 수도 있는 셈이다.

03 다음 빈칸에 들어갈 단어로 가장 적절한 것은?

> 정부는 선거와 관련하여 신고자에 대한 ______을/를 대폭 강화하기로 하였다.

① 보훈(報勳) ② 공훈(功勳)
③ 공로(功勞) ④ 포상(褒賞)

04 다음은 경쟁사의 매출이 나날이 오르는 것에 경각심을 느낀 K회사의 신제품 개발 회의의 일부이다. 효과적인 회의의 5가지 원칙을 기반으로 가장 효과적으로 회의에 임한 사람은?

〈효과적인 회의의 5가지 원칙〉

1. 긍정적인 어법으로 말하라.
2. 창의적인 사고를 할 수 있게 분위기를 조성하라.
3. 목표를 공유하라.
4. 적극적으로 참여하라.
5. 주제를 벗어나지 마라.

팀장 : 매운맛하면 역시 우리 회사 라면이 가장 잘 팔렸는데 최근 너도나도 매운맛을 만들다 보니 우리 회사 제품의 매출이 상대적으로 줄어든 것 같아서 신제품 개발을 위해 오늘 회의를 진행하게 되었습니다. 아주 중요한 회의인 만큼 각자 좋은 의견을 내주시기를 바랍니다.

A사원 : 저는 사실 저희 라면이 그렇게 매출이 좋았던 것도 아닌데 괜한 걱정을 하는 것이라고 생각해요. 그냥 전이랑 비슷한 라면에 이름만 바꿔서 출시하면 안 됩니까?

B사원 : 하지만 그렇게 했다간 입소문이 안 좋아져서 회사가 문을 닫게 될지도 모릅니다.

C사원 : 그나저나 이번에 타사에서 출시된 까불면이 아주 맛있던데요?

D사원 : 까불면도 물론 맛있긴 하지만, 팀장님 말씀대로 매운맛하면 저희 회사 제품이 가장 잘 팔린 것으로 알고 있습니다. 더 다양한 소비자층을 끌기 위해 조금 더 매운맛과 덜 매운맛까지 3가지 맛을 출시하면 매출성장에 도움이 될 것 같습니다.

① A사원 ② B사원
③ C사원 ④ D사원

05 다음 글을 읽고 추론할 수 있는 내용으로 적절하지 않은 것은?

인류는 미래의 에너지로 청정하고 고갈될 염려가 없는 풍부한 에너지를 기대하며, 신재생에너지인 태양광과 풍력에너지에 많은 기대를 걸고 있다. 그러나 태양광이나 풍력으로는 화력발전을 통해 생산되는 전력 공급량을 대체하기 어렵고, 기상 환경에 많은 영향을 받는다는 점에서 한계가 있다. 이에 대한 대안으로 많은 전문가들은 '핵융합 에너지'에 기대를 걸고 있다.

핵융합발전은 핵융합 현상을 이용하는 발전 방식으로, 핵융합은 말 그대로 원자의 핵이 융합하는 것을 말한다. 우라늄의 원자핵이 분열하면서 방출되는 에너지를 이용하는 원자력발전과 달리, 핵융합발전은 수소 원자핵이 융합해 헬륨 원자핵으로 바뀌는 과정에서 방출되는 에너지를 이용해 물을 가열하고 수증기로 터빈을 돌려 전기를 생산한다.

핵융합발전이 다음 세대를 이끌어갈 전력 생산 방식이 될 수 있는 이유는 인류가 원하는 에너지원의 조건을 모두 갖추고 있기 때문이다. 우선 연료가 거의 무한대라고 할 수 있을 정도로 풍부하다. 핵융합발전에 사용되는 수소는 일반적인 수소가 아닌 수소의 동위원소로, 지구의 70%를 덮고 있는 바닷물을 이용해서 얼마든지 생산할 수 있다. 게다가 적은 연료로 원자력발전에 비해 훨씬 많은 에너지를 얻을 수 있다. 1g으로 석유 8t을 태워서 얻을 수 있는 전기를 생산할 수 있고, 원자력발전에 비하면 같은 양의 연료로 3 ~ 4배의 전기를 생산할 수 있다.

무엇보다 오염물질을 거의 배출하지 않는 점이 큰 장점이다. 미세먼지와 대기오염을 일으키는 오염물질은 전혀 나오지 않고 오직 헬륨만 배출된다. 약간의 방사선이 방출되지만, 원자력발전에서 배출되는 방사성 폐기물에 비하면 거의 없다고 볼 수 있을 정도다.

핵융합발전은 안전 문제에서도 자유롭다. 원자력발전은 수개월 혹은 1년 치 연료를 원자로에 넣고 연쇄적으로 핵분열 반응을 일으키는 방식이라 문제가 생겨도 당장 가동을 멈춰 사태가 악화되는 것을 막을 수 없다. 하지만 핵융합발전은 연료가 아주 조금 들어가기 때문에 문제가 생겨도 원자로가 녹아내리는 것과 같은 대형 재난으로 이어지지 않는다. 문제가 생기면 즉시 핵융합 반응이 중단되고 발전장치가 꺼져버린다. 핵융합 반응을 제어하는 일이 극도로 까다롭기 때문에 오히려 발전장치가 꺼지지 않도록 정밀하게 제어하는 것이 중요하다.

현재 세계 각국은 각자 개별적으로 핵융합발전 기술을 개발하는 한편, 프랑스 남부 카다라슈 지역에 '국제핵융합실험로(ITER)'를 건설해 공동으로 실증 실험을 할 준비를 진행하고 있다. 한국과 유럽연합(EU), 미국, 일본, 러시아, 중국, 인도 등 7개국이 참여해 구축하고 있는 ITER는 2025년 12월 완공될 예정이며, 2025년 이후에는 그동안 각국이 갈고 닦은 기술을 적용해 핵융합 반응을 일으켜 상용화 가능성을 검증하게 된다. 불과 10년 내로 세계 전력산업의 패러다임을 바꾸는 역사적인 핵융합 실험이 지구상에서 이뤄지게 되는 것이다.

① 핵융합발전이 태양열발전보다 더 많은 양의 전기를 생산할 수 있을 것이다.
② 핵융합발전과 원자력발전은 원자의 핵을 다르게 이용한다는 점에서 차이가 있다.
③ 같은 양의 전력 생산을 목표로 한다면 원자력발전의 연료비는 핵융합발전의 3배 이상이다.
④ 헬륨은 대기오염을 일으키는 오염물질에 해당하지 않는다.

※ 다음은 K공단의 신규과제 공고 내용이다. 이어지는 질문에 답하시오. **[6~7]**

〈2025년 지역 인프라 연계 의료기기 제품화 촉진지원 사업 신규과제 공고〉

'지역 인프라 연계 의료기기 제품화 촉진지원 사업'의 단위사업인 '현장 수요기반 컨설팅' 과제발굴을 위해 붙임과 같이 공고하오니 동 사업에 참여하고자 하는 기업에서는 사업안내에 따라 신청하여 주시기 바랍니다.

• 세부사업
  1. 현장수요기반 컨설팅
    – 지원 대상 : 기존에는 다른 업종에 종사하였으나, 의료기기 및 의료기기로 업종 전환을 희망하는 기업
    – 지원 규모 : 총 10개 과제 1억 원 이내
    – 지원 목적 : 전문가 자문지원을 통해 제품의 상용화 및 시장진입 가능성 촉진
  2. 제품화 R&D 지원
    – 지원 대상 : 의료기기 제품화와 관련하여 전문 연구팀을 통한 R&D 수행 및 심화 컨설팅이 필요한 중소·벤처기업
    – 지원 규모 : 총 2개 과제 내외 2억 원 이내(과제당 1억 원 이내)
• 제출방법 : 붙임의 제출서류를 다운로드하여 작성 후, E-mail 또는 우편 제출
• 제출처
  1. E-mail 접수
    – 현장수요기반 컨설팅 : njdjjs02@koroad.or.kr
    – 제품화 R&D 지원 : sjp@koroad.or.kr
  2. 우편접수 : 강원도 원주시 혁신로 2 사업화지원팀(우편번호 : 26466)
• 제출서류 : 첨부파일 – 공고문 및 신청서 내부 확인
• 문의처 : 사업화지원팀
  – 현장수요기반 컨설팅 : 나주도 주임(033-749-1234)
  – 제품화 R&D 지원 : 신제품 주임(033-749-5678)

06 다음 중 공고 내용에 대한 설명으로 적절하지 않은 것은?

① 컨설팅 신청 기관은 이미 개발된 의료기기를 보유하고 있어야 한다.
② 제품화 R&D 지원 사업의 경우 대기업은 지원 신청을 할 수 없다.
③ 과제당 지원 금액 규모는 컨설팅보다 제품화 R&D 지원 과제 부문이 더 크다.
④ 서류 제출을 위해 직접 방문 접수할 필요가 없다.

07 다음 중 공고 내용을 확인한 관련 업체 종사자가 서류 준비와 관련하여 문의처에 문의할 내용으로 가장 적절한 것은?

① 현장수요기반 컨설팅 사업의 경우 지원금 지원 방식은 어떻게 됩니까?
② 제품화 R&D 지원 사업 신청 기업에 대한 심사 기간은 얼마나 소요됩니까?
③ 신청 기간 내에 제출한 서류에 보완점이 발생하면 어떻게 됩니까?
④ 한 개 기업에서 복수 과제에 대한 지원을 받는 것이 가능합니까?

08 D부장은 한 달에 한 번씩, 읽고 생각해 볼만한 내용의 글을 준비해서 팀원들에게 전달한다. 다음은 D부장이 준비한 글의 주장을 뒷받침하는 예이다. 이를 바르게 이해한 사람은 누구인가?

X선 사진을 통해 폐질환 진단법을 배우고 있는 의과대학 학생을 생각해 보자. 그는 암실에서 환자의 가슴을 찍은 X선 사진을 보면서 방사선 전문의의 강의를 듣고 있다. 그 학생은 가슴을 찍은 X선 사진에서 늑골뿐만 아니라 그 밑에 있는 폐, 늑골의 음영, 그리고 그것들 사이에 있는 아주 작은 반점들을 볼 수 있다. 하지만 처음부터 그럴 수 있었던 것은 아니다. 첫 강의에서는 사진에 대한 전문의의 설명을 전혀 이해하지 못했다. 그가 가리키는 부분이 무엇인지, 희미한 반점이 과연 특정 질환의 흔적인지 전혀 알 수가 없었다. 전문의가 상상력을 동원해 어떤 가상적 이야기를 꾸며 내는 것처럼 느껴졌을 뿐이다. 그러나 몇 주 동안 이론을 배우고 실습을 하면서 생각이 달라졌다. 그는 X선 사진에서 이제는 늑골뿐만 아니라 폐도 볼 수 있게 되었다. 그가 탐구심을 갖고 조금 더 노력한다면 폐와 관련된 생리적인 변화, 흉터나 만성 질환의 병리학적 변화, 급성 질환의 증세와 같은 다양한 현상들까지도 자세하게 관찰하고 알 수 있게 될 것이다. 그는 전문가로서의 새로운 세계에 들어선 것이고, 그 사진의 명확한 의미를 지금은 대부분 해석할 수 있게 되었다. 이론과 실습을 통해 새로운 세계를 볼 수 있게 된 것이다.

① 김사원 : 관찰은 배경지식에 의존하는군요.
② 이대리 : 관찰에는 오류가 있을 수 있군요.
③ 박사원 : 과학 장비의 도움으로 관찰 가능한 영역은 확대되는군요.
④ 정과장 : 관찰 정보는 기본적으로 시각에 맺히는 상에 의해 결정되는군요.

09 다음 중 빈칸에 들어갈 내용으로 가장 적절한 것은?

> 최근 미국 국립보건원은 벤젠 노출과 혈액암 사이에 연관이 있다고 보고했다. 직업안전보건국은 작업장에서 공기 중 벤젠 노출 농도가 1ppm을 넘지 말아야 한다는 한시적 긴급 기준을 발표했다. 당시 법규에 따른 기준은 10ppm이었는데, 직업안전보건국은 이 엄격한 새 기준이 영구적으로 정착되길 바랐다. 그런데 벤젠 노출 농도가 10ppm 이상인 작업장에서 인명피해가 보고된 적은 있지만, 그보다 낮은 노출 농도에서 인명피해가 있었다는 검증된 데이터는 없었다. 그럼에도 불구하고 직업안전보건국은 벤젠이 발암물질이라는 이유를 들어, 당시 통용되는 기기로 쉽게 측정할 수 있는 최소치인 1ppm을 기준으로 삼아야 한다고 주장했다. 직업안전보건국은 직업안전보건법의 구체적 실행에 관여하는 핵심 기관인데, 이 법은 '직장생활을 하는 동안 위험물질에 업무상 주기적으로 노출되더라도 그로 인해 어떤 피고용인도 육체적 손상이나 작업 능력의 손상을 입어서는 안 된다.'고 규정하고 있다.
>
> 이후 대법원은 직업안전보건국이 제시한 1ppm의 기준이 지나치게 엄격하다고 판결하였다. 이에 대해 대법원은 '직업안전보건법이 비용 등 다른 조건은 무시한 채 전혀 위험이 없는 작업장을 만들기 위한 표준을 채택하도록 직업안전보건국에게 무제한의 재량권을 준 것은 아니다.'라고 밝혔다. ____________________ 직업안전보건국은 과학적 불확실성에도 불구하고 사람의 생명이 위험에 처할 수 있는 경우에는 더욱 엄격한 기준을 시행하는 것이 옳다면서, 자신들에게 책임을 전가하는 것에 반대했다. 직업안전보건국은 노동자를 생명의 위협이 될 수 있는 화학물질에 노출시키는 사람들이 그 안전성을 입증해야 한다고 보았다.

① 여러 가지 과학적 불확실성으로 인해, 직업안전보건국의 기준이 합당하다는 것을 대법원이 입증할 수 없으므로 이를 수용할 수 없다는 것이다.

② 대법원은 벤젠의 노출 수준이 1ppm을 초과할 경우 노동자의 건강에 실질적으로 위험하다는 것을 직업안전보건국이 입증해야 한다고 주장했다.

③ 대법원은 재량권의 범위가 클수록 그만큼 더 신중하게 사용해야 한다는 점을 환기시키면서, 10ppm 수준의 벤젠 농도가 노동자의 건강에 정확히 어떤 손상을 가져오는지를 직업안전보건국이 입증해야 한다고 주장했다.

④ 직업안전보건국은 발암물질이 함유된 공기가 있는 작업장들 가운데서 전혀 위험이 없는 환경과 미미한 위험이 있는 환경을 구별해야 한다고 주장했는데, 대법원은 이것이 무익하고 무책임한 일이라고 지적했다.

10 다음 <보기>는 K편집팀의 새로운 도서분야 시장진입을 위한 신간회의 내용이다. 의사결정방법 중 하나인 '브레인스토밍'을 활용할 때, 이에 적합하지 않은 사람을 모두 고르면?

보기

A사원 : 신문 기사를 보니 세분화된 취향을 만족시키는 잡지들이 주목받고 있다고 하던데, 저희 팀에서도 소수의 취향을 주제로 한 잡지를 만들어 보는 건 어떨까요?

B대리 : 그건 수익성은 생각하지 않은 발언인 것 같네요.

C과장 : 아이디어는 많으면 많을수록 좋죠. 더 이야기해 봐요.

D주임 : 요새 직장생활에 관한 이야기를 주제로 독자의 공감을 이끌어내는 도서들이 많이 출간되고 있습니다.
'연봉'과 관련한 실용서를 만들어 보는 건 어떨까요? 신선하고 공감을 자아내는 글귀와 제목, 유쾌한 일러스트를 표지에 실어서 눈에 띄게 만들어 보는 것도 좋을 것 같습니다.

E차장 : 두 아이디어 모두 신선하네요. '잡지'의 형식으로 가면서 직장인과 관련된 키워드를 매달 주제로 해 발간해보면 어떨까요? 창간호 키워드는 '연봉'이 좋겠군요.

① A사원
② B대리
③ B대리, C과장
④ D주임, E차장

11 다음 중 밑줄 친 단어로 짧은 글짓기를 할 때, 의미가 같지 않은 것은?

최근 들어 도시의 경쟁력 향상을 위한 새로운 (가) 전략의 하나로 창조 도시에 대한 논의가 (나) 활발하게 진행되고 있다. 창조 도시는 창조적 인재들이 창의성을 발휘할 수 있는 환경을 갖춘 도시이다. 즉, 창조 도시는 인재들을 위한 문화 및 거주 환경의 창조성이 풍부하며, 혁신적이고도 (다) 유연한 경제 시스템을 구비하고 있는 도시인 것이다. 창조 도시에 대한 논의를 주도한 랜드리는, 창조성이 도시의 유전자 코드로 바뀌기 위해서는 다음과 같은 환경적 (라) 요소들이 필요하다고 보았다. 개인의 자질, 의지와 리더십, 다양한 재능을 가진 사람들과의 접근성, 조직 문화, 지역 정체성, 도시의 공공 공간과 시설, 역동적 네트워크의 구축 등이 그것이다.

① (가) : 그가 기획한 신제품의 판매 전략이 큰 성공을 거두었다.
② (나) : 아이들은 활발하게 산과 들을 뛰어다니며 자라났다.
③ (다) : 그는 상대방이 아무리 흥분해도 유연한 태도를 잃지 않았다.
④ (라) : 한 개인의 성격 형성에는 유전적 요소뿐 아니라 성장 환경도 영향을 끼친다.

12 다음 글의 제목으로 가장 적절한 것은?

사전적 정의에 의하면 재즈는 20세기 초반 미국 뉴올리언스의 흑인 문화 속에서 발아한 후 미국을 대표하는 음악 스타일이자 문화가 된 음악 장르이다. 서아프리카의 흑인 민속음악이 18세기 후반과 19세기 초반의 대중적이고 가벼운 유럽의 클래식 음악과 만나서 탄생한 것이 재즈다. 그러나 이 정도의 정의로 재즈의 전모를 밝히기에는 역부족이다. 이미 재즈가 미국을 넘어 전 세계에서 즐겨 연주되고 있으며 그 기법 역시 트레이드 마크였던 스윙(Swing)에서 많이 벗어났기 때문이다.

한편 재즈 역사가들은 재즈를 음악을 넘어선 하나의 이상이라고 이야기한다. 그 이상이란 삶 속에서 우러나온 경험과 감정을 담고자 하는 인간의 열정적인 마음이다. 여기에서 영감을 얻은 재즈 작곡가나 연주자는 즉자적으로 곡을 작곡하고 연주해 왔으며, 그러한 그들의 의지가 바로 다사다난한 인생을 관통하여 재즈에 담겨 있다. 초기의 재즈가 미국 흑인들의 한과 고통을 담아낸 흔적이자 역사 그 자체인 점이 이를 증명한다.

억압된 자유를 되찾으려는 그들의 저항 의식은 아름답게 정제된 기존의 클래식 음악의 틀 안에서는 온전하게 표출될 수 없었다. 불규칙적으로 전개되는 과감한 불협화음, 줄곧 어긋나는 듯한 리듬, 정제되지 않은 멜로디, 이들의 종합으로 유발되는 긴장감과 카타르시스……. 당시 재즈 사운드는 충격 그 자체였다. 그렇지만 현 시점에서 이러한 기법과 형식을 담은 장르는 넘쳐날 정도로 많아졌고, 클래식 역시 아방가르드(Avantgarde)라는 새로운 영역을 개척한 지 오래이다. 그러므로 앞에서 언급한 스타일과 이를 가능하게 했던 이상은 더 이상 재즈만의 전유물이라 할 수 없다.

켄 번스(Ken Burns)의 영화 '재즈(Jazz)'에서 윈턴 마살리스(Wynton Marsalis)는 "재즈의 진정한 힘은 사람들이 모여서 즉흥적인 예술을 만들고 자신들의 예술적 주장을 타협해 나가는 것에서 나온다. 이러한 과정 자체가 곧 재즈라는 예술 행위이다."라고 말한다. 그렇다면 우리의 일상은 곧 재즈 연주와 견줄 수 있다. 출생과 동시에 우리는 다른 사람들과 관계를 맺으며 살아간다. 물론 자신과 타인은 호불호나 삶의 가치관이 제각각일 수밖에 없다. 따라서 자신과 타인의 차이가 옳고 그름의 차원이 아닌 '다름'이라는 것을 알아가는 것, 그리고 그러한 차이를 인정하고 그 속에서 서로 이해하고 배려하려는 노력이 필요하다. 이렇듯 자신과 다른 사람과 함께 '공통의 행복'이라는 것을 만들어 간다면 우리 역시 바로 '재즈'라는 위대한 예술을 구현하고 있는 것이다.

① 재즈의 기원과 본질

② 재즈와 클래식의 차이

③ 재즈의 장르적 우월성

④ 재즈와 인생의 유사성과 차이점

13 다음 (가) ~ (라) 문단의 주제로 적절하지 않은 것은?

(가) 우리는 최근 '사회가 많이 깨끗해졌다.'라는 말을 많이 듣는다. 실제 우리의 일상생활은 정말 많이 깨끗해졌다. 과거에 비하면 일상생활에서 뇌물이 오가는 경우가 거의 없어진 것이다. 그런데 왜 부패인식지수가 나아지기는커녕 도리어 나빠지고 있을까? 일상생활과 부패인식지수가 전혀 다른 모습을 보이는 이유는 어디에 있을까?

(나) 부패인식지수가 산출되는 과정에서 그 물음의 답을 찾을 수 있다. 부패인식지수는 국제투명성기구에서 매년 조사하여 발표하고 있는 세계적으로 가장 권위 있는 부패 지표로, 지수는 국제적인 조사 및 평가를 실시하고 있는 여러 기관의 조사 결과를 바탕으로 산출된다. 각 기관의 조사 항목과 조사 대상은 서로 다르지만, 주요 항목은 공무원의 직권 남용 억제 기능, 공무원의 공적 권력의 사적 이용, 공공서비스와 관련한 뇌물 등으로 공무원의 뇌물과 부패에 초점이 맞추어져 있다.

(다) 부패인식지수를 이해하는 데에 주목하여야 할 또 하나의 중요한 점은 부패인식지수 계산에 사용된 각 지수의 조사 대상이다. 조사에 따라 약간의 차이가 있기는 하지만 조사는 주로 해당 국가나 해당 국가와 거래하고 있는 고위 기업인과 전문가들을 대상으로 이루어진다. 일반 시민이 아닌 기업 활동에서 공직자들과 깊숙한 관계를 맺고 있어 공직자들의 행태를 누구보다 잘 알고 있을 것으로 추정되는 사람들의 의견을 대상으로 하는 것이다. 결국 부패인식지수는 고위 기업경영인과 전문가들의 공직 사회의 뇌물과 부패에 대한 평가라 할 수 있다.

(라) 그렇다면 부패인식지수를 개선하는 방법은 무엇일까? 그간 정부는 공무원행동강령, 청탁금지법, 부패방지기구 설치 등 많은 제도적인 노력을 기울여왔다. 이러한 정부의 노력에도 불구하고 정부 반부패정책은 대부분 효과가 없는 것으로 보인다. 정부 노력에 대한 일반 시민들의 시선도 차갑기만 하다. 결국 법과 제도적 장치는 우리 사회에 만연한 연줄 문화 앞에서 힘을 쓰지 못하고 있는 것으로 해석할 수 있다.

① (가) : 일상부패에 대한 인식과 부패인식지수의 상반되는 경향에 대한 의문
② (나) : 공공분야에 맞추어진 부패인식지수의 산출과정
③ (다) : 특정 계층으로 집중된 부패인식지수의 조사 대상
④ (라) : 부패인식지수의 효과적인 개선방안

PART 2

14 다음 글의 서술상 특징으로 적절한 것을 〈보기〉에서 모두 고르면?

철학사에서 욕망은 보통 부정적인 것이며 무언가의 결핍으로 생각되어 왔다. 그러나 들뢰즈와 가타리는 욕망을 다르게 인식하였다. 그들은 욕망이 결핍과는 무관하다고 보았다. 또한 욕망은 무의식적 에너지의 능동적 흐름이며 부정적인 것이 아니라 무언가를 생산하는 긍정적인 힘이라고 생각했다. 욕망은 창조적이며 생산적인 무의식이므로 사회는 이를 자유롭게 발현할 수 있는 방법을 모색해야 하지만 권력을 가진 자는 늘 타인의 욕망을 적절히 통제하고 순응시키는 쪽으로만 전략을 수립해 왔다. 들뢰즈와 가타리는 여기에 주목했고 이러한 욕망의 통제 방식을 '코드화'라고 부르며 사회 체제가 갖는 문제점을 설명하였다.

그들에 따르면 부족을 이루며 생활했던 원시 사회부터 욕망은 통제되기 시작한다. 코드화가 이루어지는 시기인 셈이다. 하지만 이때까지는 다양한 욕망의 흐름을 각각에 어울리는 코드로 통제하는 방식이며 통제의 중심이라 할 만한 게 없는 시기이다. 욕망을 본격적으로 통제하게 되는 시기는 고대 사회이다.

여기서는 왕이 국가를 지배하며 이를 중심으로 욕망이 통제된다. 이것은 하나의 강력한 코드 아래에 다른 모든 코드들을 종속시킨다는 의미에서 '초코드화'라고 부를 수 있다. 이러한 초코드화 사회는 왕권이 붕괴되고 자본주의가 출현하기 이전까지 욕망을 다스리는 방식이었다.

현대 사회는 왕이 사라지고 코드화의 중심이 없어짐으로써 다양한 욕망이 자유롭게 충족될 수 있는 탈코드화 사회인 것처럼 보인다. 하지만 들뢰즈와 가타리는 고대 사회의 왕의 역할을 자본이 대신하며 이를 중심으로 욕망이 통제된다는 점에서 현대 사회는 오히려 어느 사회보다도 강력한 초코드화가 이루어진 사회라고 보았다. 왜냐하면 현대 사회는 겉으로는 이전 사회에서 금기시되었던 모든 욕망을 충족시켜 주는 듯 보이나 실상은 자본에 의해 욕망이 통제되고 있기 때문이다.

이처럼 들뢰즈와 가타리는 욕망의 코드화라는 개념을 적용하여 사회 체제의 변화를 설명하였고 욕망이 갖고 있는 능동성과 생성의 에너지가 상실되는 현상을 비판하였다. 이러한 제약을 해결하기 위해 그들은 코드화로부터 벗어나려는 태도가 필요하다고 보았다. 이것이 바로 '노마디즘'이다. 노마디즘은 주어진 코드에 따라 사유하고 행동하는 것이 아니라 늘 새로운 것, 창조적인 것을 찾아나서는 유목의 도(道)를 말하며 특정한 가치와 삶의 방식에 얽매이지 않고 끊임없이 새로운 자아를 찾아가는 태도를 뜻한다.

보기

ㄱ. 주요 용어의 개념을 설명하여 이해를 도모한다.
ㄴ. 문답 형식으로 화제에 대해 구체적으로 설명한다.
ㄷ. 객관적 자료를 활용하여 비판적 시각을 드러낸다.
ㄹ. 특정 학자의 견해를 중심으로 세부 내용을 전개한다.

① ㄱ, ㄴ
② ㄱ, ㄷ
③ ㄱ, ㄹ
④ ㄴ, ㄷ

15 다음 중 빈칸에 들어갈 내용으로 가장 적절한 것은?

> 어느 시대든 사람들은 원인이 무엇인지 알고 있다고 믿었다. 사람들은 그런 앎을 어디서 얻는가? 원인을 안다고 믿는 사람들의 믿음은 어디서 생기는 것일까?
> 새로운 것, 체험되지 않은 것, 낯선 것은 원인이 될 수 없다. 알려지지 않은 것에서는 위험, 불안정, 걱정, 공포감이 뒤따르기 때문이다. 우리 마음의 불안한 상태를 없애고자 한다면, 우리는 알려지지 않은 것을 알려진 것으로 환원해야 한다. 이러한 환원은 우리 마음을 편하게 해주고 안심시키며 만족을 느끼게 한다. 이 때문에 우리는 이미 알려진 것, 체험된 것, 기억에 각인된 것을 원인으로 설정하게 된다. '왜?'라는 물음의 답으로 나온 것은 그것이 진짜 원인이기 때문에 우리에게 떠오른 것이 아니다. 그것이 우리에게 떠오른 것은 그것이 우리를 안정시켜주고 성가신 것을 없애주며 무겁고 불편한 마음을 가볍게 해주기 때문이다. 따라서 원인을 찾으려는 우리의 본능은 위험, 불안정, 걱정, 공포감 등에 의해 촉발되고 자극받는다.
> 우리는 '설명이 없는 것보다 설명이 있는 것이 언제나 더 낫다.'고 믿는다. 우리는 특별한 유형의 원인만을 써서 설명을 만들어 낸다. ______________________ 그래서 특정 유형의 설명만이 점점 더 우세해지고, 그러한 설명들이 하나의 체계로 모아져 결국 그런 설명이 우리의 사고방식을 지배하게 된다. 기업인은 즉시 이윤을 생각하고, 기독교인은 즉시 원죄를 생각하며 소녀는 즉시 사랑을 생각한다.

① 이것은 우리의 호기심과 모험심을 자극한다.
② 이것은 인과관계에 대한 우리의 지식을 확장시킨다.
③ 이것은 우리가 왜 불안한 심리 상태에 있는지를 설명해 준다.
④ 이것은 낯설고 체험하지 않았다는 느낌을 가장 빠르고 가장 쉽게 제거해 버린다.

PART 2

16 서울에 사는 A씨는 여름휴가를 맞이하여 남해로 가족여행을 떠났다. 다음 〈조건〉을 고려할 때, 구간단속구간의 제한 속도는 얼마인가?

조건

- 서울에서 남해까지 거리는 390km이며, 30km 구간단속구간이 있다.
- 일반구간에서 시속 80km를 유지하며 운전하였다.
- 구간단속구간에서는 제한 속도를 유지하며 운전하였다.
- 한 번도 쉬지 않았으며, 출발한 지 5시간 만에 남해에 도착하였다.

① 60km/h ② 65km/h
③ 70km/h ④ 75km/h

17 다음은 에너지원별 판매단가 및 CO_2 배출량에 대한 자료이다. 이에 대한 설명으로 옳지 않은 것은?

〈에너지원별 판매단가 및 CO_2 배출량〉

구분	판매단가(원/kWh)	CO_2 배출량(g-CO_2/kWh)
원자력	38.42	9
유연탄	38.56	968
중유	115.32	803
LPG	132.45	440

① LPG 판매단가는 원자력 판매단가의 약 3.4배이다.
② 유연탄의 CO_2 배출량은 원자력의 약 97배이다.
③ LPG는 두 번째로 CO_2 배출량이 낮다.
④ 원자력은 판매단가 대비 CO_2 배출량이 가장 낮다.

18 K공단은 신입사원들을 대상으로 3개월 동안 의무적으로 직업 강연을 듣게 하였다. 강연은 월요일과 수요일에 1회씩 열리고 금요일에는 격주로 1회씩 열린다고 할 때, 8월 1일 월요일에 처음 강연을 들은 신입사원이 13번째 강연을 듣는 날은 언제인가?(단, 처음 강연이 있던 그 주의 금요일 강연은 열리지 않았다)

① 8월 31일 ② 9월 2일
③ 9월 5일 ④ 9월 7일

19 A비커에는 농도가 x%인 설탕물 300g이 들어 있고 B비커에는 농도가 y%인 설탕물 600g이 들어 있다. B비커에서 A비커로 100g를 부어 골고루 섞은 후 다시 B비커로 100g을 옮기고 골고루 섞어 농도를 측정해 보니 A비커의 설탕물과 B비커의 설탕물의 농도는 각각 5%, 9.5%였다. 이때 $10x+10y$의 값은?

① 106 ② 116
③ 126 ④ 136

20 A, 2, 5, 6, 9가 하나씩 적힌 5장의 카드가 있다. 이 중 2장의 카드를 골라서 만든 가장 큰 수와 가장 작은 수의 합이 108이 되게 하는 A의 값은?(단, $A \neq 0$이다)

① 1 ② 3
③ 4 ④ 7

21 A주머니에는 흰 공 1개와 검은 공 3개가 들어 있고, B주머니에는 흰 공 2개가 들어 있다. 두 주머니 중에 어느 하나를 택하여 1개의 공을 꺼낼 때, 그 공이 흰 공일 확률은?

① $\frac{1}{4}$ ② $\frac{3}{8}$
③ $\frac{1}{2}$ ④ $\frac{5}{8}$

22 다음은 시도별 자전거도로 현황 자료이다. 이에 대한 설명으로 옳은 것은?

〈시도별 자전거도로 현황〉

(단위 : km)

구분	합계	자전거전용도로	자전거보행자겸용도로	자전거전용차로	자전거우선도로
전국	21,176	2,843	16,331	825	1,177
서울특별시	869	104	597	55	113
부산광역시	425	49	374	1	1
대구광역시	885	111	758	12	4
인천광역시	742	197	539	6	–
광주광역시	638	109	484	18	27
대전광역시	754	73	636	45	–
울산광역시	503	32	408	21	42
세종특별자치시	207	50	129	6	22
경기도	4,675	409	4,027	194	45
강원도	1,498	105	1,233	62	98
충청북도	1,259	202	824	76	157
충청남도	928	204	661	13	50
전라북도	1,371	163	1,042	112	54
전라남도	1,262	208	899	29	126
경상북도	1,992	414	1,235	99	244
경상남도	1,844	406	1,186	76	176
제주특별자치도	1,324	7	1,299	0	18

① 제주특별자치도는 전국에서 다섯 번째로 자전거도로가 길다.

② 전국에서 자전거전용도로의 비율은 약 13.4%의 비율을 차지한다.

③ 광주광역시를 볼 때, 전국 대비 자전거전용도로의 비율이 자전거보행자겸용도로의 비율보다 낮다.

④ 경상남도의 모든 자전거도로는 전국에서 9% 이상의 비율을 가진다.

23 **다음은 라임사태 판매현황에 대한 자료이다. 이를 토대로 작성한 판매사별 판매액 그래프로 옳은 것은?(단, 모든 그래프의 단위는 '억 원'이다)**

2019년 논란이 된 라임사태 관련 라임자산운용 상품은 총 4조 3천억 원 규모가 판매되었다고 알려졌다. 해당 상품 판매사 20여 곳 중 판매 비중이 큰 순서대로 판매사 4곳을 나열하면 D사, W사, S사, K사 순으로, 이 중 상위 3개사의 판매액 합계는 전체의 40%를 차지하는 것으로 나타났다. 더구나 최근 판매사 평가에서 해당 3개사의 펀드 판매실태가 불량한 것으로 알려져 각별한 주의가 필요할 것으로 판단된다.

①

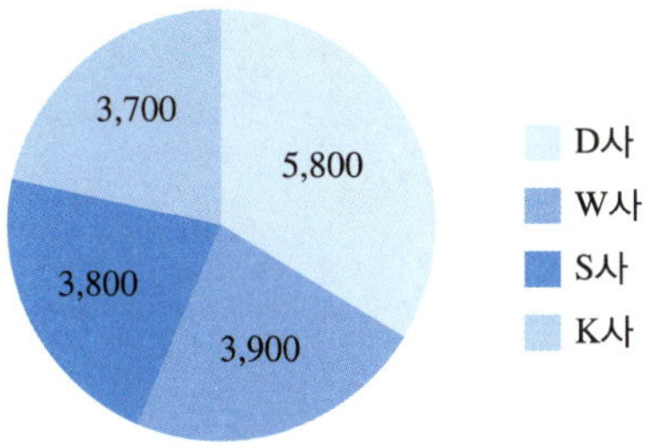

②

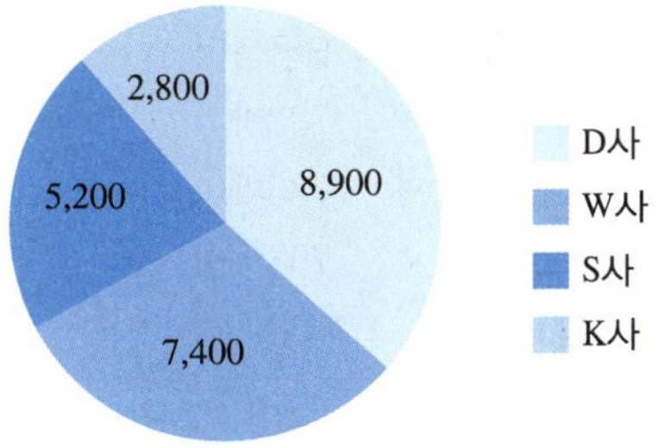

③

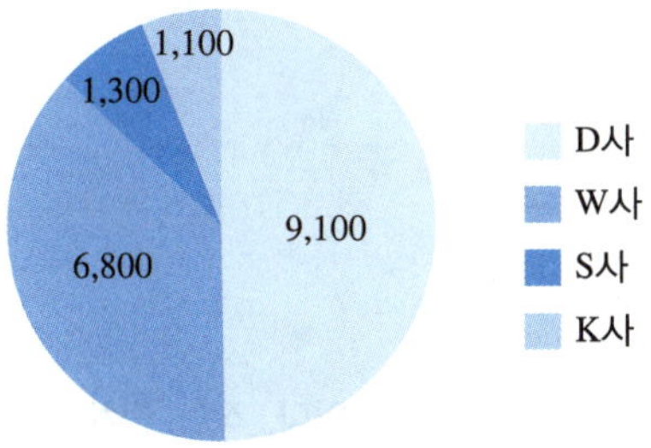

④

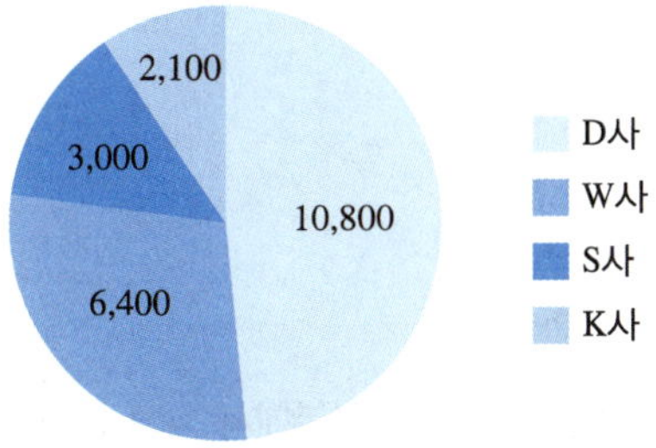

24 어항 안에 A금붕어와 B금붕어가 각각 1,675마리, 1,000마리가 있다. 다음과 같이 금붕어가 팔리고 있다면, 10일 차에 남아있는 금붕어는 각각 몇 마리인가?

〈일차별 금붕어 수 현황〉

(단위 : 마리)

구분	1일 차	2일 차	3일 차	4일 차	5일 차
A금붕어	1,675	1,554	1,433	1,312	1,191
B금붕어	1,000	997	992	983	968

	A금붕어	B금붕어
①	560마리	733마리
②	586마리	733마리
③	621마리	758마리
④	700마리	758마리

25 다음은 K공단 영업부에서 작년 분기별 영업 실적을 나타낸 그래프이다. 작년 전체 실적에서 1·2분기와 3·4분기가 각각 차지하는 비중을 바르게 나열한 것은?(단, 비중은 소수점 둘째 자리에서 반올림한다)

〈작년 분기별 영업 실적〉

(단위 : 억 원)

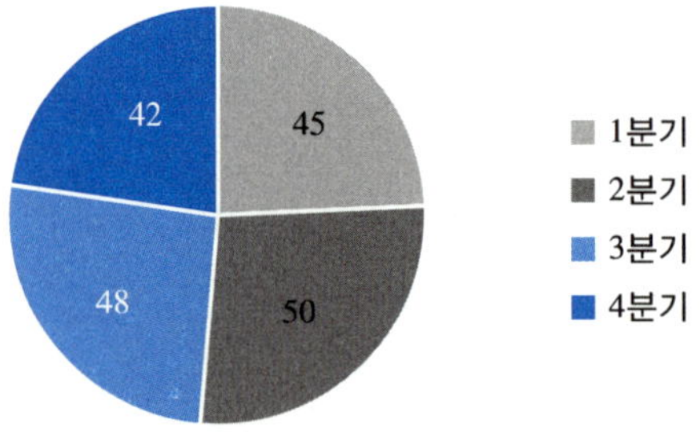

	1·2분기	3·4분기
①	48.6%	51.4%
②	50.1%	46.8%
③	51.4%	48.6%
④	46.8%	50.1%

※ 다음은 요식업 사업자 수 현황에 대한 자료이다. 이어지는 질문에 답하시오. [26~27]

〈요식업 사업자 수 현황〉

(단위 : 명)

구분	2021년	2022년	2023년	2024년
커피음료점	25,151	30,446	36,546	43,457
패스트푸드점	27,741	31,174	32,982	34,421
일식전문점	12,997	13,531	14,675	15,896
기타외국식전문점	17,257	17,980	18,734	20,450
제과점	12,955	13,773	14,570	15,155
분식점	49,557	52,725	55,013	55,474
기타음식점	22,301	24,702	24,818	24,509
한식전문점	346,352	360,209	369,903	375,152
중식전문점	21,059	21,784	22,302	22,712
호프전문점	41,796	41,861	39,760	37,543
간이주점	19,849	19,009	17,453	16,733
구내식당	35,011	31,929	29,213	26,202
합계	632,026	659,123	675,969	687,704

26 2024년 사업자 수의 감소율이 2021년 대비 두 번째로 큰 업종의 감소율을 바르게 구한 것은?(단, 소수점 둘째 자리에서 반올림한다)

① 25.2% ② 18.5%

③ 15.7% ④ 10.2%

27 다음 중 자료에 대한 설명으로 옳지 않은 것은?(단, 비율은 소수점 셋째 자리에서 반올림한다)

① 기타음식점의 2024년 사업자 수는 전년 대비 309명 감소했다.

② 2021년 대비 2023년 일식전문점 사업자 수의 증가율은 약 15.2%이다.

③ 사업자 수가 해마다 감소하는 업종은 두 업종이다.

④ 2022년의 전체 요식업 사업자 수에서 분식점 사업자 수가 차지하는 비중과 패스트푸드점 사업자 수가 차지하는 비중의 차이는 5%p 미만이다.

※ 다음은 의료보장별 심사실적에 대한 자료이다. 이어지는 질문에 답하시오. **[28~29]**

〈의료보장별 심사실적〉

(단위 : 건, 억 원)

구분		2023년 상반기		2024년 상반기	
		청구건수	진료비	청구건수	진료비
건강보험	입원	7,056	101,662	7,571	111,809
	외래	690,999	185,574	704,721	200,886
의료급여	입원	1,212	15,914	1,271	17,055
	외래	35,634	13,319	38,988	15,366
보훈	입원	35	728	17	418
	외래	1,865	1,250	1,370	940
자동차 보험	입원	466	4,984	479	5,159
	외래	6,508	2,528	7,280	3,036

28 전년 동기 대비 2024년 상반기 보훈 분야의 전체 청구건수의 감소율은?

① 21% ② 23%
③ 25% ④ 27%

29 2024년 상반기 입원 진료비 중 세 번째로 비싼 분야의 진료비는 전년 동기보다 얼마나 증가하였나?

① 175억 원 ② 165억 원
③ 155억 원 ④ 145억 원

30 세탁기는 세제용액의 농도를 0.9%로 유지해야 세탁이 잘된다. 농도가 0.5%인 세제용액 2kg에 세제를 4스푼 넣었더니, 농도가 0.9%인 세제용액이 됐다. 물 3kg에 세제를 몇 스푼 넣으면 농도가 0.9%가 되는가?

① 12스푼 ② 12.5스푼
③ 13스푼 ④ 13.5스푼

31 다음 사례에 나타난 홍보팀 팀장의 상황은 문제해결절차의 어느 단계에 해당하는가?

> K회사는 이번에 새로 출시한 제품의 판매량이 생각보다 저조하여 그 원인에 대해 조사하였고, 그 결과 신제품 홍보 방안이 미흡하다고 판단하였다. 효과적인 홍보 방안을 마련하기 위해 홍보팀에서는 회의를 진행하였고, 팀원들은 다양한 홍보 방안을 제시하였다. 홍보팀 팀장은 중요도와 실현 가능성 등을 고려하여 팀원들의 다양한 의견 중 최종 홍보 방안을 결정하고자 한다.

① 문제 인식
② 문제 도출
③ 원인 분석
④ 해결안 선정

PART 2

32 A ~ D 네 명이 저녁 식사를 하고 〈조건〉에 따라 돈을 지불했다. 다음 중 C가 낸 금액은?

> 조건
> - A는 B, C, D가 지불한 금액 합계의 20%를 지불했다.
> - C는 A와 B가 지불한 금액 합계의 40%를 지불했다.
> - A와 B가 지불한 금액 합계와 C와 D가 지불한 금액 합계는 같다.
> - D가 지불한 금액에서 16,000원을 빼면 A가 지불한 금액과 같다.

① 18,000원
② 20,000원
③ 22,000원
④ 24,000원

33 K공단은 판촉물 부채 5,500개를 A ~ D회사 중 구매할 생각이다. 판촉물 가격 및 배송비가 다음과 같을 때, 가장 저렴하게 구매할 수 있는 회사는?

판촉물 회사	판촉물 가격 및 배송비용
A	1묶음(100개)에 18,000원이며, 배송비는 다섯 묶음당 3,000원이다.
B	1묶음(500개)에 60,000원이며, 배송비는 판촉물 총금액의 10%이다.
C	1묶음(500개)에 72,000원이며, 배송비는 수량과 관계없이 5,000원이다.
D	개당 170원이며, 5천 개 이상 주문 시 배송비는 무료이다.

① A회사
② B회사
③ C회사
④ D회사

34 인사업무를 담당하고 있는 A씨는 전 직원을 대상으로 몇 년 동안 혼인 여부와 업무성과를 연계하여 조사를 실시해왔다. 그 결과 안정적인 가정을 꾸린 직원이 더 높은 성과를 달성한다는 사실을 확인할 수 있었다. 조사 내용 중 특히 신입사원의 혼인율이 급격하게 낮아지고 있으며, 최근 그 수치가 매우 낮아 향후 업무성과에 좋지 못한 영향을 미칠 것으로 예상되었다. 이러한 문제의 근본 원인을 찾아 도식화하여 팀장에게 보고하려고 한다. 다음 중 현상 간의 인과관계를 따져볼 때, A씨가 (D) 부분에 입력할 내용으로 가장 적절한 것은?

- 배우자를 만날 시간이 없다.
- 신입사원이어서 업무에 대해 잘 모른다.
- 매일 늦게 퇴근한다.
- 업무를 제때 못 마친다.
- 업무에 대한 OJT나 업무 매뉴얼을 활용하여 업무시간을 줄인다.

〈문제〉 신입사원이 결혼을 못하고 있다. → (A) → (B)

↓

〈해결안〉 ← (D) ← (C)

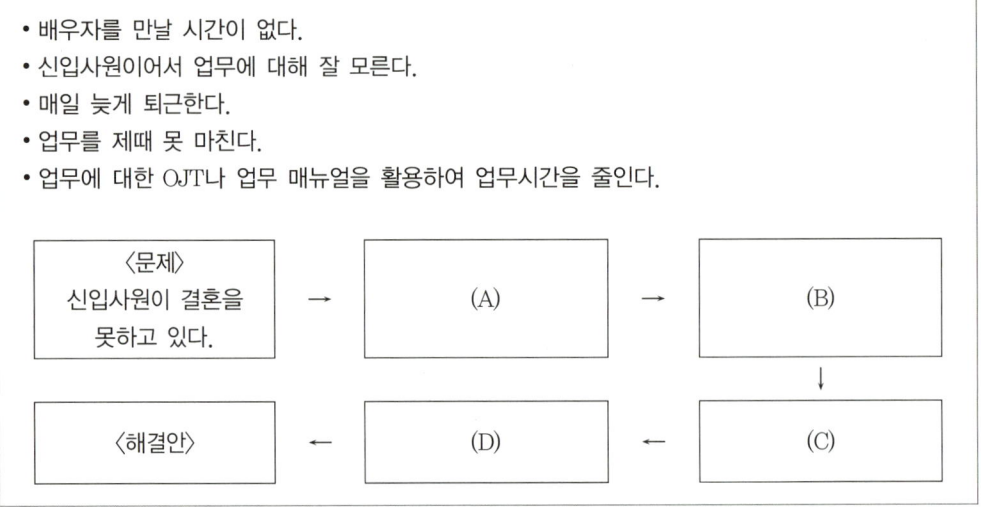

① 배우자를 만날 시간이 없다.
② 신입사원이어서 업무에 대해 잘 모른다.
③ 매일 늦게 퇴근한다.
④ 업무를 제때에 못 마친다.

35 K공단 전략기획본부 직원 A ~ G는 신입사원 입사 기념으로 단체로 영화관에 갔다. 다음 〈조건〉에 따라 자리에 앉는다고 할 때, 항상 옳은 것은?(단, 가장 왼쪽부터 첫 번째 자리로 한다)

조건

- 7명은 한 열에 나란히 앉는다.
- 한 열에는 7개의 좌석이 있다.
- 양 끝자리 옆에는 비상구가 있다.
- D와 F는 나란히 앉는다.
- A와 B 사이에는 한 명이 앉아 있다.
- G는 왼쪽에 사람이 있는 것을 싫어한다.
- C와 G 사이에는 한 명이 앉아 있다.
- G는 비상구와 붙어 있는 자리를 좋아한다.

① E는 D와 F 사이에 앉는다.
② G와 가장 멀리 떨어진 자리에 앉는 사람은 D이다.
③ C의 옆에는 A와 B가 앉는다.
④ D는 비상구와 붙어 있는 자리에 앉는다.

※ 다음은 K대학 졸업자 중 해외기업 인턴에 지원한 5명에 대한 정보이다. 이어지는 질문에 답하시오. [36~37]

〈K대학 졸업자 중 해외기업 인턴 지원자 정보〉

구분	나이	평균 학점	공인영어점수	관련 자격증 개수	희망 국가
A지원자	26세	4.10점	92점	2개	독일
B지원자	24세	4.25점	81점	0개	싱가포르
C지원자	25세	3.86점	75점	2개	일본
D지원자	28세	4.12점	78점	3개	호주
E지원자	27세	4.50점	96점	1개	영국

36 다음 〈조건〉에 따라 점수를 부여할 때, C지원자는 어떤 국가의 해외기업으로 인턴을 가는가?

조건
- 나이가 어린 사람부터 순서대로 5 ~ 1점을 부여한다.
- 평균 학점이 높은 사람부터 순서대로 5 ~ 1점을 부여한다.
- 공인영어점수의 10%를 점수로 환산한다.
- 관련 자격증은 1개당 3점을 부여한다.
- 총점이 가장 높은 2명은 희망한 국가로, 3번째는 미국, 4번째는 중국으로 인턴을 가고, 5번째는 탈락한다.

① 영국　　② 중국
③ 미국　　④ 일본

37 다음 〈조건〉과 같이 선발 기준이 변경되었을 때, 희망한 국가에 가지 못하는 지원자는 누구인가?

조건
- 나이는 고려하지 않는다.
- 평균 학점은 소수점 첫째 자리에서 반올림하여 점수를 부여한다.
- 공인영어점수의 10%를 점수로 환산한다.
- 관련 자격증은 1개당 2점을 부여한다.
- 총점이 가장 낮은 1명은 탈락하고, 나머지는 각자 희망하는 국가로 인턴을 간다.

① A지원자　　② B지원자
③ C지원자　　④ D지원자

38 K공단은 주요시설 및 보안구역의 시설물 안전관리를 위해 적외선 카메라 2대, 열선감지기 2대, 화재경보기 2대를 수도권본부, 강원본부, 경북본부, 금강본부 4곳에 나누어 설치하려고 한다. 다음 〈조건〉을 참고할 때, 반드시 참인 것은?

> **조건**
> - 모든 본부에 반드시 하나 이상의 기기를 설치해야 한다.
> - 한 본부에 최대 2대의 기기까지 설치할 수 있다.
> - 한 본부에 같은 종류의 기기 2대를 설치할 수는 없다.
> - 수도권본부에는 적외선 카메라를 설치하였다.
> - 강원본부에는 열선감지기를 설치하지 않았다.
> - 경북본부에는 화재경보기를 설치하였다.
> - 경북본부와 금강본부 중 한 곳에 적외선 카메라를 설치하였다.

① 수도권본부에는 적외선 카메라만 설치하였다.
② 강원본부에 화재경보기를 설치하였다.
③ 경북본부에 열선감지기를 설치하였다.
④ 금강본부에 화재경보기를 설치하였다.

39 다음은 A, B사원의 직업기초능력을 평가한 결과이다. 이에 대한 설명으로 가장 적절한 것은?

〈직업기초능력 평가 결과〉

(단위 : 점)

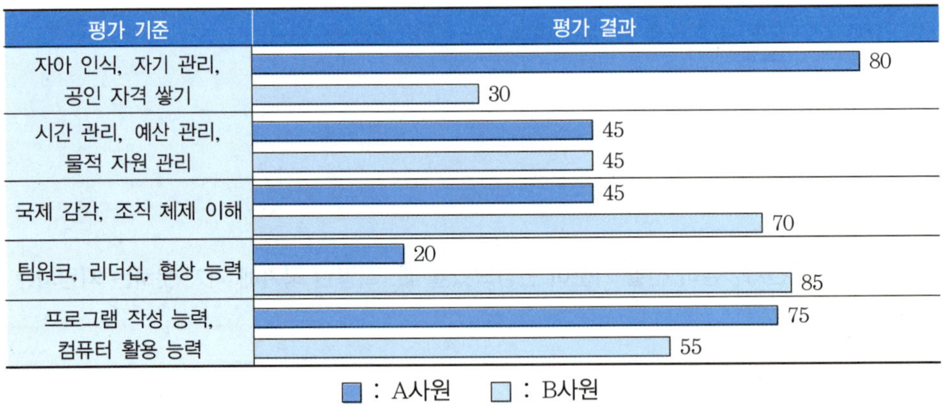

① A사원은 B사원보다 스스로를 관리하고 개발하는 능력이 우수하다.
② A사원은 B사원보다 조직의 체제와 경영을 이해하는 능력이 우수하다.
③ B사원은 A사원보다 정보를 검색하고 정보기기를 활용하는 능력이 우수하다.
④ B사원은 A사원보다 업무 수행에 필요한 시간, 자본 등의 자원을 예측 계획하여 할당하는 능력이 우수하다.

40 K공사에서 근무하는 A사원은 경제자유구역사업에 대한 SWOT 분석 결과를 토대로 SWOT 분석에 의한 경영전략을 세웠다. 다음 〈보기〉 중 SWOT 분석에 의한 경영전략의 내용으로 적절하지 않은 것을 모두 고르면?

〈경제자유구역사업에 대한 SWOT 분석 결과〉

구분	분석 결과
강점(Strength)	• 성공적인 경제자유구역 조성 및 육성 경험 • 다양한 분야의 경제자유구역 입주희망 국내기업 확보
약점(Weakness)	• 과다하게 높은 외자금액 비율 • 외국계 기업과 국내기업 간의 구조 및 운영상 이질감
기회(Opportunity)	• 국제경제 호황으로 인하여 타국 사업지구 입주를 희망하는 해외시장부문의 지속적 증가 • 국내진출 해외기업 증가로 인한 동형화 및 협업 사례 급증
위협(Threat)	• 국내거주 외국인 근로자에 대한 사회적 포용심 부족 • 대대적 교통망 정비로 인한 기성 대도시의 흡수효과 확대

〈SWOT 분석에 의한 경영전략〉

• SO전략 : 강점을 활용하여 기회를 선점하는 전략
• ST전략 : 강점을 활용하여 위협을 최소화하거나 극복하는 전략
• WO전략 : 기회를 활용하여 약점을 보완하는 전략
• WT전략 : 약점을 최소화하고 위협을 회피하는 전략

보기

ㄱ. 성공적인 경제자유구역 조성 노하우를 활용하여 타국 사업지구로의 진출을 희망하는 해외기업을 유인 및 유치하는 전략은 SO전략에 해당한다.
ㄴ. 다수의 풍부한 경제자유구역 성공 사례를 바탕으로 외국인 근로자를 국내주민과 문화적으로 동화시킴으로써 원활한 지역발전의 토대를 조성하는 전략은 ST전략에 해당한다.
ㄷ. 기존에 국내에 입주한 해외기업의 동형화 사례를 활용하여 국내기업과 외국계 기업의 운영상 이질감을 해소하여 생산성을 증대시키는 전략은 WO전략에 해당한다.
ㄹ. 경제자유구역 인근 대도시와의 연계를 활성화하여 경제자유구역 내 국내·외 기업 간의 이질감을 해소하는 전략은 WT전략에 해당한다.

① ㄱ, ㄴ
② ㄱ, ㄷ
③ ㄴ, ㄹ
④ ㄷ, ㄹ

41 한국도로교통공단은 워크숍에서 팀을 나눠 배드민턴 게임을 하기로 했다. 배드민턴 규칙은 실제 복식 경기방식을 따르기로 하고, 전략팀 직원 A, B와 총무팀 직원 C, D가 먼저 대결을 한다고 할 때, 다음과 같은 경기상황에 이어질 서브 방향 및 선수 위치로 가능한 것은?

〈배드민턴 복식 경기방식〉

- 점수를 획득한 팀이 서브권을 갖는다. 다만 서브권이 상대팀으로 넘어가기 전까지는 팀 내에서 같은 선수가 연속해서 서브권을 갖는다.
- 서브하는 팀은 자신의 팀 점수가 0이거나 짝수인 경우는 우측에서, 점수가 홀수인 경우는 좌측에서 서브한다.
- 서브하는 선수로부터 코트의 대각선 위치에 선 선수가 서브를 받는다.
- 서브를 받는 팀은 자신의 팀으로 서브권이 넘어오기 전까지는 팀 내에서 선수끼리 서로 코트 위치를 바꾸지 않는다.

※ 좌측, 우측은 각 팀이 네트를 바라보고 인식하는 좌, 우임

〈경기상황〉

- 전략팀(A · B), 총무팀(C · D) 간 복식 경기 진행
- 3 : 3 동점 상황에서 A가 C에 서브하고 전략팀(A · B)이 1점 득점

점수	서브 방향 및 선수 위치	득점한 팀
3 : 3	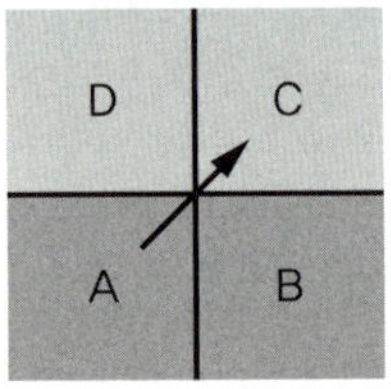	전략팀

①
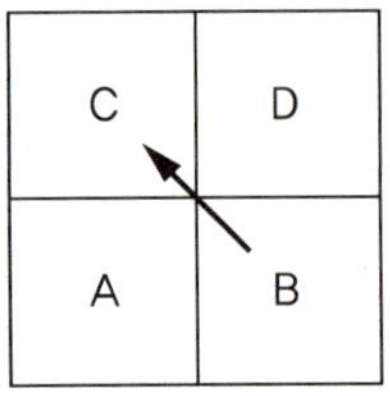

②
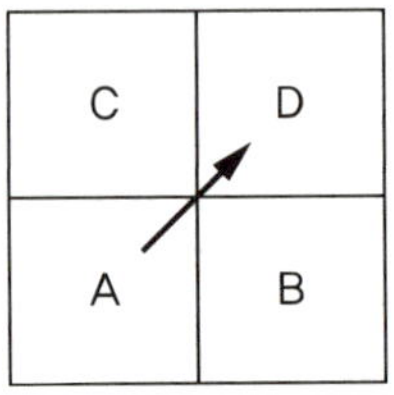

③
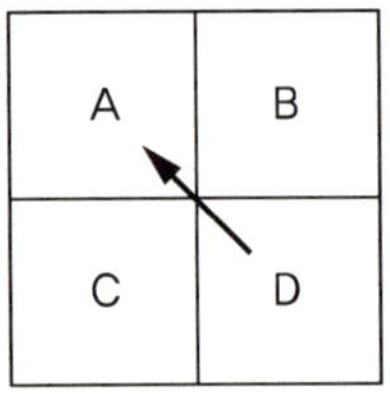

④
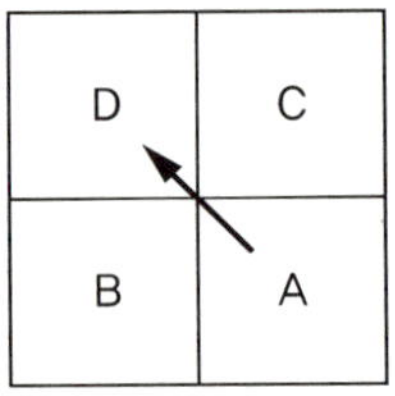

42 A씨는 영업비밀 보호를 위해 자신의 컴퓨터 속 각 문서의 암호를 다음 규칙에 따라 만들었다. 파일 이름이 다음과 같을 때, 이 파일의 암호는 무엇인가?

〈규칙〉

1. 비밀번호 중 첫 번째 자리에는 파일 이름의 첫 문자가 한글일 경우 @, 영어일 경우 #, 숫자일 경우 *로 특수문자를 입력한다.
   → 고습Dochi=@, haRAMY801=#, 1app루=*
2. 두 번째 자리에는 파일 이름의 총 자리 개수를 입력한다.
   → 고습Dochi=@7, haRAMY801=#9, 1app루=*5
3. 세 번째 자리부터는 파일 이름 내에 숫자를 순서대로 입력한다. 숫자가 없을 경우 0을 두 번 입력한다.
   → 고습Dochi=@700, haRAMY801=#9801, 1app루=*51
4. 그 다음 자리에는 파일 이름 중 한글이 있을 경우 초성만 순서대로 입력한다. 없다면 입력하지 않는다.
   → 고습Dochi=@700ㄱㅅ, haRAMY801=#9801, 1app루=*51ㄹ
5. 그 다음 자리에는 파일 이름 중 영어가 있다면 뒤에 덧붙여 순서대로 입력하되, a, e, i, o, u만 'a=1, e=2, i=3, o=4, u=5'로 변형하여 입력한다(대문자·소문자 구분 없이 모두 소문자로 입력한다).
   → 고습Dochi=@700ㄱㅅd4ch3, haRAMY801=#9801h1r1my, 1app루=*51ㄹ1pp

2022매운전골Cset3인기준recipe8

① @23202238ㅁㅇㅈㄱㅇㄱㅈcs2trecipe

② @23202238ㅁㅇㅈㄱㅇㄱㅈcs2tr2c3p2

③ *23202238ㅁㅇㅈㄱㅇㄱㅈcs2trecipe

④ *23202238ㅁㅇㅈㄱㅇㄱㅈcs2tr2c3p2

PART 2

※ 다음은 바이오에너지 구상도이다. 이어지는 질문에 답하시오. [43~44]

〈바이오에너지 구상도〉

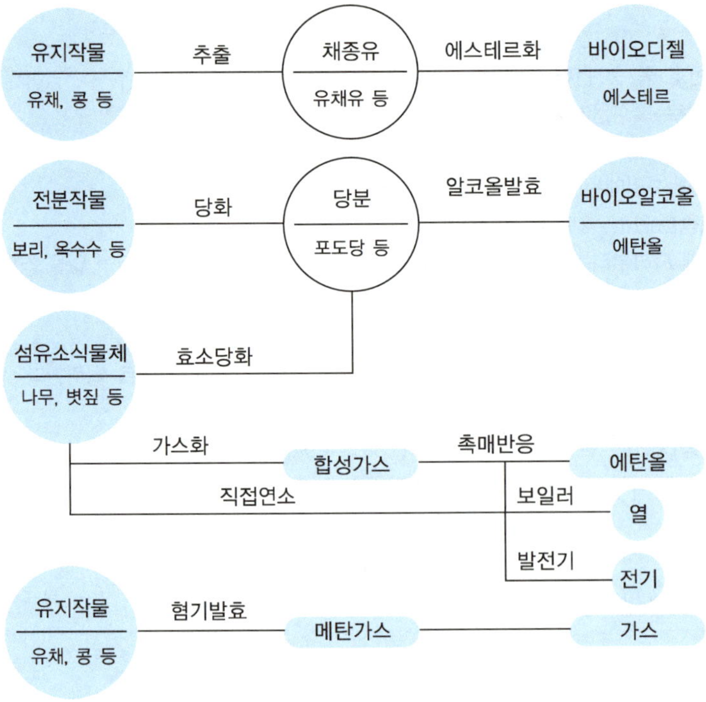

바이오매스란 식물이나 미생물 등을 에너지원으로 이용하는 생물체이다. 바이오매스에 들어 있는 석유성분을 추출하거나, 사람이나 동물의 배설물을 메테인발효시키거나, 특수한 해조나 폐기물 바이오매스를 메테인발효 또는 알코올발효 등에 의하여 연료로 만드는 것 등이 바이오매스를 에너지로 사용하는 방법이다. 생물체를 열분해하거나 발효시켜 메테인·에탄올·수소와 같은 연료, 즉 바이오매스 에너지를 채취하는 방법도 연구되고 있다. 브라질은 사탕수수와 카사바(마조카)에서 알코올을 채취하여 자동차연료로 쓰고 있고, 미국은 켈프라는 거대한 다시마를 바다에서 재배하여 거기서 메테인을 만드는 연구를 하였다.
이처럼 바이오매스는 지역의 특색을 살릴 수 있기 때문에 로컬에너지에 속한다.

공정	추출	에스테르화	당화	알코올발효	효소당화	가스화	혐기발효
점수	5점	5점	10점	3점	7점	8점	6점

※ 공정 단계별로 가격을 매김
1점 이상 4점 미만 : 1점당 20,000원
4점 이상 8점 미만 : 1점당 30,000원
8점 이상 11점 미만 : 1점당 40,000원

43 **바이오매스 물질을 연료로 바꾸기 위해서는 다양한 공정이 필요하다. 다음 중 공정에서 드는 가격을 점수로 매겼을 때 에너지원의 최종 공정이 끝난 후 가격으로 옳지 않은 것은?**

	에너지원	연료	공정가격
①	보리	바이오알코올	460,000원
②	나무	바이오알코올	270,000원
③	콩	가스	180,000원
④	유채	바이오디젤	180,000원

44 **다음 중 윗글에 대한 설명으로 옳지 않은 것은?**

① 바이오매스는 지역의 특색을 살릴 수 있으므로 로컬에너지에 속한다.
② 보리와 옥수수는 당화 과정이 필요하다.
③ 유채, 콩은 추출을 하느냐 혐기발효를 하느냐에 따라 최종 에너지가 달라진다.
④ 섬유소식물체로는 한 종류의 바이오매스 에너지만 만들 수 있다.

45 **K회사의 영업지원팀 문팀장은 새로 출시한 제품 홍보를 지원하기 위해 월요일부터 목요일까지 매일 남녀 한 명씩을 홍보팀으로 보내야 한다. 영업지원팀에는 현재 남자 사원 4명(기태, 남호, 동수, 지원)과 여자 사원 4명(고은, 나영, 다래, 리화)이 근무하고 있다. 〈조건〉을 만족할 때, 다음 중 옳지 않은 것은?**

> **조건**
> (가) 매일 다른 사람을 보내야 한다.
> (나) 기태는 화요일과 수요일에 휴가를 간다.
> (다) 동수는 다래의 바로 이전 요일에 보내야 한다.
> (라) 고은은 월요일에는 근무할 수 없다.
> (마) 남호와 나영은 함께 근무할 수 없다.
> (바) 지원은 기태 이전에 근무하지만 화요일은 갈 수 없다.
> (사) 리화는 고은과 나영 이후에 보낸다.

① 고은이 수요일에 근무한다면 기태는 리화와 함께 근무한다.
② 다래가 수요일에 근무한다면 화요일에는 동수와 고은이 근무한다.
③ 리화가 수요일에 근무한다면 남호는 화요일에 근무한다.
④ 고은이 화요일에 근무한다면 지원은 월요일에 근무할 수 없다.

46 다음과 같이 판매실적을 구하기 위해 [A7] 셀에 수식 「=SUMIFS(D2:D6,A2:A6,"연필",B2:B6,"서울")」를 입력했을 때, 그 결괏값으로 옳은 것은?

	A	B	C	D
2	연필	경기	150	100
3	볼펜	서울	150	200
4	연필	서울	300	300
5	볼펜	경기	300	400
6	연필	서울	300	200
7				

① 100
② 500
③ 600
④ 750

47 다음 글에서 설명하는 함수로 옳은 것은?

주어진 조건에 의해 지정된 셀들의 합계를 구하는 함수로, 특정 문자로 시작하는 셀들의 합계를 구하는 경우, 특정 금액 이상의 셀 합계를 구하는 경우, 구분 항목별 합계를 구하는 경우 등 다양하게 사용할 수 있다.

① SUM
② COUNT
③ AVERAGEA
④ SUMIF

48 다음 중 제어판의 장치관리자 목록 중 LAN카드가 포함된 항목은?

① 디스크 드라이브
② 디스플레이 어댑터
③ 시스템 장치
④ 네트워크 어댑터

49 **다음은 워드프로세서의 기능에 대한 설명이다. 빈칸 (가), (나)에 들어갈 용어를 바르게 나열한 것은?**

> 워드프로세서의 기능 중 자주 쓰이는 문자열을 따로 등록해 놓았다가, 필요할 때 등록한 준말을 입력하면 본말 전체가 입력되도록 하는 기능을 ___(가)___(이)라고 하고, 본문에 들어가는 그림이나 표, 글상자, 그리기 개체, 수식에 번호와 제목, 간단한 설명 등을 붙이는 기능을 ___(나)___라고 한다.

	(가)	(나)
①	매크로	캡션달기
②	매크로	메일머지
③	스타일	메일머지
④	상용구	캡션달기

50 **다음 프로그램에서 최근 작업 문서를 열 때 사용하는 단축키는?**

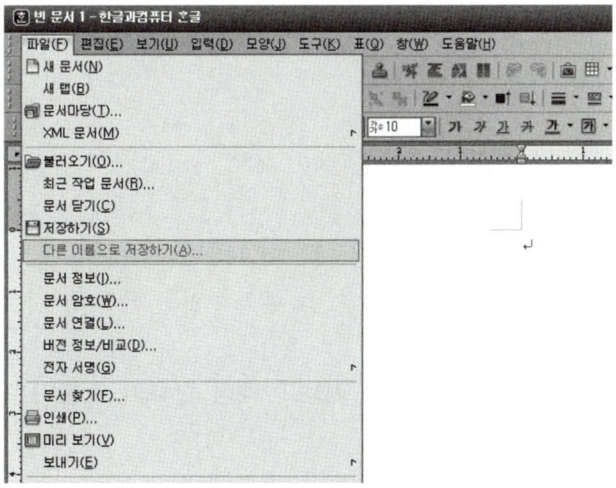

① 〈Alt〉+〈N〉 ② 〈Ctrl〉+〈N〉, 〈M〉
③ 〈Alt〉+〈S〉 ④ 〈Alt〉+〈F3〉

51 다음은 어떤 검색엔진에서 원하는 정보를 더 정확히 찾기 위해 사용할 수 있는 검색식에 대한 자료이다. '2020년 도쿄올림픽 메달 순위'에 대한 자료를 얻으려고 검색하고자 할 때, 옳은 검색식은? (단, '2020년 도쿄올림픽 메달 순위' 문구가 정확하게 일치해야 한다)

구분	검색식
입력한 검색어 텍스트의 순서까지 일치	"(검색어)"
특정 텍스트 제외	~ −(제외하려는 텍스트)
여러 단어 중 하나만	(텍스트 1) or (텍스트 2) or …
여러 단어가 포함	(텍스트 1) and (텍스트 2) and …

① 2020년 도쿄올림픽 메달 순위 −하계
② 2020년 도쿄올림픽 메달 순위
③ 2020년 or 도쿄올림픽 메달 or 순위
④ "2020년 도쿄올림픽 메달 순위"

52 다음 중 클라우드 컴퓨팅의 장점이 아닌 것은?

① 유연성과 확장성
② 안전성과 보안성
③ 접근성과 이용성
④ 비용의 절감

53 다음 중 Windows 환경에서 엑셀의 기능과 해당 단축키 조합이 잘못 연결된 것은?

① 〈Alt〉+〈H〉 : 홈 탭으로 이동
② 〈Alt〉+〈N〉 : 삽입 탭으로 이동
③ 〈Alt〉+〈P〉 : 페이지 레이아웃 탭으로 이동
④ 〈Alt〉+〈A〉 : 수식 탭으로 이동

54 학생 A ~ E의 국어, 영어, 수학의 평균 점수가 전체 평균 이상이면 "GOOD", 미만이면 "CHEER UP" 문구를 출력하기 위해 엑셀을 이용하여 학생들의 성적 점수를 정리하였다. [F2] 셀에 「IF(E2>=E7,"GOOD","CHEER UP")」를 적은 후 아래로 드래그했더니 다음과 같이 되었다. 이에 대한 수정 방안으로 옳은 것은?

(단위 : 점)

	A	B	C	D	E	F
1	이름	국어	영어	수학	평균	문구
2	A	70	90	60	73.3	CHERR UP
3	B	80	80	80	80	GOOD
4	C	85	90	85	86.7	GOOD
5	D	90	95	95	93.3	GOOD
6	E	60	85	75	73.3	GOOD
7	평균	77	88	79	81.3	–

① [F2]에 함수를 입력한 후 위로 드래그해야 한다.
② "CHEER UP"을 출력하는 조건을 보완한다.
③ "GOOD"과 "CHEER UP"의 배치를 바꾼다.
④ [E7]의 행을 절대참조로 변경한다.

55 다음 〈보기〉 중 정보화 사회의 정보통신 기술 활용 사례와 내용에 대한 설명으로 옳은 것을 모두 고르면?

보기

ㄱ. 유비쿼터스 기술(Ubiquitous Technology) : 장소에 제한받지 않고 네트워크에 접속된 컴퓨터를 자신의 컴퓨터와 동일하게 활용하는 기술이다.
ㄴ. 임베디드 컴퓨팅(Embedded Computing) : 네트워크의 이동성을 극대화하여 특정 장소가 아닌 어디서든 컴퓨터를 사용할 수 있게 하는 기술이다.
ㄷ. 감지 컴퓨팅(Sentient Computing) : 센서를 통해 사용자의 상황을 인식하여 사용자가 필요한 정보를 적시에 제공해주는 기술이다.
ㄹ. 사일런트 컴퓨팅(Silent Computing) : 장소, 사물, 동식물 등에 심어진 컴퓨터들이 사용자가 의식하지 않은 상태에서 사용자의 요구에 의해 일을 수행하는 기술이다.
ㅁ. 노매딕 컴퓨팅(Nomadic Computing) : 제품에서 특정 작업을 수행할 수 있도록 탑재되는 솔루션이나 시스템이다.

① ㄱ, ㄴ　　② ㄱ, ㄷ
③ ㄴ, ㄷ, ㅁ　　④ ㄱ, ㄷ, ㄹ

※ 다음은 엑셀 워크시트를 이용한 K연구원의 2025년도 구입 예정 물품에 대한 자료이다. 이어지는 질문에 답하시오. **[56~57]**

〈2025년도 구입 예정 물품〉

	A	B	C	D	E
1					
2					
3					
4		구분	단가	수량	금액
5		대용량 하드	1,000,000	100	100,000,000
6		대형 프린트	1,500,000	210	(A)
7		본체	1,350,000	130	175,500,000
8		노트북	2,000,000	40	80,000,000
9		전체		(B)	(C)

56 다음 중 (A)에 금액을 산출하기 위한 방법으로 옳지 않은 것은?

① [E6] 셀에 「=C6xD6」 수식을 입력한다.

② [C6] 셀과 [D6] 셀의 값을 곱한다.

③ [E6] 셀에 「=C6*D6」 수식을 입력한다.

④ [E6] 셀에 「=1,500,000*210」을 입력한다.

57 다음 중 (A)에 값이 입력되어 있을 때, (C)의 값을 4개 부서에서 공평하게 분담하고자 하는 경우 옳은 금액 산출방식은?

① [E9] 셀에 「=E9/D9」 수식을 입력한다.

② [E9] 셀에 수식 「=SUM(E5:E8)/D9」을 입력한다.

③ [E5]부터 [E8] 셀을 드래그하여 우측 하단 상태표시줄의 평균값을 확인한다.

④ [E9] 셀에 수식 「=(E5+E6+E7+E8)/D9」를 입력한다.

58 K중학교에서 근무하는 P교사는 반 학생들의 과목별 수행평가 제출 여부를 확인하기 위해 아래와 같이 자료를 정리하였다. P교사가 [D11] ~ [D13] 셀에 〈보기〉와 같이 함수를 입력하였을 때, [D11] ~ [D13] 셀에 나타날 결괏값으로 옳은 것은?

	A	B	C	D
1	(제출했을 경우 '1'로 표시)			
2	이름	A과목	B과목	C과목
3	김혜진	1	1	1
4	이방숙	1		
5	정영교	재제출 요망	1	
6	정혜운		재제출 요망	1
7	이승준		1	
8	이혜진			1
9	정영남	1		1
10				
11				
12				
13				

보기

[D11] 셀에 입력한 함수 → =COUNTA(B3:D9)
[D12] 셀에 입력한 함수 → =COUNT(B3:D9)
[D13] 셀에 입력한 함수 → =COUNTBLANK(B3:D9)

	[D11]	[D12]	[D13]
①	12	10	11
②	12	10	9
③	10	12	11
④	10	12	9

PART 2

59 다음은 자료와 정보, 지식에 대한 글이다. K사의 상황에 맞게 빈칸에 들어갈 내용으로 옳지 않은 것은?

- 자료(데이터)와 정보, 지식의 고전적인 구분은 McDonough가 그의 책 '정보경제학'에서 시도하였다. 그는 비교적 단순한 방법으로 정보와 지식, 데이터를 구분하고 있다. 즉, 자료(데이터)는 '가치가 평가되지 않은 메시지', 정보는 '특정상황에서 평가된 데이터', 지식은 '정보가 더 넓은 시간·내용의 관계를 나타내는 것'이라고 정의하였다.
- 자동차 업종인 K사는 최근 1년간 자사 자동차를 구매한 고객들의 주문기종을 조사하여 조사결과를 향후 출시할 자동차 설계에 반영하고자 한다.

자료(Data)	⇨	객관적 실제의 반영이며, 그것을 전달할 수 있도록 기호화한 것	⇨	㉠
⇩				
정보(Information)	⇨	자료를 특정한 목적과 문제해결에 도움이 되도록 가공한 것	⇨	㉡
⇩				
지식(Knowledge)	⇨	정보를 모으고 체계화하여 장래의 일반적인 사항에 대비해 보편성을 갖도록 한 것	⇨	㉢

① ㉠ : 최근 1년간 K사 자동차 구입 고객의 연령, 성별, 구입 자동차의 차종 및 배기량 등
② ㉡ : 유가 변화에 따른 K사 판매지점 수 변화
③ ㉢ : 연령별 선호 디자인 트렌드 파악
④ ㉢ : 선호 배기량 트렌드에 맞는 신규 차종 개발

60 다음 스프레드시트에서 수식 「=INDEX(A3:E9,MATCH(SMALL(B3:B9,2), B3:B9,0),5)」의 결괏값은?

	A	B	C	D	E
1					(단위 : 개, 원)
2	상품명	판매수량	단가	판매금액	원산지
3	참외	5	2,000	10,000	대구
4	바나나	12	1,000	12,000	서울
5	감	10	1,500	15,000	부산
6	포도	7	3,000	21,000	대전
7	사과	20	800	16,000	광주
8	오렌지	9	1,200	10,800	전주
9	수박	8	10,000	80,000	춘천

① 21,000　　② 대전
③ 15,000　　④ 광주

PART 3
채용 가이드

CHAPTER 01 블라인드 채용 소개

1. 블라인드 채용이란?

채용 과정에서 편견이 개입되어 불합리한 차별을 야기할 수 있는 출신지, 가족관계, 학력, 외모 등의 편견요인은 제외하고, 직무능력만을 평가하여 인재를 채용하는 방식입니다.

2. 블라인드 채용의 필요성

- 채용의 공정성에 대한 사회적 요구
  - 누구에게나 직무능력만으로 경쟁할 수 있는 균등한 고용기회를 제공해야 하나, 아직도 채용의 공정성에 대한 불신이 존재
  - 채용상 차별금지에 대한 법적 요건이 권고적 성격에서 처벌을 동반한 의무적 성격으로 강화되는 추세
  - 시민의식과 지원자의 권리의식 성숙으로 차별에 대한 법적 대응 가능성 증가
- 우수인재 채용을 통한 기업의 경쟁력 강화 필요
  - 직무능력과 무관한 학벌, 외모 위주의 선발로 우수인재 선발기회 상실 및 기업경쟁력 약화
  - 채용 과정에서 차별 없이 직무능력중심으로 선발한 우수인재 확보 필요
- 공정한 채용을 통한 사회적 비용 감소 필요
  - 편견에 의한 차별적 채용은 우수인재 선발을 저해하고 외모·학벌 지상주의 등의 심화로 불필요한 사회적 비용 증가
  - 채용에서의 공정성을 높여 사회의 신뢰수준 제고

3. 블라인드 채용의 특징

편견요인을 요구하지 않는 대신 직무능력을 평가합니다.

※ 직무능력중심 채용이란?
기업의 역량기반 채용, NCS기반 능력중심 채용과 같이 직무수행에 필요한 능력과 역량을 평가하여 선발하는 채용방식을 통칭합니다.

4. 블라인드 채용의 평가요소

직무수행에 필요한 지식, 기술, 태도 등을 과학적인 선발기법을 통해 평가합니다.

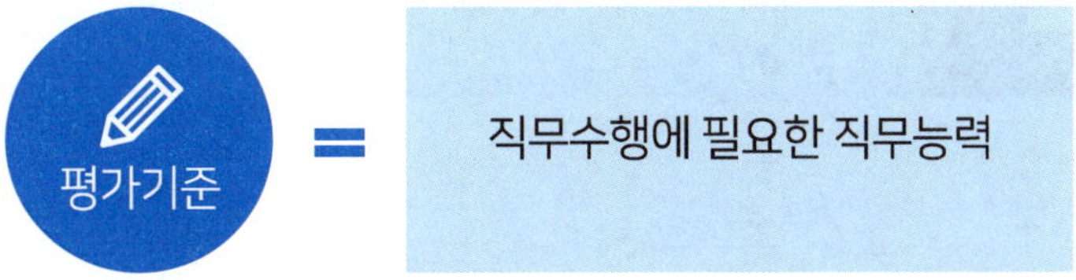

※ 과학적 선발기법이란?
직무분석을 통해 도출된 평가요소를 서류, 필기, 면접 등을 통해 체계적으로 평가하는 방법으로 입사지원서, 자기소개서, 직무수행능력평가, 구조화 면접 등이 해당됩니다.

5. 블라인드 채용 주요 도입 내용

- 입사지원서에 인적사항 요구 금지
  - 인적사항에는 출신지역, 가족관계, 결혼여부, 재산, 취미 및 특기, 종교, 생년월일(연령), 성별, 신장 및 체중, 사진, 전공, 학교명, 학점, 외국어 점수, 추천인 등이 해당
  - 채용 직무를 수행하는 데 있어 반드시 필요하다고 인정될 경우는 제외
    예 특수경비직 채용 시 : 시력, 건강한 신체 요구
    연구직 채용 시 : 논문, 학위 요구 등
- 블라인드 면접 실시
  - 면접관에게 응시자의 출신지역, 가족관계, 학교명 등 인적사항 정보 제공 금지
  - 면접관은 응시자의 인적사항에 대한 질문 금지

6. 블라인드 채용 도입의 효과성

- 구성원의 다양성과 창의성이 높아져 기업 경쟁력 강화
  - 편견을 없애고 직무능력 중심으로 선발하므로 다양한 직원 구성 가능
  - 다양한 생각과 의견을 통하여 기업의 창의성이 높아져 기업경쟁력 강화
- 직무에 적합한 인재선발을 통한 이직률 감소 및 만족도 제고
  - 사전에 지원자들에게 구체적이고 상세한 직무요건을 제시함으로써 허수 지원이 낮아지고, 직무에 적합한 지원자 모집 가능
  - 직무에 적합한 인재가 선발되어 직무이해도가 높아져 업무효율 증대 및 만족도 제고
- 채용의 공정성과 기업이미지 제고
  - 블라인드 채용은 사회적 편견을 줄인 선발 방법으로 기업에 대한 사회적 인식 제고
  - 채용과정에서 불합리한 차별을 받지 않고 실력에 의해 공정하게 평가를 받을 것이라는 믿음을 제공하고, 지원자들은 평등한 기회와 공정한 선발과정 경험

CHAPTER 02

서류전형 가이드

01 채용공고문

1. 채용공고문의 변화

기존 채용공고문	변화된 채용공고문
• 취업준비생에게 불충분하고 불친절한 측면 존재 • 모집분야에 대한 명확한 직무관련 정보 및 평가기준 부재 • 해당분야에 지원하기 위한 취업준비생의 무분별한 스펙 쌓기 현상 발생	• NCS 직무분석에 기반한 채용공고를 토대로 채용전형 진행 • 지원자가 입사 후 수행하게 될 업무에 대한 자세한 정보 공지 • 직무수행내용, 직무수행 시 필요한 능력, 관련된 자격, 직업기초능력 제시 • 지원자가 해당 직무에 필요한 스펙만을 준비할 수 있도록 안내
• 모집부문 및 응시자격 • 지원서 접수 • 전형절차 • 채용조건 및 처우 • 기타사항	• 채용절차 • 채용유형별 선발분야 및 예정인원 • 전형방법 • 선발분야별 직무기술서 • 우대사항

2. 지원 유의사항 및 지원요건 확인

채용 직무에 따른 세부사항을 공고문에 명시하여 지원자에게 적격한 지원 기회를 부여함과 동시에 채용과정에서의 공정성과 신뢰성을 확보합니다.

구성	내용	확인사항
모집분야 및 규모	고용형태(인턴 계약직 등), 모집분야, 인원, 근무지역 등	채용직무가 여러 개일 경우 본인이 해당되는 직무의 채용규모 확인
응시자격	기본 자격사항, 지원조건	지원을 위한 최소자격요건을 확인하여 불필요한 지원을 예방
우대조건	법정·특별·자격증 가점	본인의 가점 여부를 검토하여 가점 획득을 위한 사항을 사실대로 기재
근무조건 및 보수	고용형태 및 고용기간, 보수, 근무지	본인이 생각하는 기대수준에 부합하는지 확인하여 불필요한 지원을 예방
시험방법	서류·필기·면접전형 등의 활용방안	전형방법 및 세부 평가기법 등을 확인하여 지원전략 준비
전형일정	접수기간, 각 전형 단계별 심사 및 합격자 발표일 등	본인의 지원 스케줄을 검토하여 차질이 없도록 준비
제출서류	입사지원서(경력·경험기술서 등), 각종 증명서 및 자격증 사본 등	지원요건 부합 여부 및 자격 증빙서류 사전에 준비
유의사항	임용취소 등의 규정	임용취소 관련 법적 또는 기관 내부 규정을 검토하여 해당여부 확인

02 직무기술서

직무기술서란 직무수행의 내용과 필요한 능력, 관련 자격, 직업기초능력 등을 상세히 기재한 것으로 입사 후 수행하게 될 업무에 대한 정보가 수록되어 있는 자료입니다.

1. 채용분야

설명

NCS 직무분류 체계에 따라 직무에 대한 「대분류 – 중분류 – 소분류 – 세분류」 체계를 확인할 수 있습니다. 채용 직무에 대한 모든 직무기술서를 첨부하게 되며 실제 수행 업무를 기준으로 세부적인 분류정보를 제공합니다.

채용분야	분류체계			
사무행정	대분류	중분류	소분류	세분류
분류코드	02. 경영·회계·사무	03. 재무·회계	01. 재무	01. 예산
				02. 자금
			02. 회계	01. 회계감사
				02. 세무

2. 능력단위

설명

직무분류 체계의 세분류 하위능력단위 중 실질적으로 수행할 업무의 능력만 구체적으로 파악할 수 있습니다.

능력단위	(예산)	03. 연간종합예산수립 05. 확정예산 운영	04. 추정재무제표 작성 06. 예산실적 관리
	(자금)	04. 자금운용	
	(회계감사)	02. 자금관리 05. 회계정보시스템 운용 07. 회계감사	04. 결산관리 06. 재무분석
	(세무)	02. 결산관리 07. 법인세 신고	05. 부가가치세 신고

3. 직무수행내용

설명

세분류 영역의 기본정의를 통해 직무수행내용을 확인할 수 있습니다. 입사 후 수행할 직무내용을 구체적으로 확인할 수 있으며, 이를 통해 입사서류 작성부터 면접까지 직무에 대한 명확한 이해를 바탕으로 자신의 희망직무인지 아닌지, 해당 직무가 자신이 알고 있던 직무가 맞는지 확인할 수 있습니다.

직무수행내용	(예산) 일정기간 예상되는 수익과 비용을 편성, 집행하며 통제하는 일
	(자금) 자금의 계획 수립, 조달, 운용을 하고 발생 가능한 위험 관리 및 성과평가
	(회계감사) 기업 및 조직 내·외부에 있는 의사결정자들이 효율적인 의사결정을 할 수 있도록 유용한 정보를 제공, 제공된 회계정보의 적정성을 파악하는 일
	(세무) 세무는 기업의 활동을 위하여 주어진 세법범위 내에서 조세부담을 최소화시키는 조세전략을 포함하고 정확한 과세소득과 과세표준 및 세액을 산출하여 과세당국에 신고·납부하는 일

4. 직무기술서 예시

태도	(예산) 정확성, 분석적 태도, 논리적 태도, 타 부서와의 협조적 태도, 설득력
	(자금) 분석적 사고력
	(회계 감사) 합리적 태도, 전략적 사고, 정확성, 적극적 협업 태도, 법률준수 태도, 분석적 태도, 신속성, 책임감, 정확한 판단력
	(세무) 규정 준수 의지, 수리적 정확성, 주의 깊은 태도
우대 자격증	공인회계사, 세무사, 컴퓨터활용능력, 변호사, 워드프로세서, 전산회계운용사, 사회조사분석사, 재경관리사, 회계관리 등
직업기초능력	의사소통능력, 문제해결능력, 자원관리능력, 대인관계능력, 정보능력, 조직이해능력

5. 직무기술서 내용별 확인사항

항목	확인사항
모집부문	해당 채용에서 선발하는 부문(분야)명 확인 예 사무행정, 전산, 전기
분류체계	지원하려는 분야의 세부직무군 확인
주요기능 및 역할	지원하려는 기업의 전사적인 기능과 역할, 산업군 확인
능력단위	지원분야의 직무수행에 관련되는 세부업무사항 확인
직무수행내용	지원분야의 직무군에 대한 상세사항 확인
전형방법	지원하려는 기업의 신입사원 선발전형 절차 확인
일반요건	교육사항을 제외한 지원 요건 확인(자격요건, 특수한 경우 연령)
교육요건	교육사항에 대한 지원요건 확인(대졸 / 초대졸 / 고졸 / 전공 요건)
필요지식	지원분야의 업무수행을 위해 요구되는 지식 관련 세부항목 확인
필요기술	지원분야의 업무수행을 위해 요구되는 기술 관련 세부항목 확인
직무수행태도	지원분야의 업무수행을 위해 요구되는 태도 관련 세부항목 확인
직업기초능력	지원분야 또는 지원기업의 조직원으로서 근무하기 위해 필요한 일반적인 능력사항 확인

03 입사지원서

1. 입사지원서의 변화

기존지원서		능력중심 채용 입사지원서	
직무와 관련 없는 학점, 개인신상, 어학점수, 자격, 수상경력 등을 나열하도록 구성	VS	해당 직무수행에 꼭 필요한 정보들을 제시할 수 있도록 구성	
직무기술서	→	인적사항	성명, 연락처, 지원분야 등 작성 (평가 미반영)
직무수행내용	→	교육사항	직무지식과 관련된 학교교육 및 직업교육 작성
요구지식 / 기술	→	자격사항	직무관련 국가공인 또는 민간자격 작성
관련 자격증 사전직무경험	→	경력 및 경험사항	조직에 소속되어 일정한 임금을 받거나(경력) 임금 없이(경험) 직무와 관련된 활동 내용 작성

2. 교육사항

- 지원분야 직무와 관련된 학교 교육이나 직업교육 혹은 기타교육 등 직무에 대한 지원자의 학습 여부를 평가하기 위한 항목입니다.
- 지원하고자 하는 직무의 학교 전공교육 이외에 직업교육, 기타교육 등을 기입할 수 있기 때문에 전공제한 없이 직업교육과 기타교육을 이수하여 지원이 가능하도록 기회를 제공합니다.
  (기타교육 : 학교 이외의 기관에서 개인이 이수한 교육과정 중 지원직무와 관련이 있다고 생각되는 교육내용)

구분	교육과정(과목)명	교육내용	과업(능력단위)

3. 자격사항

- 채용공고 및 직무기술서에 제시되어 있는 자격 현황을 토대로 지원자가 해당 직무를 수행하는 데 필요한 능력을 가지고 있는지를 평가하기 위한 항목입니다.
- 채용공고 및 직무기술서에 기재된 직무관련 필수 또는 우대자격 항목을 확인하여 본인이 보유하고 있는 자격사항을 기재합니다.

자격유형	자격증명	발급기관	취득일자	자격증번호

4. 경력 및 경험사항

- 직무와 관련된 경력이나 경험 여부를 표현하도록 하여 직무와 관련한 능력을 갖추었는지를 평가하기 위한 항목입니다.
- 해당 기업에서 직무를 수행함에 있어 필요한 사항만을 기록하게 되어 있기 때문에 직무와 무관한 스펙을 갖추지 않아도 됩니다.
- 경력 : 금전적 보수를 받고 일정기간 동안 일했던 경우
- 경험 : 금전적 보수를 받지 않고 수행한 활동

※ 기업에 따라 경력 / 경험 관련 증빙자료 요구 가능

구분	조직명	직위 / 역할	활동기간(년 / 월)	주요과업 / 활동내용

Tip

입사지원서 작성 방법

○ 경력 및 경험사항 작성

- 직무기술서에 제시된 지식, 기술, 태도와 지원자의 교육사항, 경력(경험)사항, 자격사항과 연계하여 개인의 직무역량에 대해 스스로 판단 가능

○ 인적사항 최소화

- 개인의 인적사항, 학교명, 가족관계 등을 노출하지 않도록 유의

부적절한 입사지원서 작성 사례

- 학교 이메일을 기입하여 학교명 노출
- 거주지 주소에 학교 기숙사 주소를 기입하여 학교명 노출
- 자기소개서에 부모님이 재직 중인 기업명, 직위, 직업을 기입하여 가족관계 노출
- 자기소개서에 석·박사 과정에 대한 이야기를 언급하여 학력 노출
- 동아리 활동에 대한 내용을 학교명과 더불어 언급하여 학교명 노출

04 자기소개서

1. 자기소개서의 변화

- 기존의 자기소개서는 지원자의 일대기나 관심 분야, 성격의 장・단점 등 개괄적인 사항을 묻는 질문으로 구성되어 지원자가 자신의 직무능력을 제대로 표출하지 못합니다.
- 능력중심 채용의 자기소개서는 직무기술서에 제시된 직업기초능력(또는 직무수행능력)에 대한 지원자의 과거 경험을 기술하게 함으로써 평가 타당도의 확보가 가능합니다.

1. 우리 회사와 해당 지원 직무분야에 지원한 동기에 대해 기술해 주세요.

2. 자신이 경험한 다양한 사회활동에 대해 기술해 주세요.

3. 지원 직무에 대한 전문성을 키우기 위해 받은 교육과 경험 및 경력사항에 대해 기술해 주세요.

4. 인사업무 또는 팀 과제 수행 중 발생한 갈등을 원만하게 해결해 본 경험이 있습니까? 당시 상황에 대한 설명과 갈등의 대상이 되었던 상대방을 설득한 과정 및 방법을 기술해 주세요.

5. 과거에 있었던 일 중 가장 어려웠었던(힘들었었던) 상황을 고르고, 어떤 방법으로 그 상황을 해결했는지를 기술해 주세요.

Tip

자기소개서 작성 방법

① 자기소개서 문항이 묻고 있는 평가 역량 추측하기

> 예시
>
> • 팀 활동을 하면서 갈등 상황 시 상대방의 니즈나 의도를 명확히 파악하고 해결하여 목표 달성에 기여했던 경험에 대해서 작성해 주시기 바랍니다.
>
> • 다른 사람이 생각해내지 못했던 문제점을 찾고 이를 해결한 경험에 대해 작성해 주시기 바랍니다.

② 해당 역량을 보여줄 수 있는 소재 찾기(시간×역량 매트릭스)

예시

시간 →

평가역량 ↕

	2021년	2022년	2023년	2024년
도전정신	*대학 발표수업*	*대학 발표수업*	~~*다이어트 (헬스)*~~	
대인관계	*대학 발표수업*	*대학 발표수업*		*경영 동아리*
의사소통	*편의점 아르바이트*	~~*군대 작업*~~	*봉사 동아리*	
직무역량			*경영 동아리*	*Book Study*
…				

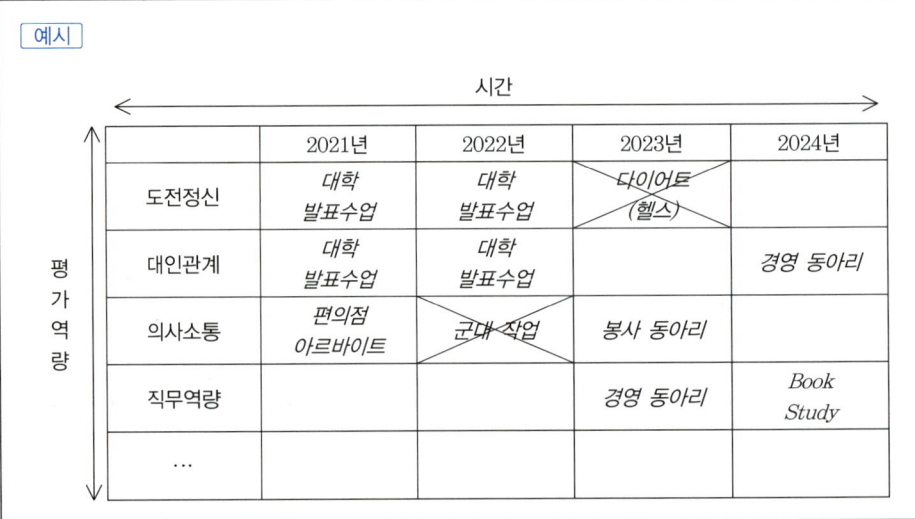

③ 자기소개서 작성 Skill 익히기

- 두괄식으로 작성하기
- 구체적 사례를 사용하기
- ‘나’를 중심으로 작성하기
- 직무역량 강조하기
- 경험 사례의 차별성 강조하기

CHAPTER 03

인성검사 소개 및 모의테스트

01 인성검사 유형

인성검사는 지원자의 성격특성을 객관적으로 파악하고 그것이 각 기업에서 필요로 하는 인재상과 가치에 부합하는가를 평가하기 위한 검사입니다. 인성검사는 KPDI(한국인재개발진흥원), K-SAD(한국사회적성개발원), KIRBS(한국행동과학연구소), SHR(에스에이치알) 등의 전문기관을 통해 각 기업의 특성에 맞는 검사를 선택하여 실시합니다. 대표적인 인성검사의 유형에는 크게 다음과 같은 세 가지가 있으며, 채용 대행업체에 따라 달라집니다.

1. KPDI 검사

조직적응성과 직무적합성을 알아보기 위한 검사로 인성검사, 인성역량검사, 인적성검사, 직종별 인적성검사 등의 다양한 검사 도구를 구현합니다. KPDI는 성격을 파악하고 정신건강 상태 등을 측정하고, 직무검사는 해당 직무를 수행하기 위해 기본적으로 갖추어야 할 인지적 능력을 측정합니다. 역량검사는 특정 직무 역할을 효과적으로 수행하는 데 직접적으로 관련 있는 개인의 행동, 지식, 스킬, 가치관 등을 측정합니다.

2. KAD(Korea Aptitude Development) 검사

K-SAD(한국사회적성개발원)에서 실시하는 적성검사 프로그램입니다. 개인의 성향, 지적 능력, 기호, 관심, 흥미도를 종합적으로 분석하여 적성에 맞는 업무가 무엇인가 파악하고, 직무수행에 있어서 요구되는 기초능력과 실무능력을 분석합니다.

3. SHR 직무적성검사

직무수행에 필요한 종합적인 사고 능력을 다양한 적성검사(Paper and Pencil Test)로 평가합니다. SHR의 모든 직무능력검사는 표준화 검사입니다. 표준화 검사는 표본집단의 점수를 기초로 규준이 만들어진 검사이므로 개인의 점수를 규준에 맞추어 해석·비교하는 것이 가능합니다. S(Standardized Tests), H(Hundreds of Version), R(Reliable Norm Data)을 특징으로 하며, 직군·직급별 특성과 선발 수준에 맞추어 검사를 적용할 수 있습니다.

02 인성검사와 면접

인성검사는 특히 면접질문과 관련성이 높습니다. 면접관은 지원자의 인성검사 결과를 토대로 질문을 하기 때문입니다. 일관적이고 이상적인 답변을 하는 것이 가장 좋지만, 실제 시험은 매우 복잡하여 전문가라 해도 일정 성격을 유지하면서 답변을 하는 것이 힘듭니다. 또한, 인성검사에는 라이 스케일(Lie Scale) 설문이 전체 설문 속에 교묘하게 섞여 들어가 있으므로 겉치레적인 답을 하게 되면 회답태도의 허위성이 그대로 드러나게 됩니다. 예를 들어 '거짓말을 한 적이 한 번도 없다.'에 '예'로 답하고, '때로는 거짓말을 하기도 한다.'에 '예'라고 답하여 라이 스케일의 득점이 올라가게 되면 모든 회답의 신빙성이 사라지고 '자신을 돋보이게 하려는 사람'이라는 평가를 받을 수 있으므로 주의해야 합니다. 따라서 모의테스트를 통해 인성검사의 유형과 실제 시험 시 어떻게 문제를 풀어야 하는지 연습해 보고 체크한 부분 중 자신의 단점과 연결되는 부분은 면접에서 질문이 들어왔을 때 어떻게 대처해야 하는지 생각해 보는 것이 좋습니다.

03 유의사항

1. 기업의 인재상을 파악하라!

인성검사를 통해 개인의 성격 특성을 파악하고 그것이 기업의 인재상과 가치에 부합하는지를 평가하는 시험이기 때문에 해당 기업의 인재상을 먼저 파악하고 시험에 임하는 것이 좋습니다. 모의테스트에서 인재상에 맞는 가상의 인물을 설정하고 문제에 답해 보는 것도 많은 도움이 됩니다.

2. 일관성 있는 대답을 하라!

짧은 시간 안에 다양한 질문에 답을 해야 하는데, 그 안에는 중복되는 질문이 여러 번 나옵니다. 이때 앞서 자신이 체크했던 대답을 잘 기억해뒀다가 일관성 있는 답을 하는 것이 중요합니다.

3. 모든 문항에 대답하라!

많은 문제를 짧은 시간 안에 풀려다 보니 다 못 푸는 경우도 종종 생깁니다. 하지만 대답을 누락하거나 끝까지 다 못했을 경우 좋지 않은 결과를 가져올 수도 있으니 최대한 주어진 시간 안에 모든 문항에 답할 수 있도록 해야 합니다.

04 KPDI 모의테스트

※ 모의테스트는 질문 및 답변 유형 연습을 위한 것으로 실제 시험과 다를 수 있습니다.
※ 인성검사는 정답이 따로 없는 유형의 검사이므로 결과지를 제공하지 않습니다.

번호	내용	예	아니요
001	나는 솔직한 편이다.	☐	☐
002	나는 리드하는 것을 좋아한다.	☐	☐
003	법을 어겨서 말썽이 된 적이 한 번도 없다.	☐	☐
004	거짓말을 한 번도 한 적이 없다.	☐	☐
005	나는 눈치가 빠르다.	☐	☐
006	나는 일을 주도하기보다는 뒤에서 지원하는 것을 선호한다.	☐	☐
007	앞일은 알 수 없기 때문에 계획은 필요하지 않다.	☐	☐
008	거짓말도 때로는 방편이라고 생각한다.	☐	☐
009	사람이 많은 술자리를 좋아한다.	☐	☐
010	걱정이 지나치게 많다.	☐	☐
011	일을 시작하기 전 재고하는 경향이 있다.	☐	☐
012	불의를 참지 못한다.	☐	☐
013	처음 만나는 사람과도 이야기를 잘 한다.	☐	☐
014	때로는 변화가 두렵다.	☐	☐
015	나는 모든 사람에게 친절하다.	☐	☐
016	힘든 일이 있을 때 술은 위로가 되지 않는다.	☐	☐
017	결정을 빨리 내리지 못해 손해를 본 경험이 있다.	☐	☐
018	기회를 잡을 준비가 되어 있다.	☐	☐
019	때로는 내가 정말 쓸모없는 사람이라고 느낀다.	☐	☐
020	누군가 나를 챙겨주는 것이 좋다.	☐	☐
021	자주 가슴이 답답하다.	☐	☐
022	나는 내가 자랑스럽다.	☐	☐
023	경험이 중요하다고 생각한다.	☐	☐
024	전자기기를 분해하고 다시 조립하는 것을 좋아한다.	☐	☐

025	감시받고 있다는 느낌이 든다.	☐	☐
026	난처한 상황에 놓이면 그 순간을 피하고 싶다.	☐	☐
027	세상엔 믿을 사람이 없다.	☐	☐
028	잘못을 빨리 인정하는 편이다.	☐	☐
029	지도를 보고 길을 잘 찾아간다.	☐	☐
030	귓속말을 하는 사람을 보면 날 비난하고 있는 것 같다.	☐	☐
031	막무가내라는 말을 들을 때가 있다.	☐	☐
032	장래의 일을 생각하면 불안하다.	☐	☐
033	결과보다 과정이 중요하다고 생각한다.	☐	☐
034	운동은 그다지 할 필요가 없다고 생각한다.	☐	☐
035	새로운 일을 시작할 때 좀처럼 한 발을 떼지 못한다.	☐	☐
036	기분 상하는 일이 있더라도 참는 편이다.	☐	☐
037	업무능력은 성과로 평가받아야 한다고 생각한다.	☐	☐
038	머리가 맑지 못하고 무거운 느낌이 든다.	☐	☐
039	가끔 이상한 소리가 들린다.	☐	☐
040	타인이 내게 자주 고민상담을 하는 편이다.	☐	☐

05 SHR 모의테스트

※ 모의테스트는 질문 및 답변 유형 연습을 위한 것으로 실제 시험과 다를 수 있습니다.
※ 인성검사는 정답이 따로 없는 유형의 검사이므로 결과지를 제공하지 않습니다.

※ 이 성격검사의 각 문항에는 서로 다른 행동을 나타내는 네 개의 문장이 제시되어 있습니다. 이 문장들을 비교하여, 자신의 평소 행동과 가장 가까운 문장을 'ㄱ' 열에 표기하고, 가장 먼 문장을 'ㅁ' 열에 표기하십시오.

01 나는 ______________________

A. 실용적인 해결책을 찾는다.
B. 다른 사람을 돕는 것을 좋아한다.
C. 세부 사항을 잘 챙긴다.
D. 상대의 주장에서 허점을 잘 찾는다.

ㄱ	ㅁ
☐	☐
☐	☐
☐	☐
☐	☐

02 나는 ______________________

A. 매사에 적극적으로 임한다.
B. 즉흥적인 편이다.
C. 관찰력이 있다.
D. 임기응변에 강하다.

ㄱ	ㅁ
☐	☐
☐	☐
☐	☐
☐	☐

03 나는 ______________________

A. 무서운 영화를 잘 본다.
B. 조용한 곳이 좋다.
C. 가끔 울고 싶다.
D. 집중력이 좋다.

ㄱ	ㅁ
☐	☐
☐	☐
☐	☐
☐	☐

04 나는 ______________________

A. 기계를 조립하는 것을 좋아한다.
B. 집단에서 리드하는 역할을 맡는다.
C. 호기심이 많다.
D. 음악을 듣는 것을 좋아한다.

ㄱ	ㅁ
☐	☐
☐	☐
☐	☐
☐	☐

05 나는 ________________

A. 타인을 늘 배려한다.
B. 감수성이 예민하다.
C. 즐겨하는 운동이 있다.
D. 일을 시작하기 전에 계획을 세운다.

ㄱ	ㅁ
☐	☐
☐	☐
☐	☐
☐	☐

06 나는 ________________

A. 타인에게 설명하는 것을 좋아한다.
B. 여행을 좋아한다.
C. 정적인 것이 좋다.
D. 남을 돕는 것에 보람을 느낀다.

ㄱ	ㅁ
☐	☐
☐	☐
☐	☐
☐	☐

07 나는 ________________

A. 기계를 능숙하게 다룬다.
B. 밤에 잠이 잘 오지 않는다.
C. 한 번 간 길을 잘 기억한다.
D. 불의를 보면 참을 수 없다.

ㄱ	ㅁ
☐	☐
☐	☐
☐	☐
☐	☐

08 나는 ________________

A. 종일 말을 하지 않을 때가 있다.
B. 사람이 많은 곳을 좋아한다.
C. 술을 좋아한다.
D. 휴양지에서 편하게 쉬고 싶다.

ㄱ	ㅁ
☐	☐
☐	☐
☐	☐
☐	☐

09 나는 ______________________________

	ㄱ	ㅁ
A. 뉴스보다는 드라마를 좋아한다.	☐	☐
B. 길을 잘 찾는다.	☐	☐
C. 주말엔 집에서 쉬는 것이 좋다.	☐	☐
D. 아침에 일어나는 것이 힘들다.	☐	☐

10 나는 ______________________________

	ㄱ	ㅁ
A. 이성적이다.	☐	☐
B. 할 일을 종종 미룬다.	☐	☐
C. 어른을 대하는 게 힘들다.	☐	☐
D. 불을 보면 매혹을 느낀다.	☐	☐

11 나는 ______________________________

	ㄱ	ㅁ
A. 상상력이 풍부하다.	☐	☐
B. 예의 바르다는 소리를 자주 듣는다.	☐	☐
C. 사람들 앞에 서면 긴장한다.	☐	☐
D. 친구를 자주 만난다.	☐	☐

12 나는 ______________________________

	ㄱ	ㅁ
A. 나만의 스트레스 해소 방법이 있다.	☐	☐
B. 친구가 많다.	☐	☐
C. 책을 자주 읽는다.	☐	☐
D. 활동적이다.	☐	☐

CHAPTER

04 면접전형 가이드

01 면접유형 파악

1. 면접전형의 변화

기존 면접전형에서는 일상적이고 단편적인 대화나 지원자의 첫인상 및 면접관의 주관적인 판단 등에 의해서 입사 결정 여부를 판단하는 경우가 많았습니다. 이러한 면접전형은 면접 내용의 일관성이 결여되거나 직무 관련 타당성이 부족하였고, 면접에 대한 신뢰도에 영향을 주었습니다.

기존 면접(전통적 면접)		능력중심 채용 면접(구조화 면접)
• 일상적이고 단편적인 대화 • 인상, 외모 등 외부 요소의 영향 • 주관적인 판단에 의존한 총점 부여 ⇩ • 면접 내용의 일관성 결여 • 직무관련 타당성 부족 • 주관적인 채점으로 신뢰도 저하	VS	• 일관성 – 직무관련 역량에 초점을 둔 구체적 질문 목록 – 지원자별 동일 질문 적용 • 구조화 – 면접 진행 및 평가 절차를 일정한 체계에 의해 구성 • 표준화 – 평가 타당도 제고를 위한 평가 Matrix 구성 – 척도에 따라 항목별 채점, 개인 간 비교 • 신뢰성 – 면접진행 매뉴얼에 따라 면접위원 교육 및 실습

2. 능력중심 채용의 면접 유형

① 경험 면접
- 목적 : 선발하고자 하는 직무 능력이 필요한 과거 경험을 질문합니다.
- 평가요소 : 직업기초능력과 인성 및 태도적 요소를 평가합니다.

② 상황 면접
- 목적 : 특정 상황을 제시하고 지원자의 행동을 관찰함으로써 실제 상황의 행동을 예상합니다.
- 평가요소 : 직업기초능력과 인성 및 태도적 요소를 평가합니다.

③ 발표 면접
- 목적 : 특정 주제와 관련된 지원자의 발표와 질의응답을 통해 지원자 역량을 평가합니다.
- 평가요소 : 직무수행능력과 인지적 역량(문제해결능력)을 평가합니다.

④ 토론 면접
- 목적 : 토의과제에 대한 의견수렴 과정에서 지원자의 역량과 상호작용능력을 평가합니다.
- 평가요소 : 직무수행능력과 팀워크를 평가합니다.

02 면접유형별 준비 방법

1. 경험 면접

① 경험 면접의 특징

- 주로 직업기초능력에 관련된 지원자의 과거 경험을 심층 질문하여 검증하는 면접입니다.
- 직무능력과 관련된 과거 경험을 평가하기 위해 심층 질문을 하며, 이 질문은 지원자의 답변에 대하여 '꼬리에 꼬리를 무는 형식'으로 진행됩니다.

> - 능력요소, 정의, 심사 기준
>   - 평가하고자 하는 능력요소, 정의, 심사기준을 확인하여 면접위원이 해당 능력요소 관련 질문을 제시합니다.
> - Opening Question
>   - 능력요소에 관련된 과거 경험을 유도하기 위한 시작 질문을 합니다.
> - Follow-up Question
>   - 지원자의 경험 수준을 구체적으로 검증하기 위한 질문입니다.
>   - 경험 수준 검증을 위한 상황(Situation), 임무(Task), 역할 및 노력(Action), 결과(Result) 등으로 질문을 구분합니다.

경험 면접의 형태

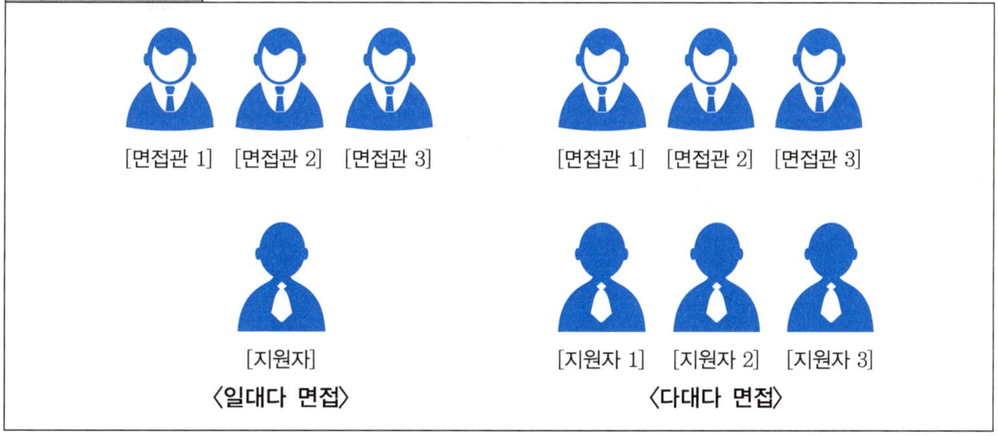

② 경험 면접의 구조

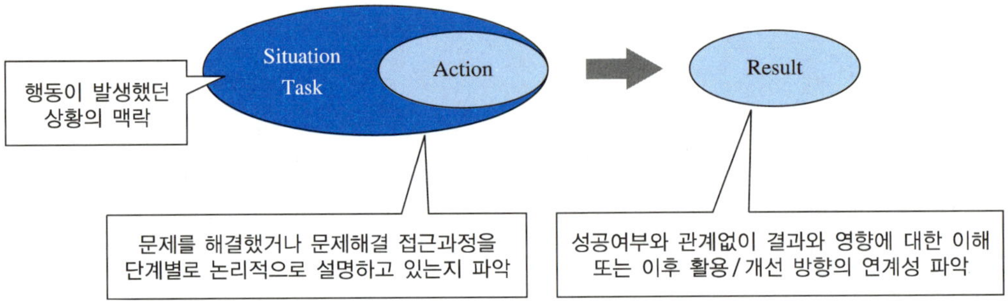

S(Situation)	귀하가 처해 있던 상황에 대해 말해 보시오.
T(Task)	귀하가 수행한 과제 / 과업은 무엇인가?
A(Action)	어떻게 행동(대응)했는가?
R(Result)	그 행동의 결과는 어땠는가?

(　　　　　)에 관한 과거 경험에 대하여 말해 보시오.

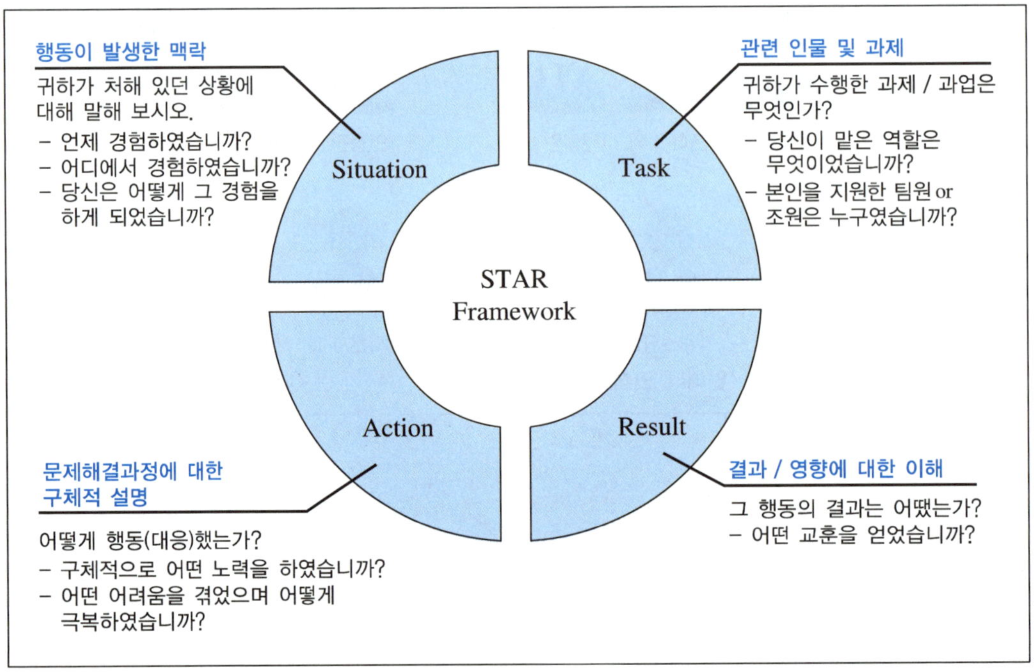

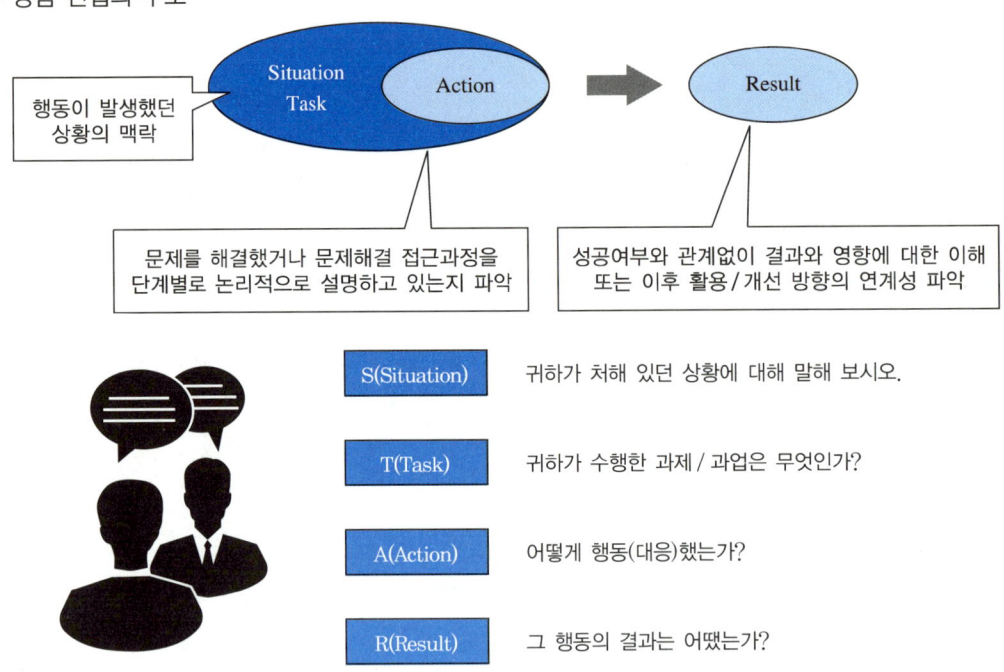

③ 경험 면접 질문 예시(직업윤리)

시작 질문	
1	남들이 신경 쓰지 않는 부분까지 고려하여 절차대로 업무(연구)를 수행하여 성과를 낸 경험을 구체적으로 말해 보시오.
2	조직의 원칙과 절차를 철저히 준수하며 업무(연구)를 수행한 것 중 성과를 향상시킨 경험에 대해 구체적으로 말해 보시오.
3	세부적인 절차와 규칙에 주의를 기울여 실수 없이 업무(연구)를 마무리한 경험을 구체적으로 말해 보시오.
4	조직의 규칙이나 원칙을 고려하여 성실하게 일했던 경험을 구체적으로 말해 보시오.
5	타인의 실수를 바로잡고 원칙과 절차대로 수행하여 성공적으로 업무를 마무리하였던 경험에 대해 말해 보시오.

후속 질문		
상황 (Situation)	상황	구체적으로 언제, 어디에서 경험한 일인가?
		어떤 상황이었는가?
	조직	어떤 조직에 속해 있었는가?
		그 조직의 특성은 무엇이었는가?
		몇 명으로 구성된 조직이었는가?
	기간	해당 조직에서 얼마나 일했는가?
		해당 업무는 몇 개월 동안 지속되었는가?
	조직규칙	조직의 원칙이나 규칙은 무엇이었는가?
임무 (Task)	과제	과제의 목표는 무엇이었는가?
		과제에 적용되는 조직의 원칙은 무엇이었는가?
		그 규칙을 지켜야 하는 이유는 무엇이었는가?
	역할	당신이 조직에서 맡은 역할은 무엇이었는가?
		과제에서 맡은 역할은 무엇이었는가?
	문제의식	규칙을 지키지 않을 경우 생기는 문제점 / 불편함은 무엇인가?
		해당 규칙이 왜 중요하다고 생각하였는가?
역할 및 노력 (Action)	행동	업무 과정의 어떤 장면에서 규칙을 철저히 준수하였는가?
		어떻게 규정을 적용시켜 업무를 수행하였는가?
		규정은 준수하는 데 어려움은 없었는가?
	노력	그 규칙을 지키기 위해 스스로 어떤 노력을 기울였는가?
		본인의 생각이나 태도에 어떤 변화가 있었는가?
		다른 사람들은 어떤 노력을 기울였는가?
	동료관계	동료들은 규칙을 철저히 준수하고 있었는가?
		팀원들은 해당 규칙에 대해 어떻게 반응하였는가?
		규칙에 대한 태도를 개선하기 위해 어떤 노력을 하였는가?
		팀원들의 태도는 당신에게 어떤 자극을 주었는가?
	업무추진	주어진 업무를 추진하는 데 규칙이 방해되진 않았는가?
		업무수행 과정에서 규정을 어떻게 적용하였는가?
		업무 시 규정을 준수해야 한다고 생각한 이유는 무엇인가?

결과 (Result)	평가	규칙을 어느 정도나 준수하였는가?
		그렇게 준수할 수 있었던 이유는 무엇이었는가?
		업무의 성과는 어느 정도였는가?
		성과에 만족하였는가?
		비슷한 상황이 온다면 어떻게 할 것인가?
	피드백	주변 사람들로부터 어떤 평가를 받았는가?
		그러한 평가에 만족하는가?
		다른 사람에게 본인의 행동이 영향을 주었다고 생각하는가?
	교훈	업무수행 과정에서 중요한 점은 무엇이라고 생각하는가?
		이 경험을 통해 느낀 바는 무엇인가?

2. 상황 면접

① 상황 면접의 특징

직무 관련 상황을 가정하여 제시하고 이에 대한 대응능력을 직무관련성 측면에서 평가하는 면접입니다.

- 상황 면접 과제의 구성은 크게 2가지로 구분
  - 상황 제시(Description) / 문제 제시(Question or Problem)
- 현장의 실제 업무 상황을 반영하여 과제를 제시하므로 직무분석이나 직무전문가 워크숍 등을 거쳐 현장성을 높임
- 문제는 상황에 대한 기본적인 이해능력(이론적 지식)과 함께 실질적 대응이나 변수 고려능력(실천적 능력) 등을 고르게 질문해야 함

상황 면접의 형태

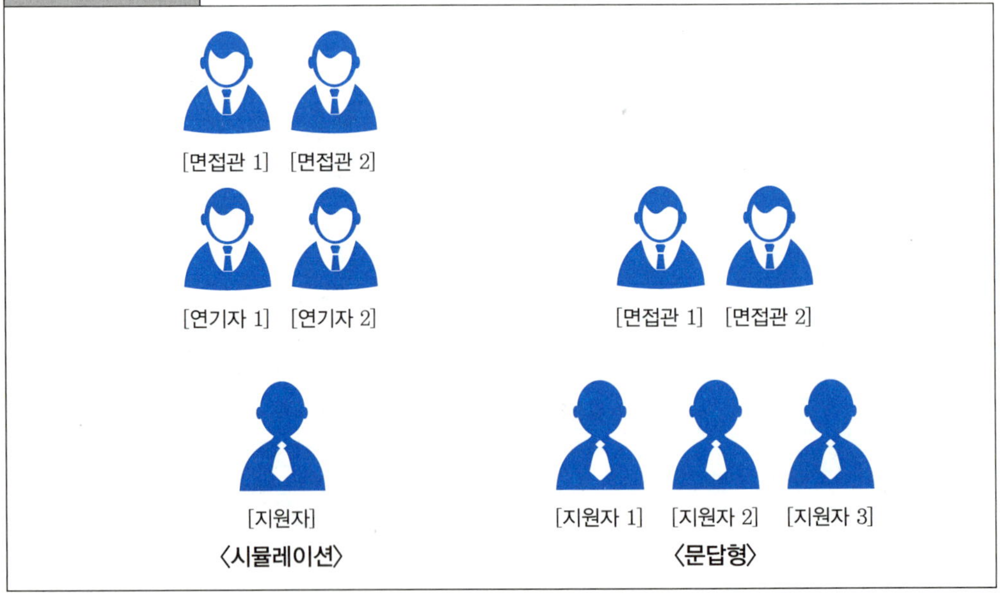

② 상황 면접 예시

상황 제시	인천공항 여객터미널 내에는 다양한 용도의 시설(사무실, 통신실, 식당, 전산실, 창고 면세점 등)이 설치되어 있습니다.	실제 업무 상황에 기반함
	금년에 소방배관의 누수가 잦아 메인 배관을 교체하는 공사를 추진하고 있으며, 당신은 이번 공사의 담당자입니다.	배경 정보
	주간에는 공항 운영이 이루어져 주로 야간에만 배관 교체 공사를 수행하던 중, 시공하는 기능공의 실수로 배관 연결 부위를 잘못 건드려 고압배관의 소화수가 누출되는 사고가 발생하였으며, 이로 인해 인근 시설물에 누수에 의한 피해가 발생하였습니다.	구체적인 문제 상황
문제 제시	일반적인 소방배관의 배관연결(이음)방식과 배관의 이탈(누수)이 발생하는 원인에 대해 설명해 보시오.	문제 상황 해결을 위한 기본 지식 문항
	담당자로서 본 사고를 현장에서 긴급히 처리하는 프로세스를 제시하고, 보수완료 후 사후적 조치가 필요한 부분 및 재발방지 방안에 대해 설명해 보시오.	문제 상황 해결을 위한 추가 대응 문항

3. 발표 면접

① 발표 면접의 특징

- 직무관련 주제에 대한 지원자의 생각을 정리하여 의견을 제시하고, 발표 및 질의응답을 통해 지원자의 직무능력을 평가하는 면접입니다.
- 발표 주제는 직무와 관련된 자료로 제공되며, 일정 시간 후 지원자가 보유한 지식 및 방안에 대한 발표 및 후속 질문을 통해 직무적합성을 평가합니다.

> • 주요 평가요소
> – 설득적 말하기 / 발표능력 / 문제해결능력 / 직무관련 전문성
> • 이미 언론을 통해 공론화된 시사 이슈보다는 해당 직무분야에 관련된 주제가 발표면접의 과제로 선정되는 경우가 최근 들어 늘어나고 있음
> • 짧은 시간 동안 주어진 과제를 빠른 속도로 분석하여 발표문을 작성하고 제한된 시간 안에 면접관에게 효과적인 발표를 진행하는 것이 핵심

발표 면접의 형태

〈개별 과제 발표〉 **〈팀 과제 발표〉**

※ 면접관에게 시각적 효과를 사용하여 메시지를 전달하는 쌍방향 커뮤니케이션 방식
※ 심층면접을 보완하기 위한 방안으로 최근 많은 기업에서 적극 도입하는 추세

② 발표 면접 예시

1. 지시문

당신은 현재 A사에서 직원들의 성과평가를 담당하고 있는 팀원이다. 인사팀은 지난주부터 사내 조직문화관련 인터뷰를 하던 도중 성과평가제도에 관련된 개선 니즈가 제일 많다는 것을 알게 되었다. 이에 팀장님은 인터뷰 결과를 종합하려 성과평가제도 개선 아이디어를 A4용지에 정리하여 신속 보고할 것을 지시하셨다. 당신에게 남은 시간은 1시간이다. 자료를 준비하는 대로 당신은 팀원들이 모인 회의실에서 5분 간 발표할 것이며, 이후 질의응답을 진행할 것이다.

2. 배경자료

〈성과평가제도 개선에 대한 인터뷰〉

최근 A사는 회사 사세의 급성장으로 인해 작년보다 매출이 두 배 성장하였고, 직원 수 또한 두 배로 증가하였다. 회사의 성장은 임금, 복지에 대한 상승 등 긍정적인 영향을 주었으나 업무의 불균형 및 성과보상의 불평등 문제가 발생하였다. 또한 수시로 입사하는 신입직원과 경력직원, 퇴사하는 직원들까지 인원들의 잦은 변동으로 인해 평가해야 할 대상이 변경되어 현재의 성과평가제도로는 공정한 평가가 어려운 상황이다.

[생산부서 김상호]
우리 팀은 지난 1년 동안 생산량이 급증했기 때문에 수십 명의 신규인력이 급하게 채용되었습니다. 이 때문에 저희 팀장님은 신규 입사자들의 이름조차 기억 못할 때가 많이 있습니다. 성과평가를 제대로 하고 있는지 의문이 듭니다.

[마케팅 부서 김흥민]
개인의 성과평가의 취지는 충분히 이해합니다. 그러나 현재 평가는 실적기반이나 정성적인 평가가 많이 포함되어 있어 객관성과 공정성에는 의문이 드는 것이 사실입니다. 이러한 상황에서 평가제도를 재수립하지 않고, 인센티브에 계속 반영한다면, 평가제도에 대한 반감이 커질 것이 분명합니다.

[교육부서 홍경민]
현재 교육부서는 인사팀과 밀접하게 일하고 있습니다. 그럼에도 인사팀에서 실시하는 성과평가제도에 대한 이해가 부족한 것 같습니다.

[기획부서 김경호 차장]
저는 저의 평가자 중 하나가 연구부서의 팀장님인데, 일 년에 몇 번 같이 일하지 않는데 어떻게 저를 평가할 수 있을까요? 특히 연구팀은 저희가 예산을 배정하는데, 저에게는 좋지만….

4. 토론 면접

① 토론 면접의 특징

- 다수의 지원자가 조를 편성해 과제에 대한 토론(토의)을 통해 결론을 도출해가는 면접입니다.
- 의사소통능력, 팀워크, 종합인성 등의 평가에 용이합니다.

> - 주요 평가요소
>   - 설득적 말하기, 경청능력, 팀워크, 종합인성
> - 의견 대립이 명확한 주제 또는 채용분야의 직무 관련 주요 현안을 주제로 과제 구성
> - 제한된 시간 내 토론을 진행해야 하므로 적극적으로 자신 있게 토론에 임하고 본인의 의견을 개진할 수 있어야 함

토론 면접의 형태

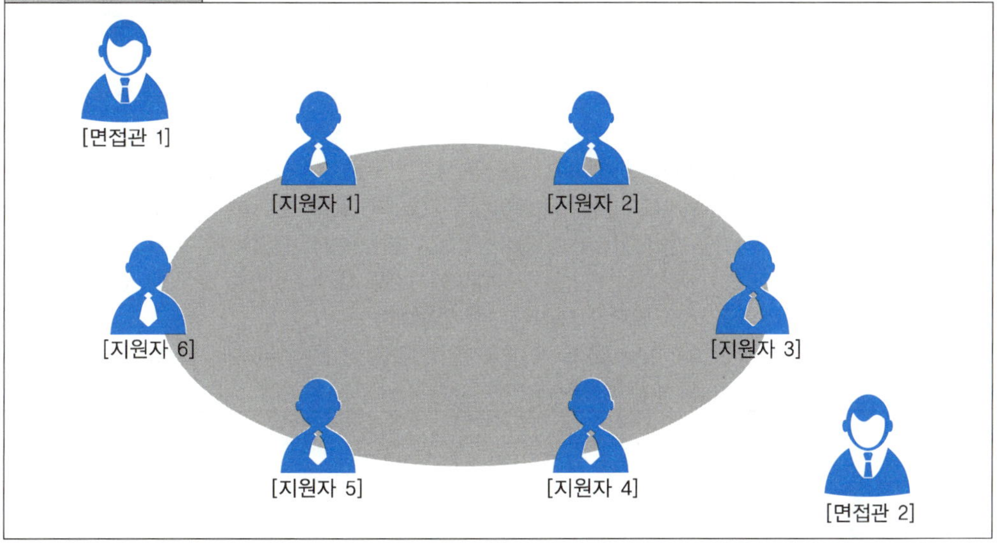

② 토론 면접 예시

고객 불만 고충처리
1. 들어가며
최근 우리 상품에 대한 고객 불만의 증가로 고객고충처리 TF가 만들어졌고 당신은 여기에 지원해 배치받았다. 당신의 업무는 불만을 가진 고객을 만나서 애로사항을 듣고 처리해 주는 일이다. 주된 업무로는 고객의 니즈를 파악해 방향성을 제시해 주고 그 해결책을 마련하는 일이다. 하지만 경우에 따라서 고객의 주관적인 의견으로 인해 제대로 된 방향으로 의사결정을 하지 못할 때가 있다. 이럴 경우 설득이나 논쟁을 해서라도 의견을 관철시키는 것이 좋을지 아니면 고객의 의견대로 진행하는 것이 좋을지 결정해야 할 때가 있다. 만약 당신이라면 이러한 상황에서 어떤 결정을 내릴 것인지 여부를 자유롭게 토론해 보시오.
2. 1분 자유 발언 시 준비사항
• 당신은 의견을 자유롭게 개진할 수 있으며 이에 따른 불이익은 없습니다. • 토론의 방향성을 이해하고, 내용의 장점과 단점이 무엇인지 문제를 명확히 말해야 합니다. • 합리적인 근거에 기초하여 개선방안을 명확히 제시해야 합니다. • 제시한 방안을 실행 시 예상되는 긍정적·부정적 영향요인도 동시에 고려할 필요가 있습니다.
3. 토론 시 유의사항
• 토론 주제문과 제공해드린 메모지, 볼펜만 가지고 토론장에 입장할 수 있습니다. • 사회자의 지정 또는 발표자가 손을 들어 발언권을 획득할 수 있으며, 사회자의 통제에 따릅니다. • 토론회가 시작되면, 팀의 의견과 논거를 정리하여 1분간의 자유발언을 할 수 있습니다. 순서는 사회자가 지정합니다. 이후에는 자유롭게 상대방에게 질문하거나 답변을 하실 수 있습니다. • 핸드폰, 서적 등 외부 매체는 사용하실 수 없습니다. • 논제에 벗어나는 발언이나 지나치게 공격적인 발언을 할 경우, 위에서 제시한 유의사항을 지키지 않을 경우 불이익을 받을 수 있습니다.

03 면접 Role Play

1. 면접 Role Play 편성

- 교육생끼리 조를 편성하여 면접관과 지원자 역할을 교대로 진행합니다.
- 지원자 입장과 면접관 입장을 모두 경험해 보면서 면접에 대한 적응력을 높일 수 있습니다.

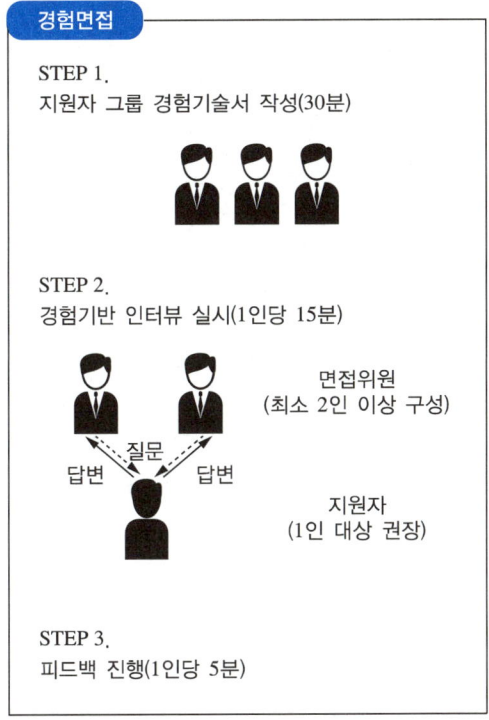

경험면접

STEP 1.
지원자 그룹 경험기술서 작성(30분)

STEP 2.
경험기반 인터뷰 실시(1인당 15분)

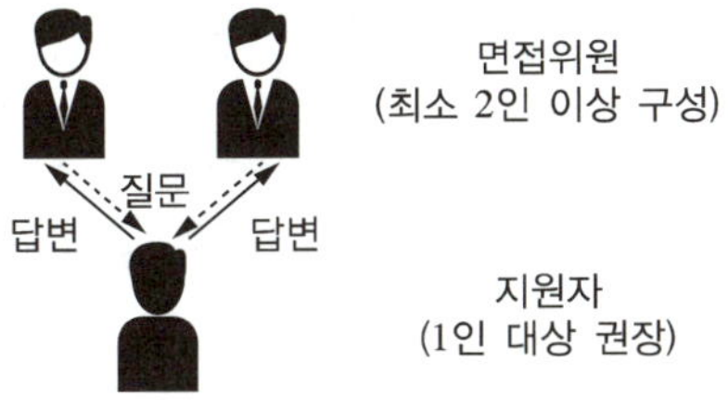

STEP 3.
피드백 진행(1인당 5분)

발표면접

STEP 1.
지원자 그룹 발표 내용 작성(30분)

STEP 2.
발표 5분+추가질의 5분(1인당 10분)

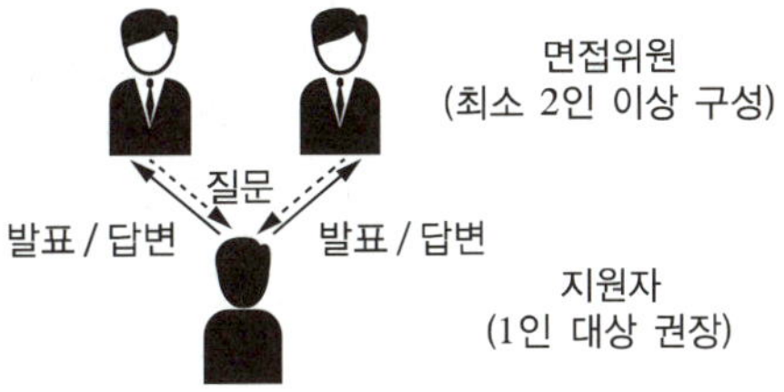

STEP 3.
피드백 진행(1인당 5분)

Tip

면접 준비하기

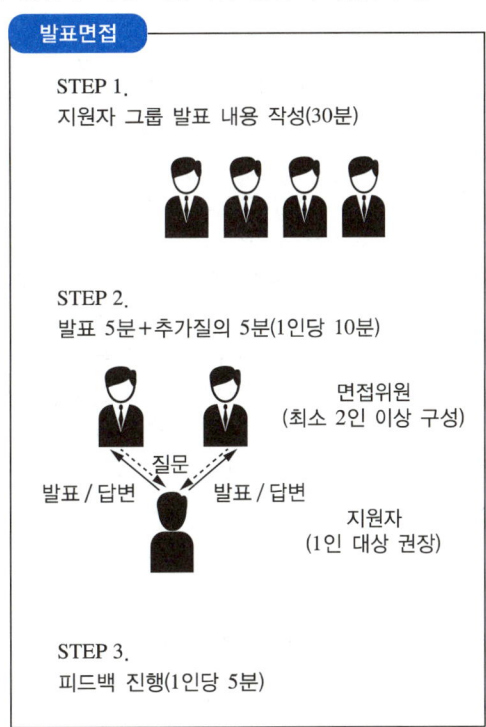

1. 면접 유형 확인 필수
   - 기업마다 면접 유형이 상이하기 때문에 해당 기업의 면접 유형을 확인하는 것이 좋음
   - 일반적으로 실무진 면접, 임원면접 2차례에 거쳐 면접을 실시하는 기업이 많고 실무진 면접과 임원 면접에서 평가요소가 다르기 때문에 유형에 맞는 준비방법이 필요
2. 후속 질문에 대한 사전 점검
   - 블라인드 채용 면접에서는 주요 질문과 함께 후속 질문을 통해 지원자의 직무능력을 판단
   → STAR 기법을 통한 후속 질문에 미리 대비하는 것이 필요

CHAPTER

05 한국도로교통공단 면접 기출질문

01 2024년 기출질문

[그룹 · 상황면접]

- 공정성을 지키고자 노력한 경험이나 사례를 말해 보시오.
- 업무 개선을 위해 노력한 경험을 말해 보시오.
- 1종 운전면허, 2종 운전면허의 종류를 말해 보시오.
- 동료의 실수로 피해를 입었던 경험과 이를 해결한 경험을 말해 보시오.
- 조직 생활을 할 때 어떤 유형의 동료를 좋아하며, 어떤 유형의 동료를 싫어하는지 말해 보시오.
- 업무 진행 중 모르는 부분이 생기면 어떻게 대처할 것인지 말해 보시오.
- 업무 진행 중 계획대로 되지 않던 경험과 이를 해결한 경험을 말해 보시오.
- 조직 생활을 하는 본인의 노하우가 있는지 말해 보시오.

02 2023년 기출질문

[그룹 · 상황면접]

- 악성 민원인 대응 방안에 대해 말해 보시오.
- 본인이 지원한 직무에서 가장 중요한 역량은 무엇인지 말해 보시오.
- 업무와 관련하여 본인만의 노하우가 있는지 말해 보시오.
- 본인의 강점에 대해 말해 보시오.
- 본인이 관심 있는 사업에 대해 말해 보시오.
- 한국도로교통공단의 업무에 대해 아는 대로 말해 보시오.
- 본인이 좋아하는 사람과 싫어하는 사람은 어떤 유형의 사람인지 말해 보시오.
- 민원 응대 관련 경험이 있는지 말해 보시오.
- 본인의 아이디어를 업무에 적용해 본 경험이 있는지 말해 보시오.
- 고령운전자에 대한 조건부면허제도에 대해 본인의 의견을 말해 보시오.
- 마지막으로 하고 싶은 말은 무엇인지 말해 보시오.

03 2022년 기출질문

[발표면접]
- 도로 위에 쓰레기를 버리는 무단 투기가 늘어나고 있는데, 이에 대해 어떤 대책을 세워야 하는지 말해 보시오.
- 임금피크제에 대한 본인의 견해를 말해 보시오.

[그룹 · 상황면접]
- 친구들이 자신을 어떤 사람이라고 생각하는지 말해 보시오.
- 면허를 취득하였을 때 느낀 점과 앞으로 면허시험의 발전방향에 대해 말해 보시오.
- 교통 관련 교육이나 수업을 들은 경험이 있다면 말해 보시오.
- 한국도로교통공단과 관련된 뉴스 중에서 기억에 남는 내용이 무엇이었는지 말해 보시오.
- 직업 선택 시 중요하게 고려하는 것이 무엇인지 말해 보시오.
- 공공기관으로서 갖추어야 할 직업 덕목 한 가지를 고르고, 그 이유를 말해 보시오.
- 업무 중 받는 스트레스에 대한 본인만의 해소법이 있는지 말해 보시오.
- 대인관계에 있어 가장 중요하게 생각하는 것과 그 이유에 대해 말해 보시오.
- 한국도로교통공단, 한국교통안전공단, 한국도로공사의 차이점에 대해 말해 보시오.
- 본인의 전공과 한국도로교통공단의 연관성에 대해 말해 보시오.

04 2021년 기출질문

- 간단하게 자기소개를 해 보시오.
- 한국도로교통공단에 지원한 이유에 대해 말해 보시오.
- 직장을 선택하는 자신만의 기준은 무엇인지 말해 보시오.
- 입사 후 하고 싶은 일이 무엇인지 말해 보시오.
- 한국도로교통공단이 하는 일에 대해 말해 보시오.
- 무인자동차 기술에 대한 자신의 생각을 말해 보시오.
- 팀원 중 업무 능력이 떨어지는 사람이 있다면 어떻게 대처할 것인지 말해 보시오.
- 존경하는 인물과 그 이유에 대해 말해 보시오.
- 대인관계에 있어서 가장 중요하다고 생각하는 것은 무엇인지 말해 보시오.
- 5년 뒤 나의 모습에 대해서 말해 보시오.
- 평소 자신에 대한 주변 사람들의 평가가 어떠했는지 말해 보시오.
- 자신이 한국도로교통공단에 입사한다면, 일을 잘하는 사람과 인성이 좋은 사람 중 어떤 사람이 되고 싶은지 선택하고 그 이유를 말해 보시오.
- 한국도로교통공단을 알게 된 계기에 대해 말해 보시오.
- 민원 응대 경험에 대해 말해 보시오.
- 악성 민원을 처리하는 자신만의 방법에 대해 말해 보시오.
- 어떤 일을 성취해 낸 경험에 대해 말해 보시오.

- 팀원끼리 서로 화합할 수 있는 방법에 대해 말해 보시오.
- 자신의 능력만으로 처리할 수 없는 업무는 어떻게 처리할 것인지 말해 보시오.
- 다른 사람과 차별화된 본인의 역량에 대해 말해 보시오.
- 다른 사람과 의견 차이를 극복한 경험과 방법에 대해 말해 보시오.
- 상사가 부당한 지시를 할 경우 어떻게 대처할지 말해 보시오.
- 직업 선택에서 가장 중요하게 생각하는 것은 무엇인지 말해 보시오.
- 지원한 직무에서 하는 일이 무엇인지 말해 보시오.
- 민원인을 상대할 때 가장 중요한 것은 무엇이라고 생각하는지 말해 보시오.

05 2020 ~ 2019년 기출질문

- 타인을 위하여 희생해 본 경험에 대하여 말해 보시오.
- 다른 사람과의 갈등 해결 경험에 대하여 말해 보시오.
- 한국도로교통공단에서 근무하고 싶은 부서는 어느 부서인지 말해 보시오.
- 워라밸에 대하여 어떻게 생각하는지 말해 보시오.
- 상사가 부당한 지시를 한다면 어떻게 대처할 것인지 말해 보시오.
- 딜레마를 겪은 경험이 있는지 말해 보시오.
- 직무관련 경험이 없는데, 본인의 강점이 무엇인지 말해 보시오.
- 공공기관 계약직 경력이 입사 후 어떤 도움이 될 것이라 생각하는지 말해 보시오.
- 가장 도전적이었다고 생각하는 경험은 무엇인지 말해 보시오.
- 대학교 전공 과목 중 무슨 과목을 제일 좋아하는지 말해 보시오.
- 이직하려는 이유가 무엇인지 말해 보시오.
- 한국도로교통공단에 입사하기 위해 무엇을 준비했는지 말해 보시오.
- 다른 조직에 속해 있을 때, 자신이 주로 하던 역할은 무엇이었는지 말해 보시오.
- 조직에서 자신의 의견이 받아들여지지 않으면 어떻게 하는지 말해 보시오.
- 상사와 갈등이 생겼을 때, 어떻게 대처할 것인지 말해 보시오.
- 같이 일을 했던 사람 중 불편했던 사람이 있었는지 말해 보시오.
- 본인이 오랫동안 해 온 것이 있으면 말해 보시오.
- 본인이 생각하기에 본인의 성격은 어떤 성격인지 말해 보시오.
- 한국도로교통공단이 지향해야 할 방향에 대하여 말해 보시오.
- 전공과 직무의 연관성은 무엇인지 말해 보시오.
- 전임자가 인수인계를 제대로 하지 않고 퇴사한 경우에 어떻게 대처할 것인지 말해 보시오.
- 공직자 파업에 대하여 어떻게 생각하는지 말해 보시오.
- 한국도로교통공단의 직무 영역에 대하여 알고 있는지 말해 보시오.
- 본인이 한국도로교통공단의 인재상과 일치하는 부분에 대하여 말해 보시오.
- 업무의 우선순위를 정할 때, 어떤 것들을 고려해야 하는지 말해 보시오.
- 본인의 좌우명은 무엇인지 말해 보시오.
- 좌우명을 지키지 못했던 경험이 있는지 말해 보시오.

현재 나의 실력을 객관적으로 파악해 보자!

모바일 OMR

답안채점 / 성적분석 서비스

도서에 수록된 모의고사에 대한 객관적인 결과(정답률, 순위)를 종합적으로 분석하여 제공합니다.

OMR 입력

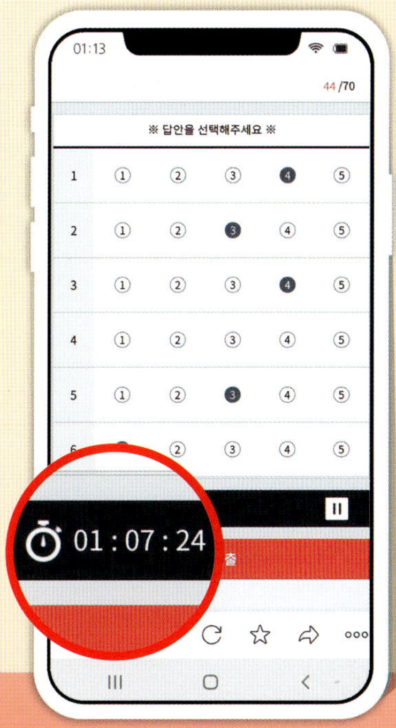

성적분석

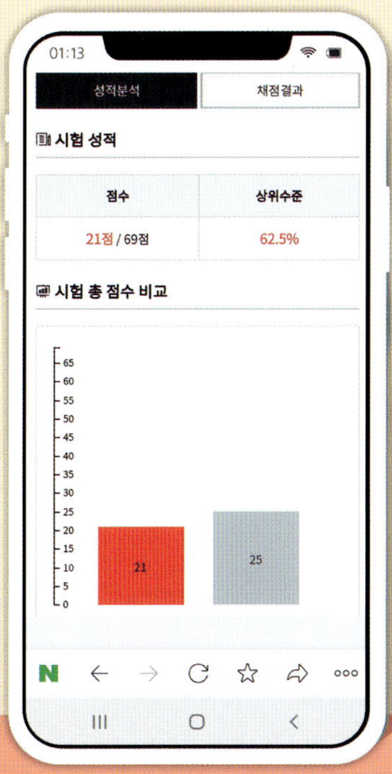

채점결과

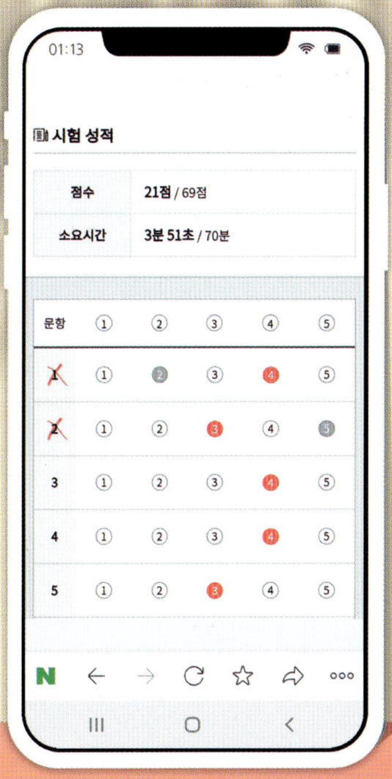

※OMR 답안채점 / 성적분석 서비스는 등록 후 30일간 사용 가능합니다.

도서 내 모의고사 우측 상단에 위치한 QR코드 찍기 → 로그인 하기 → '시작하기' 클릭 → '응시하기' 클릭 → 나의 답안을 모바일 OMR 카드에 입력 → '성적분석 & 채점결과' 클릭 → 현재 내 실력 확인하기

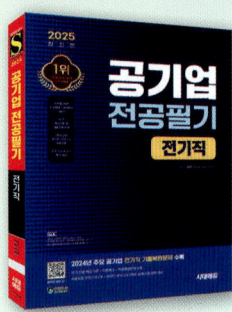

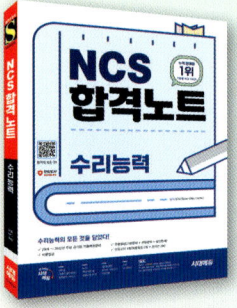

2025
최신판

한국도로교통공단

판매량
1위
한국도로교통공단
YES24

정답 및 해설

NCS+최종점검 모의고사 6회

편저 | SDC(Sidae Data Center)

기출복원문제부터
대표기출유형 및
모의고사까지

한 권으로 마무리!

SDC

SDC는 시대에듀 데이터 센터의 약자로
약 30만 개의 NCS · 적성 문제 데이터를
바탕으로 최신 출제경향을 반영하여
문제를 출제합니다.

시대에듀

합격의 공식 시대에듀 www.sdedu.co.kr

Add+

2024년 하반기 주요 공기업 NCS 기출복원문제

하반기 주요 공기업

2024 NCS 기출복원문제

01	02	03	04	05	06	07	08	09	10	11	12	13	14	15	16	17	18	19	20
④	③	⑤	③	③	③	④	④	③	⑤	③	④	②	①	③	④	⑤	④	③	④
21	22	23	24	25	26	27	28	29	30	31	32	33	34	35	36	37	38	39	40
⑤	③	②	⑤	⑤	③	③	③	①	①	③	①	②	①	④	③	④	④	④	③
41	42	43	44	45	46	47	48	49	50										
②	③	⑤	③	①	④	④	⑤	②	②										

01

정답 ④

쉼이란 대화 도중에 잠시 침묵하는 것을 말한다. 쉼을 사용하는 대표적인 경우는 다음과 같다.

- 이야기의 전이 시(흐름을 바꾸거나 다른 주제로 넘어갈 때)
- 양해, 동조, 반문의 경우
- 생략, 암시, 반성의 경우
- 여운을 남길 때

위와 같은 목적으로 쉼을 활용함으로써 논리성, 감정 제고, 동질감 등을 확보할 수 있다.

반면, 연단공포증은 면접이나 발표 등 청중 앞에서 이야기할 때 가슴이 두근거리고, 입술이 타고, 식은땀이 나고, 얼굴이 달아오르는 생리적인 현상으로, 쉼과는 관련이 없다. 연단공포증은 90% 이상의 사람들이 호소하는 불안이므로 극복하기 위해서는 연단공포증에 대한 걱정을 떨쳐내고 이러한 심리현상을 잘 통제하여 의사 표현하는 것을 연습해야 한다.

02

정답 ③

미국의 심리학자인 도널드 키슬러는 대인관계 의사소통 방식을 체크리스트로 평가하여 8가지 유형으로 구분하였다. 이 중 친화형은 따뜻하고 배려심이 깊으며, 타인과의 관계를 중시하는 유형이다. 또한 협동적이고 조화로운 성격으로, 자기희생적인 경향이 강하다.

키슬러의 대인관계 의사소통 유형

- 지배형 : 자신감이 있고 지도력이 있으나 논쟁적이고 독단이 강하여 대인 갈등을 겪을 수 있으므로 타인의 의견을 경청하고 수용하는 자세가 필요하다.
- 실리형 : 이해관계에 예민하고 성취 지향적으로 경쟁적인 데다 자기중심적이어서 타인의 입장을 배려하고 관심을 갖는 자세가 필요하다.
- 냉담형 : 이성적인 의지력이 강하고 타인의 감정에 무관심하며 피상적인 대인관계를 유지하므로 타인의 감정 상태에 관심을 가지고 긍정적인 감정을 표현하는 것이 필요하다.
- 고립형 : 혼자 있는 것을 선호하고 사회적 상황을 회피하며 지나치게 자신의 감정을 억제하므로 대인관계의 중요성을 인식하고 타인에 대한 비현실적인 두려움의 근원을 성찰하는 것이 필요하다.
- 복종형 : 수동적이고 의존적이며 자신감이 없으므로 적극적인 자기표현과 주장이 필요하다.
- 순박형 : 단순하고 솔직하며 자기주관이 부족하므로 자기주장을 하는 노력이 필요하다.
- 친화형 : 따뜻하고 인정이 많고 자기희생적이나 타인의 요구를 거절하지 못하므로 타인과의 정서적인 거리를 유지하는 노력이 필요하다.
- 사교형 : 외향적이고 인정하는 욕구가 강하며, 타인에 대한 관심이 많아서 간섭하는 경향이 있고 흥분을 잘하므로 심리적 안정과 지나친 인정욕구에 대한 성찰이 필요하다.

03

정답 ⑤

철도사고는 달리는 도중에도 발생할 수 있으므로 먼저 인터폰을 통해 승무원에게 사고를 알리고, 열차가 멈춘 후에 안내방송에 따라 비상핸들이나 비상콕크를 돌려 문을 열고 탈출해야 한다. 만일 화재가 발생했을 경우에는 승무원에게 사고를 알리고 곧바로 119에도 신고를 해야 한다.

오답분석

① 침착함을 잃고 패닉에 빠지게 되면, 적절한 행동요령에 따라 대피하기 어렵다. 따라서 사고현장에서 대피할 때는 승무원의 안내에 따라 질서 있게 대피해야 한다.
② 화재사고 발생 시 승객들은 여유가 있을 경우 전동차 양 끝에 비치된 소화기를 통해 초기 진화를 시도해야 한다.
③ 역이 아닌 곳에서 열차가 멈췄을 경우 감전의 위험이 있으므로 반드시 승무원의 안내에 따라 반대편 선로의 열차 진입에 유의하며 대피 유도등을 따라 침착하게 비상구로 대피해야 한다.
④ 전동차에서 대피할 때는 부상자, 노약자, 임산부 등 탈출이 어려운 사람부터 먼저 대피할 수 있도록 배려하고 도와주어야 한다.

04

정답 ③

하향식 읽기 모형은 독자의 배경지식을 바탕으로 글의 맥락을 먼저 파악하는 읽기 전략이다. ③의 경우 제품 설명서를 통해 세부 기능과 버튼별 용도를 파악하고 기계를 작동시켰으므로 상향식 읽기를 수행한 사례이다. 제품 설명서를 하향식으로 읽는다면 제품 설명서를 읽기 전 제품을 보고 배경지식을 바탕으로 어떤 기능이 있는지 예측하고, 해당 기능을 수행하는 세부 방법을 제품 설명서를 통해 찾아봐야 한다.

오답분석

① 회의의 주제에 대한 배경지식을 가지고 회의 안건을 예상한 후 회의 자료를 파악하였으므로 하향식 읽기 모형에 해당한다.
② 헤드라인을 먼저 읽어 배경지식을 바탕으로 전체적인 내용을 파악하고 상세 내용을 읽었으므로 하향식 읽기 모형에 해당한다.
④ 요리에 대한 경험과 지식을 바탕으로 요리 과정을 파악하였으므로 하향식 읽기 모형에 해당한다.
⑤ 해당 분야에 대한 기본적인 지식을 바탕으로 서문이나 목차를 통해 책의 전체적인 흐름을 파악하였으므로 하향식 읽기 모형에 해당한다.

05

정답 ③

농도가 15%인 소금물 200g의 소금의 양은 $200\times\frac{15}{100}=30$g이고, 농도가 20%인 소금물 300g의 소금의 양은 $300\times\frac{20}{100}=60$g이다. 따라서 두 소금물을 섞었을 때의 농도는 $\frac{30+60}{200+300}\times100=\frac{90}{500}\times100=18$%이다.

06

정답 ③

여직원끼리 인접하지 않는 경우는 남직원과 여직원이 번갈아 앉는 경우뿐이다. 이때 여직원 D의 자리를 기준으로 남직원 B가 옆에 앉는 경우를 다음과 같이 나눌 수 있다.

- 첫 번째, 여섯 번째 자리에 여직원 D가 앉는 경우
  남직원 B가 여직원 D 옆에 앉는 경우는 1가지뿐으로, 남은 자리에 남직원, 여직원이 번갈아 앉아 경우의 수는 $2\times1\times2!\times2!=8$가지이다.
- 두 번째, 세 번째, 네 번째, 다섯 번째 자리에 여직원 D가 앉는 경우
  각 경우에 대하여 남직원 B가 여직원 D 옆에 앉는 경우는 2가지이다. 남은 자리에 남직원, 여직원이 번갈아 앉으므로 경우의 수는 $4\times2\times2!\times2!=32$가지이다.

따라서 구하고자 하는 경우의 수는 $8+32=40$가지이다.

07

정답 ④

제시된 수열은 홀수 항일 때 +12, +24, +48, …씩 증가하고, 짝수 항일 때 +20씩 증가하는 수열이다.
따라서 빈칸에 들어갈 수는 13+48=61이다.

08

정답 ④

2022년에 중학교에서 고등학교로 진학한 학생의 비율은 99.7%이고, 2023년 중학교에서 고등학교로 진학한 학생의 비율은 99.6%이다. 따라서 진학한 비율이 감소하였으므로 중학교에서 고등학교로 진학하지 않은 학생의 비율은 증가하였음을 알 수 있다.

오답분석

① 중학교의 취학률이 가장 낮은 해는 97.1%인 2020년이다. 이는 97% 이상이므로 중학교의 취학률은 매년 97% 이상이다.
② 매년 초등학교의 취학률이 가장 높다.
③ 고등교육기관의 취학률은 2020년 이후로 계속해서 70% 이상을 기록하였다.
⑤ 고등교육기관의 취학률이 가장 낮은 해는 2016년이고, 고등학교의 상급학교 진학률이 가장 낮은 해 또한 2016년이다.

09

정답 ③

오답분석

① B기업의 매출액이 가장 많은 때는 2024년 3월이지만, 그래프에서는 2024년 4월의 매출액이 가장 많은 것으로 나타났다.
② 2024년 2월에는 A기업의 매출이 더 많지만, 그래프에서는 B기업이 더 많은 것으로 나타났다.
④ A기업의 매출액이 가장 적은 때는 2024년 4월이지만, 그래프에서는 2024년 3월의 매출액이 가장 적은 것으로 나타났다.
⑤ A기업과 B기업의 매출액의 차이가 가장 큰 때는 2024년 1월이지만, 그래프에서는 2024년 5월과 6월의 매출액 차이가 더 큰 것으로 나타났다.

10

정답 ⑤

스마트 팜 관련 정부 사업 참여 경험은 K사의 강점 요인이다. 또한 정부의 적극적인 지원은 스마트 팜 시장 성장에 따른 기회 요인이다. 따라서 스마트 팜 관련 정부 사업 참여 경험을 바탕으로 정부의 적극적인 지원을 확보하는 것은 내부의 강점을 통해 외부의 기회 요인을 극대화하는 SO전략에 해당한다.

오답분석

①·②·③·④ 외부의 기회를 이용하여 내부의 약점을 보완하는 WO전략에 해당한다.

11

정답 ③

A~F 모두 문맥을 무시하고 일부 문구에만 집착하여 뜻을 해석하고 있으므로 '과대해석의 오류'를 범하고 있다. 과대해석의 오류는 전체적인 상황이나 맥락을 고려하지 않고 특정 단어나 문장에만 집착하여 의미를 해석하는 오류로, 글의 의미를 지나치게 확대하거나 축소하여 생각하고, 문자 그대로의 의미에만 너무 집착하여 다른 가능성이나 해석을 배제하게 되는 논리적 오류이다.

오답분석

① 무지의 오류 : '신은 존재하지 않는다가 증명되지 않았으므로 신은 존재한다.'처럼 증명되지 않았다고 해서 그 반대의 주장이 참이라고 생각하는 오류이다.
② 연역법의 오류 : '조류는 날 수 있다. 펭귄은 조류이다. 따라서 펭귄은 날 수 있다.'처럼 잘못된 삼단논법에 의해 발생하는 논리적 오류이다.
④ 허수아비 공격의 오류 : '저 사람은 과거에 거짓말을 한 적이 있으니 이번에 일어난 사기 사건의 범인이다.'처럼 개별적 인과관계를 입증하지 않고 전혀 상관없는 별개의 논리를 만들어 공격하는 논리적 오류이다.
⑤ 권위나 인신공격에 의존한 논증 : '제정신을 가진 사람이면 그런 주장을 할 수가 없다.'처럼 상대방의 주장 대신 인격을 공격하거나, '최고 권위자인 A교수도 이런 말을 했습니다.'처럼 자신의 논리적인 약점을 권위자를 통해 덮으려는 논리적 오류이다.

12

정답 ④

A～E열차의 운행시간 단위를 시간 단위로, 평균 속력의 단위를 시간당 운행거리로 통일하여 정리하면 다음과 같다.

구분	운행시간	평균 속력	운행거리
A열차	900분=15시간	50m/s=(50×60×60)m/h=180km/h	15×180=2,700km
B열차	10시간 30분=10.5시간	150km/h	10.5×150=1,575km
C열차	8시간	55m/s=(55×60×60)m/h=198km/h	8×198=1,584km
D열차	720분=12시간	2.5km/min=(2.5×60)km/h=150km/h	12×150=1,800km
E열차	10시간	2.7km/min=(2.7×60)m/h=162km/h	10×162=1,620km

따라서 C열차의 운행거리는 네 번째로 길다.

13

정답 ②

K대학교 기숙사 운영위원회는 단순히 '기숙사에 문제가 있다.'라는 큰 문제에서 벗어나 식사, 시설, 통신환경이라는 세 가지 주요 문제를 파악하고 문제별로 다시 세분화하여 더욱 구체적으로 인과관계 및 구조를 파악하여 분석하고 있다. 따라서 제시문에서 나타난 문제해결 절차는 '문제 도출'이다.

문제해결 절차 5단계

1. 문제 인식 : 해결해야 할 전체 문제를 파악하여 우선순위를 정하고 선정 문제에 대한 목표를 명확히 하는 단계
2. 문제 도출 : 선정된 문제를 분석하여 해결해야 할 것이 무엇인지를 명확히 하는 단계로, 현상에 대한 문제를 분해하여 인과관계 및 구조를 파악하는 단계
3. 원인 분석 : 파악된 핵심 문제에 대한 분석을 통해 근본 원인을 도출해 내는 단계
4. 해결안 개발 : 문제로부터 도출된 근본 원인을 효과적으로 해결할 수 있는 최적의 해결 방안을 수립하는 단계
5. 실행 및 평가 : 해결안 개발을 통해 만들어진 실행 계획을 실제 상황에 적용하는 단계로, 해결안을 통해 문제의 원인들을 제거해 나가는 단계

14

정답 ①

공공사업을 위해 투입된 세금을 본래의 목적에 사용하지 않고 무단으로 다른 곳에 쓴 상황이므로 '예정되어 있는 곳에 쓰지 아니하고 다른 데로 돌려서 씀'을 의미하는 '전용(轉用)'이 가장 적절한 단어이다.

오답분석

② 남용(濫用) : 일정한 기준이나 한도를 넘어서 함부로 씀
③ 적용(適用) : 알맞게 이용하거나 맞추어 씀
④ 활용(活用) : 도구나 물건 따위를 충분히 잘 이용함
⑤ 준용(遵用) : 그대로 좇아서 씀

15

정답 ③

시조새는 비대칭형 깃털을 가진 최초의 동물로, 현대의 날 수 있는 조류처럼 바람을 맞는 곳의 깃털은 짧고, 뒤쪽은 긴 형태로 이루어졌으며, 이와 같은 비대칭형 깃털이 양력을 제공하여 짧은 거리의 활강을 가능하게 하였다. 따라서 비행을 하기 위한 시조새의 신체 조건은 날개의 깃털이 비대칭 구조로 형성되어 있는 것이다.

오답분석

① 제시문에서 언급하지 않은 내용이다.
②·④ 세 개의 갈고리 발톱과 척추뼈가 꼬리까지 이어지는 구조는 공룡의 특징을 보여주는 신체 조건이다.
⑤ 시조새는 현대 조류처럼 가슴뼈가 비행에 최적화된 형태로 발달되지 않았다고 언급하고 있다.

16

정답 ④

제시문은 서양의학에 중요한 영향을 준 히포크라테스와 갈레노스에 대해 소개하고 있다. 히포크라테스는 자연적 관찰을 통해 의사를 과학적인 기반 위의 직업으로 만들었으며, 히포크라테스 선서와 같이 전문직업으로써의 윤리적 기준을 마련한 서양의학의 상징이라고 소개하고 있으며, 갈레노스는 실제 해부와 임상 실험을 통해 의학 이론을 증명하고 방대한 저술을 남겨 후대 의학 발전에 큰 영향을 주었음을 설명하고 있다. 따라서 '히포크라테스와 갈레노스가 서양의학에 끼친 영향과 중요성'이 제시문의 주제이다.

오답분석

① 갈레노스의 의사로서의 이력은 언급하고 있지만, 생애에 대해 구체적으로 밝히는 글은 아니다.
② 갈레노스가 해부와 실험을 통해 의학 이론을 증명하였음을 설명할 뿐이며, 해부학의 발전 과정에 대해 설명하는 글은 아니다.
③ 히포크라테스 선서는 히포크라테스가 서양의학에 남긴 중요한 윤리적 기준이지만, 이를 중심으로 설명하는 글은 아니다.
⑤ 히포크라테스와 갈레노스 모두 4체액설과 같은 부분에서는 현대 의학과는 거리가 있었음을 밝히고 있다.

17

정답 ⑤

'비상구'는 '화재나 지진 따위의 갑작스러운 사고가 일어날 때에 급히 대피할 수 있도록 특별히 마련한 출입구'이다. 따라서 이와 가장 비슷한 단어는 '갇힌 곳에서 빠져나가거나 도망하여 나갈 수 있는 출구'를 의미하는 '탈출구'이다.

오답분석

① 진입로 : 들어가는 길
② 출입구 : 나갔다가 들어왔다가 하는 어귀나 문
③ 돌파구 : 가로막은 것을 쳐서 깨뜨려 통과할 수 있도록 뚫은 통로나 목
④ 여울목 : 여울물(강이나 바다 따위의 바닥이 얕거나 폭이 좁아 물살이 세게 흐르는 곳의 물)이 턱진 곳

18

정답 ④

A열차의 속력을 V_a, B열차의 속력을 V_b라 하고, 터널의 길이를 l, 열차의 전체 길이를 x라 하자.

A열차가 터널을 진입하고 빠져나오는 데 걸린 시간은 $\frac{l+x}{V_a}=14$초이다. B열차가 A열차보다 5초 늦게 진입하고 5초 빠르게 빠져나왔으므로 터널을 진입하고 빠져나오는 데 걸린 시간은 $14-5-5=4$초이다. 그러므로 $\frac{l+x}{V_b}=4$초이다.

따라서 $V_a=14(l+x)$, $V_b=4(l+x)$이므로 $\frac{V_a}{V_b}=\frac{14(l+x)}{4(l+x)}=3.5$배이다.

19

정답 ③

A팀은 5일마다, B팀은 4일마다 회의실을 사용하므로 두 팀이 회의실을 사용하고자 하는 날은 20일마다 겹친다. 첫 번째 겹친 날에 A팀이 먼저 사용했으므로 20일 동안 A팀이 회의실을 사용한 횟수는 4회이다. 두 번째 겹친 날에는 B팀이 사용하므로 40일 동안 A팀이 회의실을 사용한 횟수는 7회이고, 세 번째로 겹친 날에는 A팀이 회의실을 사용하므로 60일 동안 A팀은 회의실을 11회 사용하였다. 이를 표로 정리하면 다음과 같다.

겹친 횟수	첫 번째	두 번째	세 번째	네 번째	다섯 번째	…	$(n-1)$번째	n번째
회의실 사용 팀	A팀	B팀	A팀	B팀	A팀	…	A팀	B팀
A팀의 회의실 사용 횟수	4회	7회	11회	14회	18회	…		

겹친 날을 기준으로 A팀은 9회, B팀은 8회를 사용하였으므로 다음으로는 B팀이 회의실을 사용할 순서이다. 이때, B팀이 m번째로 회의실을 사용할 순서라면 A팀이 이때까지 회의실을 사용한 횟수는 $7m$회이다. 따라서 B팀이 겹친 날을 기준으로 회의실을 8회까지 사용하였고, 9번째로 사용할 순서이므로 이때까지 A팀이 회의실을 사용한 횟수는 최대 $7\times9=63$회이다.

20

정답 ④

마지막 조건에 따라 광물 B는 인회석이고, 광물 B로 광물 C를 긁었을 때 긁힘 자국이 생기므로 광물 C는 인회석보다 무른 광물이다. 한편, 광물 A로 광물 C를 긁었을 때 긁힘 자국이 생기므로 광물 A는 광물 C보다 단단하고, 광물 A로 광물 B를 긁었을 때 긁힘 자국이 생기지 않으므로 광물 A는 광물 B보다는 무른 광물이다. 따라서 가장 단단한 광물은 B이며, 그다음으로 A, C 순으로 단단하다.

오답분석

① 광물 C는 인회석보다 무른 광물이므로 석영이 아니다.
② 광물 A는 인회석보다 무른 광물이지만, 방해석인지는 확인할 수 없다.
③ 가장 무른 광물은 C이다.
⑤ 광물 B는 인회석이므로 모스 굳기 단계는 5단계이다.

21

정답 ⑤

J공사의 지점 근무 인원이 71명이므로 가용 인원수가 부족한 B오피스는 제외된다. 또한, 시설 조건에서 스튜디오와 회의실이 필요하다고 했으므로 스튜디오가 없는 D오피스도 제외된다. 나머지 A, C, E오피스는 모두 교통 조건을 충족하므로 임대비용만 비교하면 된다. A, C, E오피스의 5년 임대비용은 다음과 같다.

- A오피스 : 600만×71×5=213,000만 원 → 21억 3천만 원
- C오피스 : 3,600만×12×5=216,000만 원 → 21억 6천만 원
- E오피스 : (3,800만×12×0.9)×5=205,200만 원 → 20억 5천 2백만 원

따라서 사무실 이전 조건을 바탕으로 가장 저렴한 공유 오피스인 E오피스로 이전한다.

22

정답 ③

에너지바우처를 신청하기 위해서는 소득기준과 세대원 특성기준을 모두 충족해야 한다. C는 생계급여 수급자이므로 소득기준을 충족하고, 65세 이상이므로 세대원 특성기준도 충족한다. 그러나 C의 경우 보장시설인 양로시설에 거주하는 보장시설 수급자이므로 지원 제외 대상이다. 따라서 C는 에너지바우처를 신청할 수 없다.

오답분석

① A의 경우 의료급여 수급자이므로 소득기준을 충족하고, 7세 이하의 영유아가 있으므로 세대원 특성기준도 충족한다. 따라서 에너지바우처를 신청할 수 있다.
② B의 경우 교육급여 수급자이므로 소득기준을 충족하고, 한부모가족이므로 세대원 특성기준도 충족한다. 또한 4인 이상 세대에 해당하므로 바우처 지원금액은 716,300원으로 70만 원 이상이다.
④ 동절기 에너지바우처 지원방법은 요금차감과 실물카드 2가지 방법이 있다. 이 중 D의 경우 연탄보일러를 이용하고 있으므로 실물카드를 받아 연탄을 직접 결제하는 방식으로 지원받아야 한다.
⑤ E의 경우 생계급여 수급자이므로 소득기준을 충족하고, 희귀질환을 앓고 있는 어머니가 세대원으로 있으므로 세대원 특성기준도 충족한다. 또한 2인 세대에 해당하므로 하절기 바우처 지원금액인 73,800원이 지원된다. 이때, 하절기는 전기요금 고지서에서 요금을 자동으로 차감해 주므로 전기비에서 73,800원이 차감될 것이다.

23

정답 ②

A가족과 B가족 모두 소득기준과 세대원 특성기준이 에너지바우처 신청기준을 충족한다. A가족의 경우 5명이므로 총 716,300원을 지원받을 수 있다. 그러나 이미 연탄쿠폰을 발급받았으므로 동절기 에너지바우처는 지원받을 수 없다. 따라서 하절기 지원금액인 117,000원을 지원받는다. B가족의 경우 2명이므로 총 422,500원을 지원받을 수 있으며, 지역난방을 이용 중이므로 하절기와 동절기 모두 요금차감의 방식으로 지원받는다. 따라서 두 가족의 에너지바우처 지원 금액은 117,000+422,500=539,500원이다.

24

정답 ⑤

제시된 프로그램은 'result'의 초기 값을 0으로 정의한 후 'result' 값이 2를 초과할 때까지 하위 명령을 실행하는 프로그램이다. 이때 'result' 값을 1 증가시킨 후 그 값을 출력하고, 다시 1을 빼므로 0 → 1 → 1 출력 → 0 → 1 → 1 출력 → 0 → 1 → 1 출력 → … 과정을 무한히 반복하게 된다. 따라서 1이 무한히 출력된다.

25

정답 ⑤

ROUND 함수는 인수를 지정한 자릿수로 반올림한 값을 구하는 함수로, 「=ROUND(인수,자릿수)」로 표현한다. 이때 자릿수는 다음과 같이 나타낸다.

만의 자리	천의 자리	백의 자리	십의 자리	일의 자리	소수점 첫째 자리	소수점 둘째 자리	소수점 셋째 자리
−4	−3	−2	−1	0	1	2	3

따라서 「=ROUND(D2,−1)」는 [D2] 셀에 입력된 117.3365의 값을 십의 자리로 반올림하여 나타내므로, 출력되는 값은 120이다.

26

정답 ③

제시문은 ADHD의 원인과 치료 방법에 대한 글이다. 첫 번째 문단에서는 ADHD가 유전적 원인에 의해 발생한다고 설명하고, 두 번째 문단에서는 환경적 원인에 의해 발생한다고 설명하고 있다. 이를 종합하면 ADHD가 다양한 원인이 복합적으로 작용하는 질환임을 알 수 있다. 또한 빈칸 뒤에서도 다양한 원인에 부합하는 맞춤형 치료와 환경 조성이 필요하다고 하였으므로 빈칸에 들어갈 내용으로 가장 적절한 것은 ③이다.

27

정답 ③

~율/률의 앞 글자가 'ㄱ' 받침을 가지고 있으므로 '출석률'이 옳은 표기이다.

~율과 ~률의 구별

- ~율 : 앞 글자의 받침이 없거나 받침이 'ㄴ'인 경우 → 비율, 환율, 백분율
- ~률 : 앞 글자의 받침이 있는 경우(단, 'ㄴ' 받침 제외) → 능률, 출석률, 이직률, 합격률

28

정답 ③

남성 합격자 수와 여성 합격자 수의 비율이 2 : 3이므로 여성 합격자는 48명이다.
남성 불합격자 수와 여성 불합격자 수가 모두 a명이라 하면 다음과 같이 정리할 수 있다.

(단위 : 명)

구분	합격자	불합격자	전체 지원자
남성	$2b=32$	a	$a+2b$
여성	$3b=48$	a	$a+3b$

남성 전체 지원자 수는 $(a+32)$명이고, 여성 전체 지원자 수는 $(a+48)$명이다.

$(a+32):(a+48)=6:7$

→ $6\times(a+48)=7\times(a+32)$

→ $a=(48\times6)-(32\times7)$

∴ $a=64$

따라서 전체 지원자 수는 $2a+5b=(64\times2)+(16\times5)=128+80=208$명이다.

29

정답 ①

A씨는 2023년에는 9개월 동안 K공사에 근무하였다. (건강보험료)=(보수월액)×(건강보험료율)이고, 2023년 1월 1일 이후 (장기요양보험료)=(건강보험료)×$\frac{(\text{장기요양보험료율})}{(\text{건강보험료율})}$이므로 (장기요양보험료)=(보수월액)×(건강보험료율)×$\frac{(\text{장기요양보험료율})}{(\text{건강보험료율})}$이다.

그러므로 (보수월액)=$\frac{(\text{장기요양보험료})}{(\text{장기요양보험료율})}$이다.

따라서 A씨의 2023년 장기요양보험료는 35,120원이므로 보수월액은 $\frac{35,120}{0.9082\%}=\frac{35,120}{0.9082}\times100 \fallingdotseq 3,866,990$원이다.

30

정답 ①

'가명처리'란 개인정보의 일부를 삭제하거나 일부 또는 전부를 대체하는 등의 방법으로 추가 정보가 없이는 특정 개인을 알아볼 수 없도록 처리하는 것을 말한다(개인정보보호법 제2조 제1의2호).

오답분석

② 개인정보보호법 제2조 제3호에 해당한다.
③ 개인정보보호법 제2조 제1호 가목에 해당한다.
④ 개인정보보호법 제2조 제2호에 해당한다.

31

정답 ③

「=COUNTIF(범위,조건)」 함수는 조건을 만족하는 범위 내 인수의 개수를 셈하는 함수이다. 이때, 열 전체에 적용하려면 해당 범위에서 숫자를 제외하면 된다. 따라서 B열에서 값이 100 이하인 셀의 개수를 구하는 함수는 「=COUNTIF(B:B,"<=100")」이다.

32

정답 ①

- 초등학생의 한 달 용돈의 합계는 B열부터 E열까지 같은 행에 있는 금액의 합이다. 따라서 (A)에 들어갈 함수는 「=SUM(B2:E2)」이다.
- 한 달 용돈이 150,000원 이상인 학생 수는 [F2] 셀부터 [F7] 셀까지 금액이 150,000원 이상인 셀의 개수로 구할 수 있다. 따라서 (B)에 들어갈 함수는 「=COUNTIF(F2:F7,">=150,000")」이다.

33

정답 ②

빅데이터 분석을 기획하고자 할 때는 먼저 범위를 설정한 다음 프로젝트를 정의해야 한다. 그 후에 수행 계획을 수립하고 위험 계획을 수립해야 한다.

34

정답 ①

㉠ 짜깁기 : 기존의 글이나 영화 따위를 편집하여 하나의 완성품으로 만드는 일
㉡ 뒤처지다 : 어떤 수준이나 대열에 들지 못하고 뒤로 처지거나 남게 되다.

오답분석

- 짜집기 : 짜깁기의 비표준어형
- 뒤쳐지다 : 물건이 뒤집혀서 젖혀지다.

35

정답 ④

공문서에서 날짜를 작성할 때 날짜 다음에 괄호를 사용할 경우에는 마침표를 찍지 않아야 한다.

공문서 작성 시 유의사항
- 한 장에 담아내는 것이 원칙이다.
- 마지막엔 반드시 '끝'자로 마무리한다.
- 날짜 다음에 괄호를 사용할 경우에는 마침표를 찍지 않는다.
- 복잡한 내용은 항목별로 구분한다('-다음-', 또는 '-아래-').
- 대외문서이며 장기간 보관되는 문서이므로 정확하게 기술한다.

36

정답 ③

영서가 1시간 동안 빚을 수 있는 만두의 수를 x개, 어머니가 1시간 동안 빚을 수 있는 만두의 수를 y개라 할 때 다음 식이 성립한다.

$\frac{2}{3}(x+y)=60 \cdots$ ㉠

$y=x+10 \cdots$ ㉡

㉠$\times\frac{3}{2}$에 ㉡을 대입하면

$x+(x+10)=90$

$\rightarrow 2x=80$

$\therefore\ x=40$

따라서 영서는 혼자서 1시간 동안 40개의 만두를 빚을 수 있다.

37

정답 ④

- 1,000 이상 10,000 미만
  맨 앞과 맨 뒤의 수가 같은 경우는 $1\sim9$의 수가 올 수 있으므로 9가지이고, 각각의 경우에 따라 두 번째 수와 네 번째 수로 $0\sim9$의 수가 올 수 있으므로 경우의 수는 10가지이다. 그러므로 모든 네 자리 대칭수의 개수는 $9\times10=90$개이다.
- 10,000 이상 50,000 미만
  맨 앞과 맨 뒤의 수가 같은 경우는 1, 2, 3, 4의 수가 올 수 있으므로 4가지이고, 각각의 경우에 따라 두 번째 수와 네 번째 수로 $0\sim9$의 수가 올 수 있으므로 경우의 수는 10가지, 그 각각의 경우에 따라 세 번째에 올 수 있는 수 또한 $0\sim9$의 수가 올 수 있으므로 경우의 수는 10가지이다. 그러므로 $10{,}000\sim50{,}000$ 사이의 대칭수의 개수는 $4\times10\times10=400$개이다.

따라서 1,000 이상 50,000 미만의 모든 대칭수의 개수는 $90+400=490$개이다.

38

정답 ④

어떤 자연수의 모든 자릿수의 합이 3의 배수일 때, 그 자연수는 3의 배수이다. 그러므로 $2+5+\square$의 값이 3의 배수일 때, 25□는 3의 배수이다. $2+5=7$이므로, $7+\square$의 값이 3의 배수가 되도록 하는 □의 값은 2, 5, 8이다. 따라서 가능한 모든 수의 합은 $2+5+8=15$이다.

39

정답 ④

바이올린(V), 호른(H), 오보에(O), 플루트(F) 중 첫 번째 조건에 따라 호른과 바이올린을 묶었을 때 가능한 경우는 3!=6가지로 다음과 같다.

- (HV) – O – F
- (HV) – F – O
- F – (HV) – O
- O – (HV) – F
- F – O – (HV)
- O – F – (HV)

이때 두 번째 조건에 따라 오보에는 플루트 왼쪽에 위치하지 않으므로 (HV) – O – F, O – F – (HV) 2가지는 제외된다.
따라서 왼쪽에서 두 번째 칸에는 바이올린, 호른, 오보에만 위치할 수 있으므로 플루트는 배치할 수 없다.

40

정답 ③

사회적 기업은 수익 창출을 통해 자립적인 운영을 추구하고, 사회적 문제 해결과 경제적 성장을 동시에 달성하려는 특징을 가진 기업 모델로, 영리 조직에 해당한다.

영리 조직과 비영리 조직

- 영리 조직 : 이윤 추구를 주된 목적으로 하는 집단으로, 일반적인 사기업이 해당된다.
- 비영리 조직 : 사회적 가치 실현을 위해 공익을 추구하는 집단으로 자선단체, 의료기관, 교육기관, 비정부기구(NGO) 등이 해당된다.

41

정답 ②

(영업이익률)$=\frac{(\text{영업이익})}{(\text{매출액})}\times 100$이고, 영업이익을 구하기 위해서는 매출총이익을 먼저 계산해야 한다. 따라서 2022년 4분기의 매출총이익은 $60-80=-20$십억 원이고, 영업이익은 $-20-7=-27$십 억 원이므로 영업이익률은 $-\frac{27}{60}\times 100=-45\%$이다.

42

정답 ③

1시간은 3,600초이므로 36초는 $36\text{초}\times\frac{1\text{시간}}{3,600\text{초}}=0.01$시간이다. 그러므로 무빙워크의 전체 길이는 $5\times 0.01=0.05$km이다.

따라서 무빙워크와 같은 방향으로 4km/h의 속력으로 걸을 때의 속력은 $5+4=9$km/h이므로 걸리는 시간은 $\frac{0.05}{9}=\frac{5}{900}=\frac{5}{900}\times\frac{3,600\text{초}}{1\text{시간}}=20$초이다.

43

정답 ⑤

제시된 순서도는 result 값이 6을 초과할 때까지 2씩 증가하고, result 값이 6을 초과하면 그 값을 출력하는 순서도이다.
따라서 result 값이 5일 때 2를 더하여 $5+2=7$이 되어 6을 초과하므로 출력되는 값은 7이다.

44

정답 ③

방문 사유 → 파손 관련(NO) → 침수 관련(NO) → 데이터 복구 관련(YES) → ◎ 출력 → STOP
따라서 출력되는 도형은 ◎이다.

45

정답 ①

상품코드의 맨 앞 자릿수가 '9'이므로 2 ~ 7번째 자릿수의 이진코드 변환 규칙은 'ABBABA'를 따른다. 이를 변환하면 다음과 같다.

3	8	7	6	5	5
A	B	B	A	B	A
0111101	0001001	0010001	0101111	0111001	0110001

따라서 주어진 수를 이진코드로 바르게 변환한 것은 ①이다.

46

정답 ④

안전 스위치를 누르는 동안에만 스팀이 나온다고 하였으므로 안전 스위치를 누르는 등의 외부 입력이 없다면 스팀은 발생하지 않는다.

오답분석

① 기본형 청소구로 카펫를 청소하면 청소 효율이 떨어질 뿐이며, 카펫 청소는 가능하다고 언급되어 있다.
② 스팀 청소 완료 후 충분히 식지 않은 상태에서 통을 분리하면 뜨거운 물이 새어 나와 화상의 위험이 있다고 언급되어 있다.
③ 기본형 청소구의 돌출부를 누른 상태에서 잡아당기면 좁은 흡입구를 꺼낼 수 있다고 언급되어 있다.

47

정답 ④

바닥에 물이 남는다면 스팀 청소구를 좌우로 자주 기울이지 않도록 주의하거나 젖은 걸레를 교체해야 한다.

48

정답 ⑤

팀 목표를 달성하도록 팀원을 격려하는 환경을 조성하기 위해서는 동료의 피드백이 필요하다. 긍정이든 부정이든 피드백이 없다면 팀원들은 개선을 이루거나 탁월한 성과를 내고자 하는 노력을 게을리하게 된다.

동료의 피드백을 장려하는 4단계

1. 간단하고 분명한 목표와 우선순위를 설정하라.
2. 행동과 수행을 관찰하라.
3. 즉각적인 피드백을 제공하라.
4. 뛰어난 수행성과에 대해 인정하라.

49

정답 ②

업무적으로 내적 동기를 유발하기 위해서는 업무 관련 교육을 꾸준히 하여야 한다.

내적 동기를 유발하는 방법
- 긍정적 강화법 활용하기
- 새로운 도전의 기회 부여하기
- 창의적인 문제해결법 찾기
- 자신의 역할과 행동에 책임감 갖기
- 팀원들을 지도 및 격려하기
- 변화를 두려워하지 않기
- 지속적인 교육 실시하기

50

정답 ②

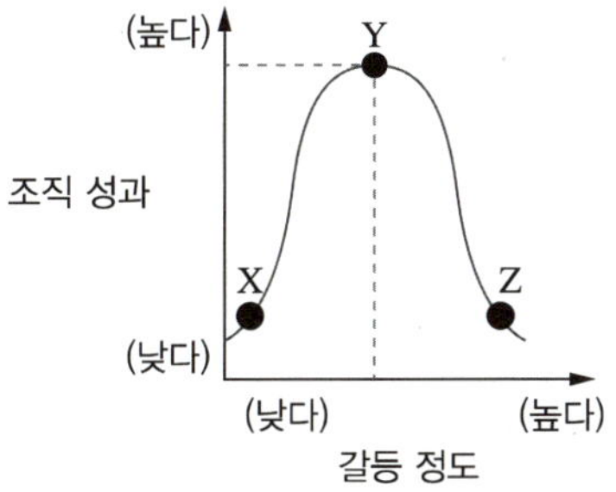

갈등 정도와 조직 성과에 대한 그래프에서 갈등이 X점 수준일 때에는 조직 내부의 의욕이 상실되고 환경의 변화에 대한 적응력도 떨어져 조직 성과가 낮아진다. 갈등이 Y점 수준일 때에는 갈등의 순기능이 작용하여 조직 내부에 생동감이 넘치고 변화 지향적이며 문제해결능력이 발휘되어 조직 성과가 높아진다. 반면, 갈등이 Z점 수준일 때에는 오히려 갈등의 역기능이 작용하여 조직 내부에 혼란과 분열이 발생하고 조직 구성원들이 비협조적이 되어 조직 성과는 낮아지게 된다.

모든 전사 중 가장 강한 전사는 이 두 가지, 시간과 인내다.

– 레프 톨스토이 –

PART 1

직업기초능력

CHAPTER

01 의사소통능력

대표기출유형 01 기출응용문제

01

정답 ②

제78조 제1항과 제2항에 따르면 가입자는 지급받은 반환일시금에 이자를 더한 금액을 공단에 낼 수 있으며, 이때 분할하여 납부하려면 반환일시금에 대통령령령으로 정하는 이자를 더하여야 한다.

오답분석

① 제77조 제1항 제3호를 통해 알 수 있다.
③ 제79조 제1호를 통해 알 수 있다.
④ 제77조 제1항 제2호를 통해 알 수 있다.

02

정답 ④

제시문의 세 번째 문단에서 '상품에 응용된 과학 기술이 복잡해지고 첨단화되면서 상품 정보에 대한 소비자의 정확한 이해도 기대하기 어려워졌다.'는 내용을 통해 확인할 수 있다.

03

정답 ③

제시문에서 레비스트로스는 신화 자체의 사유 방식이나 특성을 특정 시대의 것으로 한정하는 오류를 범하고 있다고 언급하였다. 과거 신화시대에 생겨난 신화적 사유는 신화가 재현되고 재생되는 한 여전히 시간과 공간을 뛰어 넘어 현재화되고 있다.

대표기출유형 02 기출응용문제

01

정답 ③

제시문은 책을 사거나 빌리는 것만으로는 책을 진정으로 소유할 수 없다고 하며, 책을 진정으로 소유하기 위한 독서의 방법과 책을 고르는 기준을 제시하고 있다. 따라서 글의 주제로 가장 적절한 것은 ③이다.

오답분석

①·② 글의 전체 내용을 포괄하지 못하므로 글의 주제로 적절하지 않다.
④ 글의 논점에서 벗어난 내용이므로 글의 주제로 적절하지 않다.

02

정답 ④

제시문에서는 우리 민족과 함께해 온 김치의 역사를 비롯하여 김치의 특징과 다양성 등을 함께 이야기하고 있으며, 복합 산업으로 발전하면서 규모가 성장하고 있는 김치 산업에 관해서도 이야기하고 있다. 따라서 글 전체의 내용을 아우를 수 있는 글의 제목으로 가장 적절한 것은 ④이다.

오답분석

① 첫 번째 문단이나 두 번째 문단의 소제목은 될 수 있으나, 글 전체 내용을 나타내는 제목으로는 적절하지 않다.
② 세 번째 문단에서 김치 산업에 관한 내용을 언급하고 있지만, 이는 현재 김치 산업의 시장 규모에 대한 내용일 뿐이므로 산업의 활성화 방안과는 거리가 멀다.

03

정답 ③

제시문은 우유니 사막의 위치와 형성, 특징 등 우유니 사막의 자연지리적 특징에 대한 글이다. 따라서 글의 주제로 가장 적절한 것은 ③이다.

04

정답 ④

제시문에 따르면 상상력은 정해진 개념이나 목적이 없는 상황에서 그 개념이나 목적을 찾는 역할을 하고, 이때 주어진 목적지(개념)가 없으며, 반드시 성취해야 할 그 어떤 것도 없기 때문에 자유로운 유희이다. 따라서 글의 제목으로 가장 적절한 것은 '자유로운 유희로서의 상상력의 역할'이다.

오답분석

① 제시문의 내용은 칸트 철학 내에서의 상상력이 어떤 조건에서 작동되며 또 어떤 역할을 하는지 기술하고 있으므로 상상력의 재발견이라는 제목은 적절하지 않다.
② 제시문에서는 상상력을 인식능력이라고 규정하는 부분을 찾을 수 없다.
③ 상상력은 주어진 개념이 없을 경우 새로운 개념들을 가능하게 산출하는 것이므로 목적 없는 활동이라고는 볼 수 없다.

대표기출유형 03 기출응용문제

01

정답 ③

제시문은 인간의 신체 반응과 정서에 대한 제임스와 랑에의 견해를 제시하고 이것이 시사하는 바를 설명하고 있다. 또한 이에 반하는 캐넌과 바드의 견해를 제시하고 이를 통해 제임스와 랑에의 의견이 한계가 있음을 설명하고 있다. 따라서 (라) 인간의 신체 반응과 정서의 관계에 대한 제임스와 랑에의 견해 – (다) 제임스와 랑에의 견해가 시사하는 점 – (가) 제임스와 랑에의 견해에 반론을 제시한 캐넌과 바드 – (나) 캐넌과 바드의 견해에 따른 제임스와 랑에 이론의 한계 순으로 나열해야 한다.

02

정답 ②

수직 계열화에서 사용자 중심으로 산업 패러다임이 변화되고 있음을 제시하는 (나) 문단이 가장 먼저 오는 것이 적절하며, 그 다음으로 가스경보기를 예로 들어 수평적 연결에 대해 설명하는 (다) 문단이 적절하다. 그 뒤를 이어 이러한 수평적 연결이 사물인터넷 서비스로 새롭게 성장한다는 (가) 문단이, 마지막으로는 다양해지는 사물인터넷 서비스에 대해 설명하는 (라) 문단이 와야 한다.

03

정답 ④

사랑과 관련하여 여러 형태의 빛 신호를 가지고 있는 반딧불이를 소개하고, 이들이 단체로 빛을 내면 장관을 이룬다는 내용의 (라) 문단이 맨 처음에 와야 한다. 다음으로는 (라)의 마지막 내용과 연결되는 반딧불이 집단의 불빛으로 시작해 반딧불이의 단독행동으로 끝이 나는 (나) 문단이 이어지는 것이 자연스럽다. 그리고 단독으로 행동하기 좋아하는 반딧불이가 짝을 찾는 모습을 소개한 (마) 문단이 이어져야 하며, 그 다음으로 그러한 특성을 이용해 먹잇감을 찾는 반딧불이의 종류를 이야기하는 (가) 문단이 오는 것이 적절하다. (다) 문단은 (가) 문단에 이어지는 내용이므로 그 뒤에 나열해야 한다.

04

정답 ②

3D업종의 인식 변화를 소개하는 (나) 문단이 먼저 오는 것이 적절하고, 그 사례인 환경미화원 모집 공고에 대한 내용인 (가) 문단, 이에 대한 인터뷰 내용인 (라) 문단, 환경미화원 공채에 지원자가 몰리는 이유를 설명하는 (마) 문단이 이어져야 하며, 기피 직종에 대한 인식 변화의 또 다른 사례를 소개하는 (다) 문단 순서로 이어지는 것이 적절하다.

05

정답 ④

제시된 첫 문단에서 열린혁신의 개념에 대한 이해가 필요하다고 했으므로 열린혁신의 개념을 설명하는 (라) 문단이 첫 문단 뒤에 오는 것이 적절하며, 그 다음으로 열린혁신의 대표적인 사례를 설명하는 (나) 문단이 오는 것이 적절하다. 그 뒤를 이어 '열린혁신'을 성공적으로 추진하기 위한 첫 번째 선행조건을 언급하는 (가) 문단이 이어져야 하며, 다음으로는 '둘째'와 '마지막으로'의 연결어를 통해 (다), (마) 문단이 순서대로 오는 것이 적절하다.

대표기출유형 04 기출응용문제

01

정답 ②

㉠ 조언 : 말로 거들거나 깨우쳐 주어서 도움. 또는 그 말
㉡ 경신 : 어떤 분야의 종전 최고치나 최저치를 깨트림
㉢ 결재 : 결정할 권한이 있는 상관이 부하가 제출한 안건을 검토하여 허가하거나 승인함
㉣ 비치다 : 의향을 떠보려고 슬쩍 말을 꺼내거나 의사를 넌지시 깨우쳐 주다.

오답분석

- 자문 : 어떤 일을 좀 더 효율적이고 바르게 처리하려고 그 방면의 전문가나, 전문가들로 이루어진 기구에 의견을 물음
  → '자문을 구하다.'는 올바르지 않은 표현으로 '자문에 응하다.'가 맞는 표현이다.
- 갱신 : 이미 있던 것을 고쳐 새롭게 함
- 결제 : 일을 처리하여 끝을 냄
- 비추다 : 어떤 것과 관련하여 견주어 보다.

02

정답 ①

제시된 문장의 '지'는 '어떤 일이 있었던 때부터 지금까지의 동안'을 나타내는 의존명사로, 의존명사는 띄어 쓴다는 규정에 따라 '나간지 → 나간 지'로 띄어 써야 한다.

> **조사 · 의존명사의 띄어쓰기**
> • 조사는 그 앞말에 붙여 쓴다. → 꽃이, 꽃마저, 웃고만 등
> • 의존명사는 띄어 쓴다. → 아는 것이 힘이다, 나도 할 수 있다, 먹을 만큼 먹어라 등

03

정답 ②

오답분석

① '~문학을 즐길 예술적 본능을 지닌다.'의 주어가 생략되었다.
③ '~시작되었다.'의 주어가 생략되었다.
④ '그는'이 중복되었다.

04

정답 ④

'체'는 의존명사로 '그럴듯하게 꾸미는 거짓 태도나 모양'을 뜻하는 말로 사용된다. '이미 있는 상태 그대로 있음'이라는 뜻을 가진 '채'를 사용하여 ㉣을 '남겨둔 채'로 수정하는 것이 적절하다.

05

정답 ③

'대가로'가 올바른 표기이다. '대가'는 [대:까]로 발음되는 까닭에 사이시옷을 붙여 '댓가'로 잘못 표기하는 오류가 많다. 한자어의 경우 2음절로 끝나는 6개의 단어(숫자, 횟수, 셋방, 곳간, 툇간, 찻간)만 예외적으로 사이시옷이 붙는다.

대표기출유형 05 기출응용문제

01

정답 ③

도일은 오로지 형식적 측면에서 보고 있으므로 미적 무관심성을 보이고 있다.

오답분석

①·④ 대상 외의 가치가 들어간 예이다.
② '미적 무관심성'에서 나아간 '미적 무욕성'의 관점에서 사물을 바라보고 있다.

02

정답 ③

경덕왕 시기에는 통일된 석탑양식이 다른 지역으로까지 파급되지는 못하고 경주에 밀집된 모습을 보였다.

오답분석

① 문화가 부흥할 수 있었던 배경에는 안정된 왕권과 정치제도가 깔려 있었다.
② 장항리 오층석탑 역시 통일 신라 경덕왕 시기에 유행했던 통일된 석탑양식으로 주조되었다.
④ 통일된 석탑양식 이전에는 시원양식과 전형기가 유행했다.

03

정답 ④

바우마이스터에 따르면 개인은 자신이 가지고 있는 제한된 에너지를 자기 조절 과정에 사용하는데, 이때 에너지를 많이 사용한다고 하더라도 긴박한 상황을 대비하여 에너지의 일부를 남겨 두기 때문에 에너지가 완전히 고갈되는 상황은 벌어지지 않는다. 즉, S씨는 식단 조절 과정에 에너지를 효율적으로 사용하지 못하였을 뿐, 에너지가 고갈되어 식단 조절에 실패한 것은 아니다.

오답분석

① 반두라에 따르면 자기 반응은 자신이 한 행동 이후에 자신에게 부여하는 정서적 현상을 의미하는데, 자신이 지향하는 목표와 관련된 개인적 표준에 부합하지 않은 행동은 죄책감이나 수치심이라는 자기 반응을 만들어 낸다.

② 반두라에 따르면 인간은 자기 조절 능력을 선천적으로 가지고 있으며, 자기 조절은 세 가지의 하위 기능인 자기 검열, 자기 판단, 자기 반응의 과정을 통해 작동한다.

③ 바우마이스터에 따르면 자기 조절은 개인적 표준, 모니터링, 동기, 에너지로 구성된다. S씨의 건강관리는 개인의 목표 성취와 관련된 개인적 표준에 해당하며, 이를 위해 S씨는 자신의 행동을 관찰하는 모니터링 과정을 거쳤다.

CHAPTER

02 수리능력

대표기출유형 01 기출응용문제

01

정답 ①

나영이와 현지가 같이 간 거리는 $150\times30=4,500$m이고, 집에서 공원까지의 거리는 $150\times50=7,500$m이다. 나영이가 집에 가는 데 걸린 시간은 $4,500\div300=15$분이고, 다시 공원까지 가는 데 걸린 시간은 $7,500\div300=25$분이다.

따라서 둘이 헤어진 후 현지가 공원에 도착하기까지 걸린 시간은 20분이고, 나영이가 걸린 시간은 40분이므로 나영이는 현지가 도착하고 20분 후에 공원에 도착한다.

02

정답 ④

중국인 중 관광을 목적으로 온 사람의 수를 x명으로 가정하고, 제시된 내용을 표로 정리하면 다음과 같다.

(단위 : 명)

구분	중국인	중국인이 아닌 외국인	합계
인원	30	70	100
관광을 목적으로 온 외국인	x	14	20

관광을 목적으로 온 외국인은 20%이므로, 중국인 중 관광으로 온 사람은 6명이어야 한다.

따라서 $x=6$이며, 중국인 중 관광을 목적으로 온 사람일 확률은 $\frac{6}{30}=\frac{1}{5}$이다.

03

정답 ④

8명이 경기를 하므로 4개의 조를 정하는 것과 같다. 이때 1 ~ 4위까지의 선수들이 서로 만나지 않게 하려면 각 조에 1 ~ 4위 선수가 한 명씩 배치되어야 한다. 이 선수들을 먼저 배치하고 다른 선수들이 남은 자리에 들어가는 경우의 수는 $4!=24$가지이다. 다음으로 만들어진 4개의 조를 두 개로 나누는 경우의 수를 구하면 ${}_4C_2\times{}_2C_2\times\frac{1}{2!}=3$가지이다.

따라서 가능한 대진표의 경우의 수는 $24\times3=72$가지이다.

04

정답 ③

숫자 21을 2, 8, 16진수로 바꾸면 다음과 같다.

• 2진수

2) 21
2) 10 ⋯ 1
2) 5 ⋯ 0
2) 2 ⋯ 1
1 ⋯ 0

아래부터 차례대로 적으면 10101이 21의 2진수 숫자이다.

• 8진수

8) 21
2 ⋯ 5

21의 8진수는 25이다.

• 16진수

16) 21
1 ⋯ 5

21의 16진수는 15이다.

따라서 옳지 않은 대답을 한 사람은 C사원이다.

05

정답 ④

버섯 1봉지 가격을 x원, 두부 한 모를 y원, 대파 한 묶음을 z원이라고 하자.

$x+2y+z+4,200+3,400=12,500$ ⋯ ㉠

$x+y=3z-300$ ⋯ ㉡

$x=y+300$ ⋯ ㉢

㉢과 ㉠을 연립하면

$x+2y+z=12,500-7,600=4,900 \rightarrow y+300+2y+z=4,900 \rightarrow 3y+z=4,600$ ⋯ ⓐ

㉡과 ㉢을 연립하면

$x+y=3z-300 \rightarrow y+300+y-3z=-300 \rightarrow 2y-3z=-600$ ⋯ ⓑ

ⓐ와 ⓑ를 연립하면 $11y=13,200 \rightarrow y=1,200$이다.

따라서 두부 한 모의 가격은 1,200원이다.

06

정답 ④

K공단에서 출장지까지의 거리를 $x$km라 하자.

이때 K공단에서 휴게소까지의 거리는 $\frac{4}{10}x=\frac{2}{5}x$km이고, 휴게소에서 출장지까지의 거리는 $\left(1-\frac{2}{5}\right)x=\frac{3}{5}x$km이다.

$\left(\frac{2}{5}x\times\frac{1}{75}\right)+\frac{30}{60}+\left(\frac{3}{5}x\times\frac{1}{75+25}\right)=\frac{200}{60}$

$\rightarrow \frac{2}{375}x+\frac{3}{500}x=\frac{17}{6}$

$\rightarrow 8x+9x=4,250$

$\therefore x=250$

따라서 K공단에서 출장지까지의 거리는 250km이다.

07

정답 ④

먼저 시간을 최소화하기 위해서는 기계를 이용한 포장과 손으로 포장하는 작업을 함께 병행해야 한다. 100개 제품을 포장하는데 손으로 하는 포장은 300분이 걸리고 기계로 하는 포장은 200분에 휴식 50분을 더해 250분이 걸린다. 300분과 250분의 최소공배수 1,500분을 기준으로 계산하면 손의 경우 500개, 기계의 경우 600개를 만들 수 있다. 그러므로 1,500분 동안 1,100개를 만들 수 있다. 손은 6분에 2개를 포장하고 기계는 3개를 포장하므로 6분에 5개를 포장할 수 있고, 100개를 포장하는 데는 120분이 걸린다. 따라서 총 1,620분이 걸리므로 1,620÷60=27시간이 걸린다.

08

정답 ④

음료를 포장해 가는 고객의 수를 n명이라고 하면 카페 내에서 이용하는 고객의 수는 $(100-n)$명이다. 포장을 하는 고객은 6,400원의 수익을 주지만 카페 내에서 이용하는 고객은 서비스 비용인 1,500원을 제외한 4,900원의 수익을 준다.

즉, 고객에 대한 수익은 $6{,}400n+4{,}900(100-n) \rightarrow 1{,}500n+490{,}000$이고,

가게 유지 비용에 대한 손익은 $1{,}500n+490{,}000-535{,}000 \rightarrow 1{,}500n-45{,}000$이다.

이때 값이 0보다 커야 수익이 발생하므로 다음과 같이 정리할 수 있다.

$1{,}500n-45{,}000>0$

$\rightarrow 1{,}500n>45{,}000$

$\therefore n>30$

따라서 최소 31명이 음료 포장을 이용해야 수익이 발생하게 된다.

09

정답 ④

340km를 100km/h로 달리면 3.4시간이 걸린다. 휴게소에서 쉰 시간 30분(0.5시간)을 더해 원래 예정에는 3.9시간 뒤에 서울고속터미널에 도착해야 한다. 하지만 도착 예정시간보다 2시간 늦게 도착했으므로 실제 걸린 시간은 5.9시간이 되고, 휴게소에서 예정인 30분보다 6분(0.1시간)을 더 쉬었으니 쉬는 시간을 제외한 버스의 이동시간은 5.3시간이다. 그러므로 실제 경언이가 탄 버스의 평균 속도는 340÷5.3≒64km/h이다.

10

정답 ④

$(\text{밀도})=\frac{(\text{질량})}{(\text{부피})}$에서 질량은 (밀도)×(부피)임을 알 수 있고, A액체 밀도인 0.2kg/L를 대입하여 질량을 구하면 0.2×12=2.4kg이다. B, C액체가 모두 질량은 동일하다고 했으므로 각각 밀도를 구하면 다음과 같다.

- B액체 : $\frac{2.4}{10}=0.24$kg/L
- C액체 : $\frac{2.4}{15}=0.16$kg/L

$(\text{부피})=\frac{(\text{질량})}{(\text{밀도})}$에 피규어 질량 300g(0.3kg)과 B, C액체의 밀도를 대입하여 넘친 액체의 부피를 구하면 다음과 같다.

- B액체 : $\frac{0.3}{0.24}=1.25$L
- C액체 : $\frac{0.3}{0.16}=1.875$L

따라서 B, C액체가 들어있는 통에서 넘친 액체의 부피 합은 1.25+1.875=3.125L이다.

11

정답 ①

색칠된 부분의 넓이를 구하기 위해서는 △CDE와 부채꼴 BCE의 넓이, 그리고 둘 사이의 색칠되지 않은 부분의 넓이를 알아야 한다.

- △CDE의 넓이 : $\frac{\sqrt{3}}{4}\times 12^2$(∵ 정삼각형의 넓이 공식) → $36\sqrt{3}$
- 부채꼴 BCE의 넓이 : $12^2\pi\times\frac{30°}{360°}$(∵ 부채꼴의 넓이 공식) → 12π
- [색칠되지 않은 부분(EC)의 넓이]=(부채꼴 CDE의 넓이)−(△CDE의 넓이) → $24\pi-36\sqrt{3}$

∴ (색칠된 부분의 넓이)$=36\sqrt{3}+12\pi-(24\pi-36\sqrt{3})=72\sqrt{3}-12\pi$

대표기출유형 02 기출응용문제

01

정답 ④

하늘색·크림색 타일의 면적은 $1\text{m}\times 1\text{m}=1\text{m}^2$이므로 타일을 붙일 벽의 면적은 $6\text{m}\times 5\text{m}=30\text{m}^2$이고, 필요한 타일의 개수는 $30\div 1=30$개이다. 그러므로 각 타일의 구매비용을 구하면 다음과 같다.

- 하늘색 타일은 2개가 1세트이므로 구매할 세트의 수량은 $30\div 2=15$개이고, 하늘색 타일의 구매비용은 $15\times 5=75$만 원이다.
- 크림색 타일은 3개가 1세트이므로 구매할 세트의 수량은 $30\div 3=10$개이고, 크림색 타일의 구매비용은 $10\times 7=70$만 원이다.

따라서 크림색 타일을 선택하는 것이 하늘색 타일을 선택하는 것보다 경제적이며, 구매비용의 차이는 $75-70=5$만 원이다.

02

정답 ④

2024년 제조업용 로봇 생산액의 2022년 대비 성장률은 $\frac{7,016-6,272}{6,272}\times 100 ≒ 11.9\%$이다.

03

정답 ④

세차 가격이 무료가 되는 주유량은 다음과 같다.

- A주유소의 경우 : $1,550a\geq 50,000$원 → $a\geq 32.2$이므로 33L부터 세차 가격이 무료이다.
- B주유소의 경우 : $1,500b\geq 70,000$원 → $b\geq 46.6$이므로 47L부터 세차 가격이 무료이다.

주유량에 따른 주유와 세차에 드는 비용은 다음과 같다.

(단위 : 원)

구분	32L 이하	33L 이상 46L 이하	47L 이상
A주유소	$1,550a+3,000$	$1,550a$	$1,550a$
B주유소	$1,500a+3,000$	$1,500a+3,000$	$1,500a$

주유량이 32L 이하와 47L 이상일 때, A주유소와 B주유소의 세차 가격 포함유무가 동일하므로 이때는 B주유소가 더 저렴하다. 따라서 A주유소에서 33L 이상 46L 이하를 주유할 때 B주유소보다 더 저렴하다.

04

정답 ③

- 1인 1일 사용량에서 영업용 사용량이 차지하는 비중 : $\frac{80}{282}\times 100 ≒ 28.37\%$
- 1인 1일 가정용 사용량의 하위 두 항목이 차지하는 비중 : $\frac{20+13}{180}\times 100 ≒ 18.33\%$

05

정답 ③

2024년 방송산업 종사자 수는 모두 32,443명이다. 2024년 추세에서는 지상파(지상파DMB 포함)만 언급하고 있으므로 다른 분야의 인원은 고정되어 있다. 지상파 방송사(지상파DMB 포함)는 전년보다 301명이 늘어났으므로 2023년 방송산업 종사자 수는 32,443−301=32,142명이다.

대표기출유형 03 기출응용문제

01

정답 ②

수도권은 서울과 인천·경기를 합한 지역을 의미한다. 따라서 전체 마약류 단속 건수 중 수도권의 마약류 단속 건수의 비중은 22.1+35.8=57.9%이다.

오답분석

① • 대마 단속 전체 건수 : 167건
  • 마약 단속 전체 건수 : 65건
  65×3=195>167이므로 옳지 않은 설명이다.

③ 마약 단속 건수가 없는 지역은 강원, 충북, 제주로 3곳이다.

④ • 대구·경북 지역의 향정신성의약품 단속 건수 : 138건
  • 광주·전남 지역의 향정신성의약품 단속 건수 : 38건
  38×4=152>138이므로 옳지 않은 설명이다.

02

정답 ④

ㄱ·ㄷ. 제시된 자료를 통해 확인할 수 있다.

ㄹ. TV홈쇼핑 판매수수료율 순위 자료를 보면 여행패키지의 판매수수료율은 8.4%이다. 반면, 백화점 판매수수료율 순위 자료에 여행패키지 판매수수료율이 제시되지 않았지만 상위 5위와 하위 5위의 판매수수료율을 통해 여행패키지 판매수수료율은 20.8%보다 크고 31.1%보다 낮다는 것을 추론할 수 있다. 즉, 8.4×2=16.8<20.8이므로 여행패키지 상품군의 판매수수료율은 백화점이 TV홈쇼핑의 2배 이상이라는 설명은 옳다.

오답분석

ㄴ. 백화점 판매수수료율 순위 자료를 보면 여성정장과 모피의 판매수수료율은 각각 31.7%, 31.1%이다. 반면, TV홈쇼핑 판매수수료율 순위 자료에는 여성정장과 모피의 판매수수료율이 제시되지 않았다. 상위 5위와 하위 5위의 판매수수료율을 통해 제시되지 않은 상품군의 판매수수료율은 28.7%보다 높고 36.8%보다 낮은 것을 추측할 수 있다. 즉, TV홈쇼핑의 여성정장과 모피의 판매수수료율이 백화점보다 높은지 낮은지 판단할 수 없다.

03

정답 ④

2020년과 2024년에는 출생아 수와 사망자 수의 차이가 20만 명이 되지 않는다. 따라서 옳지 않은 것은 ④이다.

04

정답 ③

ㄴ. 2021년 대비 2024년 모든 분야의 침해사고 건수는 감소하였으나, 50%p 이상 줄어든 것은 스팸릴레이 한 분야이다.

ㄹ. 기타 해킹 분야의 2024년 침해사고 건수는 2022년 대비 증가했으므로 옳지 않은 설명이다.

오답분석

ㄱ. 단순침입시도 분야의 침해사고는 매년 스팸릴레이 분야의 침해사고 건수의 두 배 이상인 것을 확인할 수 있다.

ㄷ. 2023년 홈페이지 변조 분야의 침해사고 건수가 차지하는 비중은 $\frac{5,216}{16,135}\times 100 \fallingdotseq 32.3\%$로, 35% 이하이다.

CHAPTER
03 문제해결능력

대표기출유형 01 기출응용문제

01

정답 ①

부산이 네 번째 여행지라는 점을 포함해 모든 조건을 반영했을 때 가능한 경우는 다음과 같다.

첫 번째	두 번째	세 번째	네 번째	다섯 번째	여섯 번째
전주	강릉	춘천	부산	안동	대구

따라서 전주는 민호의 첫 번째 여행지이다.

02

정답 ②

첫 번째와 네 번째 조건을 이용하면 '미국 – 일본 – 캐나다' 순으로 여행한 사람의 수가 많음을 알 수 있다.
두 번째 조건에 의해 일본을 여행한 사람은 미국 또는 캐나다 여행을 했다. 따라서 일본을 여행했지만 미국을 여행하지 않은 사람은 캐나다 여행을 했고, 세 번째 조건에 의해 중국을 여행하지 않았다.

오답분석

①·④ 주어진 조건만으로는 알 수 없다.
③ 미국을 여행한 사람이 가장 많지만 일본과 중국을 여행한 사람을 합한 수보다 많은지는 알 수 없다.

03

정답 ④

다섯 번째 조건에 따라 C항공사는 제일 앞번호인 1번 부스에 위치하며, 세 번째 조건에 따라 G면세점과 H면세점은 양 끝에 위치한다. 이때 네 번째 조건에서 H면세점 반대편에는 E여행사가 위치한다고 하였으므로 5번 부스에는 H면세점이 올 수 없다. 따라서 5번 부스에는 G면세점이 위치한다. 또한 첫 번째 조건에 따라 같은 종류의 업체는 같은 라인에 위치할 수 없으므로 H면세점은 G면세점과 다른 라인인 4번 부스에 위치하고, 4번 부스 반대편인 8번 부스에는 E여행사가, 4번 부스 바로 옆인 3번 부스에는 F여행사가 위치한다. 나머지 조건에 따라 부스의 위치를 정리하면 다음과 같다.

1) 경우 1

C항공사	A호텔	F여행사	H면세점
복도			
G면세점	B호텔	D항공사	E여행사

2) 경우 2

C항공사	B호텔	F여행사	H면세점
복도			
G면세점	A호텔	D항공사	E여행사

따라서 항상 참이 되는 것은 ④이다.

04

정답 ④

제시된 조건을 식으로 표현하면 다음과 같다.

• 첫 번째 조건의 대우 : A → C
• 네 번째 조건의 대우 : C → ~E
• 두 번째 조건 : ~E → B
• 세 번째 조건의 대우 : B → D

위의 조건식을 정리하면 A → C → ~E → B → D이므로 주말 여행에 참가하는 사람은 A, B, C, D 4명이다.

05

정답 ④

두 번째 조건과 세 번째 조건을 통해 김팀장의 오른쪽에 정차장이 앉고, 양사원은 한대리의 왼쪽에 앉는다. 이때, 오과장은 정차장과 나란히 앉지 않으므로 오과장은 김팀장의 왼쪽에 앉아야 한다.

따라서 김팀장을 기준으로 시계방향으로 '오과장 – 한대리 – 양사원 – 정차장' 순서로 앉는다.

대표기출유형 02 기출응용문제

01

정답 ②

서울 지점의 C씨에게 배송할 제품과 경기남부 지점의 B씨에게 배송할 제품에 대한 코드를 모두 기록해야 한다.

• C씨 : MS11EISS
  – 재료 : 연강(MS)
  – 판매량 : 1box(11)
  – 지역 : 서울(E)
  – 윤활유 사용 : 윤활작용(I)
  – 용도 : 스프링(SS)
• B씨 : AHSS00SSST
  – 재료 : 초고강도강(AHSS)
  – 판매량 : 1set(00)
  – 지역 : 경기남부(S)
  – 윤활유 사용 : 밀폐작용(S)
  – 용도 : 타이어코드(ST)

따라서 A씨가 기록할 코드로 옳은 것은 ②이다.

02

정답 ④

매물번호의 세 번째 자리를 보면 'O'라고 표기되어 있다. 즉, 매매 물건이므로 월세를 협의할 수 있는 매물이 아니다.

오답분석

① 매물은 전원주택(HO)이므로 주거를 위한 것으로 보는 것이 적절하다.
② 매물은 매매 물건(O)이므로 구매 시 소유권이 변경되게 된다.
③ 매물은 강화읍(01)에 위치하므로 옳은 설명이다.

03

정답 ④

FC(공장) – P(전세) – 04(불은면) – 2(공유매물) – 31(3억 1천만 원) – T(월세 해당 없음)

오답분석

① GDO01131T : 강화읍은 피하고 싶다고 했으므로 이 매물은 옳지 않다.
② GDP02241T : 전세가는 최대 4억 원까지만 가능하다고 했으므로 전세가가 4억 1천만 원인 이 매물은 옳지 않다.
③ FCO03138T : 매매가는 최대 3억 3천만 원까지만 가능하다고 했으므로 매매가가 3억 8천만 원인 이 매물은 옳지 않다.

04

정답 ④

부가기호 중 발행형태가 4로 전집이기 때문에 한 권으로만 출판된 것이 아님을 알 수 있다.

오답분석

① 국가번호가 05로 미국에서 출판되었다.
② 서명식별번호가 1011로 1011번째 발행되었다. 441은 발행자번호로 이 책을 발행한 출판사의 발행자번호가 441이라는 것을 의미한다.
③ 발행자번호는 441로 세 자리로 이루어져 있다.

대표기출유형 03 기출응용문제

01

정답 ④

㉢ 이미 우수한 연구개발 인재를 확보한 것이 강점이므로, 추가로 우수한 연구원을 채용하는 것은 WO전략으로 적절하지 못하다. 기회인 예산을 확보하면, 약점인 전력 효율성이나 국민적 인식 저조를 해결하는 전략을 세워야 한다.
㉣ 세계의 신재생에너지 연구(O)와 전력 효율성 개선(W)을 활용하므로 WT전략이 아닌 WO전략에 대한 내용이다. WT전략은 위협인 높은 초기 비용에 대한 전략이 나와야 한다.

02

정답 ④

오답분석

① 체계화된 기술 개발 부족은 자사가 아닌 경쟁사에 대한 분석 결과이므로 적절하지 않다.
② 자사는 현재 중국 시장에서 풍력과 태양광 발전소를 운영 중에 있으므로 중국 시장으로의 진출은 대안으로 적절하지 않다. 또한 중국 시장이 경쟁이 적은지 알 수 없다.
③ 필리핀의 높은 전기요금은 원료비가 적게 드는 신재생에너지를 통해 낮출 수 있다. 또한 열악한 전력 인프라는 분석 결과에 나타나 있지 않다.

03

정답 ①

고급 포장과 스토리텔링은 모두 수제 초콜릿의 강점에 해당되므로 SWOT 분석에 의한 마케팅 전략으로 볼 수 없다. SO전략과 ST전략으로 보일 수 있으나, 기회를 포착하거나 위협을 회피하는 모습을 보이지 않기에 적절하지 않다.

오답분석

② 수제 초콜릿의 스토리텔링(강점)을 포장에 명시하여 소비자들의 요구를 충족(기회)시키는 SO전략에 해당된다.
③ 수제 초콜릿의 존재를 모르는(약점) 점을 마케팅 강화로 보완해 대기업과의 경쟁(위협)을 이겨내는 WT전략에 해당된다.
④ 수제 초콜릿의 풍부한 맛(강점)을 알리고, 맛을 보기 전에는 알 수 없는 일반 초콜릿과의 차이(위협)도 알리는 ST전략에 해당된다.

대표기출유형 04 기출응용문제

01

정답 ④

예산이 가장 많이 드는 B사업과 E사업은 사업기간이 3년이므로 최소 1년은 겹쳐야 한다. 이를 바탕으로 정리하면 다음과 같다.

사업명 \ 예산 \ 연도	1차	2차	3차	4차	5차
	20조 원	24조 원	28.8조 원	34.5조 원	41.5조 원
A	–	1조 원	4조 원	–	–
B	–	15조 원	18조 원	21조 원	–
C	–	–	–	–	15조 원
D	15조 원	8조 원	–	–	–
E	–	–	6조 원	12조 원	24조 원
실질 사용 예산 합계	15조 원	24조 원	28조 원	33조 원	39조 원

따라서 D사업을 첫해에 시작해야 한다.

02

정답 ③

제시된 직원 투표 결과를 정리하면 다음과 같다.

(단위 : 표)

여행상품	1인당 비용(원)	총무팀	영업팀	개발팀	홍보팀	공장1	공장2	합계
A	500,000	2	1	2	0	15	6	26
B	750,000	1	2	1	1	20	5	30
C	600,000	3	1	0	1	10	4	19
D	1,000,000	3	4	2	1	30	10	50
E	850,000	1	2	0	2	5	5	15
합계		10	10	5	5	80	30	140

㉠ 가장 인기 높은 여행상품은 D이다. 그러나 공장1의 고려사항은 회사에 손해를 줄 수 있으므로, 2박 3일 여행상품이 아닌 1박 2일 여행상품 중 가장 인기 있는 B가 선택된다. 따라서 750,000×140=105,000,000원이 필요하므로 옳다.

㉢ 공장1의 A, B 투표 결과가 바뀐다면 여행상품 A, B의 투표 수가 각각 31, 25표가 되어 선택되는 여행상품이 A로 변경된다.

오답분석

㉡ 가장 인기 높은 여행상품은 D이므로 옳지 않다.

03

정답 ①

오답분석

② 법정대리인이 자녀와 함께 방문한 경우, 법정대리인의 실명확인증표로 인감증명서를 대체할 수 있다.

③ 법정대리인 신청 시 부모 각각의 동의서가 필요하다.

④ 만 18세인 지성이가 전자금융서비스를 변경하기 위해서는 법정대리인 동의서와 성명·주민등록번호·사진이 포함된 학생증이 필요하다. 학생증에 주민등록번호가 포함되지 않은 경우, 미성년자의 기본증명서가 추가로 필요하다.

04

정답 ②

주어진 자료를 표로 정리하면 다음과 같다.

선택		B여행팀	
		관광지에 간다	관광지에 가지 않는다
A여행팀	관광지에 간다	(10, 15)	(15, 10)
	관광지에 가지 않는다	(25, 20)	(35, 15)

- A여행팀의 최대효용
  - B여행팀이 관광지에 가는 경우 : A여행팀이 관광지에 가지 않을 때 25의 최대효용을 얻는다.
  - B여행팀이 관광지에 가지 않는 경우 : A여행팀이 관광지에 가지 않을 때 35의 최대효용을 얻는다.

  따라서 A여행팀은 B여행팀의 선택에 상관없이 관광지에 가지 않아야 효용이 발생하며, 이때의 최대효용은 35이다.
- B여행팀의 최대효용
  - A여행팀이 관광지에 가는 경우 : B여행팀이 관광지에 갈 때 15의 최대효용을 얻는다.
  - A여행팀이 관광지에 가지 않는 경우 : B여행팀이 관광지에 갈 때 20의 최대효용을 얻는다.

  따라서 B여행팀은 A여행팀의 선택에 상관없이 관광지에 가야 효용이 발생하며, 이때의 최대효용은 20이다.

이를 종합하면 A여행팀은 관광지에 가지 않을 때, B여행팀은 관광지에 갈 때 효용이 극대화되고, 총효용은 25+20=45이다.

05

정답 ①

T주임이 이동할 총 거리는 12+18=30km이다. T주임이 렌트한 H차량은 연비가 10km/L이며 1L 단위로 주유가 가능하므로 3L를 주유하여야 한다. H차량의 연료인 가솔린은 리터당 1.4달러이므로 총 유류비는 3L×1.4달러=4.2달러이다.

06

정답 ④

T주임이 시속 60km로 이동하는 구간은 18+25=43km이다. 또한 시속 40km로 이동하는 구간은 12km이다. 따라서 첫 번째 구간의 소요시간은 $\frac{43\text{km}}{60\text{km/h}}$=43분이며, 두 번째 구간의 소요시간은 $\frac{12\text{km}}{40\text{km/h}}$=18분이다. 그러므로 총 이동시간은 43+18=61분, 즉 1시간 1분이다.

CHAPTER

04 정보능력

대표기출유형 01 기출응용문제

01

정답 ③

INDEX 함수는 「=INDEX(배열로 입력된 셀의 범위, 배열이나 참조의 행 번호, 배열이나 참조의 열 번호)」로 표시되고, MATCH 함수는 「=MATCH(찾으려고 하는 값, 연속된 셀 범위, 되돌릴 값을 표시하는 숫자)」로 표시되기 때문에 「=INDEX(E2:E9, MATCH(0, D2:D9, 0))」를 입력하면 근무연수가 0인 사람의 근무월수가 셀에 표시된다. 따라서 2가 표시된다.

02

정답 ③

LEFT 함수는 LEFT(데이터가 있는 셀 번호, 왼쪽을 기준으로 가져올 자릿수)로 구성되므로 주민등록번호가 있는 [C2] 셀을 선택해야 하며, 왼쪽을 기준으로 생년월일은 6자리이기 때문에 「=LEFT(C2, 6)」가 적절하다.

03

정답 ③

조건에 '볼펜은 행사에 참석한 직원 1인당 1개씩 지급한다.'라고 되어 있고, 퇴직자가 속한 부서의 팀원 수가 [C1:C11]에 나와 있으므로 옳은 설명이다.

오답분석

㉠ 조건에 '퇴직하는 직원이 소속된 부서당 화분 1개가 필요하다.'라고 되어 있고, 자료를 보면 각 퇴직자의 소속부서가 모두 다르기 때문에 화분은 총 10개가 필요하다.

㉡ 조건에 '근속연수 20년 이상인 직원에게 감사패를 준다.'라고 되어 있으므로 입사년도가 2006년 이하인 직원부터 해당된다. 퇴직자 중에서는 B씨, C씨, F씨, I씨 총 4명이지만 주어진 자료만 보고 행사에 참석하는 모든 직원의 입사년도를 알 수 없으므로 옳지 않은 설명이다.

04

정답 ①

「=VLOOKUP(SMALL(A2:A10, 3), A2:E10, 4, 0)」를 해석해 보면, 우선 SMALL(A2:A10, 3)은 [A2:A10]의 범위에서 3번째로 작은 숫자이므로 그 값은 '3'이 된다. VLOOKUP 함수는 VLOOKUP(첫 번째 열에서 찾으려는 값, 찾을 값과 결과로 추출할 값들이 포함된 데이터 범위, 값이 입력된 열의 열 번호, 일치 기준)로 구성되므로 「=VLOOKUP(3, A2:E10, 4, 0)」 함수는 A열에서 값이 3인 4번째 행 그리고 4번째 열에 위치한 '82'가 옳다.

05

정답 ②

지정한 범위 내에서 조건에 맞는 셀의 개수를 추출하는 COUNTIF 함수를 사용해야 한다. ○ 한 개당 20점이므로 ○의 개수를 구한 뒤 그 값에 20을 곱해야 한다. 따라서 [H2] 셀에 입력할 함수식으로 「=COUNTIF(C2:G2,"○")*20」가 적절하다.

대표기출유형 02 기출응용문제

01

정답 ③

컨트롤의 위치를 이동시키려면 〈Ctrl〉을 누른 상태에서 방향키를 움직인다.

02

정답 ①

피벗테이블 결과 표시 장소는 다른 시트도 가능하다.

03

정답 ③

제시문에서는 '응용프로그램과 데이터베이스를 독립시킴으로써 데이터를 변경시키더라도 응용프로그램은 변경되지 않는다.'고 하였다. 따라서 데이터의 논리적 의존성이 아니라, 데이터의 논리적 독립성이 적절하다.

오답분석

① '다량의 데이터는 사용자의 질의에 대한 신속한 응답 처리를 가능하게 한다.'라는 내용은 실시간 접근성에 해당한다.
② '삽입, 삭제, 수정, 갱신 등을 통하여 항상 최신의 데이터를 유동적으로 유지할 수 있으며'라는 내용을 통해 데이터베이스는 그 내용을 변화시키면서 계속적인 진화를 하고 있음을 알 수 있다.
④ '각 데이터를 참조할 때는 사용자가 요구하는 내용에 따라 참조가 가능함'을 통해 내용에 의한 참조인 것을 알 수 있다.

미래는 자신이 가진 꿈의 아름다움을 믿는 사람들의 것이다.

– 엘리노어 루즈벨트 –

PART 2

최종점검 모의고사

제1회

최종점검 모의고사

01	02	03	04	05	06	07	08	09	10	11	12	13	14	15	16	17	18	19	20
①	①	④	②	④	④	①	①	③	③	②	④	③	①	①	②	②	②	④	④
21	22	23	24	25	26	27	28	29	30	31	32	33	34	35	36	37	38	39	40
③	①	④	④	③	④	②	②	③	①	①	②	④	①	①	①	①	④	①	②
41	42	43	44	45	46	47	48	49	50	51	52	53	54	55	56	57	58	59	60
④	④	③	③	①	③	①	③	②	④	②	①	①	②	④	①	④	④	②	③

01 어휘

정답 ①

- 개선(改善) : 잘못된 것이나 부족한 것, 나쁜 것 따위를 고쳐 더 좋게 만듦
- 개정(改正) : 주로 문서의 내용 따위를 고쳐 바르게 함
- 개조(改造) : 고쳐 만들거나 바꿈

02 의사 표현

정답 ①

자신이 전달하고자 하는 의사 표현을 명확하고 정확하게 하지 못할 경우에는 자신이 평정을 어느 정도 찾을 때까지 의사소통을 연기한다. 하지만 조직 내에서 의사소통을 무한정으로 연기할 수는 없기 때문에 자신의 분위기와 조직의 분위기를 개선하도록 노력하는 등의 적극적인 자세가 필요하다. 따라서 A사원의 메모 중 잘못 작성한 것은 ⓜ으로 1개이다.

03 의사 표현

정답 ④

상대방이 이해하기 어려운 전문적 언어(ⓡ)나 단조로운 언어(ⓜ)는 의사 표현에 사용되는 언어로 적절하지 않다.

오답분석

의사 표현에 사용되는 적절한 언어로는 이해하기 쉬운 언어(㉠), 상세하고 구체적인 언어(㉡), 간결하면서 정확한 언어(㉢), 문법적 언어(ⓑ), 감각적 언어 등이 있다.

04 어휘

정답 ②

컴퓨터는 문맥에 따라 일을 처리하기에는 우둔한 장치여서 문학 연구에 컴퓨터를 활용하는 것이 어렵다는 인과 관계를 나타내야 하므로 ㉠에는 '그러므로'가 들어가는 것이 적절하다. 또한 ㉡은 앞 문장과 상반되는 내용이므로 '하지만'이 들어가는 것이 적절하며, ㉢에는 많은 자료를 정리할 때 컴퓨터가 효과적으로 사용될 수 있다는 내용이 들어가야 하므로 '이런 경우에'가 적절하다. 그리고 ㉣은 글의 결론이므로 '그러므로'가 적절하다.

05 문서 작성

정답 ④

언어적인 의사소통은 대화를 통해 상대방의 반응 등을 살펴 실시간으로 상대방을 설득할 수 있으므로 문서적인 의사소통에 비해 유동성이 크다.

오답분석

① 문서적인 의사소통에는 업무지시 메모, 업무보고서 작성, 고객사에서 보내온 수취확인서, 운송장 작성 등이 있다.
② 문서적인 의사소통은 보는 사람이 판단하는 것이므로 혼란과 곡해를 일으키는 경우도 있다.
③ 문서적인 의사소통은 언어적인 의사소통보다 권위감이 있고, 정확성을 기하기 쉬우며, 전달성과 보존성이 크기 때문에 언어적인 의사소통의 한계를 극복하기 위한 방법이기도 하다.

06 문서 내용 이해

정답 ④

키드, 피어슨 등은 인종이나 민족, 국가 등의 집단 단위로 '생존경쟁'과 '적자생존'을 적용하여 우월한 집단이 열등한 집단을 지배하는 것을 정당화하였는데, 이는 사회 진화론의 개념을 집단 단위에 적용시킨 것이다.

오답분석

① 사회 진화론은 생물 진화론을 개인과 집단에 적용시킨 사회 이론이다.
② 사회 진화론의 중심 개념이 19세기에 등장한 것일 뿐, 그 자체가 19세기에 등장한 것인지는 알 수 없다.
③ '생존경쟁'과 '적자생존'의 개념이 민족과 같은 집단의 범위에 적용되면 민족주의와 결합한다.

07 문서 내용 이해

정답 ①

오답분석

② 두 번째 문단에 나와 있다.
③ 첫 번째 문단에서 '위기(爲己)란 자아가 성숙하는 것을 추구하며'라고 하였다.
④ 첫 번째 문단에서 '공자는 공부하는 사람의 관심이 어디에 있느냐를 가지고 학자를 두 부류로 구분했다.'라고 하였다.

08 글의 주제

정답 ①

제시문의 첫 번째 문단에서는 '사회적 자본'이 늘어나면 정치 참여도가 높아진다는 주장을 하였고, 두 번째 문단에서는 '사회적 자본'의 개념을 사이버공동체에 도입하였으나 현실과 잘 맞지 않는다고 하면서 '사회적 자본'의 한계를 서술했다. 그리고 마지막 문단에서는 이 같은 사회적 자본만으로는 정치 참여가 늘어나기 어렵고 이른바 '정치적 자본'의 매개를 통해서만이 가능하다는 주장을 하고 있다. 따라서 ①이 제시문의 주제로 가장 적절하다.

09 글의 제목

정답 ③

첫 번째 문단에서 비체계적 위험과 체계적 위험을 나누어 살피고, 두 번째 문단에서 비체계적 위험 아래에서의 투자 전략과 체계적 위험 아래에서의 투자 전략을 제시하고 있다. 그리고 마지막 문단에서는 베타 계수를 활용하여 체계적 위험에 대응하는 내용이 전개되고 있다. 따라서 글의 제목으로 가장 적절한 것은 ③이다.

10 문단 나열

정답 ③

제시문은 코젤렉의 '개념사'에 대한 정의와 특징에 대한 글이다. 따라서 (라) 개념에 대한 논란과 논쟁 속에서 등장한 코젤렉의 '개념사' → (가) 코젤렉의 '개념사'와 개념에 대한 분석 → (나) 개념에 대한 추가적인 분석 → (마) '개념사'에 대한 추가적인 분석 → (다) '개념사'의 목적과 코젤렉의 주장의 순서대로 나열하는 것이 적절하다.

11 문단 나열

정답 ②

(가) 문단에서는 전자 상거래 시장에서 소셜 커머스 열풍이 불고 있다는 내용을 소개하며 국내 소셜 커머스 현황을 제시하고 있고, (다) 문단은 소셜 커머스가 주로 SNS를 이용해 공동 구매자를 모으는 것에서 그 명칭이 유래되었다고 언급하였으며, (나) 문단은 소셜 쇼핑과 개인화된 쇼핑 등 소셜 커머스의 유형과 향후 전망을 제시하고 있다.

12 맞춤법

정답 ④

먹고 난 뒤의 그릇을 씻어 정리하는 일을 뜻하는 단어는 '설거지'이다.

오답분석

① ~로서 : 지위나 신분 또는 자격을 나타내는 격 조사
② 왠지 : 왜 그런지 모르게. 또는 뚜렷한 이유도 없이
③ 드러나다 : 가려 있거나 보이지 않던 것이 보이게 됨

13 빈칸 삽입

정답 ③

앞뒤 문맥의 의미에 따라 추론하면 기업주의 이익추구에 따른 병폐가 우리 소비자에게 간접적으로 전해진다는 뜻이다. 따라서 빈칸에 들어갈 내용으로 가장 적절한 것은 ③이다.

14 내용 추론

정답 ①

오답분석

ㄷ. 세계는 감각으로 인식될 때만 존재한다. 따라서 책상은 인식 이전에 그 자체로 존재할 수 없다.
ㄹ. 사과의 단맛은 주관적인 속성으로, 둥근 모양은 객관적으로 성립한다고 여겨지는 형태에 해당하지만, 버클리는 형태 또는 시각을 통해 존재하는 주관적 속성으로 인식했다.

15 내용 추론

정답 ①

제시문에서는 좌뇌형 인간과 우뇌형 인간이라는 개념이 지닌 허점에 대하여 지적할 뿐, 브로카 영역과 베르니케 영역이 존재하는 좌반구가 손상을 받으면 언어 장애가 생긴다는 사실에 대해서는 긍정하고 있다. 실제로 베르니케 영역이 손상되면 '베르니케 실어증'이 생기며, 청각이나 시각은 정상이지만 말을 듣거나 읽었을 경우 그 내용을 이해할 수 없게 된다.

16 응용 수리

정답 ②

처음 사우회에 참석한 사람의 수를 x명이라 하자.

i) $8x<17\times10 \rightarrow x<\frac{170}{8}=21.25$

ii) $9x>17\times10 \rightarrow x>\frac{170}{9}\fallingdotseq18.9$

iii) $8(x+9)\leq10\times(17+6) \rightarrow x\leq\frac{230}{8}-9=19.75$

따라서 세 식을 모두 만족해야 하므로 처음 참석자 수는 19명이다.

17 응용 수리

정답 ②

P로부터 멀리 있는 물체를 A, 가까이 있는 물체를 B라고 하자.

P로부터 B까지의 거리를 $x$km라 하면, A까지의 거리는 $4x$km이다.

13시간 후 P로부터 A까지의 거리는 $(4x+13)$km, B까지의 거리는 $(x+13)$km이므로 다음 식이 성립한다.

$(4x+13):(x+13)=7:5$

→ $7(x+13)=5(4x+13)$

→ $13x=26$

∴ $x=2$

따라서 현재 P로부터 두 물체까지의 거리는 각각 $4\times2=8$km, 2km이다.

18 응용 수리

정답 ②

두 소금물을 합하면 소금물의 양은 800g이 되고, 이 소금물을 농도 10% 이상인 소금물로 만들기 위한 물의 증발량을 xg이라고 할 때, 증발량을 구하는 식을 세우면 다음과 같다.

$$\frac{(300\times0.07)+(500\times0.08)}{800-x}\times100\geq10$$

→ $(21+40)\times10\geq800-x$

→ $x\geq800-610$

∴ $x\geq190$

따라서 800g인 소금물에서 최소 190g 이상의 물을 증발시켜야 농도 10% 이상인 소금물을 얻을 수 있다.

19 응용 수리

정답 ④

20억 원을 투자하였을 때 기대수익은 (원가)×(기대수익률)로 구할 수 있다. 기대수익률은 [(수익률)×(확률의 합)]으로 구할 수 있으므로 기대수익은 (원가)×[(수익률)×(확률의 합)]이다. 이를 식으로 정리하면 다음과 같다.

$20\times[10\%\times50\%+0\%\times30\%+(-10\%)\times20\%]=0.6$억 원

따라서 기대수익은 0.6억 원=6,000만 원이다.

20 응용 수리

정답 ④

가족 평균 나이는 $132\div4=33$세이므로 어머니의 나이는 $33+10=43$세이다.

나, 동생, 아버지의 나이를 각각 x세, y세, z세라고 하면 다음 식이 성립한다.

$x+y=41$ … ㉠

$z=2y+10$ … ㉡

$z=2x+4$ … ㉢

㉡, ㉢을 연립하여 정리하면

$x-y=3$ … ㉣

㉠, ㉣을 연립하여 정리하면

∴ $x=22$, $y=19$

따라서 동생의 나이는 19세이다.

21 자료 계산

정답 ③

사이다의 용량 1mL에 대한 가격을 비교하면 다음과 같다.

- A업체 : $\frac{25,000}{340 \times 25} \fallingdotseq 2.94$원/mL
- B업체 : $\frac{25,200}{345 \times 24} \fallingdotseq 3.04$원/mL
- C업체 : $\frac{25,400}{350 \times 25} \fallingdotseq 2.90$원/mL
- D업체 : $\frac{25,600}{355 \times 24} \fallingdotseq 3.00$원/mL

따라서 1mL당 가격이 가장 저렴한 업체는 C업체이다.

22 자료 변환

정답 ①

연도별 냉장고의 화재발생 건수와 비율은 다음과 같다.

구분	2020년	2021년	2022년	2023년	2024년
김치냉장고 건수(건)	21	35	44	60	64
일반냉장고 건수(건)	23	24	53	41	49
김치냉장고 비율	47.7%	59.3%	45.4%	59.4%	56.6%
일반냉장고 비율	52.3%	40.7%	54.6%	40.6%	43.4%

따라서 이를 나타낸 그래프로 옳은 것은 ①이다.

23 자료 이해

정답 ④

이륜자동차의 5년간 총 사고건수는 12,400+12,900+12,000+11,500+11,200=60,000건이고, 2021년과 2022년의 사고건수의 합은 12,900+12,000=24,900건이므로 전체 사고건수의 $\frac{24,900}{60,000} \times 100 = 41.5\%$이다.

오답분석

① 원동기장치 자전거의 사고건수는 2022년까지 증가하다가 2023년(7,110건)에는 전년(7,480건) 대비 감소하였다.
② 이륜자동차를 제외하고 2020년부터 2024년까지 교통수단별 사고건수가 가장 많은 해를 구하면 전동킥보드는 2024년(162건), 원동기장치 자전거는 2024년(8,250건), 택시는 2024년(177,856건)이지만, 버스는 2022년(235,580건)이 가장 높다.
③ 택시의 2020년 대비 2024년 사고건수는 (177,856−158,800)÷158,800×100=12% 증가하였고, 버스의 2020년 대비 2024년 사고건수는 (227,256−222,800)÷222,800×100=2% 증가하였다. 따라서 택시의 사고건수 증가율이 높다.

24 자료 이해

정답 ④

㉠ 5가지 교통수단 중 전동킥보드만 사고건수가 매년 증가하고 있으며 대책이 필요하다.
㉢ 2021년 이륜자동차에 면허에 대한 법률이 개정되었고, 2022년부터 시행되었으며, 2022 ~ 2024년 전년 대비 이륜자동차의 사고건수가 매년 줄어들고 있으므로 옳은 판단이다.
㉣ 2020년도부터 2024년까지 택시의 사고건수는 '증가 – 감소 – 증가 – 증가'하였으나, 버스는 '감소 – 증가 – 감소 – 감소'하였다.

오답분석

㉡ 원동기장치 자전거의 사고건수가 가장 적은 해는 2020년(5,450건)이지만, 이륜자동차의 사고건수가 가장 많은 해는 2021년(12,900건)이다.

25 자료 이해

정답 ③

2023년 10월부터 2024년 3월까지 지역마다 미세먼지 농도가 가장 높은 달이 3월인 지역은 '수원, 안양, 성남, 광명, 과천'으로 5곳이다.

오답분석

① 2023년 10 ~ 12월까지 미세먼지 농도의 합이 $150\mu g/m^3$ 이상인 지역은 막대그래프에서 $140\mu g/m^3$가 넘는 지역만 확인한다. 따라서 시흥과 파주 지역의 각 미세먼지 농도의 합을 구하면 시흥 1곳이 $150\mu g/m^3$ 이상이다.

- 시흥 : $46+53+52=151\mu g/m^3$
- 파주 : $45+53+50=148\mu g/m^3$

② 미세먼지 현황이 좋아졌다는 것은 미세먼지 농도가 낮아졌다는 것이며, 반대로 농도가 높아지면 현황이 나빠졌다는 뜻이다. 2024년 1월 대비 2월의 미세먼지 농도는 모든 지역에서 낮아졌고, 3월은 모든 지역에서 농도가 다시 높아졌다.

④ 2024년 1월 미세먼지 농도의 전월(2023년 12월) 대비 증감률이 0%인 지역은 안양이다. 안양의 2024년 2월 미세먼지 농도는 $46\mu g/m^3$로 $45\mu g/m^3$ 이상이다.

26 자료 계산

정답 ④

5 ~ 8월까지 생활용품의 인터넷 쇼핑 거래액의 총합은 288,386+260,158+274,893+278,781=1,102,218백만 원으로 약 11,022억 원이다.

27 자료 계산

정답 ②

7월 중 모바일 쇼핑 거래액이 가장 높은 상품은 '여행 및 교통서비스'이다. 이 상품의 8월 인터넷 쇼핑과 모바일 쇼핑 거래 차액은 1,017,259−566,972=450,287백만 원이다.

28 자료 이해

정답 ②

5 ~ 8월 동안 모바일 쇼핑 거래액이 가장 낮은 상품은 모두 애완용품임을 확인할 수 있다.

오답분석

① 5 ~ 8월 동안 모든 상품은 모바일 쇼핑 거래액이 인터넷 쇼핑 거래액보다 크다.

③ 음식서비스를 제외한 다른 상품은 전월 대비 6월의 인터넷 쇼핑 거래액은 감소했으며, 여행 및 교통서비스와 전자통신기기는 8월에도 감소하였다.

④ 5월 대비 7월 모바일 쇼핑 거래액이 증가한 상품은 애완용품, 여행 및 교통서비스, 음식서비스로 총 3가지이다.

29 자료 계산

정답 ③

동화를 선호하는 4 ~ 5학년 학생 수는 $(305\times0.12)+(302\times0.08)=60.76$명이다. 따라서 고학년 전체 학생 수 대비 동화를 선호하는 4 ~ 5학년 학생 수 비율은 $\frac{60.76}{926}\times100 \fallingdotseq 6.6\%$이다.

30 자료 이해

정답 ①

학년이 올라갈수록 도서 선호 분야 비율이 커지는 분야는 소설, 철학이다.

31 문제 유형

정답 ①

- ㄱ, ㅂ : 곤충 사체 발견, 방사능 검출은 현재 직면한 문제로 발생형 문제이다.
- ㄷ, ㅁ : 더 많은 전압을 회복시킬 수 있는 충전지 연구와 근로시간 단축은 현재 상황보다 효율을 더 높이기 위한 문제로 탐색형 문제이다.
- ㄴ, ㄹ : 초고령사회와 드론시대를 대비하여 미래지향적인 과제를 설정하는 것은 설정형 문제이다.

32 규칙 적용

정답 ②

주어진 상품은 아기반찬(11)으로 밥과 함께 먹기에 적절한 상품이다.

오답분석

① 권장연령이 10 ~ 12개월(JBB)로 갓 태어난 아기가 섭취하기에 적절하지 않다.
③ 상온보관(T) 상품으로 냉장고가 필수적이지 않다.
④ 유기농인증(OC)와 무항생제인증(NAC)으로 총 2가지 인증을 받았다.

33 규칙 적용

정답 ④

상품번호 순으로 주문내용을 정리하면 다음과 같다.

- 권장연령 : 지난달에 돌이었으므로 13개월 이상에 해당 → IGBB
- 상품종류 : 덮밥류 → 00
- 보관방법 : 상온 → T
- 인증내역 : 무항생제인증 → NAC
- 소고기함유량 : 21% 이상 → B21

따라서 배송해야 하는 상품의 상품번호는 'IGBB00TNACB21'이다.

34 창의적 사고

정답 ①

사람들은 흔히 창의적인 사고가 특별한 사람들만이 할 수 있는 대단한 능력이라고 생각하지만, 우리는 일상생활에서 창의적인 사고를 끊임없이 하고 있으며, 이러한 창의적 사고는 누구에게나 있는 능력이다. 예를 들어 어떠한 일을 할 때 더 쉬운 방법이 없을까 고민하는 것 역시 창의적 사고 중 하나로 볼 수 있다.

35 창의적 사고

정답 ①

비판적 사고의 목적은 단순히 그 주장의 단점을 찾아내는 것이 아니라, 종합적인 분석과 검토를 통해서 그 주장이 타당한지 그렇지 않은지를 밝혀내는 것이다.

오답분석

② 비판적 사고는 논증, 추론, 증거, 가치에 대한 문제의 핵심을 파악하는 방법을 학습을 통해 배울 수 있으며, 타고난 것이라고 할 수 없다.
③ 비판적 사고를 하기 위해서는 우선 감정을 조절하고, 중립적인 입장에서 어떤 주장이나 의견을 파악할 필요가 있다.
④ 비판적 사고는 부정적으로 생각하는 것이 아니라, 지식과 정보에 바탕을 둔 합당한 근거를 기초로 생각하는 것이다.

36 SWOT 분석

정답 ①

SWOT 분석은 내부 환경요인과 외부 환경요인의 2개의 축으로 구성되어 있다. 내부 환경요인은 자사 내부의 환경을 분석하는 것으로, 자사의 강점과 약점으로 분석된다. 외부 환경요인은 자사 외부의 환경을 분석하는 것으로, 기회와 위협으로 구분된다.

37 SWOT 분석

정답 ①

WT전략은 외부 환경의 위협 요인을 회피하고 약점을 보완하는 전략을 적용해야 한다. ①은 강점(S)을 강화하는 방법에 대한 전략이다.

오답분석

② WO전략은 외부의 기회를 사용해 약점을 보완하는 전략이므로 옳은 내용이다.
③ ST전략은 외부 환경의 위협을 회피하며 강점을 적극 활용하는 전략이므로 옳은 내용이다.
④ SO전략은 기회를 활용하면서 강점을 더욱 강화시키는 전략이므로 옳은 내용이다.

38 명제 추론

정답 ④

각 도입규칙을 논리식으로 나타내면 다음과 같다.

- 규칙1. A
- 규칙2. ~B → D
- 규칙3. E → ~A
- 규칙4. B, E, F 중 2개 이상
- 규칙5. ~E ∧ F → ~C
- 규칙6. 최대한 많은 설비 도입

규칙1에 따르면 A는 도입하며, 규칙3의 대우인 A → ~E에 따르면 E는 도입하지 않는다.
규칙4에 따르면 E를 제외한 B, F를 도입해야 하고, 규칙5에서 E는 도입하지 않으며, F는 도입하므로 C는 도입하지 않는다.
D의 도입여부는 규칙1 ~ 5에서는 알 수 없지만, 규칙6에서 최대한 많은 설비를 도입한다고 하였으므로 D를 도입한다.
따라서 도입할 설비는 A, B, D, F이다.

39 명제 추론

정답 ①

주어진 조건을 논리식으로 표현하면 다음과 같다.

i) 혁신역량강화 → ~조직문화
ii) ~일과 가정 → 미래가치교육
iii) 혁신역량강화, 미래가치교육 中 1
iv) 조직문화, 전략적 결정, 공사융합전략 中 2
v) 조직문화

- G대리가 조직문화에 참여하므로 i)의 대우인 '조직문화 → ~혁신역량강화'에 따라 혁신역량강화에 참여하지 않는다. 따라서 iii)에 따라 미래가치교육에 참여한다.
- 일과 가정의 경우 참여와 불참 모두 가능하지만, G대리는 최대한 참여하므로 일과 가정에 참여한다.
- iv)에 따라 전략적 결정, 공사융합전략 중 한 가지 프로그램에 참여할 것임을 알 수 있다.

따라서 G대리는 조직문화, 미래가치교육, 일과 가정 그리고 전략적 결정 혹은 공사융합전략에 참여하므로 최대 4개의 프로그램에 참여한다.

오답분석

② G대리의 전략적 결정 참여 여부와 일과 가정 참여 여부는 상호 무관하다.
③ G대리는 혁신역량강화에 참여하지 않으며, 일과 가정 참여 여부는 알 수 없다.
④ G대리는 조직문화에 참여하므로 iv)에 따라 전략적 결정과 공사융합전략 중 한 가지에만 참여 가능하다.

40 자료 해석

정답 ②

B버스(9시 출발, 소요시간 40분) → KTX(9시 45분 출발, 소요시간 1시간 32분) ⇒ 도착시간 오전 11시 17분으로 가장 먼저 도착한다.

오답분석

① A버스(9시 20분 출발, 소요시간 24분) → 새마을호(9시 45분 출발, 소요시간 3시간) ⇒ 도착시간 오후 12시 45분
③ B버스(9시 출발, 소요시간 40분) → 새마을호(9시 40분 출발, 소요시간 3시간) ⇒ 도착시간 오후 12시 40분
④ 지하철(9시 30분 출발, 소요시간 20분) → KTX(10시 30분 출발, 소요시간 1시간 32분) ⇒ 도착시간 오후 12시 2분

41 자료 해석

정답 ④

- 1 Set : 프랑스의 B와인이 반드시 포함된다(B와인 60,000원). 인지도와 풍미가 가장 높은 것은 영국 와인이지만 영국 와인은 65,000원이므로 포장비를 포함하면 135,000원이 되기 때문에 세트를 구성할 수 없다. 가격이 되는 한도에서 인지도와 풍미가 가장 높은 것은 이탈리아 와인이다.
- 2 Set : 이탈리아의 A와인이 반드시 포함된다(A와인 50,000원). 모든 와인이 가격 조건에 해당하고, 와인 중 당도가 가장 높은 것은 포르투갈 와인이다.

42 자료 해석

정답 ④

신고 포상금은 부패신고로 인하여 직접적인 수입회복 등이 없더라도 공익의 증진 등을 가져온 경우 지급한다.

오답분석

① 부패신고는 직무상 비밀준수의 의무를 위반하지 않은 것으로 본다.
② 누구든지 신고자의 동의 없이 그 신분을 밝히거나 암시할 수 없다.
③ 신고포상금이 아닌 신고보상금의 경우 최대 30억 원까지 지급받을 수 있다.

43 자료 해석

정답 ③

보상대상가액 3억 7천만 원은 1억 원 초과 5억 원 이하이므로 3천만 원+(2억 7천만 원×0.2)≒8천만 원이다.

오답분석

① 1억 1천만 원+(12억 2천만 원×0.14)≒2억 8천만 원
② 1억 1천만 원+(3천만 원×0.14)≒1억 1천만 원
④ 4억 8천만 원+(712억 원×0.04)≒33억 3천만 원 → 30억 원(최대보상금 제한)

44 자료 해석

정답 ③

예술기량이 뛰어난 시립예술단원(수·차석)을 강사로 초빙하여 연중 문화예술교실을 운영하고 있다고 하였으므로 적절하다.

오답분석

① 운영장소는 단체연습실 한 곳뿐이므로 반마다 연습실이 나누어져 있다는 말은 적절하지 않다.
② 홈페이지에서 수강신청서를 다운받아 통합사무국으로 방문 또는 우편, 팩스로 제출해야 한다.
④ 6월에 접수를 하는 것은 맞지만 강좌당 20명 내외 선착순 마감이므로 늦게 신청할 경우 수강하지 못할 수도 있다.

45 자료 해석

정답 ①

오답분석

② 발레 성인 초급 A반은 매주 화・목 저녁 7:30 ~ 9:30까지 진행되는 수업이지만 B씨의 화요일 저녁 7:00 ~ 9:00 레슨과 시간이 겹치므로 수강할 수 없다.
③ 발레 성인 중급반은 매주 월・수 저녁 7:30 ~ 9:30까지 하는 수업이지만 B씨는 수요일 6시부터 가족과 함께 시간을 보내야 하므로 수강할 수 없다.
④ 발레 핏은 매주 금요일 저녁 7:30 ~ 9:30까지 진행되는 수업이지만 B씨의 금요일 저녁 7:00 ~ 9:00 레슨과 시간이 겹치므로 수강할 수 없다.

46 정보 이해

정답 ③

정보를 관리하지 않고 그저 머릿속에만 기억해두는 것은 정보관리에 허술한 사례이다.

오답분석

①・④ 정보검색의 바람직한 사례이다.
② 정보전파의 바람직한 사례이다.

47 정보 이해

정답 ①

데이터베이스(DB; DataBase)란 어느 한 조직의 여러 응용 프로그램들이 공유하는 관련 데이터들의 모임이다. 대학 내 서로 관련 있는 데이터들을 하나로 통합하여 데이터베이스로 구축하게 되면 학생 관리 프로그램, 교수 관리 프로그램, 성적 관리 프로그램은 이 데이터베이스를 공유하며 사용하게 된다. 이처럼 데이터베이스는 여러 사람에 의해 공유되어 사용될 목적으로 통합하여 관리되는 데이터의 집합을 말하며, 자료항목의 중복을 없애고 자료를 구조화하여 저장함으로써 자료 검색과 갱신의 효율을 높인다.

오답분석

② 유비쿼터스 : 사용자가 네트워크나 컴퓨터를 의식하지 않고 장소에 상관없이 자유롭게 네트워크에 접속할 수 있는 정보통신 환경을 의미한다.
③ RFID : 극소형 칩에 상품정보를 저장하고 안테나를 달아 무선으로 데이터를 송신하는 장치를 말한다.
④ NFC : 전자태그(RFID)의 하나로 13.56Mhz 주파수 대역을 사용하는 비접촉식 근거리 무선통신 모듈이며, 10cm의 가까운 거리에서 단말기 간 데이터를 전송하는 기술을 말한다.

48 정보 이해

정답 ③

정보원(Sources)은 필요한 정보를 수집할 수 있는 원천으로 크게 1차 자료와 2차 자료로 구분한다. 1차 자료는 원래의 연구 성과가 기록된 자료를 말하며, 이에 해당하는 자료로는 단행본, 학술지와 학술지 논문, 학술회의자료, 연구보고서, 학위논문, 특허정보, 표준 및 규격자료, 레터, 출판 전 배포자료, 신문, 잡지, 웹 정보자원 등이 있다.

오답분석

편람, 백과사전, 연감, 서지데이터베이스 등은 2차 자료에 해당한다.

49 정보 이해

정답 ②

정보관리란 수집된 다양한 형태의 정보를 어떤 문제해결이나 결론 도출에 사용하기 쉬운 형태로 바꾸는 일로 사용 목적을 명확히 설명해야 하는 목적성과 쉽게 작업할 수 있어야 하는 용이성, 즉시 사용할 수 있어야 하는 유용성 세 가지 원칙을 따라야 한다.

50 정보 이해

정답 ④

분산처리 시스템은 네트워크를 통해 분산되어 있는 것들을 동시에 처리하는 것으로, 분산 시스템에 구성 요소를 추가하거나 삭제할 수 있다.

51 엑셀 함수

정답 ②

MOD 함수는 어떤 숫자를 특정 숫자로 나누었을 때 나오는 나머지를 알려주는 함수로, 짝수 혹은 홀수를 구분할 때도 사용할 수 있는 함수이다.

오답분석

① SUMIF 함수 : 조건에 맞는 셀의 값들의 합을 알려주는 함수이다.
③ INT 함수 : 실수의 소수점 이하를 제거하고 정수로 변경할 때 사용하는 함수이다.
④ NOW 함수 : 현재의 날짜와 시간을 알려주는 함수이며, 인수는 필요로 하지 않는다.

52 엑셀 함수

정답 ①

DCOUNT 함수는 범위에서 조건에 맞는 레코드 필드 열에 수치 데이터가 있는 셀의 개수를 계산하는 함수이다. 「=DCOUNT(목록 범위,목록의 열 위치,조건 범위)」로 구성되므로 [E2] 셀에 입력한 「=DCOUNT(A1:C9,2,A12:B14)」 함수를 볼 때, [A1:C9] 목록 범위의 두 번째 열은 수치 데이터가 없으므로 결괏값은 0이 산출된다.

53 엑셀 함수

정답 ①

엑셀에서 기간을 구하는 함수는 「=DATEDIF(시작일,종료일,구분"Y/M/D")」로, 재직연수를 구해야 하므로 구분에는 연도로 나타내주는 "Y"가 들어간다. 현재로부터 재직기간을 구하는 것이므로 현재의 날짜를 나타내는 TODAY() 함수를 사용해도 되고, 현재 날짜와 시간까지 나타내는 NOW() 함수를 사용해도 된다. 조건에 맞는 셀의 개수를 구하는 함수는 「=COUNTIF(범위,조건)」이고 15년 이상이라고 했으므로 조건에는 ">=15"가 들어가야 한다.

54 엑셀 함수

정답 ②

「=INDEX(범위,행,열)」는 해당하는 범위 안에서 지정한 행, 열의 위치에 있는 값을 출력한다. 따라서 [B2:D9]의 범위에서 2행 3열에 있는 값 23,200,000이 출력된다.

55 엑셀 함수

정답 ④

UPPER 함수는 알파벳 소문자를 대문자로 변경하며 TRIM은 불필요한 공백을 제거하므로 'MNG-002KR'이 결괏값으로 출력된다.

56 정보 이해

정답 ①

트로이목마(Trojan Horse)는 겉으로 봤을 때 유용하거나 정상적인 프로그램으로 위장하고, 사용자가 이를 설치 또는 실행하면 시스템의 내부 정보를 탈취하거나 파일을 변조, 삭제하는 악성코드이다.

오답분석

② 웜(Worm) : 네트워크를 바탕으로 스스로를 복제하여 다른 컴퓨터로 전파하는 악성코드이다.
③ 랜섬웨어(Ransomware) : 무단으로 컴퓨터의 파일들을 암호화하고, 가상화폐 등 금전을 요구하는 악성코드이다.
④ 스파이웨어(Spyware) : 무단으로 설치되어 금융정보, 비밀번호 등 사용자의 정보들을 몰래 수집하고 외부로 전송하는 악성코드이다.

57 정보 이해

정답 ④

틀 고정을 취소할 때는 셀 포인터의 위치와 상관없다.

58 엑셀 함수

정답 ④

오른쪽의 데이터는 나이가 적은 사람부터 많은 사람 순으로 정렬되어 있다. 따라서 열에는 '나이', 정렬에는 '오름차순'을 선택해야 오른쪽과 같이 정렬된다.

59 정보 이해

정답 ②

비프음이 길게 1번, 짧게 1번 울릴 때는 메인보드의 오류이므로 메인보드를 교체하거나 A/S 점검을 해야 한다.

60 정보 이해

정답 ③

주어진 메일 내용에서 검색기록 삭제 시 기존에 체크되어 있는 항목 외에도 모든 항목을 체크하라고 되어 있으나, 괄호 안에 '즐겨찾기 웹 사이트 데이터 보존 부분은 체크 해제할 것'이라고 명시되어 있으므로 모든 항목을 체크하는 행동은 적절하지 못하다.

제2회

최종점검 모의고사

01	02	03	04	05	06	07	08	09	10	11	12	13	14	15	16	17	18	19	20
④	③	①	③	④	④	③	③	④	③	②	②	④	③	②	①	②	③	②	①
21	22	23	24	25	26	27	28	29	30	31	32	33	34	35	36	37	38	39	40
③	②	④	③	④	③	①	③	②	④	①	①	③	②	③	①	④	①	④	④
41	42	43	44	45	46	47	48	49	50	51	52	53	54	55	56	57	58	59	60
③	③	③	④	④	④	④	③	③	②	③	④	①	②	②	④	①	①	②	①

01 어휘

정답 ④

빈칸의 앞에서는 문화상대주의가 본래의 목적이 아니라 함부로 사용되는 경우에 대해 설명하고 있다. 따라서 빈칸에는 일정한 기준이나 한도를 넘어서 함부로 씀. 또는 권리나 권한 따위를 본래의 목적이나 범위를 벗어나 함부로 행사함을 의미하는 '남용(濫用)'이 들어가야 한다.

오답분석

① 포용(包容) : 남을 너그럽게 감싸주거나 받아들임
② 과용(過用) : 정도에 지나치게 씀
③ 관용(寬容) : 남의 잘못을 너그럽게 용서함

02 내용 추론

정답 ③

제시문에 따르면 윤리적 판단을 회피하거나 보류하는 도덕적 문화상대주의에 빠지지 않도록 해야 한다. 따라서 문화상대주의자가 일반적으로 도덕적 판단에 대해 가치중립적이어야 한다고 볼 수는 없다.

오답분석

① 마지막 문장을 통해 알 수 있다.
②·④ 세 번째 문장을 통해 알 수 있다.

03 전개 방식

정답 ①

제시문에서는 광고를 단순히 상품 판매 도구로만 보지 않고, 문화적 차원에서 소비자와 상품 사이에 일어나는 일종의 담론으로 해석하여 광고라는 대상을 새로운 시각으로 바라보고 있다.

04 문서 내용 이해

정답 ③

일반인은 3개 이내 관광 상품 아이디어가 대상이기 때문에 한두 개만 제출해도 된다.

오답분석

① 문화체육관광부, K관광공사가 주최하는 공모전이다.
② 해외 소재의 한국 관광 상품 개발 및 판매 여행사만 참여 가능하다.
④ 여행사 기획 상품은 해외지사를 통해 홍보될 예정이다.

05 문서 내용 이해

정답 ④

공모전의 추진 목적은 지속가능하며 한국 관광에 기여할 수 있는 상품의 개발이므로 ④는 추진 목적에 따른 상품기획 소재로 적합하지 않다.

06 어휘

정답 ④

(라)의 '완숙'은 '사람이나 동물이 완전히 성숙한 상태임'이라는 의미로 쓰였으나, ④에서는 '재주나 기술 따위가 아주 능숙함'이라는 의미로 사용되었다.

07 문단 나열

정답 ③

제시문은 맨체스터 유나이티드가 지역의 축구팀에서 글로벌 스포츠 브랜드로 성장한 방법과 과정에 대하여 설명하고 있다. 앞서 제시된 문단은 맨체스터 유나이티드가 지역 축구팀에서 브랜딩 과정을 통해 글로벌 브랜드가 된 변화에 대해 의문을 제시하고 있으므로 이어지는 문단은 맨체스터 유나이티드의 브랜딩 과정에 대하여 순차적으로 설명할 것임을 추측할 수 있다. 따라서 (가) 맨체스터 유나이티드는 최고의 잠재력을 지닌 세계 유소년 선수들을 모아 훗날 많은 스타선수들을 배출하는 청소년 아카데미를 운영함 – (다) 이후 맨체스터 유나이티드는 자사 제품의 품질을 강화하며 경영 전략에 변화를 줌 – (라) 브랜드 경영 전략의 변화로 다양한 경로로 브랜드를 유통함 – (나) 위 전략을 바탕으로 세계 시장에서의 입지를 다짐의 순서대로 나열하는 것이 적절하다.

08 글의 제목

정답 ③

제시문의 중심 제재는 정혜사 약수를 덮고 있는 보호각에 쓰인 '불유각'이라는 현판의 글이다. 따라서 제시문의 제목으로 가장 적절한 것은 ③이다.

오답분석

④ 필자가 약수를 덮고 있는 보호각 자체보다는 거기에 쓰인 글귀에 더 관심을 두고 글을 쓰고 있기 때문에 글의 제목으로 적절하지 않다.

09 빈칸 삽입

정답 ④

- (가) : 빈칸 앞 문장은 현대적인 건축물에서 창과 문이 명확히 구별된다는 내용이고, 빈칸 앞 접속어가 역접 기능의 '그러나'이므로 이와 상반된 내용이 빈칸에 들어가야 한다. 따라서 ⓒ이 가장 적절하다.
- (나) : 빈칸이 포함된 문단의 첫 문장에서는 한옥에서 창호가 핵심적인 역할을 한다고 하였고, 이어지는 내용은 이를 뒷받침하는 내용이다. 따라서 '이처럼'으로 연결된 빈칸에는 문단 전체의 내용을 요약・강조하는 ㉠이 가장 적절하다.
- (다) : 빈칸을 포함한 문단의 마지막 문장에 창호가 '지속적인 소통'을 가능케 한다고 하였으므로 ㉡이 가장 적절하다.

10 글의 주제

정답 ③

제시문은 인류의 발전과 미래에 인류에게 닥칠 문제를 해결하기 위해 우주 개발이 필요하다는 '우주 개발의 정당성'에 대해 말하고 있다.

11 글의 주제

정답 ②

제시문은 시장집중률의 정의와 측정 방법, 그리고 그 의의에 대해 이야기하고 있다. 따라서 주제로는 ②가 가장 적절하다.

12 문서 내용 이해

정답 ②

도로상태가 위험하거나 도로 부근에 위험물이 있을 때 필요한 안전조치와 예비 동작을 할 수 있도록 알리는 역할을 하는 것은 주의표지판이다.

13 내용 추론

정답 ④

④는 주의표지판에 해당한다.

오답분석

①·②·③ 모두 규제표지판에 해당한다.

14 내용 추론

정답 ③

계약과정에서 연구자와의 협의를 통해 예산계획서상의 예산을 10% 이내의 범위에서 감액할 수 있으므로, 6,000만 원의 10%인 600만 원까지만 감액할 수 있다.

15 내용 추론

정답 ②

아리스토텔레스는 관객과 극중 인물의 감정 교류를 강조하지만, 브레히트는 관객이 거리를 두고 극을 보는 것을 강조하고 있다. 브레히트는 관객이 극에 지나치게 몰입하게 되면 극과의 거리두기가 어려워져 사건을 객관적으로 바라볼 수 없게 된다고 보았다. 따라서 제기할 수 있는 의문으로 가장 적절한 것은 ②이다.

16 자료 계산

정답 ①

6월 11일 전체 라면 재고량을 x개라고 하면, A, B업체의 6월 11일 라면 재고량은 각각 $0.1x$개, $0.09x$개이므로 6월 15일 A, B업체의 재고량을 구하면 다음과 같다.

- A업체 : $0.1x+300+200-150-100=(0.1x+250)$개
- B업체 : $0.09x+250-200-150-50=(0.09x-150)$개

6월 15일에는 A업체의 재고량이 B업체보다 500개가 더 많으므로 다음 식이 성립한다.

$0.1x+250=0.09x-150+500$

$\therefore x=10,000$

따라서 6월 11일의 전체 라면 재고량은 10,000개이다.

17 자료 계산

정답 ②

먼저 W씨와 첫 번째 친구가 선택한 A, C강의의 수강료는 $[(50,000+80,000)\times 0.9]\times 2=234,000$원이다. 두 번째 친구의 B강의 수강료는 70,000원이고, 모든 강의를 수강하는 세 번째 친구의 수강료는 $(50,000+70,000+80,000)\times 0.8=160,000$원이다. 따라서 네 사람이 결제해야 할 총액은 $234,000+70,000+160,000=464,000$원이다.

18 응용 수리

정답 ③

선호도 조사결과를 참고하면 성별 및 방송사별 응답자 수는 다음과 같다.

구분	남자	여자
전체 응답자 수	0.4×200=80명	0.6×200=120명
S방송사 응답자 수	80−30−32=18명	0.5×120=60명
K방송사 응답자 수	30명	120−60−20=40명
M방송사 응답자 수	0.4×80=32명	20명

즉, S방송사의 오디션 프로그램을 좋아하는 사람은 18+60=78명이다.

따라서 S방송사의 오디션 프로그램을 좋아하는 사람 중 남자의 비율은 $\frac{18}{78}=\frac{3}{13}$이다.

19 자료 계산

정답 ②

A회사, B회사 우유의 1g당 열량과 단백질을 환산하면 다음과 같다.

식품 \ 성분	열량(kcal)	단백질(g)
A회사 우유	1.5	0.12
B회사 우유	2	0.05

A회사, B회사 우유를 각각 xg, $(300-x)$g 구매한다면 다음 식이 성립한다.

- $1.5x+2(300-x)\geq 490$ ⋯ ㉠
- $0.12x+0.05(300-x)\geq 29$ ⋯ ㉡

㉠, ㉡을 정리하면 다음과 같다.

- $1.5x+600-2x\geq 490$ ⋯ ㉠′
- $0.12x+15-0.05x\geq 29$ ⋯ ㉡′

즉, $0.5x\leq 110$이고 $0.07x\geq 14$이다.

따라서 $200\leq x\leq 220$이므로 A회사 우유를 200g, B회사 우유를 300−200=100g 구매하는 것이 가장 저렴하며, 그 가격은 80×200+50×100=21,000원이다.

20 자료 계산

정답 ①

2023년 3개 기관의 전반적 만족도의 합은 6.9+6.7+7.6=21.2이고, 2024년 3개 기관의 임금과 수입 만족도의 합은 5.1+4.8+4.8=14.7이다. 따라서 2023년 3개 기관의 전반적 만족도의 합은 2024년 3개 기관의 임금과 수입 만족도의 합의 $\frac{21.2}{14.7}$ ≒ 1.4배이다.

21 자료 이해

정답 ③

전년 대비 2024년에 기업, 공공연구기관의 임금과 수입 만족도는 증가하였으나, 대학의 임금과 수입 만족도는 감소했으므로 옳지 않은 설명이다.

오답분석

① 2023년, 2024년 현 직장에 대한 전반적 만족도는 대학 유형에서 가장 높은 것을 확인할 수 있다.
② 2024년 근무시간 만족도에서는 공공연구기관과 대학의 만족도가 6.2로 동일한 것을 확인할 수 있다.
④ 사내분위기 측면에서 2023년과 2024년 공공연구기관의 만족도는 5.8로 동일한 것을 확인할 수 있다.

22 자료 이해

정답 ②

ㄱ. 2024년까지 산업재산권 총계는 100건으로 SW권 총계의 140%인 71×1.4=99.4건보다 크므로 옳은 설명이다.
ㄷ. 2024년까지 등록된 저작권 수는 214건으로, SW권의 3배인 71×3=213건보다 크므로 옳은 설명이다.

오답분석

ㄴ. 2024년까지 출원된 특허권 수는 16건으로, 산업재산권의 80%인 21×0.8=16.8건보다 적으므로 옳지 않은 설명이다.
ㄹ. 2024년까지 출원된 특허권 수는 등록 및 출원된 특허권의 $\frac{16}{66}\times 100$ ≒ 24.2%로 50%에 못 미친다. 또한, 등록 및 출원된 특허권은 등록된 특허권과 출원된 특허권을 더하여 산출하는데, 출원된 특허권 수보다 등록된 특허권 수가 더 많으므로 계산할 필요도 없이 옳지 않은 설명이다.

23 자료 이해

정답 ④

등록된 지식재산권 중 2022년부터 2024년까지 건수에 변동이 없는 것은 상표권, 저작권, 실용신안권 3가지이다.

오답분석

① 등록된 누적 특허권 수는 2022년에 33건, 2023년에 43건, 2024년에 50건으로 매년 증가하였다.

② 디자인권 수는 2024년에 24건으로, 2022년 디자인권 수의 $\frac{24-28}{28}\times100 ≒ -14.3\%$로 5% 이상 감소한 것이므로 옳은 설명이다.

③ 자료를 보면 2022년부터 2024년까지 모든 산업재산권에서 등록된 건수가 출원된 건수 이상인 것을 알 수 있다.

24 응용 수리

정답 ③

더 넣어야 하는 깨끗한 물의 양을 $x$kg이라고 하면 다음과 같은 식이 성립한다.

$\frac{5}{100}\times20=\frac{4}{100}\times(20+x)$

→ $100=80+4x$

∴ $x=5$

따라서 더 넣어야 하는 물은 5kg이다.

25 응용 수리

정답 ④

빨간 장미의 수를 x송이, 노란 장미의 수를 y송이라 하면 다음 식이 성립한다.

$x+y=30$ … ㉠

$500x+700y=16,000$ → $5x+7y=160$ … ㉡

㉠, ㉡을 연립하면 $x=25$, $y=5$이다.

따라서 빨간 장미는 25송이를 구입했다.

26 자료 변환

정답 ③

커피전문점은 치킨집보다는 5%p 낮고, 그 비율은 30% 이상(32%)을 차지하고 기타 업종이 5% 미만(3%)을 차지한다.

오답분석

① 기타의 비중이 5% 이상이다.

② 커피전문점이 치킨집보다 3%p 작다.

④ 커피전문점의 비중이 30% 미만이다.

27 응용 수리

정답 ①

진희를 포함한 친구들이 야구장에 입장하는 방법의 수는 $\frac{7!}{4!\times3!}$가지이다.

남자친구 두 명이 첫 번째와 마지막에 들어가는 경우의 수는 두 번째부터 여섯 번째까지 진희를 포함하여 남자 둘과 여자 셋이 입장하는 경우의 수와 같으므로 $\frac{5!}{2!\times3!}$가지이다.

따라서 구하고자 하는 확률은 $\dfrac{\frac{5!}{2!\times3!}}{\frac{7!}{4!\times3!}}=\frac{5!\times4!\times3!}{7!\times2!\times3!}=\frac{4\times3}{7\times6}=\frac{2}{7}$이다.

28 응용 수리

정답 ③

가장 큰 정사각형의 한 변의 길이를 $a$cm라고 하자. 가장 큰 정사각형의 넓이가 $255cm^2$를 넘으면 안 되므로 $a<16$cm이다.
다음으로 가장 큰 $a$cm 정사각형과 그 다음으로 큰 $(a-1)$cm 정사각형의 넓이를 더했을 때, $255cm^2$를 넘지 않아야 한다.

- $15^2+14^2=225+196=421cm^2$ → ×
- $14^2+13^2=196+169=365cm^2$ → ×
- $13^2+12^2=169+144=313cm^2$ → ×
- $12^2+11^2=144+121=265cm^2$ → ×
- $11^2+10^2=121+100=221cm^2$ → ○

이런 방법으로 개수를 늘리면서 a, $(a-1)$, $(a-2)$, …의 넓이 합을 구하면 다음과 같다.

- $11^2+10^2+9^2=121+100+81=302cm^2$ → ×
- $10^2+9^2+8^2+7^2=100+81+64+49=294cm^2$ → ×
- $9^2+8^2+7^2+6^2+5^2=81+64+49+36+25=255cm^2$ → ○

정사각형의 한 변의 길이는 각각 5, 6, 7, 8, 9cm이다.
이 도형의 세로 길이는 9cm이고, 가로 길이는 $5+6+7+8+9=35$cm이다.
따라서 전체 둘레는 $(35+9)\times2=44\times2=88$cm이다.

29 자료 이해

정답 ②

2018년의 폐기물을 통한 신재생에너지 공급량은 전년보다 줄어들었으므로 옳지 않다.

오답분석

① 2019년부터 꾸준히 공급량이 증가한 신재생에너지는 태양광, 폐기물, 지열, 수소・연료전지, 해양 5가지이다.
③ 자료에서 보는 바와 같이 2019년부터 수소・연료전지의 공급량은 지열 공급량보다 많음을 알 수 있다.
④ 2019년의 수력 공급량은 792.3천 TOE로, 같은 해 바이오와 태양열 공급량 합인 754.6+29.3=783.9천 TOE보다 크다.

30 자료 계산

정답 ④

전년 대비 신재생에너지 총 공급량 증가율은 다음과 같다.

- 2018년 : $\frac{6,086.2-5,858.5}{5,858.5}\times100 \fallingdotseq 3.9\%$
- 2019년 : $\frac{6,856.3-6,086.2}{6,086.2}\times100 \fallingdotseq 12.7\%$
- 2020년 : $\frac{7,582.8-6,856.3}{6,856.3}\times100 \fallingdotseq 10.6\%$
- 2021년 : $\frac{8,850.7-7,582.8}{7,582.8}\times100 \fallingdotseq 16.7\%$

따라서 2021년에 총 공급량 증가율이 가장 높다.

31 명제 추론

정답 ①

주어진 조건에 따르면 두 가지 경우가 가능하다.

1)

5층	D
4층	B
3층	A
2층	C
1층	E

2)

5층	E
4층	C
3층	A
2층	B
1층	D

따라서 A부서는 항상 3층에 위치한다.

오답분석

② B부서는 2층 또는 4층에 있다.
③ D부서는 1층 또는 5층에 있다.
④ E부서는 1층 또는 5층에 있다.

32 SWOT 분석

정답 ①

- Strength(강점) : 한국자동차는 전기자동차 모델들을 꾸준히 출시하여 성장세가 두드러지고 있는데다 고객들의 다양한 구매욕구를 충족시킬 만한 전기자동차 상품의 다양성을 확보하였다.
- Opportunity(기회) : 새로운 정권에서 전기자동차에 대한 지원과 함께 친환경차 보급 확대에 적극 나설 것으로 보인다는 점과 환경을 생각하는 국민 의식이 증가되고, 친환경차의 연비 절감 부분이 친환경차 구매욕구 상승에 기여하고 있으며 한국자동차의 미국 수출이 증가하고 있다.

따라서 보기의 기사를 분석하면 SO전략이 적절하다.

33 자료 해석

정답 ③

오븐은 소비자의 과실로 인한 고장이 맞지만 부품 생산이 중단되어 수리가 불가능한 상황이다. 부품보유기간 이내에 부품을 보유하지 않았고, 품질보증기간이 경과하였으므로 '가' 항목의 ⓒ에 해당하며, 정액감가상각한 잔여 금액에 구입가의 5%를 가산하여 환급해야 한다.

34 자료 해석

정답 ②

로봇청소기는 7년으로 정해진 부품보유기간 내에 부품이 없어 수리를 하지 못하는 경우이기 때문에 보상 규정에 따라 환급을 한다.

- 감가상각비 : 14÷84×2,400,000=400,000원
- 잔존가치액 : 2,400,000−400,000=2,000,000원
- 보상금액 : 2,000,000+(2,400,000×0.05)=2,120,000원

따라서 고객에게 다시 안내해야 할 로봇청소기에 대한 보상금액은 212만 원이다.

35 자료 해석

정답 ③

67,000×0.2=13,400원이므로 총 할인금액은 13,400원이지만 월 1만 2천 원의 한도금액이 있으므로 할인 받을 수 있는 금액은 12,000원이다.

36 자료 해석

정답 ①

독립유공자 예우에 관한 법률에 의한 독립유공자 또는 독립유공자의 권리를 이전받은 유족 1인은 혜택을 받을 수 있다. 남편이 독립유공자이며 일찍 돌아가신 후 할머니에게 혜택과 관련된 연락이 오는 걸 미루어 권리를 이전받았다는 것을 추측할 수 있다. 3자녀 이상 가구는 가구원 중 자녀가 3인 이상이어야 혜택을 받을 수 있다. 할머니의 자녀들은 현재 모두 결혼해 타지역에서 가정을 이루고 있다. 따라서 3자녀 가구는 세대별 주민등록표상 세대주와의 관계가 '자(子)' 3인 이상 또는 '손(孫)' 3인 이상으로 표시된 주거용 고객이 신청할 수 있으므로 옳지 않다. 또한 할머니는 심장 이식으로 인해 장애등급 5등급을 가지고 있지만 복지할인은 1~3등급까지 받을 수 있기 때문에 옳지 않다. 따라서 할머니가 받을 수 있는 복지할인의 종류는 독립유공자 할인 하나이다.

37 규칙 적용

정답 ④

간선노선과 보조간선노선을 구분하여 노선번호를 부여하면 다음과 같다.

- 간선노선
  - 동서를 연결하는 경우 : (가), (나)에 해당하며, 남에서 북으로 가면서 숫자가 증가하고 끝자리에는 0을 부여하므로 (가)는 20, (나)는 10이다.
  - 남북을 연결하는 경우 : (다), (라)에 해당하며, 서에서 동으로 가면서 숫자가 증가하고 끝자리에는 5를 부여하므로 (다)는 15, (라)는 25이다.
- 보조간선노선
  - (마) : 남북을 연결하는 모양에 가까우므로 (마)의 첫자리는 남쪽 시작점의 간선노선인 (다)의 첫자리와 같은 1이 되어야 하고, 끝자리는 5를 제외한 홀수를 부여해야 하므로 가능한 노선번호는 11, 13, 17, 19이다.
  - (바) : 동서를 연결하는 모양에 가까우므로 (바)의 첫자리는 바로 아래쪽에 있는 간선노선인 (나)의 첫자리와 같은 1이 되어야 하고, 끝자리는 0을 제외한 짝수를 부여해야 하므로 가능한 노선번호는 12, 14, 16, 18이다.

따라서 노선번호를 바르게 부여한 것은 ④이다.

38 자료 해석

정답 ①

먼저 수도관 연결 구간의 숫자를 구입비용으로 바꾸어야 한다. 그래야만 쉽게 최소 구입비용을 구할 수 있다. 연결 구간별 수도관의 종류는 외곽은 직경 2m 수도관, 중간은 직경 1m 수도관, 나머지 구간은 모두 직경 0.5m 수도관이며, 별도의 색으로 표시한 부분이 최소 구입 비용이 되는 이동 경로이다. 끝부분에서 'E → T'로 가는 경로와 'E → G → T'로 가는 경로가 구입가격이 같은데, 묻고 있는 것이 구입비용이므로 결과는 다음과 같다. 따라서 최소 비용은 1,200만+200만+100만+1,400만=2,900만 원이다.

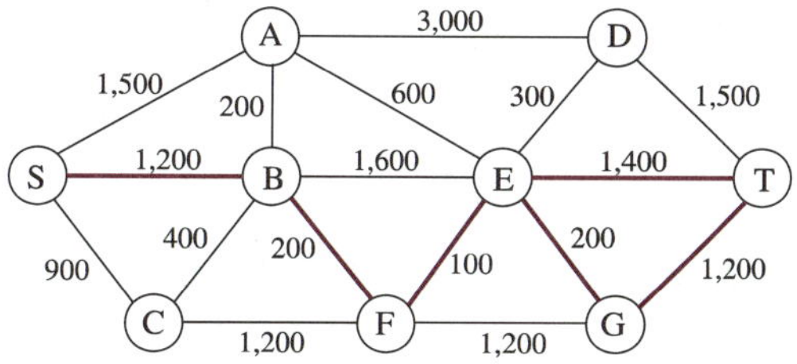

39 자료 해석

정답 ④

성과급 지급기준에 따라 각 직원의 평가항목별 점수와 평점점수 및 이에 따른 성과급 지급액을 계산하면 다음과 같다.

(단위 : 점)

구분	업무량	업무수행 효율성	업무 협조성	업무처리 적시성	업무결과 정확성	평점점수	성과급 (만 원)
A팀장	10	10	20	12	20	72	75
B대리	8	5	15	16	20	64	45
C주임	8	25	25	4	16	78	80
D주임	10	10	20	12	8	60	45
E사원	8	25	15	16	20	84	90

ㄴ. B대리와 D주임은 둘 다 45만 원의 성과급을 지급받는다.
ㄹ. E사원이 90만 원으로 가장 많은 성과급을 받는다.

오답분석

ㄱ. 성과급은 평점점수 자체가 아닌 그 구간에 따라 결정되므로 평점점수는 달라도 지급받는 성과급이 동일한 직원들이 있을 수 있다. B대리는 D주임보다 평점점수가 더 높지만 두 직원은 동일한 성과급을 지급받는다.
ㄷ. A팀장의 성과급은 75만 원으로, D주임이 지급받을 성과급의 2배인 45만×2=90만 원보다 적다.

40 자료 해석

정답 ④

수정된 성과평가 결과에 따라 각 직원의 평점점수와 성과급을 정리하면 다음과 같다.

(단위 : 점)

구분	업무량	업무수행 효율성	업무 협조성	업무처리 적시성	업무결과 정확성	평점점수	성과급 (만 원)
A팀장	10	10	20	12	20	72	75
B대리	6	5	15	16	20	62	45
C주임	8	25	25	16	16	90	90
D주임	10	5	20	12	8	55	45
E사원	8	25	15	16	12	76	80

따라서 두 번째로 많은 성과급을 지급받는 직원은 80만 원을 지급받는 E사원이다.

41 SWOT 분석

정답 ③

ⓒ의 '인터넷전문은행의 활성화 및 빅테크의 금융업 진출 확대 추세'는 강력한 경쟁 상대의 등장을 의미하므로 조직 내부의 약점(W)이 아니라 조직 외부로부터의 위협(T)에 해당한다.

오답분석

㉠ 조직의 목표 달성을 촉진할 수 있으며 조직 내부의 통제 가능한 강점(S)에 해당한다.
㉡ 조직의 목표 달성을 방해할 수 있으며 조직 내부의 통제 가능한 약점(W)에 해당한다.
㉣ 조직 외부로부터 비롯되어 조직의 목표 달성에 도움이 될 수 있는 통제 불가능한 기회(O)에 해당한다.

42 명제 추론

정답 ③

2열에는 C대리와 D대리 중 한 명이 앉아야 하므로, C대리가 3열에 앉으면 D대리가 2열에 앉아야 한다.

오답분석

① A사원이 A2, B주임이 C1, C대리와 D대리가 A1과 B2, E과장이 C2에 앉는 경우도 가능하다.
② E과장이 A2에 앉더라도, 2열에 앉지 않은 대리 1명과 A사원이 각각 C2, A1에 앉는 경우, B주임이 C1에 앉을 수 있다.
④ ①에서 반례로 들었던 경우가 ④의 반례이기도 하다. B주임이 C1에 앉았지만 D대리가 B2에 앉을 수 있기 때문이다.

43 명제 추론

정답 ③

'물을 녹색으로 만든다.'를 p, '냄새 물질을 배출한다.'를 q, '독소 물질을 배출한다.'를 r, '물을 황색으로 만든다.'를 s라고 하면 $p \to q$, $r \to \sim q$, $s \to \sim p$가 성립한다. 이때 첫 번째 명제의 대우인 $\sim q \to \sim p$가 성립함에 따라 $r \to \sim q \to \sim p$가 성립한다. 따라서 '독소 물질을 배출하는 조류는 물을 녹색으로 만들지 않는다.'는 반드시 참이 된다.

44 자료 해석

정답 ④

오답분석

ㄴ. 사용하지 않은 성분을 강조하였으므로 제1항 제3호에 해당한다.
ㄹ. 질병 예방에 효능이 있음을 나타내었으므로 제1항 제1호에 해당한다.

45 자료 해석

정답 ④

제2항 제2호에 의해 과대광고가 아니다.

46 엑셀 함수

정답 ④

ROUND 함수, ROUNDUP 함수, ROUNDDOWN 함수의 기능은 다음과 같다.

• ROUND(인수,자릿수) 함수 : 인수를 지정한 자릿수로 반올림한 값을 구한다.
• ROUNDUP(인수,자릿수) 함수 : 인수를 지정한 자릿수로 올림한 값을 구한다.
• ROUNDDOWN(인수,자릿수) 함수 : 인수를 지정한 자릿수로 내림한 값을 구한다.

이때 각 함수에서의 단위별 자릿수는 다음과 같다.

만 단위	천 단위	백 단위	십 단위	일 단위	소수점 첫째 자리	소수점 둘째 자리	소수점 셋째 자리
−4	−3	−2	−1	0	1	2	3

[B9] 셀에 입력된 1,260,000 값은 [B2] 셀에 입력된 1,252,340의 값을 만 단위로 올림하여 나타낸 것임을 알 수 있다. 따라서 [B9] 셀에 입력된 함수는 ROUNDUP 함수로 볼 수 있으며, 만 위를 나타내는 자릿수는 −4이므로 함수는 ④가 옳다.

47 정보 이해

정답 ④

레지스터의 특징

• 컴퓨터 기억장치 중 속도가 가장 빠르다(레지스터>캐시>주기억>보조기억).
• 중앙처리장치(CPU) 안에 들어있다.
• CPU의 속도향상이 목적이다.
• 연산장치에 속하는 레지스터 → 누산기, 가산기, 보수기 등
• 제어장치에 속하는 레지스터 → 프로그램 카운터(PC), 명령 레지스터, 명령해독기 등

48 정보 이해

정답 ③

〈Ctrl〉+〈3〉은 글꼴 스타일에 기울임 꼴을 적용하는 바로가기 키이다. 〈Ctrl〉+〈4〉를 사용해야 선택한 셀에 밑줄이 적용된다.

49 정보 이해

정답 ③

정보란 자료를 일정한 프로그램에 따라 컴퓨터가 처리·가공함으로써 특정한 목적을 달성하는 데 필요하거나 특정한 의미를 가진 것으로 다시 생산된 것으로 특정한 상황에 맞도록 평가한 의미 있는 기록이 되기도 하고, 사용하는 사람과 사용하는 시간에 따라 달라질 수도 있다.

오답분석

ㄱ. 정보의 가치는 우리의 요구, 사용 목적, 그것이 활용되는 시기와 장소에 따라서 다르게 평가되기 때문에 상대적이다.
ㄹ. 자료는 평가되지 않은 상태의 숫자나 문자들의 나열을 의미하고, 지식은 어떤 특정의 목적을 달성하기 위해 과학적 또는 이론적으로 추상화되거나 정립되어 있는 일반화된 정보이다.

50 엑셀 함수

정답 ②

MOD 함수를 통해 「=MOD(숫자,2)=1」이면 홀수, 「=MOD(숫자,2)=0」이면 짝수와 같이 홀수와 짝수를 구분할 수 있다. ROW 함수는 현재 위치한 '행'의 번호를, COLUMN 함수는 현재 위치한 '열'의 번호를 출력한다.

51 엑셀 함수

정답 ③

SUM 함수는 인수들의 합을 구할 수 있다.

• [B12] : SUM(B2:B11)
• [C12] : SUM(C2:C11)

오답분석

① REPT : 텍스트를 지정한 횟수만큼 반복한다.
② CHOOSE : 인수 목록 중에서 하나를 고른다.
④ AVERAGE : 인수들의 평균을 구한다.

52 엑셀 함수

정답 ④

• MAX : 최댓값을 구한다.
• MIN : 최솟값을 구한다.

53 정보 이해

정답 ①

오답분석

② 목푯값 찾기 : 수식의 결괏값은 알고 있지만 그 결괏값을 계산하기 위한 입력값을 모를 때, 입력값을 찾기 위해 사용한다.
③ 부분합 : 전체 데이터를 부분(그룹)으로 분류하여 분석한다.
④ 통합 : 동일시트나 다른 여러 시트에 입력된 데이터들을 일정한 기준에 의해 합쳐서 계산한다.

54 정보 이해

정답 ②

정보분석 단계

1. 분석과제의 발생
2. 과제(요구)의 분석
3. 조사항목의 선정
4. 관련 정보의 수집(ㄱ)
5. 기존자료 조사 및 신규자료 조사
6. 수집 정보의 분류(ㄴ)
7. 항목별 분석(ㄷ)
8. 종합·결론
9. 활용·정리

55 엑셀 함수

정답 ②

자료에서 원하는 항목만을 골라 합계를 구하는 함수는 SUMIF 함수이다. SUMIF 함수는 「=SUMIF(범위,조건,합계를 구할 범위)」 형식으로 작성한다. 따라서 「=SUMIF(C3:C22,"외식비",D3:D22)」로 입력하면 원하는 값을 도출할 수 있다.

56 정보 이해

정답 ④

머리글이나 바닥글을 쉽게 추가할 수 있는 형태는 '페이지 레이아웃'이며 '페이지 나누기 미리보기'에서는 파란색 실선을 이용해서 페이지를 손쉽게 나눌 수 있다.

57 엑셀 함수

정답 ①

WEEKDAY 함수는 일정 날짜의 요일을 나타내는 1에서 7까지의 수를 구하는 함수이다. WEEKDAY 함수의 두 번째 인수에 '1'을 입력해 주면 '일요일(1) ~ 토요일(7)'로 표시되고, '2'를 넣으면 '월요일(1) ~ 일요일(7)'로 표시되며, '3'을 입력하면 '월요일(0) ~ 일요일(6)'로 표시된다.

58 엑셀 함수

정답 ①

INT 함수는 소수점 아래를 버리고 가장 가까운 정수로 내림하는 함수이다. 따라서 결괏값으로 100이 표시된다.

59 정보 이해

정답 ②

악성코드는 악의적인 목적을 위해 작성된 실행 가능한 코드의 통칭으로, 자기 복제 능력과 감염 대상 유무에 따라 바이러스, 웜, 트로이목마 등으로 분류된다.

60 정보 이해

정답 ①

마스터 부트 레코드(MBR; Master Boot Record)는 운영체계가 어디에, 어떻게 위치해 있는지를 식별하여 컴퓨터의 주기억장치에 적재될 수 있도록 하기 위한 정보로, 하드디스크나 디스켓의 첫 번째 섹터에 저장되어 있다. 명령어 인출 사이클에서는 PC로부터 전달받은 명령어 주소값이 제어버스와 주소버스를 통해 전달되어 메모리를 읽고, 데이터버스를 통해 MBR로 전송된다.

제3회
최종점검 모의고사

01	02	03	04	05	06	07	08	09	10	11	12	13	14	15	16	17	18	19	20
③	④	④	④	③	①	③	①	②	②	③	①	④	③	④	①	②	③	④	①
21	22	23	24	25	26	27	28	29	30	31	32	33	34	35	36	37	38	39	40
④	②	③	②	③	③	②	④	①	④	④	④	②	②	③	②	②	②	①	③
41	42	43	44	45	46	47	48	49	50	51	52	53	54	55	56	57	58	59	60
④	④	④	④	④	②	④	④	④	④	④	②	④	④	④	①	③	②	②	②

01 빈칸 삽입

정답 ③

보기의 '이'는 앞 문장의 내용을 가리키므로, 기업의 이익 추구가 사회 전체의 이익과 관련된 결과를 가져왔다는 내용이 앞에 와야 한다. 이는 (다) 앞의 '가장 저렴한 가격으로 상품 공급'이 '사회 전체의 이익'과 연관되므로, 보기의 문장은 (다)에 들어가는 것이 가장 적절하다.

02 빈칸 삽입

정답 ④

제시문에서는 오존층 파괴 시 나타나는 문제점에 대해 설명하고 있으며, 빈칸의 앞에서는 극지방 성층권의 오존 구멍은 줄었지만, 많은 인구가 거주하는 중위도 저층부에서는 오히려 오존층이 얇아졌다고 언급하고 있다. 따라서 많은 인구가 거주하는 중위도 저층부에서의 오존층 파괴는 극지방의 오존 구멍보다 더 큰 피해를 가져올 것이라는 ④가 빈칸에 들어갈 내용으로 가장 적절하다.

오답분석

① 극지방 성층권의 오존 구멍보다 중위도 지방의 오존층이 얇아지는 것이 더 큰 문제이다.
② 제시문에서 오존층을 파괴하는 원인은 찾아볼 수 없으며, 인구가 많이 거주하는 지역일수록 오존층의 파괴에 따른 피해가 크다는 것을 알 수 있다.
③ 극지방이 아닌 중위도 지방에서의 얇아진 오존층이 사람들을 더 많은 자외선에 노출시키며, 오히려 극지방의 오존 구멍은 줄어들었다.

03 어휘

정답 ④

• 포상(褒賞) : 1. 칭찬하고 장려하여 상을 줌
2. 각 분야에서 나라 발전에 뚜렷한 공로가 있는 사람에게 정부가 칭찬하고 장려하여 상을 줌. 또는 그 상

오답분석

① 보훈(報勳) : 공훈에 보답함
② 공훈(功勳) : 나라나 회사를 위하여 두드러지게 세운 공로
③ 공로(功勞) : 일을 마치거나 목적을 이루는 데 들인 노력과 수고. 또는 일을 마치거나 그 목적을 이룬 결과로서의 공적

04 의사 표현

정답 ④

효과적인 회의의 5가지 원칙 중 D사원은 매출성장이라는 목표를 공유하여 긍정적 어법으로 회의에 임하였다. 또한, 주제를 벗어나지 않고 적극적으로 임하였으므로 가장 효과적으로 회의에 임한 사람은 D사원이다.

오답분석

① 부정적인 어법을 사용하고 있다.
② 적극적인 참여가 부족하다.
③ 주제와 벗어난 이야기를 하고, 좋지 못한 분위기를 조성한다.

05 내용 추론

정답 ③

핵융합발전은 원자력발전에 비해 같은 양의 원료로 3 ~ 4배의 전기를 생산할 수 있다고 하였으나, 핵융합발전은 수소의 동위원소를 원료로 사용하는 반면 원자력발전은 우라늄을 원료로 사용한다. 따라서 전력 생산에 서로 다른 원료를 사용하므로 생산된 전력량만으로 연료비를 비교할 수 없다.

오답분석

① 핵융합 에너지는 화력발전을 통해 생산되는 전력 공급량을 대체하기 어려운 태양광에 대한 대안이 될 수 있으므로 핵융합발전이 태양열발전보다 더 많은 양의 전기를 생산할 수 있음을 추론할 수 있다.
② 원자력발전은 원자핵이 분열하면서 방출되는 에너지를 이용하며, 핵융합발전은 수소 원자핵이 융합해 헬륨 원자핵으로 바뀌는 과정에서 방출되는 에너지를 이용해 전기를 생산한다. 따라서 원자의 핵을 다르게 이용한다는 것을 추론할 수 있다.
④ 미세먼지와 대기오염을 일으키는 오염물질은 전혀 나오지 않고 헬륨만 배출된다는 내용을 통해 헬륨은 대기오염을 일으키는 오염물질에 해당하지 않음을 추론할 수 있다.

06 문서 내용 이해

정답 ①

현장수요기반 컨설팅 지원 대상은 기존에는 다른 업종에 종사하였으나, 의료기기 및 의료기기로 업종 전환을 희망하는 기업이므로 이미 개발된 의료기기를 보유하고 있지 않아도 된다.

07 내용 추론

정답 ③

서류 준비와 관련된 문의 내용으로는 ③이 가장 적절하다.

오답분석

①·②·④ 모두 서류 준비와 관련이 없는 문의 내용이다.

08 문서 내용 이해

정답 ①

제시문은 처음에는 전혀 사진을 볼 줄 모르던 학생이 전문가의 설명을 들으면서 사진을 자주 봄으로써 어느새 스스로 사진에 대한 해석을 할 수 있게 되었다는 내용이다. 따라서 제시문이 뒷받침하는 내용의 핵심 명제는 '관찰은 배경지식에 의존한다.'이다. 경험이 배경지식이 되었고 그 배경지식이 쌓이고 확대됨에 따라 관찰 능력도 올라간 것이기 때문이다.

09 빈칸 삽입

정답 ②

제시문은 '직업안전보건국이 제시한 1ppm의 기준이 지나치게 엄격하다고 판결하였다.'와 '직업안전보건국은 노동자를 생명의 위협이 될 수 있는 화학물질에 노출시키는 사람들이 그 안전성을 입증해야 한다.'는 논점의 대립이 주된 내용이다. 따라서 빈칸에는 '벤젠의 노출 수준이 1ppm을 초과할 경우 노동자의 건강에 실질적으로 위험하다는 것을 직업안전보건국이 입증해야 한다.'는 내용이 오는 것이 가장 적절하다.

10 의사 표현

정답 ②

B대리는 상대방이 제시한 아이디어를 비판하고 있다. 따라서 브레인스토밍에 적합하지 않은 태도를 보였다.

브레인스토밍
- 다른 사람이 아이디어를 제시할 때는 비판하지 않는다.
- 문제에 대한 제안은 자유롭게 이루어질 수 있다.
- 아이디어는 많이 나올수록 좋다.
- 모든 아이디어가 제안되고 나면 이를 결합하고 해결책을 마련한다.

11 어휘

정답 ③

(다)의 '유연하다(柔軟-)'는 '부드럽고 연하다.'는 뜻으로 쓰였으나, ③의 '유연하다(悠然-)'는 '침착하고 여유가 있다.'는 뜻으로 쓰였다.

12 글의 제목

정답 ①

제시문은 재즈가 어떻게 생겨났고 재즈가 어떠한 것들을 표현해 내는 음악인지에 대해 설명하고 있으므로 글의 제목으로 ①이 가장 적절하다.

13 글의 주제

정답 ④

(라) 문단에서는 부패를 개선하기 위한 정부의 제도적 노력에도 불구하고 반부패정책 대부분이 효과가 없었음을 이야기하고 있다. 따라서 '정부의 부패인식지수 개선에 대한 노력의 실패'가 (라) 문단의 주제로 적절하다.

14 전개 방식

정답 ③

ㄱ·ㄹ. 제시문은 들뢰즈와 가타리라는 두 학자의 견해를 소개하고 있으며, 욕망, 코드화, 노마디즘 등의 용어를 설명하고 있다.

15 빈칸 삽입

정답 ④

알려지지 않은 것에서는 불안정, 걱정, 공포감이 뒤따라 나오기 때문에 우리 마음의 불안한 상태를 없애고자 한다면, 알려지지 않은 것을 알려진 것으로 바꿔야 한다. 이러한 환원은 우리의 마음을 편하게 해주고 만족하게 한다. 이 때문에 우리는 이미 알려진 것, 체험한 것, 기억에 각인된 것을 원인으로 설정하게 되고, 낯설고 체험하지 않았다는 느낌을 빠르게 제거해 버려, 특정 유형의 설명만이 남아 우리의 사고방식을 지배하게 만든다. 따라서 빈칸에 들어갈 내용으로 ④가 가장 적절하다.

16 응용 수리

정답 ①

구간단속구간의 제한 속도를 $x$km/h라고 가정하고, 시간에 대한 식을 세우면 다음과 같다.

$$\frac{390-30}{80}+\frac{30}{x}=5$$

$$\rightarrow 4.5+\frac{30}{x}=5$$

$$\rightarrow \frac{30}{x}=0.5$$

$$\therefore x=60$$

따라서 구간단속구간의 제한 속도는 60km/h임을 알 수 있다.

17 자료 이해

정답 ②

유연탄의 CO_2 배출량은 원자력의 $\frac{968}{9}$ ≒ 107.6배이므로 옳지 않은 설명이다.

오답분석

① LPG 판매단가는 원자력 판매단가의 $\frac{132.45}{38.42}$ ≒ 3.4배이므로 옳은 설명이다.

③ LPG는 두 번째로 CO_2 배출량이 낮은 것을 확인할 수 있다.

④ 에너지원별 판매단가 대비 CO_2 배출량은 다음과 같다.

- 원자력 : $\frac{9}{38.42}$ ≒ $0.2\text{g}-CO_2/\text{kWh}$
- 유연탄 : $\frac{968}{38.56}$ ≒ $25.1\text{g}-CO_2/\text{kWh}$
- 중유 : $\frac{803}{115.32}$ ≒ $7.0\text{g}-CO_2/\text{kWh}$
- LPG : $\frac{440}{132.45}$ ≒ $3.3\text{g}-CO_2/\text{kWh}$

따라서 판매단가 대비 CO_2 배출량이 가장 낮은 에너지원은 원자력이다.

18 응용 수리

정답 ③

2주 동안 듣는 강연은 총 5회이다. 그러므로 금요일 강연이 없는 주의 월요일에 첫 강연을 들었다면 5주 차 월요일 강연을 듣기 전까지 10개의 강연을 듣게 된다. 그 주 월요일, 수요일 강연을 듣고 그 다음 주 월요일의 강연이 13번째 강연이 된다. 따라서 6주 차 월요일이 13번째 강연을 듣는 날이므로 8월 1일 월요일을 기준으로 35일 후가 된다. 8월은 31일까지 있기 때문에 1+35−31=5일, 즉 9월 5일이 된다.

19 응용 수리

정답 ④

- B비커의 설탕물 100g을 A비커의 설탕물과 섞은 후 각 비커의 설탕의 양
  - A비커 : $\left(\frac{x}{100}\times300+\frac{y}{100}\times100\right)$g
  - B비커 : $\left(\frac{y}{100}\times500\right)$g
- A비커의 설탕물 100g을 B비커의 설탕물과 섞은 후 각 비커의 설탕의 양
  - A비커 : $\left(\frac{3x+y}{400}\times300\right)$g
  - B비커 : $\left(\frac{y}{100}\times500+\frac{3x+y}{400}\times100\right)$g

설탕물을 모두 옮긴 후 두 비커에 들어 있는 설탕물의 농도는 다음과 같다.

$$\frac{\frac{3x+y}{400}\times300}{300}\times100=5 \cdots ㉠$$

$$\frac{\frac{y}{100}\times500+\frac{3x+y}{400}\times100}{600}\times100=9.5 \cdots ㉡$$

㉡에 ㉠을 대입하여 정리하면

$y=\frac{52}{5}$이고, $x=\frac{20-\frac{52}{5}}{3}=\frac{16}{5}$이다.

따라서 $10x+10y=10\times\frac{16}{5}+10\times\frac{52}{5}=32+104=136$이다.

20 응용 수리

정답 ①

만약 A가 1이라고 하면 다음과 같다.

- 가장 작은 수 : 12
- 가장 큰 수 : 96

$\therefore A=1(\because 12+96=108)$

21 응용 수리

정답 ④

두 주머니 중 한 개의 주머니를 선택할 확률은 각각 $\frac{1}{2}$이므로

A주머니가 선택될 경우 흰 공을 꺼낼 확률은 $\frac{1}{2}\times\frac{1}{4}=\frac{1}{8}$이고,

B주머니가 선택될 경우 흰 공을 꺼낼 확률은 $\frac{1}{2}\times1=\frac{1}{2}$이다.

따라서 꺼낸 공이 흰 공일 확률은 $\frac{1}{8}+\frac{1}{2}=\frac{5}{8}$이다.

22 자료 이해

정답 ②

전국에서 자전거전용도로의 비율은 약 $13.4\%\left(=\frac{2,843}{21,176}\times100\right)$의 비율을 차지한다.

오답분석

① 제주특별자치도는 전국에서 여섯 번째로 자전거도로가 길다.

③ 광주광역시의 전국 대비 자전거전용도로의 비율은 약 $3.8\%\left(=\frac{109}{2,843}\times100\right)$이며, 자전거보행자겸용도로의 비율은 약 3% $\left(=\frac{484}{16,331}\times100\right)$이므로 자전거전용도로의 비율이 더 높다.

④ 경상남도의 모든 자전거도로는 전국에서 약 $8.7\%\left(=\frac{1,844}{21,176}\times100\right)$의 비율을 가지므로 적절하지 않은 내용이다.

23 자료 변환

정답 ③

판매 비중이 큰 순서대로 판매사 4곳을 나열하면 D사, W사, S사, K사 순이다.
이 중 상위 3개사(D사, W사, S사)의 판매액 합계는 전체 판매액 4조 3천억 원의 40%인 $43,000\times0.4=17,200$억 원이다.
따라서 D사, W사, S사의 판매액 합계가 $9,100+6,800+1,300=17,200$억 원인 ③이 옳다.

오답분석

① D사, W사, S사의 판매액 합계가 전체의 40% 미만을 차지한다.

②·④ D사, W사, S사의 판매액 합계가 전체의 40%를 초과한다.

24 수열 규칙

정답 ②

A금붕어, B금붕어가 팔리는 일을 n일이라고 하고, 남은 금붕어의 수를 각각 a_n, b_n마리라고 하자.

A금붕어는 하루에 121마리씩 감소하고 있으므로 $a_n=1,675-121(n-1)=1,796-121n$이다.

$1,796-121\times10=1,796-1,210=586$이므로 10일 차에 남은 A금붕어는 586마리이다.

B금붕어는 매일 3, 5, 9, 15, …마리씩 감소하고 있고, 계차의 차는 2, 4, 6, …이다.

1,000　997　992　983　968　945　912　867　808　733

−3　−5　−9　−15　−23　−33　−45　−59　−75

−2　−4　−6　−8　−10　−12　−14　−16

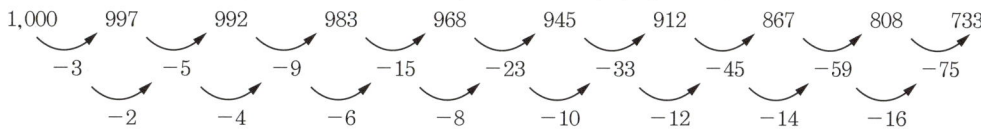

10일 차에 남은 B금붕어는 733마리이다.

따라서 A금붕어는 586마리, B금붕어는 733마리가 남았다.

25 자료 계산

정답 ③

작년 전체 실적은 $45+50+48+42=185$억 원이며, 1·2분기와 3·4분기의 실적의 비중은 각각 다음과 같다.

- 1·2분기 비중 : $\frac{45+50}{185}\times100\fallingdotseq51.4\%$
- 3·4분기 비중 : $\frac{48+42}{185}\times100\fallingdotseq48.6\%$

26 자료 계산

정답 ③

2024년 사업자 수가 2021년 대비 감소한 업종은 호프전문점, 간이주점, 구내식당으로 감소율은 다음과 같다.

- 호프전문점 : $\frac{41,796-37,543}{41,796}\times100\fallingdotseq10.2\%$
- 간이주점 : $\frac{19,849-16,733}{19,849}\times100\fallingdotseq15.7\%$
- 구내식당 : $\frac{35,011-26,202}{35,011}\times100\fallingdotseq25.2\%$

따라서 2024년 사업자 수의 2021년 대비 감소율이 두 번째로 큰 업종은 간이주점으로 감소율은 15.7%이다.

27 자료 이해

정답 ②

2021년 대비 2023년 일식전문점 사업자 수의 증가율은 $\frac{14,675-12,997}{12,997}\times100\fallingdotseq12.91\%$이므로 옳지 않은 설명이다.

오답분석

① 기타음식점의 2024년 사업자 수는 24,509명, 2023년 사업자 수는 24,818명이므로 $24,818-24,509=309$명 감소했다.

③ 사업자 수가 해마다 감소하는 업종은 간이주점, 구내식당 두 업종인 것을 확인할 수 있다.

④ • 2022년의 전체 요식업 사업자 수에서 분식점 사업자 수가 차지하는 비중 : $\frac{52,725}{659,123}\times100\fallingdotseq8.00\%$

• 2022년의 전체 요식업 사업자 수에서 패스트푸드점 사업자 수가 차지하는 비중 : $\frac{31,174}{659,123}\times100\fallingdotseq4.73\%$

따라서 두 비중의 차이는 $8.0-4.73=3.27\%$p이므로 5%p 미만이다.

28 자료 계산

정답 ④

- 2023년 상반기 보훈 분야의 전체 청구건수 : 35+1,865=1,900건
- 2024년 상반기 보훈 분야의 전체 청구건수 : 17+1,370=1,387건

따라서 전년 동기 대비 2024년 상반기 보훈 분야의 전체 청구건수의 감소율은 $\frac{1,900-1,387}{1,900}\times 100=27\%$이다.

29 자료 계산

정답 ①

2024년 상반기 입원 진료비 중 세 번째로 비싼 분야는 자동차 보험 분야이다.

- 2023년 상반기 자동차 보험 분야 입원 진료비 : 4,984억 원
- 2024년 상반기 자동차 보험 분야 입원 진료비 : 5,159억 원

따라서 전년 동기에 비해 2024년 상반기 자동차 보험 분야의 입원 진료비는 5,159억−4,984억=175억 원 증가했다.

30 응용 수리

정답 ④

세제 1스푼의 양을 xg이라고 하자.

$$\left(\frac{5}{1,000}\times 2,000\right)+4x=\frac{9}{1,000}\times(2,000+4x)$$

$$\rightarrow 10+4x=18+\frac{9x}{250}$$

$$\therefore x=\frac{2,000}{991}$$

물 3kg에 들어갈 세제의 양을 yg이라 하자.

$$y=\frac{9}{1,000}\times(3,000+y)$$

$$\rightarrow y=27+\frac{9}{1,000}y$$

$$\rightarrow 1,000y=27,000+9y$$

$$\therefore y=\frac{27,000}{991}$$

따라서 물 3kg에 세제 $\frac{27,000}{991}\div\frac{2,000}{991}=\frac{27,000}{2,000}=\frac{27}{2}=13.5$스푼을 넣으면 세제용액의 농도가 0.9%가 된다.

31 문제 유형

정답 ④

해결안 개발은 문제로부터 도출된 근본원인을 효과적으로 해결할 수 있는 최적의 해결방안을 수립하는 단계로 해결안 도출, 해결안 평가 및 최적안 선정의 절차로 진행된다. 홍보팀 팀장은 팀원들이 제시한 다양한 홍보 방안을 중요도와 실현 가능성 등을 고려하여 최종 홍보 방안을 결정해야 한다. 따라서 해결안 개발 단계 중에서도 해결안을 평가하고 가장 효과적인 해결안을 선정해야 하는 단계에 해당한다.

32 명제 추론

정답 ④

주어진 조건을 정리하면 다음과 같다.

- $(B+C+D)\times\frac{20}{100}=A \rightarrow B+C+D=5A$ … ①
- $(A+B)\times\frac{40}{100}=C \rightarrow A+B=2.5C$ … ②
- $A+B=C+D$ … ③
- $D-16,000=A$ … ④

②를 ③에 대입하면 $C+D=2.5C \rightarrow D=1.5C$ … ㉠

㉠을 ④에 대입하면 $A=1.5C-16,000$ … ㉡

㉠, ㉡을 ③에 대입하면 $B=2.5C-A=2.5C-1.5C+16,000=C+16,000$ … ㉢

㉠, ㉡, ㉢을 이용해 ①을 정리하면

$C+16,000+C+1.5C=7.5C-80,000$

$\rightarrow 3.5C+16,000=7.5C-80,000$

$\rightarrow 16,000+80,000=7.5C-3.5C$

$\rightarrow 96,000=4C$

$\therefore C=24,000$

따라서 C가 낸 금액은 24,000원이다.

33 자료 해석

정답 ②

회사별 판촉물 가격과 배송비를 계산하면 다음과 같다.

판촉물 회사	판촉물 가격	배송비	합계
A	$\frac{5,500}{100}\times18,000=990,000$원	$\frac{5,500}{100\times5}\times3,000=33,000$원	1,023,000원
B	$\frac{5,500}{500}\times60,000=660,000$원	$660,000\times0.1=66,000$원	726,000원
C	$\frac{5,500}{500}\times72,000=792,000$원	5,000원	797,000원
D	$5,500\times170=935,000$원	무료	935,000원

따라서 가장 저렴하게 구입할 수 있는 곳은 B회사이다.

34 문제 유형

정답 ②

주어진 문제에 대해서 계속해서 원인을 물어 가장 근본이 되는 원인을 찾는 5Why의 사고법을 활용하여 푸는 문제이다. 주어진 내용을 토대로 인과 관계를 고려하여 나열하면 신입사원이 결혼을 못하는 원인은 배우자를 만날 시간이 없어서이며(A), 이는 매일 늦게 퇴근하기 때문이다(B). 또한 늦게 퇴근하는 원인은 업무를 제때 못 마치기 때문이며(C), 이는 신입사원이어서 업무에 대해 잘 모르기 때문이다(D). 따라서 그 해결방안으로 업무에 대한 OJT나 업무 매뉴얼을 활용하여 업무시간을 줄이도록 할 수 있다.

35 명제 추론

정답 ③

다음의 논리 순서를 따라 주어진 조건을 정리하면 쉽게 접근할 수 있다.

- 여섯 번째, 여덟 번째 조건 : G는 첫 번째 자리에 앉는다.
- 일곱 번째 조건 : C는 세 번째 자리에 앉는다.
- 네 번째, 다섯 번째 조건 : 만약 A와 B가 네 번째, 여섯 번째 또는 다섯 번째, 일곱 번째 자리에 앉으면, D와 F는 나란히 앉을 수 없다. 따라서 A와 B는 두 번째, 네 번째 자리에 앉는다. 이때, 남은 자리는 다섯, 여섯, 일곱 번째 자리이므로 D와 F는 다섯, 여섯 번째 또는 여섯, 일곱 번째 자리에 앉게 되고, 나머지 한 자리에 E가 앉는다.

이 사실을 종합하여 주어진 조건을 표로 정리하면 다음과 같다.

구분	첫 번째	두 번째	세 번째	네 번째	다섯 번째	여섯 번째	일곱 번째
경우 1	G	A	C	B	D	F	E
경우 2	G	A	C	B	F	D	E
경우 3	G	A	C	B	E	D	F
경우 4	G	A	C	B	E	F	D
경우 5	G	B	C	A	D	F	E
경우 6	G	B	C	A	F	D	E
경우 7	G	B	C	A	E	D	F
경우 8	G	B	C	A	E	F	D

따라서 어느 경우에도 C의 옆자리는 항상 A와 B가 앉는다.

오답분석

① 네 번째 조건에서 D와 F는 나란히 앉는다고 하였다.

②·④ 경우 4, 8인 때에만 성립한다.

36 자료 해석

정답 ②

각 지원자의 영역별 점수를 산정하면 다음과 같다.

(단위 : 점)

구분	나이	평균 학점	공인영어점수	관련 자격증 점수	총점
A지원자	3	2	9.2	6	20.2
B지원자	5	4	8.1	0	17.1
C지원자	4	1	7.5	6	18.5
D지원자	1	3	7.8	9	20.8
E지원자	2	5	9.6	3	19.6

따라서 C지원자는 4번째로 높은 점수이므로 중국으로 인턴을 간다.

37 자료 해석

정답 ②

변경된 조건에 따라 점수를 산정하면 다음과 같다.

(단위 : 점)

구분	나이	평균 학점	공인영어점수	관련 자격증 점수	총점
A지원자	–	4	9.2	4	17.2
B지원자	–	4	8.1	0	12.1
C지원자	–	4	7.5	4	15.5
D지원자	–	4	7.8	6	17.8
E지원자	–	5	9.6	2	16.6

따라서 가장 낮은 점수를 획득한 B지원자가 탈락하므로 희망한 국가로 인턴을 가지 못하는 사람은 B지원자이다.

38 명제 추론

정답 ②

두 대의 적외선 카메라 중 하나는 수도권본부에 설치하였고, 나머지 하나는 경북본부와 금강본부 중 한 곳에 설치하였으므로 강원본부에는 적외선 카메라를 설치할 수 없다. 또한 강원본부에는 열선감지기를 설치하지 않았으므로 반드시 하나 이상의 기기를 설치해야 한다는 첫 번째 조건에 따라 강원본부에는 화재경보기를 설치하였을 것이다.

오답분석

①·③ 주어진 조건만으로는 어느 본부에 열선감지기를 설치하는지 정확히 알 수 없다.
④ 화재경보기는 경북본부와 강원본부에 설치하였다.

39 자료 해석

정답 ①

자아 인식, 자기 관리, 공인 자격 쌓기 등의 평가 기준을 통해 A사원이 B사원보다 스스로 관리하고 개발하는 능력이 우수하다는 것을 알 수 있다.

40 SWOT 분석

정답 ③

ㄴ. 다수의 풍부한 경제자유구역 성공 사례를 활용하는 것은 강점에 해당되지만, 외국인 근로자를 국내주민과 문화적으로 동화시키려는 시도는 위협을 극복하는 것과는 거리가 멀다. 따라서 해당 전략은 ST전략으로 적절하지 않다.
ㄹ. 경제자유구역 인근 대도시와의 연계를 활성화하면 오히려 인근 기성 대도시의 산업이 확장된 교통망을 바탕으로 경제자유구역의 사업을 흡수할 위험이 커진다. 또한 인근 대도시와의 연계 확대는 경제자유구역 내 국내·외 기업 간의 구조 및 운영상 이질감을 해소하는 데 직접적인 도움이 된다고 보기 어렵다.

오답분석

ㄱ. 경제호황으로 인해 자국을 벗어나 타국으로 진출하려는 해외기업이 증가하는 기회상황에서 성공적 경험으로 축적된 우리나라의 경제자유구역 조성 노하우로 이들을 유인하여 유치하는 전략은 SO전략에 해당한다.
ㄷ. 기존에 국내에 입주한 해외기업의 동형화 사례를 활용하여 국내기업과 외국계 기업의 운영상 이질감을 해소하여 생산성을 증대시키는 전략은 WO전략에 해당한다.

41 규칙 적용

정답 ④

A가 서브한 게임에서 전략팀이 득점하였으므로 이어지는 서브권은 A가 가지며, 총 4점을 득점한 상황이므로 팀 내에서 선수끼리 자리를 교체하여 A가 오른쪽에서 서브를 해야 한다. 그리고 서브를 받는 총무팀은 서브권이 넘어가지 않았기 때문에 선수끼리 코트 위치를 바꾸지 않는다. 따라서 이어질 서브 방향 및 선수 위치는 ④이다.

42 규칙 적용

정답 ④

파일 이름에 주어진 규칙을 적용하여 암호를 구하면 다음과 같다.

1. 비밀번호 중 첫 번째 자리에는 파일 이름의 첫 문자가 한글일 경우 @, 영어일 경우 #, 숫자일 경우 *로 특수문자를 입력한다.
   • 2022매운전골Cset3인기준recipe8 → *
2. 두 번째 자리에는 파일 이름의 총 자리 개수를 입력한다.
   • 2022매운전골Cset3인기준recipe8 → *23
3. 세 번째 자리부터는 파일이 름 내에 숫자를 순서대로 입력한다. 숫자가 없을 경우 0을 두 번 입력한다.
   • 2022매운전골Cset3인기준recipe8 → *23202238
4. 그 다음 자리에는 파일 이름 중 한글이 있을 경우 초성만 순서대로 입력한다. 없다면 입력하지 않는다.
   • 2022매운전골Cset3인기준recipe8 → *23202238ㅁㅇㅈㄱㅇㄱㅈ
5. 그 다음 자리에는 파일 이름 중 영어가 있다면 뒤에 덧붙여 순서대로 입력하되, a, e, i, o, u만 'a=1, e=2, i=3, o=4, u=5'로 변형하여 입력한다(대문자·소문자 구분 없이 모두 소문자로 입력한다).
   • 2022매운전골Cset3인기준recipe8 → *23202238ㅁㅇㅈㄱㅇㄱㅈcs2tr2c3p2

따라서 주어진 파일 이름의 암호는 '*23202238ㅁㅇㅈㄱㅇㄱㅈcs2tr2c3p2'이다.

43 자료 해석

정답 ④

유채 – 추출(5점) – 에스테르화(5점) – 바이오디젤(에스테르) : (5×30,000)+(5×30,000)=300,000원

오답분석

① 보리 – 당화(10점) – 알코올발효(3점) – 바이오알코올(에탄올) : (10×40,000)+(3×20,000)=460,000원
② 나무 – 효소당화(7점) – 알코올발효(3점) – 바이오알코올(에탄올) : (7×30,000)+(3×20,000)=270,000원
③ 콩 – 혐기발효(6점) – 가스 : 6×30,000=180,000원

44 자료 해석

정답 ④

섬유소식물체(나무, 볏짚)로 공정을 달리할 경우 에탄올, 열, 전기 등의 바이오매스 에너지를 생산할 수 있다.

45 명제 추론

정답 ④

(다)에 의해 다래가 지원될 수 있는 요일은 화・수・목요일이고, (사)에 의해 리화는 고은과 나영 이후에 지원을 간다. (라)에 의해 고은은 월요일에 지원을 갈 수 없으므로 이 조건을 만족하는 경우의 수는 다음과 같다.

구분		월요일	화요일	수요일	목요일
경우 1	여자	나영	다래	고은	리화
	남자				
경우 2	여자	나영	고은	다래	리화
	남자				
경우 3	여자	나영	고은	리화	다래
	남자				

(다)에 의해 동수가 지원될 요일은 각각 월・화・수요일이며, (바)에 의해 기태가 갈 수 있는 요일은 목요일뿐이다. (바)와 (마)에 의해 지원과 남호의 근무일을 구하여 빈칸을 채우면 다음과 같다.

구분		월요일	화요일	수요일	목요일
경우 1	여자	나영	다래	고은	리화
	남자	동수	남호	지원	기태
경우 2	여자	나영	고은	다래	리화
	남자	지원	동수	남호	기태
경우 3	여자	나영	고은	리화	다래
	남자	지원	남호	동수	기태

따라서 경우 3에 의해 고은이 화요일에 근무한다면 지원은 월요일에 근무한다.

46 엑셀 함수

정답 ②

합계를 구할 범위는 [D2:D6]이며, [A2:A6]에서 "연필"인 데이터와 [B2:B6]에서 "서울"인 데이터는 [D4] 셀과 [D6] 셀이다. 따라서 이들의 판매실적은 300+200=500이다.

47 엑셀 함수

정답 ④

오답분석

① SUM : 셀들의 합계를 구할 때 사용하는 함수이다.
② COUNT : 숫자가 들어 있는 셀의 개수를 구할 때 사용하는 함수이다.
③ AVERAGEA : 수치가 아닌 셀을 포함하는 인수의 평균값을 구할 때 사용하는 함수이다.

48 정보 이해

정답 ④

LAN카드 정보는 네트워크 어댑터에서 확인할 수 있다.

49 정보 이해

정답 ④

(가)는 상용구 기능이고, (나)는 캡션달기 기능이다.

50 정보 이해

정답 ④

오답분석

① 새 문서
② 수식 편집기
③ 저장하기

PART 2

51 정보 이해

정답 ④

검색하고자 하는 텍스트와 정확하게 일치하는 자료를 검색하려면 문구 앞뒤로 큰따옴표(" ")를 붙여 검색한다.

52 정보 이해

정답 ②

클라우드 컴퓨팅은 인터넷을 통해 이루어지는 기술이므로 완전한 보안성을 보장할 수 없다. 따라서 사용자 스스로 보안 설정을 철저히 하고, 정기적으로 보안 강화를 위한 조치를 취해야 한다.

오답분석

① 클라우드 컴퓨팅은 필요에 따라 자원을 유연하게 조절할 수 있으므로 확장성 또한 높다.
③ 클라우드 컴퓨팅은 인터넷만 연결되어 있으면 사용이 가능하므로 이용하는 데 제약이 적다.
④ 클라우드 컴퓨팅은 기업이 직접 데이터센터나 서버 구축 및 유지보수에 대한 비용을 부담하지 않아도 된다.

53 정보 이해

정답 ④

〈Alt〉+〈A〉 : 데이터 탭으로 이동

54 엑셀 함수

정답 ④

여러 행을 비교할 때 참조하는 범위는 절대참조로 고정해야 한다. 주어진 셀은 열은 고정되어 있고 행만 변하므로 행을 절대참조로 고정시켜야 한다.

55 정보 이해

정답 ④

오답분석

ㄴ. 임베디드 컴퓨팅(Embedded Computing) : 제품에서 특정 작업을 수행할 수 있도록 탑재되는 솔루션이나 시스템이다.
ㅁ. 노매딕 컴퓨팅(Nomadic Computing) : 네트워크의 이동성을 극대화하여 특정 장소가 아닌 어디서든 컴퓨터를 사용할 수 있게 하는 기술이다.

56 엑셀 함수

정답 ①

수식 「=C6xD6」은 사용할 수 없는 수식이다.

오답분석

②·③·④ 모두 대형 프린트에 들어갈 총 금액이 나오는 수식이다.

57 엑셀 함수

정답 ③

[E5]~[E8] 셀을 범위로 선택할 경우, 오른쪽 밑에 평균·개수·합계를 확인할 수 있다.

오답분석

①·②·④ 모두 구입예정 물품 총 금액을 구입물품들의 총 수량으로 나누는 것으로 수량 하나의 평균금액을 알 수 있다.

58 엑셀 함수

정답 ②

- [D11] 셀에 입력된 COUNTA 함수는 범위에서 비어있지 않은 셀의 개수를 구하는 함수이다. [B3:D9] 범위에서 비어있지 않은 셀의 개수는 숫자 '1' 10개와 '재제출 요망'으로 입력된 텍스트 2개로, 「=COUNTA(B3:D9)」의 결괏값은 12이다.
- [D12] 셀에 입력된 COUNT 함수는 범위에서 숫자가 포함된 셀의 개수를 구하는 함수이다. [B3:D9] 범위에서 숫자가 포함된 셀의 개수는 숫자 '1' 10개로, 「=COUNT(B3:D9)」의 결괏값은 10이다.
- [D13] 셀에 입력된 COUNTBLANK 함수는 범위에서 비어있는 셀의 개수를 구하는 함수이다. [B3:D9] 범위에서 비어있는 셀의 개수는 9개로, 「=COUNTBLANK(B3:D9)」의 결괏값은 9이다.

59 정보 이해

정답 ②

K사는 최근 1년간 자사 자동차를 구매한 고객들의 주문기종을 조사하여 조사결과를 향후 출시할 자동차 설계에 반영하고자 하므로, 이를 위한 정보는 조사 자료에 기반하여야 한다. 유가 변화에 따른 K사 판매지점 수에 대한 정보는 신규 출시 차종 개발이라는 목적에 맞게 자료를 가공하여 얻은 것이 아니므로 ㉡에 들어갈 내용으로 적절하지 않다.

오답분석

① 향후 출시할 자동차를 개발하기 위한 자료로서 적절한 자료이며, 객관적 실제의 반영이라는 자료의 정의에도 부합하는 내용이다.
③ K사 자동차 구매 고객들이 연령별로 선호하는 디자인을 파악하는 것은 고객 연령대에 맞추어 신규 차종의 디자인을 설계할 때 도움이 되는 체계적 지식이다.
④ 최근 1년간 K사 자동차 구매 고객들이 선호하는 배기량을 파악하는 것은 신규 차종의 배기량을 설계할 때 도움이 되는 체계적 지식이다.

60 엑셀 함수

정답 ②

「=SMALL(B3:B9,2)」은 [B3:B9] 범위에서 2번째로 작은 값을 구하는 함수이므로 7이 출력된다. 「=MATCH(7,B3:B9,0)」는 [B3:B9] 범위에서 7의 위치 값을 나타내므로 값은 4가 나온다. 따라서 「=INDEX(A3:E9,4,5)」의 결괏값은 [A3:E9]의 범위에서 4행, 5열에 위치한 대전이다.

한국도로교통공단 NCS 직업기초능력 답안카드

성 명

지원 분야

문제지 형별기재란	
( )형	Ⓐ Ⓑ

수 험 번 호						
⓪	⓪	⓪	⓪	⓪	⓪	⓪
①	①	①	①	①	①	①
②	②	②	②	②	②	②
③	③	③	③	③	③	③
④	④	④	④	④	④	④
⑤	⑤	⑤	⑤	⑤	⑤	⑤
⑥	⑥	⑥	⑥	⑥	⑥	⑥
⑦	⑦	⑦	⑦	⑦	⑦	⑦
⑧	⑧	⑧	⑧	⑧	⑧	⑧
⑨	⑨	⑨	⑨	⑨	⑨	⑨

감독위원 확인
㊞

1	①	②	③	④	21	①	②	③	④	41	①	②	③	④
2	①	②	③	④	22	①	②	③	④	42	①	②	③	④
3	①	②	③	④	23	①	②	③	④	43	①	②	③	④
4	①	②	③	④	24	①	②	③	④	44	①	②	③	④
5	①	②	③	④	25	①	②	③	④	45	①	②	③	④
6	①	②	③	④	26	①	②	③	④	46	①	②	③	④
7	①	②	③	④	27	①	②	③	④	47	①	②	③	④
8	①	②	③	④	28	①	②	③	④	48	①	②	③	④
9	①	②	③	④	29	①	②	③	④	49	①	②	③	④
10	①	②	③	④	30	①	②	③	④	50	①	②	③	④
11	①	②	③	④	31	①	②	③	④	51	①	②	③	④
12	①	②	③	④	32	①	②	③	④	52	①	②	③	④
13	①	②	③	④	33	①	②	③	④	53	①	②	③	④
14	①	②	③	④	34	①	②	③	④	54	①	②	③	④
15	①	②	③	④	35	①	②	③	④	55	①	②	③	④
16	①	②	③	④	36	①	②	③	④	56	①	②	③	④
17	①	②	③	④	37	①	②	③	④	57	①	②	③	④
18	①	②	③	④	38	①	②	③	④	58	①	②	③	④
19	①	②	③	④	39	①	②	③	④	59	①	②	③	④
20	①	②	③	④	40	①	②	③	④	60	①	②	③	④

※ 본 답안지는 마킹연습용 모의 답안지입니다.

〈절취선〉

한국도로교통공단 NCS 직업기초능력 답안카드

성 명

지원 분야

문제지 형별기재란	
( )형	Ⓐ Ⓑ

수 험 번 호						
⓪	⓪	⓪	⓪	⓪	⓪	⓪
①	①	①	①	①	①	①
②	②	②	②	②	②	②
③	③	③	③	③	③	③
④	④	④	④	④	④	④
⑤	⑤	⑤	⑤	⑤	⑤	⑤
⑥	⑥	⑥	⑥	⑥	⑥	⑥
⑦	⑦	⑦	⑦	⑦	⑦	⑦
⑧	⑧	⑧	⑧	⑧	⑧	⑧
⑨	⑨	⑨	⑨	⑨	⑨	⑨

감독위원 확인
(인)

1	①	②	③	④	21	①	②	③	④	41	①	②	③	④
2	①	②	③	④	22	①	②	③	④	42	①	②	③	④
3	①	②	③	④	23	①	②	③	④	43	①	②	③	④
4	①	②	③	④	24	①	②	③	④	44	①	②	③	④
5	①	②	③	④	25	①	②	③	④	45	①	②	③	④
6	①	②	③	④	26	①	②	③	④	46	①	②	③	④
7	①	②	③	④	27	①	②	③	④	47	①	②	③	④
8	①	②	③	④	28	①	②	③	④	48	①	②	③	④
9	①	②	③	④	29	①	②	③	④	49	①	②	③	④
10	①	②	③	④	30	①	②	③	④	50	①	②	③	④
11	①	②	③	④	31	①	②	③	④	51	①	②	③	④
12	①	②	③	④	32	①	②	③	④	52	①	②	③	④
13	①	②	③	④	33	①	②	③	④	53	①	②	③	④
14	①	②	③	④	34	①	②	③	④	54	①	②	③	④
15	①	②	③	④	35	①	②	③	④	55	①	②	③	④
16	①	②	③	④	36	①	②	③	④	56	①	②	③	④
17	①	②	③	④	37	①	②	③	④	57	①	②	③	④
18	①	②	③	④	38	①	②	③	④	58	①	②	③	④
19	①	②	③	④	39	①	②	③	④	59	①	②	③	④
20	①	②	③	④	40	①	②	③	④	60	①	②	③	④

※ 본 답안지는 마킹연습용 모의 답안지입니다.

한국도로교통공단 NCS 직업기초능력 답안카드

성 명

지원 분야

문제지 형별기재란	
( )형	Ⓐ Ⓑ

수 험 번 호						
⓪	⓪	⓪	⓪	⓪	⓪	⓪
①	①	①	①	①	①	①
②	②	②	②	②	②	②
③	③	③	③	③	③	③
④	④	④	④	④	④	④
⑤	⑤	⑤	⑤	⑤	⑤	⑤
⑥	⑥	⑥	⑥	⑥	⑥	⑥
⑦	⑦	⑦	⑦	⑦	⑦	⑦
⑧	⑧	⑧	⑧	⑧	⑧	⑧
⑨	⑨	⑨	⑨	⑨	⑨	⑨

감독위원 확인
㉧

1	①	②	③	④	21	①	②	③	④	41	①	②	③	④
2	①	②	③	④	22	①	②	③	④	42	①	②	③	④
3	①	②	③	④	23	①	②	③	④	43	①	②	③	④
4	①	②	③	④	24	①	②	③	④	44	①	②	③	④
5	①	②	③	④	25	①	②	③	④	45	①	②	③	④
6	①	②	③	④	26	①	②	③	④	46	①	②	③	④
7	①	②	③	④	27	①	②	③	④	47	①	②	③	④
8	①	②	③	④	28	①	②	③	④	48	①	②	③	④
9	①	②	③	④	29	①	②	③	④	49	①	②	③	④
10	①	②	③	④	30	①	②	③	④	50	①	②	③	④
11	①	②	③	④	31	①	②	③	④	51	①	②	③	④
12	①	②	③	④	32	①	②	③	④	52	①	②	③	④
13	①	②	③	④	33	①	②	③	④	53	①	②	③	④
14	①	②	③	④	34	①	②	③	④	54	①	②	③	④
15	①	②	③	④	35	①	②	③	④	55	①	②	③	④
16	①	②	③	④	36	①	②	③	④	56	①	②	③	④
17	①	②	③	④	37	①	②	③	④	57	①	②	③	④
18	①	②	③	④	38	①	②	③	④	58	①	②	③	④
19	①	②	③	④	39	①	②	③	④	59	①	②	③	④
20	①	②	③	④	40	①	②	③	④	60	①	②	③	④

※ 본 답안지는 마킹연습용 모의 답안지입니다.

〈절취선〉

성 명

지원 분야

문제지 형별기재란	
( )형	Ⓐ Ⓑ

수 험 번 호						
⓪	⓪	⓪	⓪	⓪	⓪	⓪
①	①	①	①	①	①	①
②	②	②	②	②	②	②
③	③	③	③	③	③	③
④	④	④	④	④	④	④
⑤	⑤	⑤	⑤	⑤	⑤	⑤
⑥	⑥	⑥	⑥	⑥	⑥	⑥
⑦	⑦	⑦	⑦	⑦	⑦	⑦
⑧	⑧	⑧	⑧	⑧	⑧	⑧
⑨	⑨	⑨	⑨	⑨	⑨	⑨

감독위원 확인
㊞ 인

한국도로교통공단 NCS 직업기초능력 답안카드

1	①	②	③	④	21	①	②	③	④	41	①	②	③	④
2	①	②	③	④	22	①	②	③	④	42	①	②	③	④
3	①	②	③	④	23	①	②	③	④	43	①	②	③	④
4	①	②	③	④	24	①	②	③	④	44	①	②	③	④
5	①	②	③	④	25	①	②	③	④	45	①	②	③	④
6	①	②	③	④	26	①	②	③	④	46	①	②	③	④
7	①	②	③	④	27	①	②	③	④	47	①	②	③	④
8	①	②	③	④	28	①	②	③	④	48	①	②	③	④
9	①	②	③	④	29	①	②	③	④	49	①	②	③	④
10	①	②	③	④	30	①	②	③	④	50	①	②	③	④
11	①	②	③	④	31	①	②	③	④	51	①	②	③	④
12	①	②	③	④	32	①	②	③	④	52	①	②	③	④
13	①	②	③	④	33	①	②	③	④	53	①	②	③	④
14	①	②	③	④	34	①	②	③	④	54	①	②	③	④
15	①	②	③	④	35	①	②	③	④	55	①	②	③	④
16	①	②	③	④	36	①	②	③	④	56	①	②	③	④
17	①	②	③	④	37	①	②	③	④	57	①	②	③	④
18	①	②	③	④	38	①	②	③	④	58	①	②	③	④
19	①	②	③	④	39	①	②	③	④	59	①	②	③	④
20	①	②	③	④	40	①	②	③	④	60	①	②	③	④

※ 본 답안지는 마킹연습용 모의 답안지입니다.

한국도로교통공단 NCS 직업기초능력 답안카드

성 명

지원 분야

문제지 형별기재란	
(　　　)형	Ⓐ Ⓑ

수 험 번 호						
⓪	⓪	⓪	⓪	⓪	⓪	⓪
①	①	①	①	①	①	①
②	②	②	②	②	②	②
③	③	③	③	③	③	③
④	④	④	④	④	④	④
⑤	⑤	⑤	⑤	⑤	⑤	⑤
⑥	⑥	⑥	⑥	⑥	⑥	⑥
⑦	⑦	⑦	⑦	⑦	⑦	⑦
⑧	⑧	⑧	⑧	⑧	⑧	⑧
⑨	⑨	⑨	⑨	⑨	⑨	⑨

감독위원 확인
㉞

1	①	②	③	④	21	①	②	③	④	41	①	②	③	④
2	①	②	③	④	22	①	②	③	④	42	①	②	③	④
3	①	②	③	④	23	①	②	③	④	43	①	②	③	④
4	①	②	③	④	24	①	②	③	④	44	①	②	③	④
5	①	②	③	④	25	①	②	③	④	45	①	②	③	④
6	①	②	③	④	26	①	②	③	④	46	①	②	③	④
7	①	②	③	④	27	①	②	③	④	47	①	②	③	④
8	①	②	③	④	28	①	②	③	④	48	①	②	③	④
9	①	②	③	④	29	①	②	③	④	49	①	②	③	④
10	①	②	③	④	30	①	②	③	④	50	①	②	③	④
11	①	②	③	④	31	①	②	③	④	51	①	②	③	④
12	①	②	③	④	32	①	②	③	④	52	①	②	③	④
13	①	②	③	④	33	①	②	③	④	53	①	②	③	④
14	①	②	③	④	34	①	②	③	④	54	①	②	③	④
15	①	②	③	④	35	①	②	③	④	55	①	②	③	④
16	①	②	③	④	36	①	②	③	④	56	①	②	③	④
17	①	②	③	④	37	①	②	③	④	57	①	②	③	④
18	①	②	③	④	38	①	②	③	④	58	①	②	③	④
19	①	②	③	④	39	①	②	③	④	59	①	②	③	④
20	①	②	③	④	40	①	②	③	④	60	①	②	③	④

※ 본 답안지는 마킹연습용 모의 답안지입니다.

〈절취선〉

한국도로교통공단 NCS 직업기초능력 답안카드

성 명

지원 분야

문제지 형별기재란	
(　　　)형	Ⓐ Ⓑ

수 험 번 호						
⓪	⓪	⓪	⓪	⓪	⓪	⓪
①	①	①	①	①	①	①
②	②	②	②	②	②	②
③	③	③	③	③	③	③
④	④	④	④	④	④	④
⑤	⑤	⑤	⑤	⑤	⑤	⑤
⑥	⑥	⑥	⑥	⑥	⑥	⑥
⑦	⑦	⑦	⑦	⑦	⑦	⑦
⑧	⑧	⑧	⑧	⑧	⑧	⑧
⑨	⑨	⑨	⑨	⑨	⑨	⑨

감독위원 확인
(인)

1	①	②	③	④	21	①	②	③	④	41	①	②	③	④
2	①	②	③	④	22	①	②	③	④	42	①	②	③	④
3	①	②	③	④	23	①	②	③	④	43	①	②	③	④
4	①	②	③	④	24	①	②	③	④	44	①	②	③	④
5	①	②	③	④	25	①	②	③	④	45	①	②	③	④
6	①	②	③	④	26	①	②	③	④	46	①	②	③	④
7	①	②	③	④	27	①	②	③	④	47	①	②	③	④
8	①	②	③	④	28	①	②	③	④	48	①	②	③	④
9	①	②	③	④	29	①	②	③	④	49	①	②	③	④
10	①	②	③	④	30	①	②	③	④	50	①	②	③	④
11	①	②	③	④	31	①	②	③	④	51	①	②	③	④
12	①	②	③	④	32	①	②	③	④	52	①	②	③	④
13	①	②	③	④	33	①	②	③	④	53	①	②	③	④
14	①	②	③	④	34	①	②	③	④	54	①	②	③	④
15	①	②	③	④	35	①	②	③	④	55	①	②	③	④
16	①	②	③	④	36	①	②	③	④	56	①	②	③	④
17	①	②	③	④	37	①	②	③	④	57	①	②	③	④
18	①	②	③	④	38	①	②	③	④	58	①	②	③	④
19	①	②	③	④	39	①	②	③	④	59	①	②	③	④
20	①	②	③	④	40	①	②	③	④	60	①	②	③	④

※ 본 답안지는 마킹연습용 모의 답안지입니다.

2025 최신판 시대에듀 한국도로교통공단 NCS + 최종점검 모의고사 6회 + 무료NCS특강

개정12판1쇄 발행	2025년 03월 20일 (인쇄 2025년 02월 27일)
초 판 발 행	2012년 06월 20일 (인쇄 2012년 06월 08일)
발 행 인	박영일
책 임 편 집	이해욱
편 저	SDC(Sidae Data Center)
편 집 진 행	김재희 · 황성연
표지디자인	박수영
편집디자인	최혜윤 · 장성복
발 행 처	(주)시대고시기획
출 판 등 록	제10-1521호
주 소	서울시 마포구 큰우물로 75 [도화동 538 성지 B/D] 9F
전 화	1600-3600
팩 스	02-701-8823
홈 페 이 지	www.sdedu.co.kr
I S B N	979-11-383-8904-4 (13320)
정 가	25,000원

한국도로
교통공단

NCS+최종점검 모의고사 6회

최신 출제경향 전면 반영

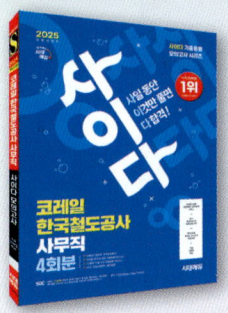

시대에듀가 합격을 준비하는
당신에게 제안합니다.
결심하셨다면 지금 당장 실행하십시오.
시대에듀와 함께라면 문제없습니다.
성공의 기회!
시대에듀를 잡으십시오.
NEXT STEP!
기회란 포착되어 활용되기 전에는 기회인지조차 알 수 없는 것이다.
– 마크 트웨인 –